AS INCRIMINAÇÕES DE PERIGO
E O JUÍZO DE PERIGO
NO CRIME DE PERIGO CONCRETO
Necessidade de precisões conceptuais

MARTA FELINO RODRIGUES
Mestre em Ciências Jurídico-Criminais
Assistente da Faculdade de Direito da Universidade de Lisboa

AS INCRIMINAÇÕES DE PERIGO E O JUÍZO DE PERIGO NO CRIME DE PERIGO CONCRETO

Necessidade de precisões conceptuais

AS INCRIMINAÇÕES DE PERIGO E O JUÍZO DE PERIGO
NO CRIME DE PERIGO CONCRETO: NECESSIDADE
DE PRECISÕES CONCEPTUAIS

AUTORA
MARTA FELINO RODRIGUES

EDITOR
EDIÇÕES ALMEDINA. SA
Av. Fernão Magalhães, n.º 584, 5.º Andar
3000-174 Coimbra
Tel.: 239 851 904
Fax: 239 851 901
www.almedina.net
editora@almedina.net

PRÉ-IMPRESSÃO | IMPRESSÃO | ACABAMENTO
G.C. GRÁFICA DE COIMBRA, LDA.
Palheira – Assafarge
3001-453 Coimbra
producao@graficadecoimbra.pt

Julho, 2010

DEPÓSITO LEGAL
314645/10

Os dados e as opiniões inseridos na presente publicação
são da exclusiva responsabilidade do(s) seu(s) autor(es).

Toda a reprodução desta obra, por fotocópia ou outro qualquer
processo, sem prévia autorização escrita do Editor, é ilícita
e passível de procedimento judicial contra o infractor.

Biblioteca Nacional de Portugal – Catalogação na Publicação

RODRIGUES, Marta Felino

As incriminações de perigo e o juízo de perigo
no crime de perigo concreto : necessidade de
precisões conceptuais. – (Teses de mestrado)
ISBN 978-972-40-4254-1

CDU   347

Aos meus Pais, a quem nunca agradecerei bastante a vida, o amor e a total dedicação.

Ao Raul, meu Marido, pela sua presença constante e estimulante.

À Maria Francisca e à Maria Matilde, as minhas Queridas Sobrinhas.

NOTA PRÉVIA

O estudo que agora se publica corresponde ao texto da dissertação de mestrado em Ciências Jurídico-Criminais apresentada na Faculdade de Direito da Universidade de Lisboa em Junho de 2003 e discutida em provas públicas realizadas a 22 de Março de 2005 perante um júri presidido pela Professora Doutora Maria Fernanda Palma, que integrou como arguentes os Professores Doutores Manuel da Costa Andrade e Augusto Silva Dias e ainda o Professor Doutor António Pedro Barbas Homem.

Optou-se, para efeitos de publicação, por aperfeiçoar apenas o texto, clarificando o entendimento de certos pontos, na sequência da apreciação feita pelos arguentes, pelo que a bibliografia está igualmente actualizada até Junho de 2003.

Agradeço sensibilizada:

À Professora Doutora Maria Fernanda Palma, minha orientadora de mestrado, e de quem tive a honra de ser assistente, pelo estímulo académico e pelas indicações de que beneficiei na elaboração desta dissertação;

Ao Professor Doutor Manuel da Costa Andrade e ao Professor Doutor Augusto Silva Dias, de quem também tive a honra de ser assistente, pelas generosas palavras que tiveram a amabilidade de me dirigir aquando das respectivas arguições, bem como pelas críticas e sugestões então feitas;

Ao Professor Doutor José de Faria Costa, pela disponibilidade com que me recebeu em Coimbra, pelo raro privilégio de ter podido discutir vários pontos da minha investigação e pelo decisivo estímulo académico;

À Mestre Teresa Quintela de Brito, pela amizade de sempre, pela inexcedível disponibilidade para as minhas mais diversas inquietações e pela crítica inteligente e generosa que fez a este trabalho, revelando em todo o tempo uma invulgar dimensão humana;

Ao Dr. José António Veloso, pela disponibilidade e pelas importantes pistas de reflexão e sugestões de leitura;

À Dra. Isabel Rosa, pela amizade com que leu atentamente a dissertação e pela paciência com que ouviu e esclareceu as minhas dúvidas linguísticas;

Ao Dr. Ferdinand Hämmerle, pela sua valiosa colaboração na tradução conjunta de textos em língua alemã;

Às Bibliotecas das Faculdades de Direito da Universidade de Lisboa e da Universidade de Coimbra e à Biblioteca Universitária João Paulo II da Universidade Católica Portuguesa, pelo apoio prestado em pesquisas bibliográficas.

Lisboa, Quinta-Feira Santa, 1 de Abril de 2010

MARTA FELINO RODRIGUES

PRINCIPAIS ABREVIATURAS E SIGLAS

AAFDL	–	Associação Académica da Faculdade de Direito de Lisboa
ADPCP	–	Anuario de Derecho Penal y Ciencias Penales
BFDUC	–	Boletim da Faculdade de Direito da Universidade de Coimbra
BMJ	–	Boletim do Ministério da Justiça
CEJ	–	Centro de Estudos Judiciários
CJ	–	Colectânea de Jurisprudência
CJ/STJ	–	Colectânea de Jurisprudência (Acórdãos do Supremo Tribunal de Justiça)
CP	–	Código Penal
CRP	–	Constituição da República Portuguesa
DJ	–	Direito e Justiça. Revista da Faculdade de Direito da Universidade Católica Portuguesa
Egiur	–	Enciclopedia Giuridica
EjurB	–	Enciclopédia Jurídica Básica
FLAD	–	Fundação Luso-Americana para o Desenvolvimento
GA	–	Goltdammer's Archiv für Strafrecht
IDPEE	–	Instituto de Direito Penal Económico e Europeu
INA	–	Instituto Nacional de Administração
JA	–	Juristische Arbeitsblätter
JuS	–	Juristische Schulung
JZ	–	Juristenzeitung
LebMG	–	Lebensmittelgesetzes
NArchCrimR	–	Neues Archiv des Criminalrechts
NEJ	–	Nueva Enciclopedia Jurídica
NJW	–	Neue Juristische Wochenschrift
NmoDI	–	Novissimo Digesto Italiano
OLG	–	Oberlandesgericht
RC	–	Tribunal da Relação de Coimbra
RDE	–	Revista de Direito e Economia

RDES	– Revista de Direito e de Estudos Sociais
RE	– Tribunal da Relação de Évora
RFDUL	– Revista da Faculdade de Direito da Universidade de Lisboa
RG	– Tribunal da Relação de Guimarães
RIntDP	– Revue International de Droit Pénal
RItalDPP	– Rivista Italiana di Diritto e Procedura Penale
RJ	– Revista Jurídica (da AAFDL)
RL	– Tribunal da Relação de Lisboa
RLJ	– Revista de Legislação e de Jurisprudência
RMP	– Revista do Ministério Público
RP	– Tribunal da Relação do Porto
RPCC	– Revista Portuguesa de Ciência Criminal
RSt	– Recht und Staat
SKStGB	– Systematischer Kommentar zum Strafgesetzbuch
StGB	– Strafgesetzbuch
STJ	– Supremo Tribunal de Justiça
StVO	– Straßenverkehrsordnung
SubJ	– Sub Judice. Justiça e Sociedade
TC	– Tribunal Constitucional
ZStW	– Zeitschrift für die gesamte Strafrechtswissenschaft

INTRODUÇÃO

A insuficiência e a indefinição na doutrina penal de parâmetros analíticos do juízo de perigo no crime de perigo concreto – instrumentos indispensáveis à análise do respectivo tipo objectivo – ditaram o objecto central desta investigação. Por isso naturalmente de índole essencialmente conceptual.

A abordagem desta problemática forçosamente implica a consideração prévia das incriminações de perigo e das várias classificações delas propostas pela doutrina. De novo, se deparou com indefinições na delimitação dogmática dos contornos das diversas classes de crimes de perigo. Intensificadas pela pouca capacidade expressiva da linguagem de análise utilizada devido ao manuseamento de termos já obnubilados pelos diferentes significados que historicamente lhe foram sendo atribuídos, na sequência de querelas verbais limitativas de uma apreciação rigorosa.

Daí a necessidade de esboçar, tanto quanto possível, um programa de reforma terminológica que evite ao máximo o recurso a essas expressões esgotadas.

As propostas ensaiadas são meros princípios de solução que deixam por isso mesmo em aberto a possibilidade da sua aplicação e desenvolvimento em outros estudos de carácter mais prático que transcendem os limites possíveis da presente investigação.

Uma pesquisa exaustiva da jurisprudência penal portuguesa dos Tribunais Superiores, isto é, de acórdãos do Supremo Tribunal de Justiça e das Relações, publicados entre 1982 e 2004, revelou igualmente que são escassas as contribuições da jurisprudência para o estudo dos problemas de que se ocupa o presente trabalho. Com efeito, não são em grande número os elementos jurisprudenciais entre nós existentes acerca do crime de perigo concreto como tema específico ou sequer do perigo como sede geral de que o tema constitui espécie.

Escassez esta que, por um lado, compromete um controle juscientífico que garanta alguma segurança e facilite a legitimação material das decisões que os juízes são chamados a tomar a este respeito e, por outro, põe em causa o papel da ciência jurídico-penal de mentora de uma jurisprudência com coerência sistemática.

CAPÍTULO I

Ponto de partida: da dicotomia clássica dos crimes de perigo à revisão moderna de Frank Zieschang

1. A bipartição tradicional

Do ponto de vista analítico, é usual na teoria penal uma distinção do crime de perigo em crime de perigo abstracto (*abstraktes Gefährdungsdelikt*) – ou puramente abstracto (*reines abstraktes Gefährdungsdelikt*) – e crime de perigo concreto (*konkretes Gefährdungsdelikt*) – ou crime de perigo próprio (*echtes Gefährdungsdelikt*).

Esta bipolarização clássica assenta numa análise do crime em função da relevância do perigo para a consumação das infracções, respectivamente, como mero motivo da criação do tipo legal (*ratio legis*) ou como elemento essencial do tipo incriminador[1].

---

[1] Sobre esta distinção generalizada na doutrina, *v.*, entre nós, José Beleza dos Santos, "Crimes de Moeda Falsa", *RLJ*, Ano 66.º, N.º 2484, 1933, p. 18; *idem*, *Direito Criminal* (lições proferidas aos cursos do 4.º e 5.º ano jurídico de 1935-1936 e coligidas por Hernâni Marques), Coimbra: Coimbra Editora, 1936, pp. 274-275; Eduardo Correia, *Direito Criminal* (com a colaboração de Jorge de Figueiredo Dias), Vol. I, Coimbra: Livraria Almedina, rcimp. 1996 (1.ª ed. 1963), pp. 287 288; Jorge de Figueiredo Dias, *Direito Penal (Sumários das Lições à 2.ª Turma do 2.º Ano da Faculdade de Direito, com Indicações Bibliográficas e Textos de Apoio)*, Coimbra: ed. policop. da Universidade de Coimbra, 1975, pp. 145-146; Teresa Pizarro Beleza, *Direito Penal*, 2.º Vol., Lisboa: ed. da AAFDL, reimp. 1996 (1.ª ed.-1980), pp. 127-128; Manuel Cavaleiro de Ferreira, *Lições de Direito Penal. Parte Geral, I – A Lei Penal e a Teoria do Crime no Código Penal de 1982*, 4.ª ed., Lisboa/São Paulo: Editorial Verbo, 1992 (1.ª ed.-1985), pp. 141 e 144-145; José de Faria Costa, *O Perigo em Direito Penal (Contributo para a sua Fundamentação e Compreensão Dogmáticas)*, Coimbra: Coimbra Editora, 1992, em esp. pp. 620-621; e Germano Marques da Silva, *Direito Penal Português. Parte Geral, II, Teoria do Crime*, Lisboa/São Paulo: Editorial Verbo, 1998, p. 30. Na doutrina

alemã e no plano dos principais compêndios, *v.*, *inter alia*, Edmund Mezger, *Tratado de Derecho Penal* (trad. cast. da 2.ª ed. alemã-1933 e notas de Direito espanhol por José Arturo Rodríguez Muñoz), Tomo I, Madrid: Editorial Revista de Derecho Privado, 1935, p. 343; Hans Welzel, *Derecho Penal Alemán — Parte General* (trad. cast. de Juan Bustos Ramírez e Sergio Yáñez Pérez da 11.ª ed.-1969 de *Das Deutsche Strafrecht. Eine systematische Darstellung*), 4.ª ed., Santiago de Chile: Editorial Jurídica de Chile, 1997, p. 76; Johannes Wessels, *Direito Penal. Parte Geral (Aspectos Fundamentais)* (trad. bras. da 5.ª ed.-1975 de *Strafrecht. Allgemeiner Teil* e notas por Juarez Tavares), Porto Alegre: Sergio Antonio Fabris Editor, 1976, pp. 8-9; Reinhart Maurach / Karl Heinz Gössel / Heinz Zipf, *Derecho Penal. Parte General, Tomo 1, Teoría General del Derecho Penal y Estructura del Hecho Punible* (trad. cast. de Jorge Bofill Genzsch e Enrique Aimone Gibson da 7.ª ed.-1987 de *Strafrecht. Allgemeiner Teil. Teilband 1, Grundlehren des Strafrechts und Aufbau der Straftat*), Buenos Aires: Editorial Astrea, 1994, pp. 283-284; Günther Jakobs, *Derecho Penal. Parte General. Fundamentos y Teoría de la Imputación* (trad. cast. de Joaquin Cuello Contreras e José Luis Serrano González de Murillo da 2.ª ed.-1991 de *Strafrecht. Allgemeiner Teil. Die Grundlagen und die Zurechnungslehre*), 2.ª ed. corrigida, Madrid: Marcial Pons, 1997, pp. 206-207, § 79, e 210, § 86; Hans-Heinrich Jescheck, *Tratado de Derecho Penal. Parte General* (trad. cast. de José Luis Manzanares Samaniego da 4.ª ed.-1988 de *Lehrbuch des Strafrechts. Allgemeiner Teil*), 4.ª ed. corrigida e ampliada, Granada: Editorial Comares, 1993, pp. 238-239; Claus Roxin, *Derecho Penal. Parte General, Tomo I, Fundamentos. La Estructura de la Teoría del Delito* (trad. da 2.ª ed.-1994 de *Strafrecht. Allgemeiner Teil, Bd. I: Grundlagen. Der Aufbau der Verbrechenslehre*, e notas por Diego-Manuel Luzón Peña, Miguel Díaz y García Conlledo e Javier de Vicente Remesal), Madrid: Editorial Civitas, 1997, pp. 336, nm. 123, 404, nm. 114, e 407, nm. 119; e Harra Otto, *Grundkurs Strafrecht. Allgemeine Strafrechtslehre*, 6. neubearb. Aufl., Berlin; New York: Walter de Gruyter, 2000, p. 41, nm. 12-14. Para Maurach, *Tratado de Derecho Penal* (trad. cast. de *Deutsches Strafrecht. Allgemeiner Teil. Ein Lehrbuch* e notas de Direito espanhol por Juan Córdoba Roda, e prólogo de Octavio Pérez-Vitoria Moreno), Vol. I, Barcelona: Ediciones Ariel, 1962, p. 278, os crimes abstractos e concretos de perigo distinguem-se consoante a maior ou menor probabilidade de produção do resultado de dano. Assim, quando o perigo é, segundo a experiência, mais próximo, não precisa de ser elemento do tipo legal; considera-se que há perigo com a prática da acção básica, logo um crime abstracto de perigo. Diversamente, nos crimes concretos de perigo torna--se necessário fazer a prova, caso a caso, da existência de um perigo real, na medida em que a acção básica não supõe o potencial dano ulterior. Também neste sentido, *v.*, mais tarde, os continuadores de Maurach em Reinhart Maurach / Karl Heinz Gössel / / Heinz Zipf, *Derecho Penal. Parte General, Tomo 1*, cit., p. 359. Na doutrina suíça o destaque vai para Günter Stratenwerth, *Derecho Penal. Parte General, I, El Hecho Punible* (trad. de Gladys Romero da 2.ª ed.-1976 de *Strafrecht. Allgemeiner Teil. Bd. 1: Die Straftat*, e nota de apresentação de M. Cobo del Rosal), Madrid: Edersa, 1982, p. 79, § 206. Na doutrina espanhola, veja-se, também por todos, já Marino Barbero Santos, "Contribución al Estudio de los Delitos de Peligro Abstracto", *ADPCP*, Tomo 26, N.º 3, Septiembre-Diciembre 1973, p. 489; José María Escrivá Gregori, *La Puesta en Peligro de Bienes Jurídicos en Derecho Penal*, Barcelona: Libreria Bosch, 1976,

Neste sentido, as normas de perigo abstracto (exemplo: o artigo 292.º, n.º 1, do CP[2]) limitam-se a descrever modos de comportamento perigoso, isto é, condutas geral ou tipicamente perigosas porque, segundo um princípio da experiência geral, representam um perigo para um bem jurídico, não mencionando, todavia, no tipo, o perigo como elemento constitutivo. A decisão sobre o perigo está assim centralizada no legislador que define em abstracto o facto considerado perigoso. O mesmo é dizer: é o próprio legislador que estabelece os indícios de perigosidade, as características ou as circunstâncias das quais resulta a perigosidade típica da acção. E é esta perigosidade geral da acção que é o motivo da norma incriminadora. Consequentemente, alguns autores consideram que o perigo é meramente presumido no tipo de perigo abstracto.

A este respeito, a doutrina não é unânime quanto ao sentido a dar à presunção que este tipo de crimes encerra. A divergência traduz-se em identificar o objecto da presunção com o perigo enquanto *atributo de uma*

---

pp. 72-74 e 133, que prefere contudo utilizar os conceitos de perigo "implícito" e "explícito" como antítese entre implícita e explícita menção do perigo no tipo legal; Enrique Bacigalupo, *Principios de Derecho Penal. Parte General*, 5.ª ed. (totalmente actualizada y basada en la nueva redacción del Código Penal, L.O. 10/95), Madrid: Ediciones Akal, 1998, pp. 154 e 222; e M. Cobo del Rosal / Tomás S. Vives Antón, *Derecho Penal. Parte General*, 5.ª ed., Valencia, Tirant lo Blanch, 1999, pp. 327-328. Na doutrina italiana, confronte-se Francesco Antolisei, *Manuale di Diritto Penale. Parte Generale*, 13.ª ed. aggiornata e integrata a cura di Luigi Conti, Milano: Dott. A. Guiffrè Editore, 1994, p. 239; Antonio Pagliaro, *Principi di Diritto Penale. Parte Generale*, 5.ª ed., Milano: Dott. A. Guiffrè Editore, 1996, pp. 243-246; e Tullio Padovani, *Diritto Penale*, 4.ª ed., Milano: Dott. A. Guiffrè Editore, 1998, pp. 173-174. V. também Francesco Angioni, *Il Pericolo Concreto come Elemento della Fattispecie Penale*, I, Chiarella: Sassari, 1981, p. 38, que, no entanto, prefere formalmente contrapor *fattispecie di pericolo astratto* – tipo em que o perigo está inexpresso – ao que denomina por *fattispecie di pericolo espresso* – tipo em que o perigo é um elemento da própria *fattispecie*. Criticamente sobre a utilização das expressões perigo inexpresso e expresso, *v.*, ainda na literatura italiana, Manfredi Parodi Giusino, *I Reati di Pericolo tra Dogmatica e Politica Criminale*, Milano: Dott. A. Giuffrè Editore, 1990, pp. 211, sob a n. 96, e 278.

[2] No plano dos comentários a este artigo, *v.* as anotações de Manuel Maia Gonçalves, no seu *Código Penal Português. Anotado e Comentado. Legislação Complementar*, 15.ª ed., Coimbra: Livraria Almedina, 2002, pp. 874-875, e de Paula Ribeiro de Faria in AA.VV., *Comentário Conimbricense do Código Penal. Parte Especial, Tomo II, Artigos 202.º a 307.º*, Jorge de Figueiredo Dias (dir.), Coimbra: Coimbra Editora, 1999, pp. 1093 ss., §§ 1 ss.

acção – presunção de uma acção perigosa[3] –, ou *atributo de um resultado* – presunção de um resultado de perigo[4]. No entanto, é a primeira tendência – a que considera o perigo como referido ou inerente à acção – que corresponde à doutrina comum tradicionalmente aceite[5]. O que se presume no crime de perigo abstracto é portanto o carácter perigoso da própria *acção* e não a realização de um resultado de perigo para o bem jurídico geralmente criado por uma acção também ela perigosa[6].

---

[3] *V.*, na doutrina, por exemplo, Horst Schröder, "Die Gefährdungsdelikte im Strafrecht", *ZStW*, Bd. 81, 1969, pp. 16-17; Barbero Santos, "Contribución al Estudio de los Delitos de Peligro Abstracto", cit., p. 489; Juan Córdoba Roda, "Les Délits de Mise en Danger. Rapport Particulier", *RIDP*, N.os 1 e 2 – números que reúnem as Actas e as Relações apresentadas no Colóquio Preparatório do X Congresso Internacional de Direito Penal dedicado aos crimes de perigo, realizado em Roma, entre 28-31 de Maio de 1968, numa organização do Grupo Italiano da Associação Internacional de Direito Penal e do Centro Nacional de Prevenção e Defesa Social –, 1969, pp. 360 ss. (sobre o Colóquio, em geral, *v.* o *Rapport Général* apresentado por Giacomo Delitala, ali inserido a pp. 287 ss.); Gonzalo Rodríguez Mourullo, *Derecho Penal. Parte General, I*, Madrid, 1977, p. 379; Roland Riz, "Pericolo, Situazione di Pericolo, Condotta Pericolosa", *L'Indice Penale*, 17, 1983 (texto também publicado *in* AA.VV., *Studi in Memoria di Giacomo Delitala*, Vol. II, Milano, 1984), p. 498; e Cristina Méndez Rodríguez, *Los Delitos de Peligro y sus Técnicas de Tipificación*, Madrid, 1993, p. 136.

[4] *V.*, na doutrina italiana, Giovanni Fiandaca, "Note sui Reati di Pericolo", *Il Tommaso Natale*, Vol. I (Studi in Memoria di G. Bellavista), 1977, p. 175; e Stefano Canestrari, "Reati di Pericolo", separata da *Egiur*, 1985, p. 4. Na doutrina espanhola, *v.* Santiago Mir Puig, *Derecho Penal. Parte General*, reimp.-5.ª ed., Barcelona, 1998 (1.ª ed.-1984), p. 209; e Mirentxu Corcoy Bidasolo, *Delitos de Peligro y Protección de Bienes Jurídico-Penales Supraindividuales. Nuevas Formas de Delincuencia y Reinterpretación de Tipos Penales Clásicos*, Valencia: Tirant lo Blanch, 1999, p. 34.

[5] Também no sentido da presunção da perigosidade da acção, consulte-se, entre nós e na jurisprudência do TC, por todos, os Acórdãos n.os 426/91 e 441/94, publicados no *Diário da República*, II Série, de 2 de Abril de 1992 e de 27 de Outubro de 1994, respectivamente, dois arestos sobre o crime de tráfico de estupefacientes previsto no n.º 1 do artigo 23.º do Decreto-Lei n.º 430/83, de 13 de Dezembro; e o Acórdão n.º 604/97, disponível em <http://www.tribunalconstitucional.pt/tc/acordaos>, sobre a mesma questão substancial, embora a respeito de norma formalmente diferente, a do n.º 1 do artigo 40.º do Decreto-Lei n.º 15/93, de 22 de Janeiro. Do mesmo modo, mas a propósito das normas dos n.os 1 e 2 do artigo 22.º, conjugadamente analisadas, do Regime Jurídico das Infracções Fiscais Aduaneiras, *v.* o Acórdão n.º 246/96, publicado no *Diário da República*, II Série, de 8 de Maio de 1996.

[6] Como veremos, mesmo nos crimes de perigo concreto a intervenção judicial na prova do perigo é interpretada por alguns autores no sentido da verificação apenas da perigosidade da acção.

Esta posição tem como consequência admitir a punibilidade de uma conduta considerada em abstracto sempre perigosa, mas cuja perigosidade não é sujeita a uma verificação judicial. Segundo este entendimento maioritário basta – para a punibilidade nos termos de um tipo legal de perigo abstracto – a mera realização formal da descrição típica pela conduta do agente, ainda que se trate de um comportamento em concreto não perigoso[7].

Deste modo, e se pensarmos agora no plano processual, podemos concluir que no crime de perigo abstracto se exige como bastante a prova da realização da conduta típica perigosa para a consumação do crime, sendo juridicamente irrelevante a apreciação no caso individual da perigosidade da acção e, naturalmente, a prova da criação *in concreto* de uma efectiva situação de perigo. A tipicidade desta classe de infracção penal esgota-se na verificação dos respectivos elementos objectivos, isto é, esgota-se na verificação formal de que os factos preenchem o preceito primário da norma incriminadora: verificação suficiente para se deduzir *ope legis* a existência de perigo, logo, suficiente para se aplicar o respectivo preceito secundário. O comportamento típico é então presumido perigoso *iuris et de iure*. O trabalho do julgador limita-se, por isso, a subsumir formalmente a conduta realizada no tipo jurídico-penal, não sendo deixada ao aplicador do direito margem para verificar se a acção corresponde efectivamente à perigosidade determinada pelo legislador. No crime de perigo abstracto, o atributo "abstracto" tem o significado de que ao juiz não é exigida a apreciação da concreta perigosidade do facto.

---

[7] Este *modus aedificandi criminis*, numa lógica não penal, mas, diríamos, matemática, aplica sanções criminais que se deduzem da mera realização formal do tipo sem sequer exigir uma intervenção judicial na prova da perigosidade da acção. Consciente deste facto, Schröder, "Die Gefährdungsdelikte im Strafrecht", cit., pp. 15 ss., vê-se obrigado a admitir a ilisão da presunção da perigosidade pelo juiz quando a acção não cria o mínimo perigo para a vida humana. Voltaremos a este ponto mais à frente. A nosso ver, é desde logo a este nível da acção que se suscita o problema da justiça material do recurso a esta classe de crimes. Independentemente, claro está, da pertinência da sua legitimidade material também ao nível do (não)resultado, tal como é usualmente equacionada pela doutrina ao colocar o problema dos crimes de perigo abstracto no plano da sua compatibilidade com o princípio da ofensividade.

Resulta daqui a preferência na doutrina antiga pelos termos "perigo presumido" e "perigo efectivo", considerados mais adequados à tradução desta distinção entre perigo abstracto e perigo concreto[8].

Marcello Gallo utiliza igualmente o termo "perigo presumido" para qualificar os tradicionais casos de presunção *iuris et de iure* de perigo, chegando no entanto a propor uma divisão tripartida do perigo que inclui uma outra noção de perigo abstracto. A tradicional estrutura bipartida do perigo é então alargada a três categorias: perigo "presumido", perigo "concreto em sentido estrito" e perigo "abstracto". E o perigo, apesar de ser um elemento essencial da previsão típica tanto nos crimes de perigo abstracto como nos de perigo concreto, no caso dos crimes de perigo abstracto assume-se como um pressuposto do comportamento, um elemento que qualifica o comportamento ou ainda o objecto material do comportamento, exigindo-se assim a verificação judicial da perigosidade da acção. No caso dos crimes de perigo concreto, o perigo já é atributo de um resultado. Materialmente, cremos que esta sistematização do perigo de Gallo não

---

[8] Assim, *v.*, entre nós, Beleza dos Santos, *Direito Criminal*, cit., pp. 274-275; e Eduardo Correia, *Direito Criminal*, Vol. I, cit., pp. 287-288. Entre os espanhóis, *v.* Gonzalo Rodríguez Mourullo, *La Omisión de Socorro en el Codigo Penal*, Madrid, Editorial Tecnos, 1966, pp. 169-170; e Córdoba Roda, "Les Délits de Mise en Danger. Rapport Particulier", cit., pp. 359 e 373-374. Em Itália, verifica-se igualmente a preferência terminológica por *pericolo presunto*. V., inter alia, Antolisei, *L'Azione e l'Evento nel Reato*, Milano, 1928, p. 142; *idem*, *Manuale di Diritto Penale. Parte Generale*, cit., p. 239; Giuseppe Ratiglia, *Il Reato di Pericolo nella Dottrina e nella Legislazione*, Torino, 1932, p. 35; Vincenzo Patalano, *Significato e Limiti della Dommatica del Reato di Pericolo*, Napoli: Casa Editrice Dott. Eugenio Jovene, 1975, pp. 53 ss.; Girolamo Penso, *Il Pericolo nella Teoria Generale del Reato*, Milano: Dott. A. Giuffrè Editore, 1976, pp. 6-7; Giovanni Grasso, "L'Anticipazione della Tutela Penale: i Reati di Pericolo e i Reati di Attentato", *RItalDPP*, Anno 29, N.º 3, Luglio-Settembre 1986, p. 697, e sob a n. 40; Riz, "Pericolo, Situazione di Pericolo, Condotta Pericolosa", cit., pp. 498-499; e Padovani, *Diritto Penale*, cit., p. 173. Contra, *v.*, entre nós, Augusto Silva Dias, "Entre 'Comes e Bebes': Debate de algumas Questões Polémicas no Âmbito da Protecção Jurídico-Penal do Consumidor (A Propósito do Acórdão da Relação de Coimbra de 10 de Julho de 1996)", *RPCC*, Ano 8, Fasc. 4.º, Outubro-Dezembro 1998, p. 525, sob a n. 15; na doutrina espanhola, Escrivá Gregori, *La Puesta en Peligro de Bienes Jurídicos en Derecho Penal*, cit., p. 73; Mir Puig, *Derecho Penal. Parte General*, cit., p. 209; e Corcoy Bidasolo, *Delitos de Peligro y Protección de Bienes Jurídico-Penales Supraindividuales. Nuevas Formas de Delincuencia y Reinterpretación de Tipos Penales Clásicos*, cit., p. 34. Também expressamente contra a sinonímia entre *pericolo astratto* e *pericolo presunto*, *v.*, ainda na doutrina italiana, Giusino, *I Reati di Pericolo tra Dogmatica e Politica Criminale*, cit., pp. 228 ss. e 282 ss.

encerra senão uma redenominação de categorias de perigo trabalhadas anteriormente pela doutrina. *V.*, do Autor, "I Reati di Pericolo", *Foro Penale*, 1969, p. 3 (texto publicado também em francês *in RIDP*, N.ºs 1 e 2, cit., a pp. 203 ss., constituindo precisamente a Relação Italiana apresentada no referido Colóquio Preparatório do X Congresso Internacional de Direito Penal).

De notar que esta distinção entre tipos de comportamento perigoso e tipos de evento de perigo tinha sido já defendida por Bockelmann no seio da Comissão que preparou o Projecto de Reforma do CP alemão de 1962. Bockelmann defendeu então que no caso dos crimes de perigo devia também ser feita a distinção entre crimes de causação (*Verursachungsdelikte*) e crimes que ameaçam uma determinada actividade (*Delikte, bei denen die Strafandrohung an eine bestimmte Tätigkeit anknüpft*). A este respeito, consultem-se especificamente as Actas das 88.ª e 89.ª sessões da Comissão – duas das sessões dedicadas às *gemeingefährliche Handlungen* – realizadas, respectivamente, em 19 e 20 de Junho de 1958, publicadas *in Niederschriften über die Sitzungen der Großen Strafrechtskommission*, 8. Bd., Besonderer Teil, 76. bis 90. Sitzung, Bonn, 1959, pp. 418 e 427 ss., e em esp. pp. 429-430.

Pelo contrário, no crime de perigo concreto (exemplo: o artigo 291.º, n.º 1, do CP[9]), o perigo é um elemento expresso, um pressuposto típico, carecendo, portanto, de verificação judicial caso a caso. Aqui, o legislador não pré-determina o perigo, mas descentraliza ou delega no juiz a sua verificação.

A lei faz como característica expressa do tipo a exigência da ocorrência de um perigo concreto para um determinado bem jurídico. E é esta exigência de um resultado típico, no sentido da criação de uma situação de perigo concreto para um objecto tipicamente protegido que, a nosso ver, distingue materialmente o crime de perigo concreto do crime de perigo abstracto. A realização do respectivo tipo está, então, dependente de uma intervenção judicial, subordinada à prova da ocorrência – nas circunstâncias do caso individual – de um perigo real ou efectivo para o bem jurídico penalmente protegido, portanto de um resultado de perigo.

---

[9] No contexto dos comentários directos a esta disposição, *v.*, de novo, as anotações de Manuel Maia Gonçalves, *Código Penal Português*, cit., pp. 871-873, e de Paula Ribeiro de Faria *in Comentário Conimbricense do Código Penal. Parte Especial, Tomo II*, cit., pp. 1079 ss., §§ 1 ss.

Este entendimento de que o perigo concreto ocupa o lugar de resultado nos crimes de perigo concreto – distinguindo-se o crime de perigo concreto do crime de perigo abstracto com base na existência, respectivamente, de um desvalor de evento, que se junta ao desvalor da acção, ou tão-só de um desvalor da acção – é comum na literatura do perigo[10].

---

[10] Consulte-se, para além das referências no plano dos manuais citados *supra* sob a n. 1, entre nós, Maria Fernanda Palma, *Direito Penal. Parte Especial. Crimes contra as Pessoas* (Sumários desenvolvidos das aulas proferidas ao 5.º Ano da Opção Jurídicas em 1982/83), Lisboa, 1983, pp. 105 ss.; e Germano Marques da Silva, *Crimes Rodoviários/ /Pena Acessória e Medidas de Segurança*, Lisboa: Universidade Católica Editora, 1996, pp. 14 ss. Para o mundo germânico e da literatura de carácter monográfico, *v.*, por todos, Peter Cramer, *Der Vollrauschtatbestand als abstraktes Gefährdungsdelikt*, Tübingen: J. C. B. Mohr (Paul Siebeck), 1962, p. 52; Eckhard Horn, *Konkrete Gefährdungsdelikte*, Köln-Marienburg: Verlag Dr. Otto Schmidt KG, 1973, pp. 7 ss., 13 e 30; Hennrich Demuth, *Der normative Gefahrbegriff. Ein Beitrag zur Dogmatik der konkreten Gefährdungsdelikte*, Bochum: Studienverlag Dr. N. Brockmeyer, 1980, pp. 16 ss.; Jürgen Wolter, *Objektive und Personale Zurechnung von Verhalten, Gefahr und Verletzung in einem funktionalen Straftatsystem*, Berlin: Duncker & Humblot, 1981, p. 199; Andreas Hoyer, *Die Eignungsdelikte*, Berlin: Duncker & Humblot, 1987, pp. 82-83, 92, 97 e 99; e Jürgen Schmidt, *Untersuchung zur Dogmatik und zum Abstraktionsgrad abstrakter Gefährdungsdelikte: zugleich ein Beitrag zur Rechtsgutslehre*, Marburg: Elwert, 1999, p. 1. *V.* ainda os artigos de Wilhelm Gallas, "Abstrakte und konkrete Gefährdung", *in* Hans Lüttger (hrsg. in Verbindung mit Hermann Blei / Peter Hanau), *Festschrift für Ernst Heinitz zum 70. Geburtstag am 1. Januar 1972*, Berlin: Walter de Gruyter, 1972, pp. 175-176; de Bernd Schünemann, "Moderne Tendenzen in der Dogmatik der Fahrlässigkeits- und Gefährdungsdelikte", *JA*, 1975, pp. 793-794; de Jürgen Wolter, "Konkrete Erfolgsgefahr und konkreter Gefahrerfolg im Strafrecht – OLG Frankfurt, NJW 1975, 840", *JuS*, 1978, p. 750; de Heribert Ostendorf, "Grundzüge des konkreten Gefährdungsdelikts", *JuS*, 22. Bd., Verlag C. H. Beck München und Frankfurt, 1982, pp. 428-429; e de Hans Joachim Hirsch, "Gefahr und Gefährlichkeit", *in* Fritjof Haft / / Winfried Hassemer / Ulfrid Neumann / Wolfgang Schild / Ulrich Schroth (hrsg.), *Strafgerechtigkeit: Festschrift für Arthur Kaufmann zum 70. Geburtstag*, Heidelberg: C. F. Müller Juristischer Verlag GmbH, 1993, pp. 549-550 e 557-558. No plano dos comentários ao StGB, *v.* as anotações de Cramer, "Vorbemerkungen zu den §§ 306 ff.", *in* Adolf Schönke / Horst Schröder, *Strafgesetzbuch: Kommentar*, 25. Aufl., München: C. H. Beck'sche Verlagsbuchhandlung, 1997, nm. 5; e de Horn, "Vorbemerkungen vor § 306", *in* Hans-Joachim Rudolphi / Eckhard Horn / Erich Samson / Hans-Ludwig Günther / Andreas Hoyer, *SKStGB*, Bd. II. Besonderer Teil (§§ 267-358), 5. bzw. 6. Aufl., Luchterhand, 2001, nm. 4. Contra esta *Gefahrerfolgstheorie*, *v.* a opinião de Angioni, *Il Pericolo Concreto come Elemento della Fattispecie Penale*, I, cit., em esp. pp. 21 ss., e *passim*.

Este traço distintivo das duas espécies delitivas de perigo remete-nos para uma outra classificação de crimes: a que contrapõe crimes *materiais* ou de *resultado* a crimes *formais* consoante se verifique, ou não, a exigência de um evento material para a consumação. O crime material de perigo é o crime de perigo concreto, na medida em que para a afirmação da respectiva tipicidade importa provar a ocorrência real ou efectiva de um resultado de perigo. O crime de perigo enquanto crime formal é o crime de perigo abstracto, na medida em que para efeitos de punibilidade é juridicamente irrelevante a realização de um resultado de perigo concreto para um bem jurídico, bastando a perigosidade geral de determinado comportamento, o típico[11].

Doutrinariamente, os crimes de perigo contrapõem-se, ainda, a crimes de *dano*, numa classificação das infracções sob o ponto de vista do perigo (perigo de lesão) ou do dano (lesão) que o *modus procedendi* do agente sobre o bem jurídico protegido traduz[12].

Autores há, no entanto, que preferem distinguir estas duas classes de crimes em função da lesão ou perigo de lesão do objecto material da acção (*Tatobjekt*)[13]. Cremos que este sentido não traduz uma apreensão correcta do próprio conceito de bem jurídico que já encerra uma individualização do interesse tutelado (*Rechtsgutsobjekt*). Os crimes de resultado material – crimes de dano (de resultado de dano) e crimes de perigo concreto (de resultado de perigo concreto) – pressupõem, sim, um resul-

---

[11] Também Rui Pereira, *O Dolo de Perigo (Contribuição para a Dogmática da Imputação Subjectiva nos Crimes de Perigo Concreto)*, Lisboa: Lex, 1995, em esp. pp. 26 e 37, considera o crime de perigo concreto como um crime material, mas, como veremos *infra* (sob o Capítulo III.3., 3.6.), discorda do critério utilizado pela doutrina predominante para distinguir os crimes formais dos crimes materiais.

[12] V., entre nós, e por todos, Figueiredo Dias, *Direito Penal*, cit., p. 145; Germano Marques da Silva, *Direito Penal Português. Parte Geral, II*, cit., p. 30; e Teresa Beleza, *Direito Penal*, 2.º Vol., cit., p. 127.

[13] V., para a doutrina germânica, *inter alia*, Karl Binding, *Die Normen und ihre Übertretung. Eine Untersuchung über die rechtmässige Handlung und die Arten des Delikts, Bd. 4: Die Fahrlässigkeit*, Leipzig, 1919, pp. 368 ss., que já fazia a distinção entre *Verletzungsdelikte* e *Gefährdungsdelikte* sob o supraconceito *Angriffsdelikte*; Roxin, *Derecho Penal. Parte General, Tomo I*, cit., pp. 335-336, nm. 122-123; Jescheck, *Tratado de Derecho Penal. Parte General*, cit., p. 238; e Wessels, *Direito Penal. Parte Geral (Aspectos Fundamentais)*, cit., p. 8.

tado típico para o bem jurídico protegido que nem sempre coincide – nem tem que coincidir – com o objecto material do crime[14] [15].

---

[14] Veja-se a título de exemplo o crime de furto previsto e punido nos termos do artigo 203.º do CP, estruturalmente um crime material de dano por implicar um resultado ou evento material que é a produção de um dano não para o objecto material da acção como tal, mas sim para o bem jurídico protegido – o poder de facto sobre a coisa.

[15] Importa fazer um esclarecimento: o *Tatobjekt* ou *Handlungsobjekt* ou *Angriffsobjekt* corresponde ao objecto material do crime/acção, por contraposição ao objecto formal, no sentido escolástico, do crime/acção – o valor/bem jurídico enquanto categoria ou, por outras palavras, o bem-valor, bem-categoria ou bem jurídico-categoria (*Rechtsgutsart*). O *Rechtsgutsobjekt* é o substrato/suporte em que se individualiza o bem-valor, o que também poderemos designar por bem jurídico individual(izado), bem-objecto, bem jurídico-objecto ou bem-coisa. Estas distinções remetem-nos para a doutrina do bem jurídico, cuja bibliografia é praticamente inabarcável. Para uma descrição do desenvolvimento histórico da doutrina do bem jurídico, consulte-se o trabalho fundamental de Knut Amelung, *Rechtsgüterschutz und Schutz der Gesellschaft. Untersuchungen zum Inhalt und zum Anwendungsbereich eines Strafrechtsprinzips auf dogmengeschichtlicher Grundlage. Zugleich ein Beitrag zur Lehre von der "Sozialschädlichkeit" des Verbrechens*, Frankfurt am Main, 1972. Para uma análise crítica das principais teorias do bem jurídico desenvolvidas depois de 1945 – apreciando, nomeadamente, as concepções de Welzel, Armin Kaufmann, Rudolphi, Schmidhäuser, Hassemer, Amelung, Kelsen, Hart, Popitz, Luhmann, Schelsky e Habermas – veja-se o interessante estudo de Bernd J. A. Müssig, *Schutz abstrakter Rechtsgüter und abstrakter Rechtsgüterschutz: zu den materiellen Konstitutionskriterien sog. Universalrechtsgüter und deren normentheoretischem Fundament – am Beispiel der Rechtsgutbestimmung für die §§ 129, 129a und 324 StGB*, Frankfurt am Main, Berlin, Bern, New York, Paris, Wien: Peter Lang, 1994, pp. 25 ss., com abundantes indicações bibliográficas. Este estudo de Müssig é enriquecido com dois excursos acerca dos §§ 129, 129a e 324 do StGB, tipos que se referem a bens jurídicos universais – um sobre a determinação e constituição de bens jurídicos abstractos, a pp. 13 ss., e um segundo excurso sobre a determinação do bem jurídico e coordenadas da legitimação material, a pp. 209 ss. É a partir de uma ponderação da legitimação social do modelo jurídico-penal de protecção de bens jurídicos que Müssig problematiza a doutrina do bem jurídico. O Autor propõe uma reformulação institucional da doutrina do bem jurídico com base num conceito normativo sustentado sociologicamente, isto é, apoiado numa teoria da sociedade. Este é também o ponto de partida para uma abordagem da problemática dos bens jurídicos abstractos e da legitimação dos crimes de perigo abstracto. Sobre o tema *v.* também os artigos de Andrew von Hirsch, "Der Rechtsgutsbegriff und das 'Harm Principle'", de Wolfgang Wohlers, "Rechtsgutstheorie und Deliktsstruktur", e de Roland Hefendehl, "Die Materialisierung von Rechtsgut und Deliktsstruktur", todos publicados in *GA*, Heft 1, 2002, respectivamente, a pp. 2 ss., 15 ss., e 21 ss. De Wohlers, *v.* ainda a sua monografia *Deliktstypen des Präventionsstrafrechts – zur Dogmatik "moderner" Gefährdungsdelikte*, Berlin: Duncker & Humblot, 2000, em esp. pp. 127 ss. Interessante também o estudo de Justus Krümpelmann, *Die Bagatelldelikte. Untersuchungen zum Verbrechen als Steigerungsbegriff*, Berlin: Duncker & Humblot, 1966, pp. 88 ss., e, para um apontamento de síntese, Eberhard Schmidhäuser, *Strafrecht. Allgemeiner Teil*, 1. Aufl., Tübingen: J. C. B. Mohr (Paul Siebeck), 1970,

2. Excurso: tendências de fundamentação material do crime de perigo abstracto

2.1. Enquadramento

A punibilidade nos termos de um crime de perigo abstracto remete-nos necessariamente para a questão do respectivo fundamento penal – um dos problemas, senão o problema fundamental da dogmática desta classe de infracções. Mais: este problema da legitimidade material dos crimes de perigo abstracto enquadra-se no âmbito mais vasto da problemática da própria legitimidade do Direito penal.

Partindo da premissa, hoje praticamente inquestionável na doutrina jurídico-penal, de que a legitimidade material do Direito penal se baseia na protecção de bens jurídicos – da lesão e do perigo –, as normas jurídico-penais terão também que encontrar obrigatoriamente a sua legitimação no fim da protecção de bens jurídicos[16]. Suscita-se, assim, o problema da fundamentação material dos crimes de perigo abstracto, na

---

pp. 24-25, autor que também distingue o objecto do bem jurídico. Entre nós, *v.*, por todos, Manuel da Costa Andrade, *Consentimento e Acordo em Direito Penal (Contributo para a Fundamentação de um Paradigma Dualista)*, Coimbra: Coimbra Editora, 1991, pp. 51 ss.; *idem*, "A Nova Lei dos Crimes contra a Economia (Dec.-Lei N.º 28/84, de 20 de Janeiro) à luz do Conceito de 'Bem Jurídico'", in AA.VV., *Ciclo de Estudos de Direito Penal Económico*, Coimbra: ed. do CEJ, 1985, em esp. pp. 73-86 [estudo republicado in AA.VV., *Direito Penal Económico e Europeu: Textos Doutrinários, Vol. I, Problemas Gerais*, IDPEE (org.), Coimbra: Coimbra Editora, 1998, a pp. 387 ss.]; Figueiredo Dias, "Sobre o Estado Actual da Doutrina do Crime – 1.ª Parte: sobre os Fundamentos da Doutrina e a Construção do Tipo-de-Ilícito", *RPCC*, Ano I, Fasc. 1, Janeiro-Março 1991, em esp. pp. 40 ss., e sob a n. 118; e, do mesmo Autor, o texto "O Comportamento Criminal e a sua Definição: o Conceito Material de Crime", publicado no seu *Temas Básicos da Doutrina Penal. Sobre os Fundamentos da Doutrina Penal sobre a Doutrina Geral do Crime*, Coimbra: Coimbra Editora, 2001, pp. 42 ss. Veja-se, ainda, sinteticamente, o que a este propósito do bem jurídico escreve Muñoz Conde no seu texto intitulado "Protección de Bienes Jurídicos como Limite Constitucional del Derecho Penal", pp. 3 ss., que corresponde à sua conferência proferida na Faculdade de Direito da Universidade Lusíada em 10 de Maio de 2002.

[16] Para os fundamentos da legitimação do Direito penal, *v.*, por todos, com abundantes indicações bibliográficas, Müssig, *Schutz abstrakter Rechtsgüter und abstrakter Rechtsgüterschutz: zu den materiellen Konstitutionskriterien sog. Universalrechtsgüter und deren normentheoretischem Fundament – am Beispiel der Rechtsgutbestimmung für die §§ 129, 129a und 324 StGB*, cit., pp. 149 ss.; e Schmidt, *Untersuchung zur Dogmatik und zum Abstraktionsgrad abstrakter Gefährdungsdelikte: zugleich ein Beitrag zur Rechtsgutslehre*, cit., pp. 11 ss.

justa medida em que, como vimos, não exigem como pressuposto do tipo nem um resultado de perigo concreto, nem um resultado de dano para bens jurídicos protegidos.

Através do crime de perigo abstracto é possível chegar ao resultado prático da punibilidade de modalidades de comportamento que, apesar de tipicamente perigosas ou formalmente típicas, em caso algum – atento o seu significado objectivo e concreto – podem conduzir a um perigo para bens juridicamente protegidos. Está, assim, aberto o caminho para a transformação dos crimes de perigo abstracto em crimes de mera desobediência[17].

Punindo um comportamento como tal, não existindo, portanto, uma referência típica a bens jurídicos, perguntamos – e pergunta-se – como é que poderá ser então feita a legitimação das respectivas normas?

Esta problemática é reforçada pela crescente diluição do próprio conceito de bem jurídico devido à constituição pelo legislador dos chamados bens jurídicos intermédios – seja no sentido de bens jurídicos antecipados (*Vorfeldgüter*) relativamente ao bem jurídico individual[18], seja no sentido de bens jurídicos colectivos ou supra-individuais ainda que com referente individual[19] – e bens jurídicos universais (*Universalrechtsgüter*), o que torna também controverso o conteúdo material da doutrina do bem jurí-

---

[17] A proposição do problema nestes termos é recorrentemente ilustrada na doutrina alemã através do § 306 do StGB. É um exemplo paradigmático de crime de perigo abstracto, nos termos do qual ainda é fundamentada a punibilidade no caso do preenchimento formal do tipo – pôr fogo a um edifício que serve de habitação – em concreto absolutamente não perigoso – no momento do facto não se encontravam pessoas dentro do edifício ou o agente certificou-se de que ninguém permanecia no interior do edifício ou, ainda, adoptou medidas de segurança que afastavam qualquer perigo para terceiros.

[18] Assim, *v.* Roxin, *Derecho Penal. Parte General, Tomo I*, cit., pp. 410-411, nm. 126; Jakobs, *Derecho Penal. Parte General*, cit., pp. 58-59, nm. 25b; *idem*, "Kriminalisierung im Vorfeld einer Rechtsgutsverletzung", *ZStW*, Bd. 97, 1985, pp. 773 ss.; Schünemann, "Moderne Tendenzen in der Dogmatik der Fahrlässigkeits- und Gefährdungsdelikte", cit., p. 798; e Klaus Tiedemann, *Wirtschaftsstrafrecht und Wirtschaftskriminalität*, Bd. I, Reinbek: Hamburg, 1976, pp. 84-85.

[19] Deste modo, *v.*, por todos, Ricardo M. Mata y Martín, *Bienes Jurídicos Intermedios y Delitos de Peligro. Aproximación a los Presupuestos de la Técnica de Peligro para los Delitos que Protegen Bienes Jurídicos Intermedios (– Tutela Penal del Medio Ambiente, Delitos Económicos, Seguridad del Tráfico –)*, Granada: Editorial Comares, 1997, pp. 22 ss. Para uma análise crítica destas duas acepções de bem jurídico intermédio, *v.* Silva Dias, "Entre 'Comes e Bebes': Debate de algumas Questões Polémicas no Âmbito da Protecção Jurídico-Penal do Consumidor (A Propósito do Acórdão da Relação de Coimbra de 10 de Julho de 1996)", cit., pp. 528-530, sob a n. 17, e 532-533, sob a n. 24.

dico[20]. Ou seja, há uma dupla extensão da antecipação da tutela penal: por um lado, através do recurso à técnica de incriminação que o crime de perigo abstracto encerra, e, por outro, através da antecipação do próprio objecto da tutela penal.

Deste modo, a legitimidade do recurso a crimes de perigo abstracto pode ser, e é, discutida à luz dos princípios constitucionais do Direito penal, sobretudo o princípio da legalidade, o princípio da ofensividade[21] e ainda o princípio da culpa[22] [23] [24].

---

[20] Sobre o tema do bem jurídico *v.* as indicações bibliográficas indicadas *supra*, sob a n. 15.

[21] Especificamente sobre este princípio, *v.*, por todos, na doutrina antiga, Patalano, *Significato e Limiti della Dommatica del Reato di Pericolo*, cit., pp. 75 ss.; e Ferrando Mantovani, além do seu *Diritto Penale, Parte Generale*, "Il Principio di Offensività del Reato nella Costituzione", *in Aspetti e Tendenze del Diritto Costituzionale (Scritti in Onore di Costantino Mortati)*, IV, Milano: Dott. A. Giuffrè Editore, 1977; e, em data mais recente, Méndez Rodríguez, *Los Delitos de Peligro y sus Técnicas de Tipificación*, cit., pp. 35 ss. Entre nós, também Faria Costa centraliza a problemática da legitimidade constitucional dos crimes de perigo abstracto à luz de uma apreciação crítica do princípio da ofensividade. V., do Autor, além de *O Perigo em Direito Penal (Contributo para a sua Fundamentação e Compreensão Dogmáticas)*, cit., em esp. pp. 624 ss., o seu estudo "Tentativa e Dolo Eventual (ou da Relevância da Negação em Direito Penal)", separata do número especial do *BFDUC* de "Estudos em Homenagem ao Prof. Doutor Eduardo Correia", I, Coimbra, 1984, pp. 46 ss.

[22] Neste sentido, já Binding, *Die Normen und ihre Übertretung. Eine Untersuchung über die rechtmässige Handlung und die Arten des Delikts, Bd. 4*, cit., p. 387. V. ainda, por exemplo, Wolfgang Brehm, *Zur Dogmatik des Abstrakten Gefährdungsdelikts*, Tübingen: J. C. B. Mohr (Paul Siebeck), 1973, pp. 38 ss.; Schünemann, "Moderne Tendenzen in der Dogmatik der Fahrlässigkeits- und Gefährdungsdelikte", cit., pp. 797-798; Cramer, "Vorbemerkungen zu den §§ 306 ff.", cit., nm. 3a; *idem, Der Vollrauschtatbestand als abstraktes Gefährdungsdelikt*, cit., pp. 50 ss.; e Arthur Kaufmann, "Unrecht und Schuld beim Delikt der Volltrunkenheit", *JZ*, 1963, p. 432.

[23] Na procura da compatibilização do perigo abstracto com os princípios fundamentais do Direito penal, também são invocados outros princípios, como o princípio da intervenção mínima ou da fragmentariedade, Rodríguez Montañés, *Delitos de Peligro, Dolo e Imprudencia*, Madrid, 1994, pp. 247 ss.; e os princípios da proporção (a previsão dos crimes de perigo presumido deve referir-se à tutela antecipada de bens particularmente relevantes), da subsidiariedade (legitimidade do recurso a crimes de perigo presumido condicionada à insuficiência da tutela dos interesses através de crimes de perigo concreto devido à dificuldade em precisar os contornos da probabilidade de dano) e da congruência racional entre meios e fins (a tipificação de comportamentos presumivelmente perigosos deve corresponder a regras da experiência consolidadas ou a regras científicas reconhecidas), Padovani, *Diritto Penale*, cit., pp. 174-175.

[24] Na doutrina portuguesa, a compatibilidade dos crimes de perigo abstracto com os princípios constitucionais foi objecto de estudo especialmente no âmbito do Direito

Torna-se deste modo evidente a existência de um feixe de questões verdadeiramente controvertidas – que jogam não só no plano dogmático

---

penal secundário, concretamente do Direito penal económico. Neste sentido, *v.* Eduardo Correia, "Notas Críticas à Penalização de Actividades Económicas", *in Ciclo de Estudos de Direito Penal Económico*, cit., pp. 18-23 [texto igualmente publicado *in RLJ*, Ano 116.º (1984-1985), pp. 361-363, e Ano 117.º (1985-1986), pp. 33-36; e depois no cit. *Direito Penal Económico e Europeu: Textos Doutrinários, Vol. I, Problemas Gerais*, a pp. 365 ss.]; Manuel da Costa Andrade, "A Nova Lei dos Crimes contra a Economia (Dec.-Lei N.º 28/84, de 20 de Janeiro) à luz do Conceito de 'Bem Jurídico'", cit., pp. 102-104, sob a n. 64; e Manuel Lopes Rocha, "Delitos contra a Ecologia (no Direito Português)", *RDES*, 13, 1987, pp. 243-244. Também Figueiredo Dias, "Sobre o Papel do Direito Penal na Protecção do Ambiente", *RDE*, Ano IV, N.º 1, Janeiro-Junho 1978, p. 17, questiona a legitimidade e a constitucionalidade do recurso a crimes de perigo abstracto no caso particular da protecção do ambiente e tendo especialmente em vista a manifestação do princípio da culpa que veda a incriminação de condutas destituídas de ressonância ética. Fundamental ainda sobre o tema da validade constitucional dos crimes de perigo abstracto é a leitura, de novo, de Faria Costa, *O Perigo em Direito Penal (Contributo para a sua Fundamentação e Compreensão Dogmáticas)*, cit., pp. 620 ss. Entre nós, veja-se ainda Rui Patrício, *Erro sobre Regras Legais, Regulamentares ou Técnicas nos Crimes de Perigo Comum no Actual Direito Português (Um Caso de Infracção de Regras de Construção e algumas Interrogações no nosso Sistema Penal)*, Lisboa: ed. da AAFDL, 2000, em esp. pp. 229 ss., autor que também questiona a legitimidade das incriminações de perigo, em geral, em face da dignidade do bem jurídico tutelado e, bem assim, dos seguintes princípios penais: o princípio da legalidade, o princípio da culpa, e especialmente o princípio da intervenção mínima. Sobre a legitimidade à luz deste princípio último, *v.* ainda, deste Autor, "Apontamentos sobre um Crime de Perigo Comum e Concreto Complexo (Artigo 277.º, N.º 1, Alínea a) do Código Penal – Infracção de Regras de Construção)", *RMP*, Ano 21.º, N.º 81, Janeiro- -Março 2000, pp. 115 ss. Quanto à jurisprudência nacional, a jurisprudência do TC contém referências interessantes sobre crimes de perigo abstracto e respectivos limites de relevância. Assim, e pronunciando-se sobre a questão da (in)constitucionalidade da norma constante do n.º 1 do artigo 23.º do Decreto-Lei n.º 430/83, de 13 de Dezembro, face ao princípio da necessidade das penas e das medidas de segurança, ao princípio da culpa e ao princípio da presunção de inocência do arguido, *v.* os referidos Acórdãos n.ºs 426/91 e 441/94. Sobre a mesma questão substancial, embora a respeito de normas formalmente diferentes, *v.* também os já citados Acórdãos n.ºs 246/96, concernente às normas dos n.ºs 1 e 2 do artigo 22.º, conjugadamente analisadas, do Regime Jurídico das Infracções Fiscais Aduaneiras (aprovado pelo Decreto-Lei n.º 376-A/89, de 25 de Outubro), e 604/97, referente à norma do n.º 1 do artigo 40.º do Decreto-Lei n.º 15/93, de 22 de Janeiro. Sobre a apreciação da norma resultante das disposições conjugadas dos artigos 25.º e 40.º do Decreto-Lei n.º 15/93, e artigos 2.º, n.ºs 1 e 2, e 28.º da Lei n.º 30/2000, de 29 de Novembro, sobretudo por eventual violação do princípio da necessidade das penas, *v.* o Acórdão n.º 295/2003, disponível em <http://www.tribunal constitucional.pt/tc/acordaos>; e sobre a eventual inconstitucionalidade da norma contida no artigo 170.º, n.º 1, do CP, por violação dos artigos 41.º e da conformidade do crime de perigo abstracto com os princípios constitucionais, mas também no plano político-criminal da necessidade desta técnica de incriminação – que constituiriam por si só matéria suficiente para um tratamento *ex professo* a que aqui nos não poderemos dedicar.

Propomo-nos, no entanto, inventariar as tendências de fundamentação material do crime de perigo abstracto mais marcantes da doutrina numa perspectiva mais propositiva do que problemática ou conclusiva.

Não sem antes, contudo, referirmos uma orientação defendida por alguns autores e que consiste, genericamente, em aproximar o conceito formal de crime de perigo abstracto de um conceito material[25].

Esta corrente doutrinária considera atípicos, e por isso impunes, os comportamentos que, embora se subsumam formalmente na descrição típica, não se revestem em concreto de perigosidade para um interesse penalmente protegido. Exige-se, portanto, sempre e sem excepção, tal como em Hirsch[26], a prova em Tribunal da perigosidade concreta da acção do agente para bens jurídico-penais.

47.º, n.º 1, conjugados com o artigo 18.º, n.º 2, da CRP, *v.* o Acórdão n.º 144/2004, disponível em <http://www.tribunalconstitucional.pt/tc/acordaos>. Sobre uma jurisprudência constitucional, constituída a partir do Acórdão n.º 426/91, conformada com um Direito penal baseado num *tabu legal* de que fala este aresto e no ilícito de desobediência, *v.*, muito criticamente, Fernanda Palma, "Consumo e Tráfico de Estupefacientes e Constituição: a Absorção do 'Direito Penal de Justiça' pelo Direito Penal Secundário?", *in* AA.VV., *Problemas Jurídicos da Droga e da Toxicodependência, Vol. II – Actas do II Curso sobre Problemas Jurídicos da Droga e da Toxicodependência Promovido pela Faculdade de Direito de Lisboa e pelo Instituto da Droga e da Toxicodependência entre 21 de Março e 4 de Junho de 2003*, Dário Moura Vicente (coord.), suplemento da *RFDUL*, 2004, pp. 273 ss. É a partir de uma análise crítica dos citados Acórdãos n.ºs 426/91 e 295/2003 sensíveis "a uma legislação penal completamente eivada das características da protecção penal de abstractos bens colectivos e de interesses sociais, mesmo quando está em causa a protecção de bens pessoais" e aceitando portanto o "equívoco de um novo Direito Penal eminentemente preventivo geral em que a responsabilidade por culpa é descaracterizada" que a Autora problematiza a função conformadora da tipicidade penal desempenhada pelo princípio da culpa e pelo princípio que designa "da susceptibilidade de uma motivação de culpa", enquanto expressão da própria necessidade da pena concebida em termos não utilitaristas (as transcrições são da p. 287).

[25] Ou, nas palavras de Méndez Rodríguez, *Los Delitos de Peligro y sus Técnicas de Tipificación*, cit., pp. 171 ss., de aumentar a "carga ofensiva" dos crimes de perigo abstracto através da tipificação de "tipos 'cargados'".

[26] "Gefahr und Gefährlichkeit", cit., p. 559. Na doutrina espanhola, *v.* Torío López, "Los Delitos del Peligro Hipotético (Contribución al Estudio Diferencial de los Delitos de Peligro Abstracto)", cit., pp. 831 ss., e Méndez Rodríguez, *Los Delitos de Peligro*

Esta via de matizar materialmente o conceito de crime de perigo abstracto – apesar de ser minoritária[27], sublinhe-se – não deixa de ter

---

y sus Técnicas de Tipificación, cit., pp. 169-171, quando se pronuncia criticamente em relação à conversão da presunção de perigo que o crime de perigo abstracto encerra em presunção *iuris tantum* e defende que "se debiera más bien propugnar la necesidad de comprobar en todos los casos, que la acción es realmente peligrosa". No entanto, a Autora também afirma que esta via de assunção da prova do perigo com carácter geral para todos os casos em que a lei não menciona o perigo entre os elementos do tipo dilui a distinção entre crimes de perigo concreto e crimes de perigo abstracto, concluindo que: "o bien se rechaza esta vía, con el consiguiente mantenimiento de la posición tradicional, o bien se admite, pero contemporáneamente a los tipos 'clásicos' de peligro abstracto, creando así una nueva categoría, o bien se reclama la prueba en todos los casos con la consiguiente disolución del clásico binomio peligro abstracto-peligro concreto". E diz mais: a exigência da prova do perigo é "un intento condenado al fracaso porque los límites de la prueba imposibilitan que ésta se constituya en un auténtico filtro, indicativo de los hechos que real y materialmente ponen en peligro un bien jurídico". A nosso ver, aquela diluição só se verifica se se partir da contraposição entre crime de perigo abstracto e crime de perigo concreto com base na existência ou não da perigosidade concreta da acção. Mas, como acentuaremos, é o perigo concreto enquanto desvalor de resultado que traduz a essência do crime de perigo concreto.

[27] Com efeito, esta orientação de doutrina contrapõe-se à posição maioritária que considera irrelevante para efeitos de punibilidade nos termos de um crime de perigo abstracto a prova da inexistência, *in concreto*, do perigo, pois o comportamento típico é considerado perigoso *ex vi legis*. V., como exemplificativas desta tendência generalizada, as opiniões de Hoyer, "Zum Begriff der 'abstrakten Gefahr'", *JA*, 1990, em esp. pp. 184-185 e, para uma conclusão, p. 188, para quem a existência de crimes de perigo abstracto e, portanto, a punibilidade de comportamentos concretamente não perigosos não contrariam nomeadamente o princípio da culpa (o mesmo valendo aliás, como veremos *infra*, sob o Capítulo I.4., 4.6., para os crimes de perigo com a característica da "propensão"); e de Cramer, "Vorbemerkungen zu den §§ 306 ff.", cit., nm. 3. Entre nós, Figueiredo Dias, em *O Problema da Consciência da Ilicitude em Direito Penal*, 4.ª ed., Coimbra: Coimbra Editora, 1995 (1.ª ed.-1969), pp. 406-408, concretamente a propósito do "erro sobre proibições legais", põe em evidência, de forma crítica, a possibilidade de as condutas que integram as infracções de perigo abstracto serem axiologicamente neutras (em que o erro sobre a proibição legal respectiva é sempre relevante). Isto porque "o perigo fundamentador da ilicitude e da punibilidade, não se encontrando referido no tipo, pode em concreto deixar de constituir parte integrante da conduta". Para este Autor também não procede o argumento de que no âmbito do Direito penal de justiça "se o legislador vai ao ponto de presumir irrefragavelmente o perigo é apenas porque [...] a possibilidade deste é tão grande, próxima e provável que se podem desconsiderar [...] os casos em que excepcionalmente o perigo não existe". Para Figueiredo Dias, *de lege lata*, não se pode afirmar que "todos os crimes de perigo abstracto se reportam a um perigo tal, segundo o *id quod plerumque accidit*, tão grande, próximo ou provável que colore axiologicamente uma acção que, sem ele, seria absolutamente neutra" (são os

alguma ressonância na doutrina penal portuguesa, ao exigirem alguns autores uma verificação judicial, seja positiva, seja negativa, de perigo(sidade), ou uma prova ou contraprova de perigo.

É o caso de Maria Fernanda Palma[28] que rejeita a orientação que defende que enquanto no crime de perigo concreto, em termos processuais, é exigida a prova do perigo, no crime de perigo abstracto, pelo contrário, não seria necessária a sua determinação judicial por ser mero motivo do tipo legal. Nas expressivas palavras da Autora:

"Se a norma pretende evitar a criação do perigo, não pode proibir senão uma conduta de que resulte essa criação. Excluir a produção da prova do perigo pressupõe que não é necessário existir qualquer relação entre o que se proíbe ou comanda e a razão dessa proibição

---

casos dos crimes contra a segurança do Estado – por exemplo, dos artigos 145.º, § 2, 154.º, n.º 2, 155.º, 157.º, 169.º, § único, *in fine*, 170.º, e 173.º, § único – e até do crime de exposição ou abandono de menor de sete anos do artigo 345.º, § 3, do CP de 1886). Mas, segundo Figueiredo Dias, esta possibilidade – repita-se, de punir, *de iure condito*, no âmbito dos crimes de perigo abstracto, condutas axiologicamente neutras – só poderá ser ultrapassada *de iure condendo*, isto é, "só desaparecerá quando o legislador se dispuser a acabar com tais incriminações, substituindo-as pelos correspondentes crimes de perigo concreto ou tornando-as pelo menos em crimes de perigo 'abstracto-concreto', i. é, admitindo uma contraprova da presunção legal do perigo, posta a cargo do arguido". Também contra a consideração de um "requisito de perigosidade mínima da acção criminosa" nos crimes de perigo abstracto, a apreciar em cada caso pelo juiz, consulte--se, ainda na doutrina portuguesa, Paulo Pinto de Albuquerque, "Crimes de Perigo Comum e contra a Segurança das Comunicações em face da Revisão do Código Penal", in AA.VV., *Jornadas de Direito Criminal – Revisão do Código Penal. Alterações ao Sistema Sancionatório e Parte Especial*, Vol. II, Lisboa: ed. do CEJ, 1998, p. 267, texto da sua conferência proferida no âmbito das "Jornadas de Direito Criminal" organizadas pelo CEJ, a propósito da Revisão de 1995 do CP, no Porto a 30 e 31 de Outubro de 1995, em Lisboa de 23 a 25 de Novembro de 1995, e no Funchal a 2 de Maio de 1996. Mas, e para contornar a possibilidade que os crimes de perigo abstracto podem encerrar de punir comportamentos que não traduzam qualquer perigo, Pinto de Albuquerque acaba por invocar as teorias da adequação social como forma de limitar essa mesma responsabilidade. Exclui, por isso, a punibilidade, nos termos de um crime de perigo abstracto, de comportamentos socialmente adequados (são exemplos do próprio Autor: a posse de armas decorativas ou o fabrico de aparelhos de escuta telefónica numa cena de um filme).

[28] V. o seu *Direito Penal. Parte Especial. Crimes contra as Pessoas*, cit., pp. 104 ss., lições onde a Autora aborda a problemática do crime de perigo e respectivas espécies no âmbito dos crimes contra a vida, em geral, e dos crimes de perigo contra a vida, em particular.

ou comando. Ora esta pressuposição não se deduz da lógica orientadora de um sistema normativo. O desvalor de um acto [...] não é efeito da violação de um imperativo, senão porque esse imperativo se fundamenta num valor [numa certa valoração da realidade]".

E acrescenta:

"Aliás, se se concluir que o perigo é um estado que pode ser visto como evento e, nesse sentido, equiparado a um resultado típico, nada justifica que se presuma esse evento, porque tudo aquilo que é o produto de um devir causal, no sentido abordado, não é 'necessário'"[29].

Estas considerações que, se bem vemos, parecem apontar para a exigência, no crime de perigo abstracto, de um juízo positivo de perigo não só de perigo-acção, mas também de perigo-resultado, põem então em causa, como é reconhecido aliás pela Autora, a própria distinção entre crimes de perigo concreto e crimes de perigo abstracto: "a conclusão a retirar seria a negação da distinção entre crimes de perigo concreto e abstracto e a consequente rejeição de uma construção dogmática autónoma para este tipo de crimes"[30] [31].

Rui Pereira[32] afasta-se, também ele, do entendimento comum, considerando atípicas as condutas em que não haja a mínima perigosidade. O Autor fala a este propósito de um juízo negativo de perigo "pelo qual

---

[29] Com efeito, "em grande parte, a afirmação da existência de um estado de perigo está subordinada às regras da experiência e dependente sempre de um conhecimento limitado do devir causal", *Direito Penal. Parte Especial. Crimes contra as Pessoas*, cit., p. 107. As transcrições em texto são das pp. 110-111 (itálico da Autora e intercalado nosso).

[30] V. *Direito Penal. Parte Especial. Crimes contra as Pessoas*, cit., p. 111.

[31] A possibilidade processual de o arguido fazer contraprova do perigo e de demonstrar que não actuou com dolo de perigo (de tráfico) em casos como o do artigo 25.º do Decreto-Lei n.º 15/93, de 22 de Janeiro, foi igualmente defendida por Fernanda Palma na sua declaração de voto junta ao citado Acórdão n.º 295/2003. No mesmo sentido da contraprova do perigo e, sobretudo, do dolo de perigo, v., da Autora, em apreciação crítica da argumentação expendida no referido Acórdão n.º 426/91, "Consumo e Tráfico de Estupefacientes e Constituição: a Absorção do 'Direito Penal de Justiça' pelo Direito Penal Secundário?", cit., pp. 284-286.

[32] V. *O Dolo de Perigo*, cit., pp. 24-25 e 33.

se deverá averiguar se o comportamento é insusceptível de gerar qualquer risco de lesão do bem jurídico".

Em termos semelhantes, Augusto Silva Dias afirma:

"[...] nas constelações de perigo abstracto ele [o juiz] deve efectuar uma comprovação negativa cujo conteúdo reside na impossibilidade geral de lesão no caso concreto[...]. A impossibilidade concreta de alguém ser posto em perigo funciona como causa de exclusão da tipicidade do comportamento"[33].

2.2. A chamada teoria do perigo geral

Tal como referido, seguem-se algumas tentativas de legitimação do crime de perigo abstracto que embora o aceitando limitam o seu âmbito de aplicação ou condicionam a sua própria relevância.

Desde logo à luz da chamada teoria do perigo geral – *Theorie der generellen Gefahr (Gefahrmotivtheorie)*[34] –, a legitimidade material dos crimes de perigo abstracto é deduzida da premissa de que o legislador incrimina modos de comportamento geralmente perigosos segundo um juízo de probabilidade estatística. O fundamento da punibilidade não assenta portanto na perigosidade da acção individual, mas sim na perigosidade do grupo desses modos de comportamento que são tipicamente descritos. Decisivo é, por isso, a relevância geral do dano desse grupo de comportamentos e não a relevância individual do dano do comportamento concreto. Neste sentido, os crimes de perigo abstracto prosseguem uma função de ordenação do Estado em âmbitos sociais que só podem ser organizados através de uma estandardização de modos de comportamento. Aqui – mas só aqui – não é considerada qualquer limitação à

---

[33] "Entre 'Comes e Bebes': Debate de algumas Questões Polémicas no Âmbito da Protecção Jurídico-Penal do Consumidor (A Propósito do Acórdão da Relação de Coimbra de 10 de Julho de 1996)", cit., p. 524, sob a n. 15 (intercalado nosso).

[34] Também designada "teoria da relevância geral do dano" (*Theorie der generellen Verletzungsrelevanz*) por Urs Kindhäuser, *Gefährdung als Straftat. Rechtstheoretische Untersuchungen zur Dogmatik der abstrakten und konkreten Gefährdungsdelikte*, Frankfurt am Main: Vittorio Klostermann, 1989, p. 229.

punibilidade; vale a observância estrita da norma, ainda que esteja totalmente excluído o perigo[35].

É, em parte, a posição de Schünemann[36]. Com efeito, este Autor, na tentativa de resolver o problema do fundamento penal dos crimes de perigo abstracto, faz uma diferenciação dogmática destes crimes em três subcategorias, onde inclui, para além das "acções de massas" (*Massenhandlungen*), os crimes com um "bem jurídico intermédio espiritualizado" (*vergeistigtes Zwischenrechtsgut*) – crimes cometidos no exercício de funções públicas dos §§ 331 ss. e crimes de falsas declarações e perjúrio dos §§ 153 ss. do StGB – e um terceiro subgrupo que é residual relativamente a estes dois. Mas só as *Massenhandlungen*, por razões da "teoria da aprendizagem", exigem uma observação sem excepção da respectiva norma[37].

De facto, nos crimes com um "bem jurídico intermédio espiritualizado", apesar de a violação da proibição representar já um desvalor próprio que por si só fundamentaria a punibilidade, Schünemann não deixa de apontar uma limitação a essa punibilidade, sob o ponto de vista do princípio da culpa, de forma a excluir violações mínimas que já em abstracto não ameaçam o bem jurídico protegido (exemplo: ofertas de pequeno valor para efeitos de preenchimento dos tipos dos §§ 331 ss. do StGB).

A punibilidade nos termos do terceiro subgrupo de crimes de perigo abstracto também é condicionada, mas neste caso, como veremos *infra* (sob o Capítulo I.2., 2.4.), à inobservância de um dever subjectivo de cuidado.

---

[35] Neste sentido, veja-se, por exemplo, Welzel, *Derecho Penal Alemán*, cit., p. 76; Roxin, *Derecho Penal. Parte General, Tomo I*, cit., p. 336, nm. 123; e Stratenwerth, *Derecho Penal. Parte General, I*, cit., p. 79, § 206.

[36] Schünemann, "Moderne Tendenzen in der Dogmatik der Fahrlässigkeits- und Gefährdungsdelikte", cit., p. 798.

[37] Em termos semelhantes, v. Wolter, *Objektive und Personale Zurechnung von Verhalten, Gefahr und Verletzung in einem funktionalen Straftatsystem*, cit., pp. 276 ss. e 319 ss., mas chamando a este grupo de crimes de perigo abstracto como "próprios" (*"eigentliche" abstrakte Gefährdungsdelikte*) – cuja punibilidade também é fundamentada por razões de *lerntheoretische* –, por contraposição aos crimes de perigo abstracto "impróprios" (*"uneigentliche" abstrakte Gefährdungsdelikte*). No âmbito desta distinção bipartida dos crimes de perigo abstracto, os *"uneigentliche"*, atenta a protecção pelo menos mediata de determinados bens jurídicos (como a vida) que encerram, já pressupõem, por força dos princípios da ilicitude criminal e da culpa, a criação de um "risco adequado de perigo" para o respectivo bem, entendido como um "desvalor primário de resultado" (desvalor de perigosidade).

2.3. A chamada teoria do perigo abstracto

Segundo a teoria do perigo abstracto – *Theorie der abstrakten Gefahr* (*Präsumtionstheorie*) –, a legitimação do crime de perigo abstracto faz-se a partir da consideração da ocorrência de um resultado de perigo como um pressuposto não escrito desta classe de crime. Há uma presunção do resultado de perigo.

Concentremo-nos na variante da *praesumtio iuris* da teoria do perigo abstracto, já que a vertente da *praesumtio iuris et de iure* é, hoje, praticamente histórica.

A presunção da ocorrência de um resultado de perigo (típico) é assim refutável, admitindo-se, pois, prova em contrário. E admite-se ou ao agente, como Rabl[38] e Pütz[39], ou ao juiz, como Schröder[40], a contraprova da perigosidade (*Gegenbeweis der Ungefährlichkeit*) ou a prova da absoluta impossibilidade de surgimento do perigo nas circunstâncias individuais.

A contraprova da perigosidade presumida *iuris tantum*, com o relevo prático da não aplicação do tipo, é maioritariamente aceite de forma restritiva, apenas para determinados crimes de perigo abstracto.

Assim, na doutrina germânica, Schröder, apesar de reconhecer a legitimidade dos crimes de perigo abstracto, admite ao julgador a excepção da não perigosidade, permitindo, portanto, a contraprova da perigosidade, mas tão-só "quando o tipo serve a protecção de objectos determinados e concretizados, em relação aos quais se pode comprovar com segurança se em concreto eles foram efectivamente postos em perigo". Esta contraprova já não é possível relativamente a tipos que protegem a "comunidade ou objectos que, no momento do acto, não estão determinados ou são indetermináveis"[41]. Ou seja, a contraprova só é válida para aquilo que designaríamos por "crimes de perigo abstracto individualizado" (tipos de perigo para bens jurídicos individuais), por contraposição a "crimes de perigo abstracto não-individualizado" (tipos de perigo para bens jurídicos colectivos). Saber, dentro dos crimes de perigo abstracto, quais as normas

---

[38] *Gefährdungsvorsatz*, Breslau-Neukirch, 1933, em esp. pp. 9 ss. e 15 ss.
[39] *Der Gefahrenbegriff im Strafrecht*, Köln, 1936, em esp. pp. 36-37.
[40] V., do Autor, "Die Gefährdungsdelikte im Strafrecht", cit., pp. 16-17, e "Abstrakt-konkrete Gefährdungsdelikte?", cit., p. 525.
[41] As transcrições são da p. 17 do cit. "Die Gefährdungsdelikte im Strafrecht".

que admitem prova em contrário é uma questão de interpretação dos próprios tipos em concreto[42].

Esta solução da contraprova da perigosidade – que é, aliás, desenvolvida *praeter legem* – viola no entanto o princípio *in dubio pro reo*, na medida em que o risco da prova da não perigosidade passa a recair sobre o *reo*[43]. Mas, esta inversão das regras sobre o ónus da prova, processualmente falando, a favor da correcção da verdade material mas em desfavor do *reo*, não resulta, no pensamento de Schröder – e ao contrário do que acontece em Rabl e Pütz –, da oneração do agente com a prova da não perigosidade, mas sim do facto de que se o juiz não consegue fazer a contraprova com base nas circunstâncias do caso individual, a condenação do agente fundamenta-se, então, numa presunção do perigo, recaindo sobre ele o risco do *non liquet*. Esta transferência da prova do

---

[42] Exigindo igualmente a contraprova do perigo, *v.*, por exemplo, Hans-Joachim Rudolphi, "Inhalt und Funktion des Handlungsunwertes im Rahmen der personalen Unrechtslehre", *in Festschrift für Reinhart Maurach zum 70. Geburtstag*, Karlsruhe: C. F. Müller, 1972, pp. 59-60; e Jescheck, *Tratado de Derecho Penal. Parte General*, cit., pp. 238-239, que admite a contraprova quando da acção descrita no tipo estiver "absolutamente excluída" a possibilidade concreta de perigo para o bem jurídico protegido. A legitimidade desta limitada admissibilidade da prova contrária pode ser fundamentada, segundo o Autor, com a "cláusula de exigência mínima" do § 326 V do StGB. Nesta conclusão converge, na doutrina espanhola, Mir Puig, *Derecho Penal. Parte General*, cit., p. 210.

[43] Também neste sentido, *v.*, entre nós, Silva Dias, "Entre 'Comes e Bebes': Debate de algumas Questões Polémicas no Âmbito da Protecção Jurídico-Penal do Consumidor (A Propósito do Acórdão da Relação de Coimbra de 10 de Julho de 1996)", cit., p. 524, sob a n. 15. Para o mundo germânico, *v.* Roxin, *Derecho Penal. Parte General, Tomo I*, cit., p. 408, nm. 120; Horn, *Konkrete Gefährdungsdelikte*, cit., pp. 25-26; *idem*, "Vorbemerkungen vor § 306", cit., nm. 17; Schünemann, "Moderne Tendenzen in der Dogmatik der Fahrlässigkeits- und Gefährdungsdelikte", cit., p. 797; Cramer, *Der Vollrauschtatbestand als abstraktes Gefährdungsdelikt*, cit., pp. 56-57; *idem*, "Vorbemerkungen zu den §§ 306 ff.", cit., nm. 4; e Wolter, *Objektive und Personale Zurechnung von Verhalten, Gefahr und Verletzung in einem funktionalen Straftatsystem*, cit., pp. 295 e 324. A inversão do ónus da prova também suscita algumas dúvidas a Hirsch, "Gefahr und Gefährlichkeit", cit., p. 559, em sede de Direito penal e de Direito processual penal, que acaba então por concluir pela exigência *a priori* de uma perigosidade concreta da acção. Ainda no sentido do texto, *v.* Giusino, *I Reati di Pericolo tra Dogmatica e Politica Criminale*, cit., pp. 400 ss.; e Méndez Rodríguez, *Los Delitos de Peligro y sus Técnicas de Tipificación*, cit., pp. 169-171.

agente para o Tribunal no pensamento de Schröder nem sempre é suficientemente sublinhada pela doutrina[44].

Uma crítica também frequentemente apontada à construção de Schröder é a de que a exigência da contraprova transformaria na prática os crimes de perigo abstracto em crimes de perigo concreto, o que certamente frustraria as intenções do legislador[45]. Apenas dois reparos: primeiro, o Autor não defende o *Gegenbeweis* para todos os crimes de perigo abstracto; segundo, mesmo nos casos em que a admite, não exige a prova do resultado de perigo, mas admite tão-só a ilisão da presunção de perigo. Uma comprovação judicial portanto negativa, e não positiva, de perigo[46].

2.4. O critério da violação da diligência devida

Autores há, como Horn e Schünemann, que partem da fungibilidade dos conceitos de "perigosidade abstracta da acção" e "violação da diligência devida", para fazerem depender a punibilidade nos termos de um crime de perigo abstracto da realização de um comportamento contrário à diligência e assim compatibilizar o crime de perigo abstracto com o princípio da culpa.

Neste sentido, Horn[47] reconduz os comportamentos de "crime de perigo abstracto" – note-se que para o Autor não existe sequer o conceito de "perigo abstracto" (*abstrakte Gefahr*) –, *de iure condito* ou *de iure condendo* (Horn não toma uma posição entre estes dois pontos de vista),

---

[44] Registe-se, todavia, a excepção de Schmidt, *Untersuchung zur Dogmatik und zum Abstraktionsgrad abstrakter Gefährdungsdelikte: zugleich ein Beitrag zur Rechtsgutslehre*, cit., pp. 45-46.

[45] Apontam nesse sentido, Horn, *Konkrete Gefährdungsdelikte*, cit., pp. 25-26; Schünemann, "Moderne Tendenzen in der Dogmatik der Fahrlässigkeits- und Gefährdungsdelikte", cit., p. 797; e Wolter, *Objektive und Personale Zurechnung von Verhalten, Gefahr und Verletzung in einem funktionalen Straftatsystem*, cit., pp. 295 e 324.

[46] Se dúvidas houvesse, v., então, de forma clara a sua anotação ao § 227, nm. 1, in Adolf Schönke / Horst Schröder, *Strafgesetzbuch: Kommentar*, 13. Aufl., München: C. H. Beck'sche Verlagsbuchhandlung, 1967.

[47] V., do Autor, *Konkrete Gefährdungsdelikte*, cit., pp. 12 ss., 22-23, 28 e 94-95, e "Vorbemerkungen vor § 306", cit., nm. 15.

às acções objectivamente contrárias à diligência, isto é, aos tipos com "negligência sem consequências" (*folgenlose Fahrlässigkeit*), que "só se distinguem dos restantes tipos negligentes porque neles não se exige a produção concreta de uma lesão do bem jurídico". Segundo o Autor, se se entende os crimes de perigo abstracto como "crimes de acção perigosa", não caberá então no momento da tipicidade "nem mais nem menos comprovação de um perigo do que a necessária para a verificação de uma infracção do cuidado devido" em relação ao bem jurídico[48].

A nosso ver, este raciocínio que considera os crimes de perigo abstracto como crimes negligentes pressupõe que a ilicitude da acção perigosa é equiparável à da acção negligente, que, segundo a opinião dominante, corresponde à violação do dever de diligência. No entanto, e apesar de ser verdade que o ponto central da ilicitude do crime de perigo abstracto se situa, como no crime negligente, no modo de comportamento e não no resultado, deve questionar-se se existe realmente a referida equiparação ao nível da ilicitude dos dois crimes. Esta proposição do raciocínio fica de facto por demonstrar no pensamento dos autores que consideram a identidade entre perigosidade e contrariedade aos princípios da diligência.

Mais, esta solução pode beneficiar injustificadamente um agente que realize dolosamente um crime de perigo abstracto, mas que actue, sem o saber, objectivamente conforme à norma de diligência a estabelecer *ex ante*.

---

[48] Em termos semelhantes, *v*. Rudolphi, "Inhalt und Funktion des Handlungsunwertes im Rahmen der personalen Unrechtslehre", cit., p. 59; e Demuth, *Der normative Gefahrbegriff. Ein Beitrag zur Dogmatik der konkreten Gefährdungsdelikte*, cit., pp. 39 ss. Esta posição também é defendida por Brehm, mas em termos limitados, ou seja, em referência apenas aos "crimes de perigo abstracto com orientação do bem jurídico" (*rechtsgutsorientierte abstrakte Gefährdungsdelikte*). Em relação aos tipos com "função de organização" da sociedade, continua a ser suficiente a mera desobediência formal à norma, ou seja, a mera infracção da proibição. V., do Autor, *Zur Dogmatik des Abstrakten Gefährdungsdelikts*, cit., pp. 126 ss., 138 ss. e 153. Também no sentido de os crimes de perigo abstracto serem crimes negligentes, identificando a perigosidade daqueles com a infracção do dever objectivo de cuidado destes, *v*., na doutrina espanhola, Rodríguez Montañés, *Delitos de Peligro, Dolo e Imprudencia*, cit., pp. 281 ss., e, *idem*, "Delitos de Peligro (D.º Penal)", in *EJurB*, Vol. II (Cor-Ind), Alfredo Montoya Melgar (dir.), Madrid: Editorial Civitas, 1995, p. 2078.

Este resultado a que pode chegar a teoria de Horn já não se verifica na construção de Schünemann[49]. Para este Autor, a punibilidade nos termos da já referida subcategoria "residual" do crime de perigo abstracto não está dependente da infracção do dever objectivo de cuidado, mas sim do dever subjectivo de cuidado[50]. A violação do dever subjectivo de diligência justifica então a punibilidade devido à perigosidade da acção.

Esta solução para a fundamentação do crime de perigo abstracto pressupõe no entanto, como é aliás reconhecido por Schünemann, o desenvolvimento de uma figura jurídica – a "tentativa negligente" –, enquanto forma de crime caracterizada precisamente pela inobservância do princípio da diligência subjectiva, o que é bastante discutível à luz da doutrina jurídico-penal.

2.5. Propostas de desmaterialização do conceito de bem jurídico

Devido à dificuldade em estabelecer nos crimes de perigo abstracto uma relação imediata para com os respectivos bens jurídicos protegidos, propostas há que pretendem legitimá-los materialmente na base de uma desmaterialização do próprio conceito de bem jurídico e estendendo o fim da protecção da norma.

Esta tendência, presente na literatura penal ao longo dos tempos desde a doutrina mais antiga até às abordagens mais modernas, põe em evidência, de forma particular, a controvérsia da formulação dos bens de protecção como bens jurídicos abstractos.

Neste sentido, já Binding[51] falava em crimes de perigo (concreto[52]) que remetiam para um conceito superior de bem, abstraído do próprio

---

[49] *V.*, de novo, "Moderne Tendenzen in der Dogmatik der Fahrlässigkeits- und Gefährdungsdelikte", cit., p. 798.

[50] Assim, já não deixará de ser punido penalmente nos termos de um crime de perigo abstracto quem apenas não observa as medidas de precaução subjectivamente requeridas para afastar qualquer possibilidade do dano, ainda que as medidas adoptadas sejam objectivamente suficientes para afastar o perigo.

[51] *Die Normen und ihre Übertretung. Eine Untersuchung über die rechtmässige Handlung und die Arten des Delikts, Bd. 1: Normen und Strafgesetze*, 4. Aufl., Leipzig, 1922, pp. 353 ss. e 393 ss.

[52] Como veremos *infra* (sob o Capítulo III.1., 1.2.), para Binding só o perigo concreto é penalmente relevante.

conceito de bem de protecção concreto, cuja segurança era então concebida como uma espécie de bem alargado desses crimes. O bem jurídico era concebido como tudo o que é relevante como condição de uma vida sã da comunidade jurídica e que, por isso, o legislador tem interesse em preservar.

Na mesma linha de pensamento, Kindhäuser[53] desenvolve uma concepção do crime de perigo abstracto trabalhando com o que designa por "segurança como fim da norma". Propõe o Autor uma materialização do conceito de perigo abstracto como dano específico *sui generis* que é compreendido como uma limitação das condições de segurança (heterónomas) necessárias para a disposição dos bens, como garantia para a realização da pessoa nos mais variados campos. Os crimes de perigo abstracto são, assim, concebidos como normas de segurança.

Kindhäuser pretende, deste modo, afastar a problemática da legitimação dos crimes de perigo abstracto do "paradigma da agressão" da doutrina do bem jurídico em que, como é sabido, a lesão de bens jurídicos concretos é o arquétipo nuclear do Direito penal[54].

No pensamento jurídico-penal alemão recente, Schmidt[55], debruçando-se *ex professo* sobre a legitimação material dos crimes de perigo

---

[53] *Gefährdung als Straftat. Rechtstheoretische Untersuchungen zur Dogmatik der abstrakten und konkreten Gefährdungsdelikte*, cit., pp. 277 ss.

[54] Para uma apreciação crítica do pensamento de Kindhäuser, *v.* Müssig, *Schutz abstrakter Rechtsgüter und abstrakter Rechtsgüterschutz: zu den materiellen Konstitutionskriterien sog. Universalrechtsgüter und deren normentheoretischem Fundament – am Beispiel der Rechtsgutbestimmung für die §§ 129, 129a und 324 StGB*, cit., pp. 201 ss.; Felix Herzog, *Gesellschaftliche Unsicherheit und strafrechtliche Daseinsvorsorge: Studien zur Vorverlegung des Strafrechtsschutzes in den Gefährdungsbereich*, Heidelberg, 1991, pp. 41 ss.; e Jakobs, *Sociedad, Norma y Persona en una Teoría de um Derecho Penal Funcional* (trad. de Manuel Cancio Meliá e Bernardo Feijóo Sánchez de "Das Strafrecht zwischen Funktionalismus und 'alteuropäischem' Prinzipiendenken. Oder: Verabschiedung des 'alteuropäischen Strafrechts?"), Madrid, Editorial Civitas, S. A., 1996, pp. 45-46 [este escrito reproduz, com excepção dos seus apartados II.B), II.B).3, IV.B) a D), o texto apresentado pelo Autor nas Jornadas alemãs de Professores de Direito penal em Rostock, no dia 28 de Maio de 1995, e publicado *in* ZStW, Bd. 107, 1995, pp. 843-876].

[55] *Untersuchung zur Dogmatik und zum Abstraktionsgrad abstrakter Gefährdungsdelikte: zugleich ein Beitrag zur Rechtsgutslehre*, cit., pp. 119 ss. e, em esp., pp. 199 ss. e 205-206.

abstracto e equacionando o problema da sua fundamentação nos termos em que já foram expostos – crimes que não têm uma referência típica relativamente aos bens jurídicos protegidos –, entende que esta questão só pode ser resolvida através de uma apreciação do próprio conceito de bem jurídico.

Neste sentido, propõe o Autor uma revisão crítica da ideia de bem jurídico como pura referência a um objecto real concreto. O conceito jurídico-penal de bem jurídico tem que abranger igualmente o contexto social e o ambiente em que estão os respectivos objectos de bem jurídico. Portanto, a concepção de bem jurídico, enquanto conceito-base para uma legitimação material dos crimes de perigo abstracto, é também aqui alargada de forma a referir-se não só ao objecto real, mas também ao ambiente dos objectos de bem jurídico e à segurança deste ambiente que as normas jurídico-penais, quer proibitivas, quer prescritivas, devem garantir.

Só a esta luz se torna compreensível que a pura ilicitude da acção possa fundamentar a punibilidade, sem a exigência de um resultado, sempre que traduza uma diminuição da vigência da norma e ponha assim em causa a valorização e a utilização suficientemente segura dos bens jurídicos por parte do respectivo titular.

Para Schmidt só há pois um âmbito de aplicação materialmente não legitimado dos crimes de perigo abstracto que justifica consequentemente uma restrição à sua aplicação: quando está excluída completa e objectivamente uma limitação fáctica do objecto de bem jurídico, o agente sabe disso e, na verdade, a limitação não se verifica.

Também recentemente, mas agora na doutrina espanhola, podemos encontrar na opinião de Corcoy Bidasolo[56] alguns princípios nesta direcção. A Autora desenvolve, como forma de superar as críticas invocadas contra os crimes de perigo abstracto, um conceito de *"delitos de peligro"* (verdadeiramente *entrecomillado*) – que integra como elemento típico um resultado também *sui generis*[57]. Estes *"delitos de peligro"* são

---

[56] *Delitos de Peligro y Protección de Bienes Jurídico-Penales Supraindividuales. Nuevas Formas de Delincuencia y Reinterpretación de Tipos Penales Clásicos*, cit., passim.

[57] V. *Delitos de Peligro y Protección de Bienes Jurídico-Penales Supraindividuales. Nuevas Formas de Delincuencia y Reinterpretación de Tipos Penales Clásicos*, cit., em esp. pp. 129 ss.

crimes em que se protege (sempre) um bem jurídico supra-individual, podendo revestir a forma de crimes de perigo concreto ou de perigo abstracto.

Ou seja, a consumação destes crimes contra bens jurídicos supra--individuais – como seriam portanto todos os crimes de perigo abstracto (e também os crimes de perigo concreto) – exige a lesão do bem jurídico--penal supra-individual, lesão esta que, apesar de não ser um resultado em sentido material mas um elemento essencial do tipo de ilícito, tem uma função análoga ao resultado material em sentido estrito, político--criminal e processualmente falando. E por isso é um "resultado". E como "resultado" que é, a lesão do bem jurídico supra-individual exige a prova da idoneidade do comportamento para o lesar. É este o denominador comum dos "*delitos de peligro*". A diferença entre os crimes de perigo concreto e os crimes de perigo abstracto passa então por se exigir, ou não, um resultado material de perigo para um bem jurídico-penal individual, para além do "resultado" de lesão para um bem jurídico-penal supra-individual. Mas a previsão de um "*delito de peligro*" e por conseguinte a protecção de bens jurídico-penais supra-individuais só estão legitimadas quando esse bem supra-individual tem um referente individual, no sentido em que a sua protecção serve para o livre desenvolvimento da pessoa como ser social[58].

Ora, a exigência para a consumação do crime da prova da idoneidade da acção para lesar o bem jurídico supra-individual levanta, a nosso ver, enormes dificuldades de prova. Basta pensar nos riscos existentes na sociedade moderna cujas consequências, muitas das vezes, não são consensuais, ou até nem sequer conhecidas pelos próprios peritos, não sendo, por isso, possível fazer o referido juízo de "idoneidade".

Atrevemo-nos a incluir ainda dentro desta abordagem que desmaterializa o bem jurídico para salvar a legitimidade do perigo abstracto a leitura de Faria Costa, que fundamenta a partir de uma "relação onto-

---

[58] *V.*, em esp., *Delitos de Peligro y Protección de Bienes Jurídico-Penales Supraindividuales. Nuevas Formas de Delincuencia y Reinterpretación de Tipos Penales Clásicos*, cit., pp. 253 ss., e, para uma conclusão, pp. 369 ss. A legitimidade da protecção de bens jurídicos supra-individuais exige também, segundo Corcoy Bidasolo, uma interpretação restritiva dos diferentes níveis da teoria do crime, não sendo então punível nem a tentativa destes crimes, nem a cumplicidade. A este propósito, *v.*, *idem*, pp. 271 ss. e 347 ss.

-antropológica de cuidado-de-perigo", que envolve o "cuidado do 'eu' para com o 'outro'"[59], a incriminação de condutas que desencadeiam meras situações de perigo abstracto, legitimando, assim, este alargamento da punibilidade[60]. Este é aliás o fundamento ontológico igualmente comum à incriminação dos comportamentos descritos no crime de perigo concreto e no crime de dano, ou seja, do perigo e do dano/violação enquanto expressões do desvalor de resultado[61].

E afirma o Autor:

"A razão de ser do desvalor inerente ao cuidado-de-perigo [...] está ainda, se bem que de uma forma ténue, na perversão da matricial e originária relação de cuidado-de-perigo. A perversão dessa relação suscita, não um dano, não um perigo, mas um cuidado-de-perigo, relativamente aos valores essencialíssimos do viver comunitário"[62].

O que permite a Faria Costa considerar que "o referente primeiro que envolve a relação de cuidado-de-perigo é ainda o valor – o bem jurídico-penal –, a determinante axiológica"[63] e concluir no sentido de que com o crime de perigo abstracto ainda se pretende tutelar um bem jurídico penalmente relevante. Daí que o fundamento do crime de perigo

---

[59] Sobre este conceito de "cuidado-de-perigo", central na análise de Faria Costa, v. *O Perigo em Direito Penal (Contributo para a sua Fundamentação e Compreensão Dogmáticas)*, cit., *inter alia*, pp. 354 ss., 365 ss., 391 ss. e 398 ss, e o seu artigo "Ilícito-Típico, Resultado e Hermenêutica (ou o Retorno à Limpidez do Essencial)", *in* Maria da Conceição Santana Valdágua (coord.), *Problemas Fundamentais de Direito Penal. Colóquio Internacional de Direito Penal em Homenagem a Claus Roxin*, Lisboa: Universidade Lusíada Editora, 2002, pp. 25 ss.

[60] Esta estrutura fundamentadora é sublinhada pelo Autor nas sua anotações ao artigo 274.º (Actos preparatórios) na versão depois da Revisão de 1995 do CP, uma norma incriminadora de perigo abstracto, inseridas *in Comentário Conimbricense do Código Penal. Parte Especial, Tomo II*, cit., p. 884, § 2. De novo sobre a legitimidade material da punibilidade de comportamentos através dos crimes de perigo abstracto, v. *O Perigo em Direito Penal (Contributo para a sua Fundamentação e Compreensão Dogmáticas)*, cit., pp. 620 ss.

[61] *O Perigo em Direito Penal (Contributo para a sua Fundamentação e Compreensão Dogmáticas)*, cit., em esp. p. 634, e *passim*.

[62] Transcrição da p. 634 de *O Perigo em Direito Penal (Contributo para a sua Fundamentação e Compreensão Dogmáticas)*, cit.

[63] Transcrição da p. 634, sob a n. 156, de *O Perigo em Direito Penal (Contributo para a sua Fundamentação e Compreensão Dogmáticas)*, cit.

abstracto ainda se possa encontrar no princípio da ofensividade – ofensividade de cuidado-de-perigo[64].

2.6. A concepção de Jakobs

Pela sua importância, destacamos nesta breve resenha doutrinária a concepção de Jakobs. Se é verdade que o Autor questiona, primeiro no seu Tratado[65] e depois no seu artigo "Kriminalisierung im Vorfeld einer Rechtsgutsverletzung"[66], a legitimidade da incriminação no pré-campo da lesão, não é menos certo que afirma igualmente a necessidade de prever crimes de perigo abstracto quando só se torna possível organizar um âmbito social através da estandardização de condutas.

É o que se verifica em relação a âmbitos de "natureza complicada" em que não se pode esperar que os respectivos titulares se comportem de forma a que não produzam danos (exemplos: falso testemunho ou incêndio de edifícios habitados, respectivamente §§ 153 ss., 306 Nr. 2 a.F., e 307 do StGB), ou relativamente a comportamentos de massas (como o dos participantes no trânsito rodoviário) ou ainda a comportamentos que apesar de serem no caso concreto apenas marginalmente perigosos se podem tornar efectivamente perigosos pela sua acumulação (por exemplo, os §§ 316 e 324 do StGB).

Este entendimento corresponde aos princípios da já referida teoria do perigo geral.

É, no entanto, num texto recente intitulado *A Ciência do Direito Penal perante as Exigências do Presente*[67] – em que Jakobs reflecte sobre os problemas dogmáticos suscitados pela sociedade moderna de

---

[64] A par da ofensividade de cuidado-de-perigo, distingue o Autor a ofensividade de concreto pôr-em-perigo e a ofensividade de dano/violação, os três níveis do princípio da ofensividade que funcionam como crivo legitimador das diversas normas incriminadoras, respectivamente de perigo abstracto, de perigo concreto e de dano. V., *O Perigo em Direito Penal (Contributo para a sua Fundamentação e Compreensão Dogmáticas)*, cit., pp. 635 ss.

[65] *Derecho Penal. Parte General*, cit., pp. 210 ss., nm. 86a ss.

[66] Publicado *in ZStW*, Bd. 97, 1985, a pp. 751 ss.

[67] *La Ciencia del Derecho Penal ante las Exigencias del Presente* (trad. de Teresa Manso Porto), Bogotá: Universidad Externado de Colombia, 2000, em esp. pp. 10-13, 20-21 e 29 ss.

tipo ocidental – que o Autor desenvolve a legitimação dos crimes de perigo como uma exigência específica da teoria do Direito penal que deverá consagrar o progressivo carácter anónimo dos contactos sociais que caracterizam a nossa sociedade.

A sociedade moderna possibilita ou potencia cada vez mais os contactos relativamente anónimos, isto é, nas palavras do Autor, "aqueles em que o alcance do dever dos participantes está verdadeiramente determinado pelo seu papel mas, em contrapartida, não se averigua ou nem sequer seria averiguável também cognitivamente que aspecto apresenta em geral a administração do âmbito de organização de cada um"[68].

Ou seja: se, por um lado, qualquer pessoa sabe, quando se cruza com um terceiro desconhecido, que papel[69] é desempenhado por este desconhecido na sociedade – o papel de se comportar como pessoa em Direito, como pessoa que aceita as regras mínimas de interacção e que assume a liberdade de organização, isto é, que se comporta de acordo com as regras do "*status* geral" de cidadão[70] –, por outro lado e de facto,

---

[68] A transcrição é das pp. 10-11 do cit. *La Ciencia del Derecho Penal ante las Exigencias del Presente*.

[69] Utilizamos, tal como na língua alemã *Rolle*, por sua vez oriunda do inglês *role*, a terminologia corrente entre os sociólogos portugueses: "papel" e "papel social".

[70] É este o papel mínimo jurídico-penalmente relevante a desempenhar em sociedade, o papel de cidadão que é reciprocamente determinado de forma negativa: "não leses e exige não seres lesado". E é precisamente a partir da violação das regras deste "*status* geral" de cidadão e da violação das regras do "*status* especial" – o duplo fundamento possível para a imputação da responsabilidade jurídico-penal por acção e por omissão – que Jakobs formula uma teoria unitária da posição de garante tanto para os delitos de comissão como para os delitos de omissão. Para maiores desenvolvimentos, consulte-se do Autor, para além do seu manual, os seguintes textos: *La Competencia por Organización en el Delito Omisivo. Consideraciones sobre la Superficialidad de la Distinción entre Comisión y Omisión* (trad. cast. de Enrique Peñaranda Ramos de *Die Zuständigkeit kraft Organisation beim Unterlassungsdelikt. Zur Äußerlichkeit der Unterscheidung von Begehung und Unterlassung*), Bogotá: Universidad Externado de Colombia, reimp. 1995 (1.ª ed.-1994) [texto publicado *in* Enrique Peñaranda Ramos / / Carlos J. Suárez González / Manuel Cancio Meliá, *Estudios de Derecho Penal* (enriquecido com um prólogo do Autor e com um estudo preliminar dos tradutores intitulado "Consideraciones sobre la Teoría de la Imputación de Günther Jakobs"), Madrid: Editorial Civitas, 1997, a pp. 347 ss.], pp. 12 ss.; "El Concepto Jurídico-Penal de Acción" (trad. cast. de Manuel Cancio Meliá de "Der strafrechtliche Handlungsbegriff. Kleine Studie", publicado *in Schriften der Juristischen Studiengesellschaft Regensburg e. V., Heft 10*, München: C. H. Beck, 1992), *in* Enrique Peñaranda Ramos / Carlos J. Suárez González / Manuel Cancio Meliá, *Estudios de Derecho Penal*, cit., pp. 101 ss.

nada mais sabe acerca dessa pessoa – por exemplo: se ela é agressiva ou pacífica, se perante riscos se comporta de forma mais retraída ou mais entusiástica, etc.

Se a esta anonimidade dos contactos sociais se juntar o facto de as pessoas terem objectos perigosos (é o que acontece no trânsito rodoviário), considera, então, Jakobs que não basta que as normas incriminadoras descrevam apenas o resultado proibido, ficando a concretização do comportamento proibido descentralizada no autor do facto (ou no órgão judicial). A esta "regulação social descentralizada" ou "administração descentralizada das normas" por cada indivíduo, cuja interpretação do significado de um comportamento varia de indivíduo para indivíduo[71],

---

e em esp. p. 124 [estudo também publicado in *Revista Peruana de Ciencias Penales*, N.º 3, Janeiro-Junho 1994; e em Bogotá, em publicação da Universidad Externado de Colombia, reimp. 1998 (1.ª ed.-1996)]; *Sobre el Injusto del Suicidio y del Homicidio a Petición. Estudio sobre la Relación entre Juridicidad y Eticidad* [trad. cast. de Manuel Cancio Meliá e Marcelo A. Sancinetti de *Zum Unrecht der Selbsttötung und der Tötung auf Verlangen, in Strafgerechtigkeit (Festschrift für Arthur Kaufmann zum 70. Geburtstag)*, Heidelberg, 1993, a pp. 133 ss.], Bogotá: Universidad Externado de Colombia, 1996, em esp. pp. 12 ss.; *La Imputación Penal de la Acción y de la Omisión* (trad. cast. de Javier Sánchez-Vera Gómez-Trelles), Bogotá: Universidad Externado de Colombia, reimp. 1998 (1.ª ed.-1996), pp. 7 ss. e "La Omisión: Estado de la Cuestión" (trad. de Javier Sánchez-Vera Gómez-Trelles), in AA.VV., *Sobre el Estado de la Teoría del Delito (Seminario en la Universitat Pompeu Fabra)*, Jesús-María Silva Sánchez (ed.), Madrid: Civitas Ediciones, 2000, pp. 129 ss. (para uma discussão acerca desta exposição de Jakobs, v., ainda, Silva Sánchez, sob "Informe sobre las Discusiones", a pp. 197 ss. da mesma obra). Em Espanha, Javier Sánchez-Vera Gómez-Trelles, discípulo de Jakobs, desenvolve um pensamento em termos semelhantes V., do Autor, *Intervención Omisiva, Posición de Garante y Prohibición de Sobrevaloración del Aporte*, Bogotá: Universidad Externado de Colombia, reimp. 1997 (1.ª ed.-1995), pp. 18 ss., e *Delito de Infracción de Deber y Participación Delictiva* (com um prólogo de Günther Jakobs e apresentação de Enrique Bacigalupo), Madrid: Marcial Pons, 2002, pp. 27 ss. Para uma apreciação crítica das significativas contribuições de Jakobs para a teoria dos crimes omissivos, permitimo-nos remeter para o nosso estudo *A Teoria Penal da Omissão e a Revisão Crítica de Jakobs*, Coimbra: Livraria Almedina, 2000, pp. 89 ss. De modo igualmente crítico v. ainda Fernanda Palma, *Direito Penal. Parte Geral. II Volume. A Teoria Geral da Infracção como Teoria da Decisão Penal*, Lisboa: ed. policop. da AAFDL, 2001 (fascículos em curso de publicação), pp. 65 ss.; e, idem, "A Teoria do Crime como Teoria da Decisão Penal (Reflexão sobre o Método e o Ensino do Direito Penal)", *RPCC*, Ano 9, Fasc. 4.º, Outubro-Dezembro 1999, em esp. pp. 552 ss.

[71] Ilustrando com um exemplo do Autor: no trânsito rodoviário certos ímpetos podem ser interpretados por alguns jovens condutores como um uso estimulante mas inócuo das suas capacidades e, por outros, como adequados para causar danos. Veja-se *La Ciencia del Derecho Penal ante las Exigencias del Presente*, cit., p. 11.

contrapõe o Autor a "regulação social central" ou "concretização centralizada dos postulados normativos" pelo legislador que descreve o comportamento contrário à norma, ficando apenas descentralizada a simples averiguação em concreto da referida configuração do comportamento.

Neste sentido, a técnica legislativa dos crimes de perigo abstracto corresponde a uma "regulação social central" ou "administração centralizada das normas", pois é definido, centralmente, pelo legislador, um comportamento não permitido *per se*.

Todavia, o legislador pode recorrer igualmente a uma "administração centralizada parcial das normas" e declarar um determinado comportamento como não permitido "sob algumas cautelas" – como a de o comportamento dever revelar a característica da "idoneidade" para lesar ou pôr em perigo determinados bens jurídicos ou até a de o comportamento criar um perigo concreto. Neste caso, as normas incriminadoras são apenas parcialmente descentralizadas, deixando ao indivíduo a averiguação da "idoneidade" ou da criação do perigo concreto – o que basta para a realização do tipo ainda que o autor julgue descuidadamente que não se vai produzir o dano.

É neste contexto que Jakobs legitima os crimes de perigo – abstracto e concreto –, pois se cognitivamente nada se sabe acerca de um terceiro com quem se cruza, há a expectativa de que normativamente um determinado comportamento não permitido seja definido de forma tal que deixe de se realizar "em todos os casos" (ou pelo menos no caso em que se verifique a "idoneidade" ou o perigo concreto) e não apenas quando o outro – o terceiro – o interprete como causador de um resultado, "segundo o seu parecer". Noutros termos, são os *déficits* cognitivos inevitáveis numa sociedade que possibilita contactos anónimos que devem ser compensados por *standards* normativos que, porém, "apenas" se reconduzem à garantia da "fidelidade ao Direito" – satisfação do papel geral de cidadão fiel ao Direito e que não assume papéis especiais para os quais não foi formado[72].

---

[72] Também para Müssig os crimes de perigo abstracto "positivam e garantem expectativas de comportamento como parte integrante, ou seja, como estrutura de um complexo normativo específico institucionalizado". Sublinhe-se que esta exigência da integração da norma num contexto institucionalizado torna mais restrito o âmbito de aplicação desta forma de crime, comparativamente com a concepção de Jakobs. Através dos crimes de perigo abstracto são, pois, segundo Müssig, caracterizados normativamente

No entanto, e tal como é sublinhado pelo Autor, esta forma de legitimar os crimes de perigo diz apenas respeito a comportamentos em que se verifique uma "dessubjectivização da referência ao dano", ou seja, em que o comportamento típico cria um perigo, pelo menos abstracto, de extralimitar imediatamente, e não através de um comportamento posterior, do âmbito de organização próprio, para um âmbito de organização alheio.

A criminalização de comportamentos "prévios" a esta extralimitação imediata[73] já não é legitimada desta forma, mas sim com base na crescente consciência do risco, também existente na sociedade moderna, que faz funcionar aquilo que Jakobs denomina, com uma linguagem sugestiva, o "Direito penal de inimigos" (*Feindstrafrecht*).

Este "Direito"[74] deve o seu nome ao facto de o Estado não comunicar com os seus cidadãos, mas ameaçar os seus inimigos. O inimigo é entendido como o indivíduo que não apenas de forma incidental mas de forma presumidamente duradoura abandonou o Direito – o que se manifesta através do seu comportamento (por exemplo, criminalidade sexual) ou na sua ocupação profissional (por exemplo, criminalidade económica, criminalidade organizada, tráfico de droga) ou, principalmente, através da vinculação a uma organização (por exemplo, terrorismo, criminalidade organizada) –, não garantindo já, consequentemente, "o mínimo de segurança cognitiva do comportamento pessoal".

Por contraposição ao "Direito penal jurídico-estatal interno", o "Direito penal de inimigos" rege-se por regras distintas, enunciando Jakobs quatro grandes tópicos: primeiro, a ampla antecipação da tutela jurídico-

---

círculos de organização, cuja estrutura concreta é, todavia, determinada através de *standards* formalizados. E a estandardização de âmbitos de responsabilidade "individuais", que é característica dos crimes de perigo abstracto, significa, assim, uma redução da liberdade pessoal, uma limitação que é garantida pelos meios penais. Os crimes de perigo abstracto surgem, em suma, como um instrumento jurídico-penal de controle social. Para maiores desenvolvimentos v., do Autor, *Schutz abstrakter Rechtsgüter und abstrakter Rechtsgüterschutz: zu den materiellen Konstitutionskriterien sog. Universalrechtsgüter und deren normentheoretischem Fundament – am Beispiel der Rechtsgutbestimmung für die §§ 129, 129a und 324 StGB*, cit., em esp. pp. 9 ss., 173 ss., 194 ss. e 240-241 (a transcrição é da p. 199).

[73] São os casos, por exemplo, dos §§ 140, 130, 129, e 129a do StGB.

[74] O próprio Jakobs também chega a questionar a legitimidade do conceito enquanto "Direito", *La Ciencia del Derecho Penal ante las Exigencias del Presente*, cit., p. 31.

-penal, punindo não o facto praticado, mas o facto que se vai praticar; segundo, a aplicação de penas proporcionalmente mais graves; terceiro, o incremento da legislação de combate à criminalidade, em concreto à criminalidade económica, ao terrorismo, aos crimes sexuais e a outras condutas perigosas; quarto, a supressão e limitação de garantias processuais.

A intervenção deste "Direito penal de inimigos" é, a nosso ver, bastante discutível, na medida em que se pretende punir autores perigosos – os inimigos – e não factos perigosos[75].

2.7. A característica da "propensão"

A ideia da "propensão"[76] – que, como acabámos de ver, já perpassa o ensaio da construção de Jakobs a propósito da "administração centralizada parcial das normas" – remete-nos para uma outra tendência de materialização do conceito de crime de perigo abstracto.

Esta via de materialização traduz-se na exigência para a tipicidade dos crimes de perigo abstracto da prova da "propensão" da acção para produzir um perigo. E é precisamente aqui que a restrição da tipicidade do crime de perigo abstracto é feita, segundo alguns autores, fora da

---

[75] Também criticamente, veja-se, entre nós, Fernanda Palma, "Crimes de Terrorismo e Culpa Penal", pp. 2 ss., e, entre os espanhóis, Silva Sánchez, "'Miembros' y 'Colaboradores' de Organizaciones Criminales. La Intervención Delictiva 'a través de una Organización' y los Límites de lo Punible", pp. 4 ss., textos que correspondem às intervenções dos Autores no Colóquio Internacional de Direito Penal sobre "Criminalidade Organizada", que decorreu na Universidade Lusíada a 6 e 7 de Novembro de 2002.

[76] Corresponde aos conceitos de *Eignung* e *Geeignetheit*, terminologia corrente entre a doutrina alemã. Traduzimos por "propensão", termo usado na teoria da probabilidade para designar a aptidão, definida probabilisticamente, de certo ente ou fenómeno para exibir certa propriedade ou produzir certo efeito. A versão mais corrente na doutrina nacional e que traduz por "aptidão" [por exemplo, Sousa Mendes, *Vale a pena o Direito Penal do Ambiente?*, cit., p. 119; Silva Dias, "Entre 'Comes e Bebes': Debate de algumas Questões Polémicas no Âmbito da Protecção Jurídico-Penal do Consumidor (A Propósito do Acórdão da Relação de Coimbra de 10 de Julho de 1996)", cit., por exemplo, pp. 520 e 523, sob a n. 14; e Teresa Quintela de Brito, *Crime Praticado em Estado de Inimputabilidade Auto-Provocada, por Via do Consumo de Álcool ou Drogas (Contributo para uma Análise do Art. 282 do Código Penal à Luz do Princípio da Culpa)*, Lisboa: ed. da AAFDL, 1991, p. 96], parece-nos insuficientemente precisa.

bipartição tradicional, como que a meio caminho entre aqueles dois pólos do perigo abstracto e do perigo concreto, através da introdução de uma classe intermédia de crimes de perigo. Não querendo antecipar razões, já que os crimes de perigo com a característica da "propensão" merecerão *infra* (sob o Capítulo I.4.) uma apreciação, tripartições do género encontram-se em autores como Horst Schröder, Hans-Joachim Hirsch, Jürgen Wolter, Andreas Hoyer, e, entre nós, Manuel Cavaleiro de Ferreira, José de Faria Costa e Rui Pereira.

O tratamento autónomo desta estrutura de perigo não é, todavia, generalizado na doutrina. E muito embora a doutrina alemã tendencialmente converja na não autonomização dos crimes com a cláusula da "propensão", reconduzindo-os à tradicional bifurcação, diverge no ponto específico da selecção da estrutura de perigo – abstracto ou concreto – para acolher aquela figura dogmática. Dentro da bipolarização há, pois, autores que a reconduzem ao crime de perigo abstracto, enquanto outros a enquadram no âmbito do crime de perigo concreto.

Esta evolução da doutrina, no sentido de um enriquecimento da classificação dos crimes de perigo com categorias desenvolvidas no sistema bipartido de origem, encontra agora um novo impulso na obra de Frank Zieschang[77]. Levando ainda mais longe a tendência para a diferenciação das categorias dogmáticas dos crimes de perigo, Zieschang propõe, em vez da bipartição clássica e das várias tripartições ensaiadas na doutrina como remédio dos defeitos daquela, uma nova classificação em quatro categorias: (i) crime de perigo abstracto, ou melhor, crime de perigosidade abstracta (*abstraktes Gefährlichkeitsdelikt*), (ii) crime de perigosidade concreta (*konkretes Gefährlichkeitsdelikt*), (iii) crime de perigo potencial (*potentielle Gefährdungsdelikt*) e (iv) crime de perigo concreto (*konkretes Gefährdungsdelikt*).

Este novo esquema apresenta múltiplos motivos de interesse e promete, senão soluções satisfatórias para as incertezas em que a matéria é

---

[77] Referimo-nos à dissertação de habilitação do Autor, *Die Gefährdungsdelikte*, Berlin: Duncker & Humblot, 1998, pp. 13 ss., estudo que constitui um referente necessário à compreensão das diferentes estruturas do crime de perigo existentes no Direito penal, pressupondo o *state of the art* da doutrina do perigo. Para uma resenha bibliográfica desta *Habilitationsschrift*, v. Felix Herzog, "Recensão à Obra de Frank Zieschang, Die Gefährdungsdelikte, Berlin: Duncker & Humblot, 1998, 435 S.", *GA*, 2000, pp. 289-291.

fértil, pelo menos perspectivas analíticas que facultam o aproveitamento e a síntese dos elementos úteis da doutrina anterior e algum progresso na clarificação de determinadas questões ainda deficientemente formuladas. Justifica-se, pois, que o tomemos como ponto de referência básico para a sequência, economizando recapitulações de história e hermenêutica que depois da obra de Zieschang se teriam de considerar inteiramente supérfluas.

3. O modelo de análise de Zieschang

3.1. Crime de perigosidade abstracta

Em consonância com a doutrina amplamente maioritária, Zieschang[78] designa como "crime de perigo abstracto" a incriminação de comportamentos tipicamente perigosos em que não é necessário fazer a apreciação dessa perigosidade típica no caso concreto[79]. O Autor, ao longo da sua investigação, distingue claramente entre *Gefährlichkeit* – que aqui verteremos como "perigosidade" – da acção (*Gefährlichkeit der Handlung*), de uma parte, e *Gefahr* ou *Gefährdung* – que ao longo do nosso trabalho traduziremos por "perigo" ou "periclitação" – em que se encontra o bem jurídico (*Gefahr, in der sich ein Gut befindet*), de outra, distinção esta nem sempre sublinhada expressamente na doutrina[80].

A expressão terminológica desta análise preliminar é, de facto, a contraposição entre os termos *Gefährlichkeit* e *Gefahr* ou *Gefährdung* – que na linguagem jurídica alemã têm sido geralmente usados como intercambiáveis. O Autor considera inadequado falar de *Gefahr* ou

---

[78] *Die Gefährdungsdelikte*, cit., pp. 22 ss.

[79] Tipos incriminadores do Direito penal alemão a que correspondem esta forma de perigo segundo Zieschang: os §§ 130a, 326 Abs. 1, e 329 Abs. 1, todos do StGB.

[80] Assim no entanto Hirsch, "Gefahr und Gefährlichkeit", cit., pp. 548 ss. e 557; Ostendorf, "Grundzüge des konkreten Gefährdungsdelikts", cit., pp. 428 ss.; Demuth, *Der normative Gefahrbegriff. Ein Beitrag zur Dogmatik der konkreten Gefährdungsdelikte*, cit., pp. 27 ss.; e, entre nós, Silva Dias, "Entre 'Comes e Bebes': Debate de algumas Questões Polémicas no Âmbito da Protecção Jurídico-Penal do Consumidor (A Propósito do Acórdão da Relação de Coimbra de 10 de Julho de 1996)", cit., pp. 515 ss.

Gefährdung abstracta, propondo, em alternativa ao "perigo abstracto" da terminologia tradicional, o termo *Gefährlichkeit* – neste caso, *abstraktes Gefährlichkeitsdelikt*.

Zieschang propõe, contudo, que *Gefährlichkeit* passe a ser um termo técnico com aplicação exclusiva não só aos até agora chamados crimes de perigo abstracto, mas também aos comportamentos concretamente perigosos.

3.2. Crime de perigosidade concreta

A segunda e a terceira categorias da nova quadripartição de Zieschang ocupam um lugar intermédio entre os dois termos da bipartição clássica.

Como primeira categoria conceptual intermédia, Zieschang propõe o que denomina crime de perigosidade concreta (*konkretes Gefährlichkeitsdelikt*)[81]. Trata-se de um comportamento concretamente perigoso (*konkretes gefährliches Verhalten*), isto é, da perigosidade – aqui concreta – como atributo da conduta do agente[82]. Ao contrário do crime de perigosidade abstracta, são assim consideradas as circunstâncias do caso concreto, apreciando-se a perigosidade já com referência a um objecto de bem jurídico.

Decisivo é, por isso, que no horizonte causal[83] da acção do agente, segundo um juízo *ex ante*, no início da acção do agente[84], *possam existir*

---

[81] V. *Die Gefährdungsdelikte*, cit., pp. 29 ss., 54 ss. e 158-159. Zieschang, como discípulo de Hirsch, utiliza "konkretes Gefährlichkeitsdelikt", uma expressão do seu Mestre. Sobre esta categoria dogmática de que se ocupou detalhadamente Hirsch, v. o já cit. estudo do Autor "Gefahr und Gefährlichkeit", a pp. 548 ss. e 557 ss.

[82] Exemplos de crimes de perigosidade concreta no StGB indicados por Zieschang: os §§ 125, 126 Abs. 1 e 2, 130 Abs. 1, 140 Nr. 2, 145d, 164, 166 Abs. 1 e 2, 186, 188, 241, 257, 292, 323c, e 334.

[83] Traduzimos as expressões *Wirkungskreis* ou *Gefahrenbereich*, recorrentes no trabalho de Zieschang e utilizadas indistintamente pelo Autor, por "horizonte causal" ou "área de influência", enquanto contexto em que a acção produz os seus efeitos.

[84] Também a favor de uma apreciação *ex ante* da *Gefährdungshandlung* ou *gefährliche Handlung*, v., para a doutrina alemã, Gallas, "Abstrakte und konkrete Gefährdung", cit., p. 178; Hirsch, "Gefahr und Gefährlichkeit", cit., pp. 548-549; e Ostendorf, "Grundzüge des konkreten Gefährdungsdelikts", cit., pp. 429 ss. Para a doutrina espanhola, v. Mir Puig, *Derecho Penal. Parte General*, cit., pp. 337 ss.

– ou *existam* mesmo – objectos de bens jurídicos cujo *perigo concreto* ou *dano* não seja de excluir[85].

Para melhor caracterizar e concretizar este pressuposto do comportamento concretamente perigoso, Zieschang distingue e analisa ainda o modelo de agente (*Maßstabsperson*) a aplicar na apreciação do comportamento concretamente perigoso, quer na perspectiva ontológica (conhecimento dos factos), quer na perspectiva nomológica (conhecimento de leis), e o rigor do prognóstico (*Prognosestringenzgrad*) na apreciação do comportamento concretamente perigoso.

A análise do modelo de agente relevante permite verificar que o Autor afasta, tanto para a dimensão ontológica como para a dimensão nomológica, o critério objectivo do "observador perito na matéria" (*sachverständiger Beobachter*) e do "observador óptimo" (*optimaler Beobachter* ou *bestmöglicher Beurteiler*)[86], para optar, embora sem fundamentar, pelo critério também objectivo do "observador médio" (*durchschnittlicher Beobachter*) colocado na situação do agente. E, na medida em que parte da situação do agente, o tipo humano que serve de critério deve ser extraído do âmbito social em que o agente desenvolve a sua actividade juridicamente relevante – o seu *Verkehrkreis* – com os conhecimentos e capacidades especiais do agente.

A nosso ver, esta opção não é contudo clara porque Zieschang, apesar de repudiar de forma preliminar a perspectiva individual do agente

---

[85] Diferentemente, *v.* Bockelmann, "Gemeingefährliche Handlungen", *in Niederschriften über die Sitzungen der Großen Strafrechtskommission*, 8. Bd., Besonderer Teil, 76. bis 90. Sitzung, cit., p. 430, que logo considera existir uma acção como "Tätigkeit bereits gefährdet" quando o agente conduz o seu automóvel numa zona onde não há qualquer pessoa, mas no estado de embriaguez. A nosso ver, este comportamento não será concretamente perigoso se de uma perspectiva *ex ante* estiver excluída a entrada de alguém no horizonte causal da acção do agente. Por maioria de razão também não existirá qualquer perigo ou periclitação, por falta de um objecto de bem jurídico.

[86] Zieschang parece equiparar o "observador óptimo" ao "observador ideal": o observador óptimo dispõe do saber máximo, querendo isto dizer que numa perspectiva ontológica são consideradas todas as circunstâncias acessíveis ao conhecimento humano e numa perspectiva nomológica todo o saber da experiência da humanidade. Segundo Zieschang este observador óptimo só é pensável teoricamente. *V.*, do Autor, *Die Gefährdungsdelikte*, cit., pp. 56 e 98-99. Mas a nosso ver, só o modelo de agente ideal, enquanto pessoa omnisciente, é que não pode ser adoptado como critério de agente relevante porque, este sim, é que é apenas teoricamente pensável. Sobre este ponto veja--se mais à frente, em texto.

concreto, com importância apenas no tipo subjectivo (ou da culpa)[87] – e de defender, pelo contrário, um critério objectivo – fala recorrentemente numa apreciação "do ponto de vista do agente" (*vom Standpunkt des Täters*)[88]. A utilização desta fórmula constitui uma ambiguidade de sentido, pois sugere o obsoleto critério individual do agente. De facto, ou se defende o critério do homem médio colocado na posição do agente em causa com os seus conhecimentos e capacidades especiais, ou se aponta para o homem médio colocado na situação do agente, mas apreciando o comportamento "do ponto de vista do agente". Este critério último, que redunda em resultados práticos completamente diferentes, não é mais do que o critério subjectivo do próprio agente, porque o homem médio tem que emitir o juízo de perigo a partir dos (des)conhecimentos do agente, sem considerar os conhecimentos de um observador objectivo (neste caso o observador médio).

Quanto ao rigor do prognóstico, basta que não possa ser excluída a ocorrência do *dano*. Para a consumação deste tipo de perigo não se torna necessário, claro está, a ocorrência efectiva de um perigo concreto.

Deste modo, existe um comportamento concretamente perigoso e, por conseguinte, é realizado um crime de perigosidade concreta, quando segundo um juízo *ex ante*, no início da acção do agente, o observador médio – com a reserva já feita –, pertencente ao âmbito social em que o agente desenvolve a sua actividade juridicamente relevante e com os seus conhecimentos e capacidades especiais, considerando todas as circunstâncias do caso concreto, não possa excluir um *perigo concreto* para um objecto de bem jurídico penalmente protegido.

Ao contrário dos autores que afirmam a identidade entre perigosidade e negligência (por exemplo, e como já notámos *supra*, sob o Capítulo I.2., 2.4., Horn; Demuth; Rudolphi; Brehm), considera Zieschang que o comportamento concretamente perigoso cobre um espectro mais amplo do que o da negligência, apesar de terem em comum as coordenadas já explicitadas da *Maßstabsperson* a considerar e do momento da apreciação[89]. Um comportamento concretamente perigoso não é necessária e

---

[87] *Die Gefährdungsdelikte*, cit., pp. 55-56.
[88] Assim, *v. Die Gefährdungsdelikte*, cit., *inter alia*, pp. 30, 90, 91, 92, 96, 100 e 159.
[89] De novo, *v. Die Gefährdungsdelikte*, cit., pp. 62 ss.

automaticamente contrário à diligência devida. Na inversa, todo o comportamento negligente pressupõe um comportamento concretamente perigoso e uma violação da diligência devida. Ilustrando com um exemplo: na exploração de uma fábrica química, que é uma fonte de perigo *per se*, podem ser observados todos os padrões de segurança e, no entanto, ocorrerem múltiplos comportamentos humanos concretamente perigosos. Tais comportamentos não serão negligentes.

Mais, um comportamento concretamente não perigoso não pode ser contrário aos princípios da diligência, que têm por referência um objecto de bem jurídico, pois ali pressupõe-se precisamente que está excluído o *perigo concreto* para um objecto de bem jurídico.

Considere-se o seguinte exemplo muito discutido na doutrina, a propósito do qual Zieschang demonstra o binómio "comportamento concretamente perigoso-comportamento concretamente não perigoso" – o chamado "caso da curva" (*Kurvenschneidefall*) ou "caso da ultrapassagem" (*Überhol-Beispiel*), também designado "caso da colina" (*Bergkuppen--Beispiel*):

(1) O automobilista *A* "corta" uma curva em contra-mão ou faz uma ultrapassagem antes de uma lomba sem visibilidade, numa estrada com dois sentidos.

Para Zieschang[90] a actuação de *A* é concretamente perigosa. Existe um comportamento concretamente perigoso, na medida em que *a priori* não é de excluir a ocorrência de um *dano* para um outro automobilista *B*. Há, portanto, um crime de perigosidade concreta, para cuja consumação é irrelevante se a vida ou a integridade física de *B* foi efectivamente ameaçada, ou não[91].

Atente-se na variante de exemplificação[92]:

(1a) Como no caso 1, mas *C* comunica previamente ao automobilista *A*, através de rádio, que não há trânsito em sentido contrário.

---

[90] *Die Gefährdungsdelikte*, cit., pp. 31-32.
[91] Também no sentido de um comportamento concretamente perigoso, *v.* Hirsch, "Gefahr und Gefährlichkeit", cit., p. 548.
[92] *Die Gefährdungsdelikte*, cit., p. 32.

Zieschang exclui aqui a *Gefährlichkeit*, no sentido de um comportamento concretamente perigoso, pois *ex ante*, isto é, no momento da acção, não existem objectos de bens jurídicos cujo dano não possa ser excluído.

Mais um caso rodoviário:

(2) A atravessa uma aldeia, evacuada devido a uma ameaça de bomba, com excesso de velocidade e desrespeitando, num cruzamento, o semáforo vermelho.

Para Zieschang, A comporta-se objectiva e concretamente de forma não perigosa, já que da perspectiva *ex ante* é de excluir a ocorrência de um *perigo concreto* ou de um *dano* para vidas humanas, por exemplo. Ou seja, *a priori* está excluída a entrada de uma pessoa no horizonte causal do comportamento do agente[93].

Já em jeito de crítica, apenas duas notas. Primeira nota: na exposição do seu pensamento, se fala em *poderem existir* objectos de bens jurídicos, não deixa também de considerar característico da perigosidade concreta da acção que *tenham que existir* objectos de bens jurídicos que sejam susceptíveis de entrar na área de influência da acção do agente[94]. Ora esta última exigência não condiz com a apreciação *ex ante* defendida por Zieschang, na medida em que a afirmação da existência de objectos de bens jurídicos pressupõe um juízo *ex post* relativamente ao início da acção do agente.

Segunda nota: Zieschang fala indistintamente em *perigo concreto* e *dano* para um objecto de bem jurídico. No entanto, estes dois conceitos--resultado não são intercambiáveis – o perigo, enquanto probabilidade do dano, diferencia-se, e tem que se diferenciar, do próprio dano.

---

[93] *Die Gefährdungsdelikte*, cit., pp. 33-34. Diferentemente, v. Bockelmann, "Gemeingefährliche Handlungen" in *Niederschriften über die Sitzungen der Großen Strafrechtskommission*, 8. Bd., Besonderer Teil, 76. bis 90. Sitzung, cit., p. 430.

[94] São ilustrativas do que vem de ser afirmado as passagens de Zieschang a propósito do *Post-Bomben-Fall*, adiante referido, do seu *Die Gefährdungsdelikte*, cit., a pp. 32 e 33.

3.3. Crime de perigo potencial

A terceira categoria genérica do sistema de Zieschang é constituída por uma outra estrutura intermédia de perigo: o crime de perigo potencial (*potentielles Gefährdungsdelikt*)[95]. Esta expressão não é nova, mas tem sido utilizada pela doutrina[96] num outro sentido, sobretudo para caracterizar normas jurídico-penais que apresentam a característica da "propensão". Na terminologia de Zieschang ela assume um sentido preciso: a exposição potencial a um *perigo concreto* ou a um *dano* de objectos de bens jurídicos[97].

Como elementos que definem esta categoria dogmática podemos enunciar uma acção e um "resultado" (*spezifischer Erfolg*). No que diz respeito à acção, o crime de perigo potencial pressupõe um comportamento concretamente perigoso, valendo o que já foi dito para o crime de perigosidade concreta.

O resultado, por sua vez, traduz-se num "estado concretamente perigoso" (*konkret gefährlicher Zustand*) que é causalmente produzido pelo comportamento concretamente perigoso, mas *preposto* ao resultado de perigo concreto e, naturalmente, ao dano.

Este "estado concretamente perigoso" é definido por Zieschang como probabilidade de um *perigo concreto* para o objecto do bem jurídico protegido pelo tipo incriminador. Não se trata já de um mero atributo da acção, mas sim de um resultado específico ou estado objectivo proveniente da acção, que está para o crime de perigo potencial como o perigo real e a efectiva lesão estão, respectivamente, para o crime de perigo concreto e para o crime de dano. É uma situação-resultado que, comparativamente com o resultado do perigo concreto, se apresenta, nas palavras de Zieschang, como de "qualidade inferior", no sentido de situação *preposta*[98].

---

[95] Consulte-se *Die Gefährdungsdelikte*, cit., pp. 64 ss., 101 ss. e 158-159.
[96] V. Ostendorf, "Grundzüge des konkreten Gefährdungsdelikts", cit., pp. 427 e 433; Wolter, *Objektive und Personale Zurechnung von Verhalten, Gefahr und Verletzung in einem funktionalen Straftatsystem*, cit., pp. 65-66, 184 ss., 198 ss., 268 ss., e 319 ss.; e, *idem*, "Konkrete Erfolgsgefahr und konkreter Gefahrerfolg im Strafrecht – OLG Frankfurt, NJW 1975, 840", cit., p. 754.
[97] Exemplos, segundo Zieschang, no StGB: os §§ 170 Abs. 1 2. Alt., 220a Abs. 1 Nr. 3, 314, 324, 324a, 325 Abs. 1, 325a Abs. 1, e 329 Abs. 3.
[98] *Die Gefährdungsdelikte*, cit., *inter alia*, pp. 90, 92-93 e 97-98.

Nesta modalidade de perigo, e devido à exigência de um resultado para o preenchimento do tipo legal, já terá que ser feita uma "prognose *póstuma ex ante*" (*nachträgliche* Prognose *ex ante*)[99]. Ou seja: um juízo de probabilidade sobre a ocorrência do *dano* não no início da acção, mas depois de concluída a acção.

Os dois juízos de probabilidade – probabilidade de perigo concreto e probabilidade de dano – merecem, em Zieschang, o mesmo tratamento e, por isso, são equiparados, porque, como afirma o Autor, na prática e em regra, é inexequível fazer uma distinção entre as duas figuras, dada a estreita proximidade existente entre perigo concreto e dano. Assim, ainda que teoricamente seja possível afirmar que a probabilidade de um perigo concreto antecede a probabilidade de um dano, considera Zieschang que a afirmação da probabilidade de um perigo concreto implica também e sempre a de um dano ("ist unter Berücksichtigung dieser Nähe der konkreten Gefahr zum Schaden mit der Bejahung der Wahrscheinlichkeit der konkreten Gefahr auch immer die eines Schadens gegeben"[100]).

Correspondentemente, Zieschang ainda ensaia redenominar esta categoria de crimes, chamando-lhes "crimes de dano potencial" (*potentielle Verletzungsdelikte*), em vez de "crimes de perigo potencial" (*potentielle Gefährdungsdelikte*). Mas após uma análise mais cautelosa o Autor afasta imediatamente o referido *nomen*, por sugerir a ideia de crimes que constituem uma antecipação da tutela jurídico-penal em relação apenas a crimes de dano e já não, como é o caso, a crimes de perigo concreto[101].

Por outro lado, a *Maßstabsperson* relevante na apreciação do "estado concretamente perigoso", quer na perspectiva ontológica, quer na perspectiva nomológica, é a do observador perito na matéria – embora, uma vez mais, seja novamente uma opção não fundamentada, feita, praticamente, por exclusão de partes[102].

O rigor do prognóstico a aplicar "basta-se" com a "probabilidade" – "Wahrscheinlichkeit", mas junta entre parênteses "naheliegende

---

[99] *Die Gefährdungsdelikte*, cit., p. 96.
[100] *Die Gefährdungsdelikte*, cit., p. 71.
[101] V. *Die Gefährdungsdelikte*, cit., pp. 68 ss. e 101-102.
[102] V. a este propósito *Die Gefährdungsdelikte*, cit., pp. 98 ss.

Möglichkeit", portanto "probabilidade (possibilidade manifesta)"[103] – da ocorrência de um dano para o objecto do bem jurídico tutelado, ou seja, com ser muito provável que o curso futuro e não perturbado dos acontecimentos, depois da conclusão da acção, conduza à ocorrência de um dano. Esta possibilidade manifesta não significa necessariamente uma relação de proximidade espácio-temporal com o dano. Corresponde, antes de mais, a um "primeiro escalão de probabilidade" (*erste Wahrscheinlichkeitsstufe*)[104] do crime de perigo concreto. Ou seja, até à consumação do crime de perigo concreto percorre-se, como estádio prévio, o "estado concretamente perigoso", isto é, a situação em que se reconhece que existe a possibilidade manifesta da ocorrência de um dano ou, por outras palavras, em que é de recear a ocorrência de um dano.

Diversamente do crime de perigo concreto, como veremos de seguida, não se exige para a consumação deste crime de perigo potencial – e em consonância com a maior antecipação da tutela penal que esta estrutura de perigo também encerra – a entrada do objecto do bem jurídico no horizonte de influência da acção do agente, nem a ocorrência do dano precisa de ficar dependente apenas do mero acaso.

Quanto às circunstâncias determinantes para a afirmação do "estado concretamente perigoso"[105], devem ser consideradas todas as circunstâncias concretas já certas após o termo da acção do agente, ainda que essas circunstâncias só venham a ser conhecidas *ex post*, no momento da sentença. Isto de modo a que a apreciação do "estado concretamente perigoso" revista o "máximo de garantia de verdade" (*Maximum an Wahrheitsgarantie*)[106].

---

[103] Expressamente, *v.*, por exemplo, *Die Gefährdungsdelikte*, cit., pp. 78 e 87. Zieschang parece então apontar para a sinonímia entre "estado concretamente perigoso", "probabilidade de um perigo concreto", "probabilidade de um dano" e "possibilidade manifesta da ocorrência de um dano", *v. Die Gefährdungsdelikte*, cit., pp. 77-78, sob a n. 104.

[104] Expressamente, *Die Gefährdungsdelikte*, cit., p. 76.

[105] Esta questão da delimitação das circunstâncias relevantes tem-se colocado concretamente a propósito da apreciação do perigo concreto no âmbito dos crimes de perigo concreto. Sobre isto, veja-se, em Zieschang, a desenvolvida exposição que o Autor faz do estado das opiniões na dogmática penal alemã, com especial destaque, designadamente, para as posições doutrinais de Lackner, Gallas, Spendel, Lenckner e Hirsch, *Die Gefährdungsdelikte*, cit., pp. 87 ss.

[106] Zieschang, *Die Gefährdungsdelikte*, cit., pp. 93-94. Esta expressão é de Gallas, "Abstrakte und konkrete Gefährdung", cit., p. 178, mas utilizada em relação à apreciação do perigo concreto, no contexto do crime de perigo concreto.

Note-se, no entanto, que como no "estado concretamente perigoso" não há a necessidade da presença do objecto do bem jurídico na área de influência da acção do agente, será de esperar, com frequência, a intervenção de causas salvadoras, devido à distância espácio-temporal eventualmente existente. Ora, como Zieschang visa evitar com a punibilidade autónoma do "estado concretamente perigoso" a criação de um risco pré-colocado ao perigo concreto, não pode então o agente beneficiar da intervenção de medidas de salvamento aplicadas de forma intencional e calculada no curso dos acontecimentos, mesmo quando são de esperar da perspectiva *ex ante*. O agente não pode nem deve confiar nelas. Ou seja, é irrelevante para a afirmação do "estado concretamente perigoso" que o dano venha a ser evitado por intervenções salvadoras no curso dos acontecimentos, de natureza intencional e calculada, ainda que reconduzíveis ao momento após o termo da acção do agente.

Isto é assim no entanto só em relação à interrupção do curso dos acontecimentos causada pela superveniência de causas salvadoras que têm que ser desencadeadas activamente pela vítima, por terceiros ou por equipamentos técnicos. A intervenção destas medidas salvadoras por conseguinte não tem relevância para negar o "estado concretamente perigoso", ainda que de uma perspectiva *ex ante* impedissem o dano, e independentemente de estarem, ou não, certas no momento do termo da acção do agente.

Esta desconsideração representa afinal uma limitação ao princípio do "máximo de garantia de verdade" imposta, segundo o Autor, pela natureza própria destes crimes, cuja punibilidade, repita-se, visa evitar a criação de um risco concreto *preposto* ao resultado do perigo concreto[107].

De outro modo, a intervenção de salvatérios que não tenham que ser desencadeados activamente – seja por decisão humana, seja por equipamentos técnicos – para impedir a lesão – e só a destes e apenas destes – já é considerada na apreciação do "estado concretamente perigoso". Assim, se estas circunstâncias, ainda que conhecidas *ex post* do momento subsequente ao termo da acção do agente, conduzissem da perspectiva *ex ante* à negação de um "estado concretamente perigoso", poderia então existir uma acção concretamente perigosa, mas não o "estado concretamente perigoso", enquanto segundo elemento do tipo de perigo poten-

---

[107] *Die Gefährdungsdelikte*, cit., p. 96, sob a n. 153.

cial. Só a intervenção de uma causa deste género afastará, então, a responsabilidade jurídico-penal nos termos de um crime de perigo potencial, por não haver um "estado concretamente perigoso".

Existe portanto possibilidade manifesta da ocorrência de um dano e, por conseguinte, crime de perigo potencial, quando o curso dos acontecimentos se move de forma tal em direcção a bens jurídicos que a ocorrência do dano já só pode ser evitada pela intervenção de medidas salvadoras activadas pelo homem ou pela técnica, independentemente de esta intervenção se realizar, ou não.

Mas, recorde-se, já nem sequer haverá o primeiro pressuposto do crime – a acção concretamente perigosa – se as circunstâncias que fundamentam a perigosidade já certas no momento da acção do agente só forem conhecidas *ex post*, visto que o comportamento concretamente perigoso deve ser apreciado exclusivamente numa perspectiva *ex ante* reportada ao momento da acção do agente.

Concretizemos este esquema de análise da intervenção de causas salvadoras através do "caso do comboio", construído e trabalhado por Zieschang[108] através de diversas variantes:

(3) Caso-base: numa via-férrea está colocado um sinal a 5 kms da passagem de nível; este sinal indica "stop" enquanto a cancela da passagem de nível estiver aberta; *A* manipula o sinal de forma a não indicar "stop", apesar de a cancela estar aberta; o comboio que se aproxima passa o sinal (que não indica "stop") e prossegue em direcção à passagem de nível aberta, à qual se aproxima o automobilista *B*.

Atente-se nos seguintes exemplos que variam o caso básico:

(3a) *B*, ao ver o comboio aproximar-se, uma vez que se trata de uma passagem de nível com muito boa visibilidade, trava atempadamente o seu veículo, sem diminuição abrupta da velocidade.

(3b) O guarda da passagem de nível, ao ver o comboio aproximar-se, fecha a cancela.

(3c) O comboio, 2 kms antes da passagem de nível, acciona uma alavanca de emergência colocada no carril que fecha a cancela.

---

[108] *V.*, para a sequência, *Die Gefährdungsdelikte*, cit., pp. 78 ss.

Estas variantes apresentam-se, segundo Zieschang, como exemplos de crimes de perigo potencial, pois existe tão-só um "estado concretamente perigoso".

No esquema 3a, *A* criou uma situação que no curso futuro e não perturbado dos acontecimentos conduziria à ocorrência de um dano, apesar da intervenção finalista e calculada daquela medida salvadora da vítima *B*, esperada *ex ante*, após o termo da acção do agente. É negado o perigo concreto, na medida em que *B* não entrou no horizonte causal da acção do agente e muito menos a inocorrência do dano se deveu ao mero acaso.

Para o Autor, decisivo é, para a afirmação do "estado concretamente perigoso", que, após o termo da acção, atendendo à velocidade concreta do comboio e do veículo venha a verificar-se um choque. Se bem julgamos, esta afirmação parece logo diluir a fronteira entre o crime de perigo potencial e o crime de perigo concreto.

O caso 3b merece idêntico tratamento apesar de existir uma diferença entre as duas hipóteses: em 3b a medida salvadora não advém da vítima (potencial), mas de terceiro. Mas, do ponto de vista da existência de um "estado concretamente perigoso", a diferença não tem a menor importância. Também aqui o curso futuro e não perturbado dos acontecimentos conduzirá à ocorrência de um dano, que só não se verificará devido à intervenção daquela medida salvadora de natureza intencional e calculada, pois é de prever, da perspectiva *ex ante*, após o termo da acção, que o guarda da passagem de nível se aperceba a tempo da aproximação do comboio e feche a cancela.

Do mesmo modo que em 3c também é de prever, da perspectiva *ex ante*, no momento subsequente ao termo da acção do agente, que a cancela seja fechada pelo facto de o comboio, 2 kms antes da passagem de nível, activar uma alavanca de emergência colocada no carril. Neste caso, a não-ocorrência do dano deve-se à não intervenção de pessoas (como nas duas outras variantes), mas ao accionamento do mecanismo de emergência. Poder-se-ia agora argumentar que neste caso o curso futuro e não perturbado dos acontecimentos não conduziria a um dano, visto que devido à alavanca de emergência a cancela fechar-se-ia. A diferença relativamente à intervenção da vítima (potencial) ou de um terceiro no curso futuro e não perturbado dos acontecimentos residiria precisamente no desencadeamento automático da alavanca de emergência independentemente de uma margem de decisão humana e de uma interrupção assim provocada do curso dos acontecimentos – o que por si só poderia justificar uma solução diversa.

Zieschang considera esta fundamentação duvidosa. Isto porque as incertezas que possam existir relativamente à intervenção, ou não, de medidas salvadoras da própria vítima ou de terceiro – por exemplo, em 3b, o guarda da passagem de nível adormece e não fecha a cancela –, são igualmente válidas a respeito dos equipamentos técnicos – *v.g.*, se a alavanca de emergência não é desencadeada devido a um defeito técnico. Decisivo é, também neste caso da alavanca de emergência, tratar-se da intervenção no curso futuro dos acontecimentos de uma medida salvadora que evita a produção do dano mas que tinha que ser desencadeada activamente para interromper esse curso, agora por força de factores técnicos. Existe, portanto, também neste caso um "estado concretamente perigoso".

Considere-se uma outra variante:

(3d) A via-férrea está cortada há dias, 2 kms antes da passagem de nível.

É possível considerar o corte da via-férrea como uma medida salvadora "no sentido de que assim se evita o choque entre o comboio e o veículo". No entanto, segundo Zieschang, existe uma diferença decisiva a assinalar nesta variante relativamente às variantes 3a, 3b e 3c: não é necessário desencadear esse mecanismo de salvamento (pela vítima, por terceiros ou por equipamentos técnicos) para interromper o curso dos acontecimentos posto em marcha pelo agente; não é necessário intervir activamente no curso futuro dos acontecimentos a fim de o interromper. O corte da via-férrea é um factor "fixo", já existente, colocado nos carris, que interrompe *qua tale* o curso dos acontecimentos sem ter que ser accionado devido à situação criada pelo agente. Portanto, decisivo é que o obstáculo (*Stopper*) esteja em condições de fazer parar o comboio, independentemente do comportamento do agente – no caso a manipulação do sinal "stop". Diferentemente das outras medidas salvadoras que só são desencadeadas depois de o comboio passar o sinal que, e porque manipulado, não indica "stop", aquele *Stopper* pára qualquer comboio independentemente da situação criada.

Nem se argumente, sublinha Zieschang, que também aqui o obstáculo teria que ser "activado", no sentido de o comboio ter de embater nele para parar: não está aqui em causa uma questão de "activação". Não existe, portanto, para o Autor, um "estado concretamente perigoso".

Como refere Zieschang, enquanto por exemplo no caso da alavanca de emergência há que ter em conta dois elementos: por um lado, o desencadeamento activo da alavanca e, por outro, o facto de o mecanismo ter que estar em condições de fazer parar o comboio. No caso do *Stopper*, só releva o segundo elemento: o obstáculo tem que estar em condições de fazer parar o comboio independentemente do comportamento do agente.

Mas já existirá um "estado concretamente perigoso" no caso de o *Stopper* ter que ser colocado nos carris pelo guarda da passagem de nível para fazer parar o comboio que se aproxima. Aqui sim, já se trata do accionamento de uma medida de salvamento. Merecerá o mesmo tratamento por ser equiparável à situação em que uma pessoa, ao ver o comboio aproximar-se, coloca, nesse momento, um obstáculo nos carris: o caso da intervenção de uma ignição de emergência que tem que ser manipulada por alguém para fazer parar o comboio.

Relativamente à causalidade no contexto da criação de um "estado concretamente perigoso", Zieschang[109] analisa também o problema dos nexos de causalidade ainda não reconhecidos cientificamente de modo incontroverso. Trata-se de apreciar situações em relação às quais existem dúvidas se no curso futuro e não perturbado dos acontecimentos ocorrerá, ou não, um perigo concreto ou um dano. É questão que, no âmbito dos crimes de dano, tem sido associada ao conceito de *causalidade geral*.

A partir de uma interpretação processual da problemática da causalidade geral, Zieschang afirma que o julgador apenas está vinculado ao saber científico consolidado, valendo, no que resta, o princípio geral da livre apreciação de prova pelo julgador. Consequentemente, pode o Tribunal, quando haja pareceres divergentes de peritos sobre nexos de causalidade, chegar à convicção – com base em outros meios de prova existentes no processo e indícios factuais – de que existe nexo causal. Se o Tribunal não formar convicção quanto à causalidade, aplicar-se-á o princípio processual *in dubio pro reo*.

Zieschang aplica assim estes princípios de verificação da causalidade geral no crime de dano para a apreciação de nexos causais cientificamente controversos na análise do "estado concretamente perigoso", sublinhando porém que há contextos em que a afirmação da causalidade não depende de nexos causais científico-naturais tais como os da causalidade psíquica e da omissão[110].

---

[109] *Die Gefährdungsdelikte*, cit., pp. 102 ss.

[110] É apenas a propósito dos crimes de perigosidade concreta e de perigo potencial que Zieschang analisa as exigências típicas ao nível subjectivo, restringindo-as ao dolo

Dizíamos no início que nas classificações doutrinárias dominantes o conceito de "perigo potencial", tratado autonomamente por Zieschang, é uma categoria reservada para caracterizar a classe de crimes que apresentam a característica da "propensão".

Zieschang[111], porém, abre várias possibilidades de interpretação das espécies delitivas com a característica da "Geeignetheit" ou "propensão"[112]. É no seu quadro dogmático quadripartido dos crimes de perigo

---

de perigo, por contraposição ao dolo de dano. Ou seja, a configuração do tipo subjectivo destas modalidades de perigo tem de distintivo o dolo, um dolo de perigo, bastando, até, um dolo eventual. Assim, para o preenchimento subjectivo do tipo de perigosidade concreta é suficiente que o agente tenha conhecimento e vontade da realização do comportamento concretamente perigoso, não sendo necessário que o agente se represente e queira simultaneamente lesar determinado objecto de bem jurídico. Para a imputação subjectiva do crime de perigo potencial, Zieschang argumenta também com a referência do dolo à criação do "estado concretamente perigoso", como diverso do dolo de dano. Assim, é de novo suficiente o *dolus eventualis*: considerar o agente possível a criação do "estado concretamente perigoso" – elemento cognoscitivo – e conformar-se com a produção desse resultado específico – elemento volitivo. Como decorre do que já foi exposto, a confiança do agente na não ocorrência do perigo concreto ou do dano devido à superveniência de causas salvadoras oriundas de terceiros é relevante para a negação do dolo de dano, mas não do dolo de perigo em relação ao "estado concretamente perigoso". Não é de afastar, naturalmente, a possibilidade de o agente simultaneamente actuar com dolo de dano quando conhecer e quiser a própria lesão de um objecto de bem jurídico. *V.*, a este propósito, *Die Gefährdungsdelikte*, cit., pp. 121 ss. e 159. Sobre a questão do tipo subjectivo dos crimes de perigo concreto, que está fora do objecto do nosso trabalho, *v*., entre nós, o estudo de Rui Pereira, *O Dolo de Perigo*, cit., em esp. pp. 40 ss. É também no âmbito daquelas duas formas de perigo que Zieschang se preocupa com a tentativa. *V.* agora, e para uma análise aprofundada do fundamento penal da tentativa, *Die Gefährdungsdelikte*, cit., pp. 127 ss. e, em esp., para o início da tentativa, pp. 150 ss.

[111] Fonte: *Die Gefährdungsdelikte*, cit., pp. 166-167 e 197 ss.

[112] A *Geeignetheit* de Zieschang corresponde ao conceito de *Eignung* e *Eignungsdelikte* da terminologia alemã mais comum. Para conseguir esta correspondência traduzimos também aquela expressão do mesmo modo. De resto, os termos *Eignung* e *Geeignetheit* não esgotam a considerável flutuação da linguagem usada na doutrina germânica para designar esta categoria de crimes de perigo: além de *Eignungsdelikte* – *v.* Hoyer, *Die Eignungsdelikte*, cit., p. 16, e *passim*; e, *idem*, "Zum Begriff der 'abstrakten Gefahr'", cit., p. 183; Wolter, *Objektive und Personale Zurechnung von Verhalten, Gefahr und Verletzung in einem funktionalen Straftatsystem*, cit., p. 253; e de *abstrakte Eignungsdelikte* – *v*. Roxin, *Derecho Penal. Parte General, Tomo I*, cit., p. 411, nm. 127; fala-se, nomeadamente, de "crime de perigo potencial" (*potentielles Gefährdungsdelikt*) –

que se percebe o alcance e o teor das possíveis interpretações que distingue e as razões da interpretação que prefere. Assim a "propensão" pode logo significar *generelle Geeignetheit*: no sentido de uma propensão "em geral" ou dada "normalmente", "tipicamente", ou seja, que é de afirmar quando "habitualmente", segundo a experiência da vida, abstraindo *ex ante* do caso concreto, se deva contar com a ocorrência do dano[113]. Os crimes que revelam a característica da propensão interpretada neste sentido representam para Zieschang crimes de perigosidade abstracta no sentido clássico do termo. E se a propensão geral tiver que ser apreciada pelo julgador, este aspecto não constitui para o Autor qualquer diferença material em relação aos tradicionais crimes de perigosidade abstracta.

---

v. Wolter, *Objektive und Personale Zurechnung von Verhalten, Gefahr und Verletzung in einem funktionalen Straftatsystem*, cit., pp. 75 ss. e 254 ss.; e, *idem*, "Konkrete Erfolgsgefahr und konkreter Gefahrerfolg im Strafrecht – OLG Frankfurt, NJW 1975, 840", cit., p. 754; Ostendorf, "Grundzüge des konkreten Gefährdungsdelikts", cit., p. 427; e Cramer, "Vorbemerkungen zu den §§ 324 ff.", Adolf Schönke / Horst Schröder, *Strafgesetzbuch: Kommentar*, cit., nm. 9-10; de "crime de perigo abstracto especial" (*besonderes abstraktes Gefährdungsdelikt*) – *v.* Horn, "Vorbemerkungen vor § 306", cit., nm. 18; de "crime de perigo abstracto com concretização parcial" (*abstraktes Gefährdungsdelikt mit Teilkonkretisierung*) – *v.* Friedrich-Christian Schroeder, "Die Gefährdungsdelikte im Strafrecht", *in Beiheft zur ZStW*, 1982, p. 17; de "crime de perigo abstracto-concreto" (*abstrakt-konkretes Gefährdungsdelikt*) – *v.* Schröder, "Abstrakt--konkrete Gefährdungsdelikte?", cit., p. 522; Ostendorf, "Grundzüge des konkreten Gefährdungsdelikts", cit., pp. 427 e 433; e Schünemann, "Moderne Tendenzen in der Dogmatik der Fahrlässigkeits- und Gefährdungsdelikte", cit., p. 793; de "crime de perigo concreto-abstracto" (*konkret-abstraktes Gefährdungsdelikt*) – *v.* Gössel, *Strafrecht, Besonderer Teil*, Bd. 1, Heidelberg, 1987, pp. 201-202; e de "crime de perigosidade concreta" (*konkretes Gefährlichkeitsdelikt*) – *v.* Hirsch, "Gefahr und Gefährlichkeit", cit., pp. 558 e 561-562; e ainda de "crime de perigo concreto" (*konkretes Gefährdungsdelikt*) – *v.* Schröder, "Abstrakt-konkrete Gefährdungsdelikte?", cit., pp. 523-524.

[113] Zieschang afasta duas outras possibilidades de interpretar a *generelle Geeignetheit*: ou como "sempre" (*immer*), "sem excepção para todos os casos" (*ausnamslos für alle Einzelfälle*), ou como "efectiva em algum caso" (*überhaupt einmal einschlägig*). Com efeito, com estes dois sentidos, o conceito de "propensão" seria supérfluo, mas por razões polarmente contrárias: o primeiro sentido levaria quase sempre à não aplicação das respectivas normas penais; o segundo sentido quase sempre à sua aplicação. Para uma análise crítica destes dois outros possíveis sentidos de *generelle Geeignetheit*, *v.* Zieschang, *Die Gefährdungsdelikte*, cit., pp. 198-199.

Também é possível a interpretação da "propensão" no sentido de um tipo incriminador de perigosidade concreta: decisivo é então que não possa ser excluída a ocorrência de um dano, numa perspectiva *ex ante*, isto é, reportada ao início da acção, para o observador médio, colocado na situação do agente e equipado com os seus conhecimentos e capacidades especiais.

A cláusula da "propensão" também pode ser uma característica dos crimes de perigo potencial e de perigo concreto. No primeiro caso importa saber se um comportamento concretamente perigoso é propenso, no curso futuro e não perturbado dos acontecimentos, a produzir um *dano*, isto é, se de um comportamento concretamente perigoso resulta um "estado concretamente perigoso".

No segundo caso – o do crime de perigo concreto (que será caracterizado já de seguida) – decisivo é, por sua vez, que o comportamento concretamente perigoso propenso a produzir um *perigo concreto*, ou que a situação propensa a produzir um *dano*, se tenha agudizado, que o objecto do bem jurídico tenha entrado no horizonte causal da acção do agente e que fique dependente apenas do mero acaso, se ocorre, ou não, um dano.

No entendimento de Zieschang a "propensão" é pois uma característica generalizante que pode ser ligada tanto à acção (típica ou concretamente perigosa) como ao resultado ("estado concretamente perigoso" ou perigo concreto), não devendo ser considerada isoladamente como associada exclusivamente a uma determinada estrutura de perigo.

Ora, se bem julgamos, os quatro sentidos possíveis de "propensão" em Zieschang não são afinal senão uma perífrase das quatro formas de perigo propostas pelo Autor.

3.4. Crime de perigo concreto

Atente-se por último nos traços característicos da quarta categoria casuística investigada por Zieschang – o crime de perigo concreto[114][115].

Esta estrutura de perigo tem em comum com a do crime de perigo potencial os pressupostos de uma acção e de um resultado para a sua

---

[114] *Die Gefährdungsdelikte*, cit., pp. 36 ss., 49 ss., 76 ss. e 158-159.
[115] Exemplos no sistema jurídico-penal alemão referidos por Zieschang: os §§ 315 Abs. 1, e 315b Abs. 1, do StGB.

consumação. Em relação à acção, estamos novamente em presença de um comportamento concretamente perigoso com os contornos já delineados.

Quanto ao resultado, exige-se um resultado efectivo – o perigo concreto (*konkreter Gefahrerfolg – konkrete Gefahr, konkrete Gefährdung*). Tal como no crime de perigo potencial, a possibilidade ou probabilidade, como primeira precisão a fazer ao conceito de perigo concreto ou como sua primeira componente, tem de alcançar um nível em que se torne manifesta a produção de um dano (*Möglichkeit eines Schadenseintritts naheliegt*)[116] [117].

Todavia, e ao contrário daquilo que se verificou em relação ao "estado concretamente perigoso", o perigo concreto exige, como concretização complementar deste juízo de probabilidade ou como sua segunda componente, que o objecto do bem jurídico *entre* (e não apenas que *possa entrar*) na área de influência da acção do agente, de forma tal que apenas fique dependente do mero acaso a ocorrência ou não do dano para o objecto do bem jurídico ("daß es nur noch vom Zufall abhängt, ob an dem Rechtsgutsobjekt ein Schaden eintritt oder nicht"). Para precisar esta terceira componente do perigo concreto – a do mero acaso – decisivo é então saber se ainda podem ser realizadas medidas de salvamento para evitar o dano.

Estes três elementos de concretização do perigo, conceptualmente autónomos – (i) probabilidade ou possibilidade manifesta da ocorrência do dano; (ii) entrada do objecto do bem jurídico no horizonte causal da acção do agente; e (iii) acaso –, vão sendo assim sucessivamente erigidos por Zieschang em elementos típicos, exactamente à medida que o Autor vai construindo os seus crimes de resultado: o crime de perigo potencial e o crime de perigo concreto.

---

[116] No crime de perigo concreto, Zieschang também fala ora em "possibilidade manifesta da ocorrência do dano" (*naheliegende Möglichkeit des Schadenseintritts*), ora em "probabilidade manifesta da ocorrência do dano" (*naheliegende Wahrscheinlichkeit des Schadenseintritts*). V., apenas a título de exemplo, *Die Gefährdungsdelikte*, cit., pp. 49, 50, 51, 75 e 76.

[117] Assim, *v.* Ostendorf, "Grundzüge des konkreten Gefährdungsdelikts", cit., p. 430; e Schünemann, "Moderne Tendenzen in der Dogmatik der Fahrlässigkeits- und Gefährdungsdelikte", cit., p. 796.

No crime de perigo concreto já relevam todos os conhecimentos obtidos *ex post*. Assim, têm que ser tidas em consideração, ao contrário daquilo que vimos a propósito do "estado concretamente perigoso", todas as intervenções salvadoras no curso dos acontecimentos que impeçam o *perigo concreto* e o *dano*. É assim indiferente para a exclusão do crime de perigo concreto consumado saber se as causas salvadoras já estavam certas, ou não, após o termo da acção do agente e se careciam, ou não, de ser desencadeadas para afastar o perigo de lesão. Todos esses meios de salvamento são considerados na apreciação do crime de perigo concreto. Nestes termos, a intervenção finalista e calculada de causas salvadoras que impeçam a ocorrência do dano mas que ainda não estavam certas no momento subsequente ao termo da acção do agente é, pois, considerada, no sentido de excluir o crime de perigo concreto.

3.5. Observações complementares

A revisão e sistematização que Frank Zieschang levou a cabo constituem, como se sublinhou já, excelente ponto de partida para um ensaio de desenvolvimento da doutrina dos crimes de perigo.

É a partir de uma tomada de posição expressa sobre a distinção entre perigosidade – abstracta ou concreta – da acção e perigo no qual entra o objecto da acção que o Autor (re)elabora criticamente as estruturas de perigo existentes, classicamente integradas na bifurcação exclusiva em crimes de perigo abstracto e crimes de perigo concreto.

Trata-se, com efeito, da caracterização de quatro formas delitivas de perigo que integram o sistema jurídico-penal alemão e não de uma reconstrução dogmática de fases progressivas do perigo, uma espécie de *iter criminis*, tendo em conta o princípio da ofensividade.

As estruturas integrantes da quadripartição de Zieschang podem ser reconduzidas, a nosso ver, a dois grupos em função da dicotomia básica de perigo abstracto ou, diríamos, perigo não-contextualizado, por contraposição a perigo não-abstracto ou perigo contextualizado. Enquanto no crime de perigosidade abstracta o perigo(-perigosidade) é, como o adjectivo sugere, abstracto, ou seja, não é necessário aferir o perigo no contexto concreto; pelo contrário, nos crimes de perigosidade concreta, de perigo potencial e de perigo concreto trata-se de um perigo(-perigosidade) não-abstracto, no sentido de que é indispensável que no contexto concreto exista um perigo penalmente relevante.

Como veremos, as três formas de perigo não-abstracto conceptualmente autónomos na construção de Zieschang – correspondentes às duas categorias intermédias de perigo e ao perigo concreto – são enquadradas ou reconduzidas pela doutrina penal contemporânea – muitas das vezes com dificuldade – ao conceito único de crime de perigo concreto. Ou seja: aqueles três significantes, diferentes na linguagem de Zieschang, acabam por ser frequentemente sinónimos na sistemática comum da teoria do crime de perigo, porque têm idêntico significado – o de perigo objectivo, real, efectivo.

Este esforço de criar um modelo original de crimes de perigo depara porém com a dificuldade de diferenciar, não só no plano teórico, mas também prático, o crime de perigo potencial, dificuldade que se traduz também na respectiva justificação como categoria de crime própria. Na verdade, a definição dogmática do perigo potencial é bastante fluida.

Desde logo, é questionável a existência de um "resultado" em sentido material, definido nos termos gerais da doutrina como causalmente produzido pela acção, isto é, separável espácio-temporalmente da acção[118], quando nem sequer é exigida para a consumação do crime a entrada do objecto do bem jurídico no horizonte causal da acção do agente.

Parece, então, utilizar o Autor um conceito de "resultado" heterodoxo. Ou seja: apesar da aparência da definição, de uma parte, não pode ser um resultado naquela acepção normativa, enquanto perigo de lesão do objecto material da acção, e, de outra, não condiz com uma nova perspectiva sobre o perigo que esta classe delitiva pretende traduzir que seja um resultado em sentido jurídico, agora como perigo de lesão do bem jurídico-penal protegido. Como é sabido, este evento jurídico é essencial a todos os crimes.

Afinal, em que é que se manifesta a "especificidade" deste resultado? Noutros termos, como é que se distinguem os dois resultados – "estado concretamente perigoso", por um lado, e perigo concreto, por outro? É uma questão que, a nosso ver, não está clara na análise de Zieschang.

Esta construção do perigo potencial suscita uma outra interrogação. Em termos de "rigor do prognóstico", recorde-se que Zieschang exige, como característica tanto do perigo potencial como do perigo concreto, a "probabilidade (possibilidade) manifesta da ocorrência de um dano".

---

[118] Recorde-se *supra* o conceito de "resultado-estado concretamente perigoso".

Mas este tópico só aparentemente aproxima estas duas modalidades de perigo, na medida em que em relação ao crime de perigo concreto o Autor acrescenta, como aspectos complementares, a entrada do objecto do bem jurídico no horizonte causal da actuação do agente e a componente do acaso da não ocorrência do dano.

Ora, como é que é então possível alcançar aquele elevado grau de probabilidade no crime de perigo potencial sem exigir simultaneamente a entrada do objecto na área de influência da acção do agente? Recorde-se que no caso 3d só é negado o "estado concretamente perigoso" por estar em causa a intervenção de uma medida de salvamento que não tem que ser desencadeada de forma activa. A punibilidade nos termos de um crime de perigo potencial já não é excluída, como vimos, se o *Stopper* tiver que ser colocado nos carris pelo guarda da passagem de nível. Mas, interrogamo-nos: mesmo a 2 kms da passagem de nível? Há neste caso uma "probabilidade (possibilidade) manifesta da ocorrência de um dano"? O Autor parece estender estranhamente o conceito de perigo potencial.

Extensão esta que é reforçada pelo entendimento restritivo acerca da componente da "entrada do objecto no horizonte causal da acção do agente", característica do crime de perigo concreto, que, na prática, quase que coincide com a ocorrência do dano. Este entendimento é criticável, pois implica a diminuição do próprio âmbito de aplicação do conceito de perigo concreto, por referência ao dano[119].

Para ilustrar este afunilamento do perigo concreto recorra-se à seguinte variação do caso do comboio:

> (3e) "No último segundo, por reflexo", *B* consegue virar o volante; o automóvel pára a centímetros da passagem de nível onde está a passar o comboio.

Segundo Zieschang[120], neste caso apenas existe um "estado concretamente perigoso" porque, na perspectiva do termo da acção, o curso futuro e não perturbado dos acontecimentos podia conduzir a um dano.

Mas, correspondendo a actuação de *B* a um "desenvolvimento não esperado e assim meramente ocasional", não seria coerente com o pen-

---

[119] Não será por acaso que Zieschang não dá qualquer exemplo de um "perigo concreto" e por isso de um "crime de perigo concreto".

[120] *Die Gefährdungsdelikte*, cit., p. 79.

samento do Autor afirmar-se aqui a existência de um crime de perigo concreto? *B* não entrou na área de influência da acção do agente? A inocorrência do dano não se deveu ao mero acaso? Se as respostas a estas duas questões forem negativas, quando é que se pode, então, afirmar o perigo concreto? Apenas quando ocorre o dano? Mas estranhamente até aqui o pensamento de Zieschang revela dúvida quanto à existência de um perigo concreto. Senão vejamos mais uma variante do mesmo caso-base:

> (3f) Como previsível da perspectiva após o termo da acção e considerando a velocidade concreta do comboio e do veículo, há de facto um choque.

Considera Zieschang[121] mais um exemplo de um "estado concretamente perigoso", na medida em que no curso futuro e não perturbado dos acontecimentos podia ocorrer um dano – que até ocorreu. Mas, se o dano "até ocorreu" não houve então um perigo concreto como momento logicamente precedente? Parece-nos linear.

O trabalho de Zieschang depara também com a dificuldade preliminar que resulta da pouca capacidade expressiva da linguagem de análise utilizada pelo Autor e que exacerba insuficiências já presentes na doutrina anterior limitativas de uma apreciação rigorosa. É o caso do uso indistinto de "possibilidade" e "probabilidade" para definir o perigo (perigo potencial e perigo concreto) e do recurso ao critério do acaso para explicitar a existência de perigo concreto que, como veremos mais à frente, é, a nosso ver, bastante criticável.

Impõe-se, por isso, introduzir um conjunto de convenções terminológicas que, mantendo tanto quanto possível a neutralidade analítica relativamente às questões de substância, permita simplificar e precisar os conceitos e distinções fundamentais que na sequência da investigação recolheremos do estado actual da doutrina e, em particular, do esforço de clarificação deste Autor.

A terminologia a adoptar deve permitir uma comparação entre as várias abordagens doutrinais menos sujeita aos riscos de equívoco que são inevitáveis quando se faz uso de termos já extremamente carregados de conotações historicamente acumuladas para exprimir ideias novas.

---

[121] *Die Gefährdungsdelikte*, cit., p. 79.

A inextricável confusão a que se chegou no uso de expressões como "ex ante" e "ex post" no contexto dos crimes de perigo é também um exemplo paradigmático de esgotamento da capacidade expressiva de uma linguagem científica e compreender-se-á decerto que o primeiro ponto de partida de um programa de reforma terminológica, ainda que confinada aos limites de extrema modéstia que são os do presente trabalho, seja o de consistir em dispensar o mais possível o recurso a essas expressões esgotadas.

4. Os crimes de perigo com a característica da "propensão"

4.1. Enquadramento

Em relação aos crimes com o requisito da "propensão"[122] – uma classe de crimes que, sublinhe-se, é uma demonstração da criatividade dogmática alemã –, como ficou dito, as propostas doutrinárias não permitem uma arrumação sistematicamente unívoca. De facto, a doutrina divide-se no momento de precisar os contornos e o enquadramento dogmático desta categoria de perigo. Podemos encontrar desde a posição que defende que a cláusula da propensão não é motivo para afastar a dualidade tradicional exclusiva em crimes de perigo abstracto e de perigo concreto que caracteriza o quadro dogmático do perigo (opinião, aliás, dissemo-lo há pouco, corrente na Teoria do Direito penal[123]) até à posição que entende que aquela categoria merece um tratamento autónomo, adoptando uma sistematização tripartida do perigo, passando pela posição de Zieschang que, como vimos, associa a característica da propensão não só à acção mas também ao resultado, logo, a todas e a cada uma das estruturas integrantes do seu quadro hermenêutico do perigo.

O ponto de partida desta apreciação constitui a exposição das teorias paradigmáticas acerca dos crimes que apresentam a característica da

---

[122] Sobre este conceito veja-se *supra* sob a n. 76.

[123] Consulte-se, para a Alemanha, uma descrição desenvolvida das posições doutrinais acerca desta problemática dos crimes de "propensão" em Zieschang, *Die Gefährdungsdelikte*, cit., pp. 164 ss. Podemos aqui encontrar, para além das opiniões dos Autores expostas seguidamente em texto, um relato de outras, nomeadamente de Jörg Martin, Eva Kleine-Cosack, Klaus Rogall, Joachim Pfeiffer e Martin Gretenkordt.

"propensão", orientada não cronologicamente mas para o respectivo enquadramento dogmático na teoria dos crimes de perigo.

4.2. Formas especiais do crime de perigo abstracto (Cramer e Gallas)

Entre os autores que mantêm a dualização clássica dos crimes de perigo e que integram os crimes de "propensão" no âmbito do perigo abstracto, importa referir as posições de Peter Cramer e de Wilhelm Gallas[124].

Cramer[125], apesar de reconhecer a existência de tipos de perigo abstracto no sentido tradicional do termo, também reconduz a esta categoria do perigo as normas que incriminam a realização de uma acção perigosa, no sentido de uma acção propensa a produzir um perigo. Explicitando, quando Cramer fala no género crime de perigo abstracto, distingue duas espécies: em primeiro lugar, os clássicos crimes de perigo abstracto, em que o legislador enuncia exaustivamente no tipo todas as circunstâncias relevantes para a perigosidade, proibindo condutas geralmente perigosas[126]; em segundo lugar, os crimes de perigo abstracto em que o legislador deixa ao juiz a decisão da propensão típica da acção a produzir um perigo, com base em determinadas características de perigo referidas na lei[127] que carecem de preenchimento segundo princípios

---

[124] Esta interpretação das normas jurídico-penais com a característica da "propensão" como crimes de perigo abstracto encontra concordância na doutrina. Assim, *v.* Jescheck, *Tratado de Derecho Penal. Parte General*, cit., p. 238; Roxin, *Derecho Penal. Parte General, Tomo I*, cit., p. 411, nm. 127-128 (embora o Autor também classifique alguns tipos como crimes de perigo concreto – os §§ 130 e 166 do StGB); Horn, *Konkrete Gefährdungsdelikte*, cit., pp. 29-30; idem, "Vorbemerkungen vor § 306", cit., nm. 18; Kindhäuser, *Gefährdung als Straftat. Rechtstheoretische Untersuchungen zur Dogmatik der abstrakten und konkreten Gefährdungsdelikte*, cit., pp. 293-294; Ostendorf, "Grundzüge des konkreten Gefährdungsdelikts", cit., pp. 427 e 433; e Schmidt, *Untersuchung zur Dogmatik und zum Abstraktionsgrad abstrakter Gefährdungsdelikte: zugleich ein Beitrag zur Rechtsgutslehre*, cit., p. 9.

[125] *V.*, do Autor, *Der Vollrauschtatbestand als abstraktes Gefährdungsdelikt*, cit., pp. 67 ss., e, no plano dos comentários ao StGB, "Vorbemerkungen zu den §§ 306 ff.", cit., nm. 3, e "Vorbemerkungen zu den §§ 324 ff.", cit., nm. 9-10.

[126] Exemplo: o § 306 do StGB.

[127] São os casos da "Geeignetheit" do § 186 ou da "Beschaffenheit und Lage" do § 308, ambos do StGB.

gerais. Nesta segunda espécie, o Autor restringe, então, a tipicidade da acção, negando-a precisamente quando, de acordo com a experiência geral, não existe a *Gefahrengeeignetheit*.

As reflexões de Cramer levaram-no à conclusão de que a propensão geral (*generelle Eignung*) da acção, caracterizada como uma espécie de "probabilidade de um perigo concreto"[128], é um elemento típico essencial desta "*species* de perigo abstracto"[129] que tem que ser verificado judicialmente. O crime de perigo abstracto nesta acepção é descrito, então, por causa de uma perigosidade potencial da acção[130].

A definição nestes termos do comportamento geralmente perigoso, se bem julgamos, suscita imediatamente uma dúvida que é de contradição do pensamento do Autor: Cramer fala, por um lado, em "propensão geral" e, por outro, na tal espécie de "probabilidade de um perigo concreto", que pressupõe já um modo de observação com referência a um possível objecto de bem jurídico.

E também não pode proceder o argumento (ou a "desculpa") formalista, no qual se refugia Cramer, de que o crime de "perigo" abstracto teria que justificar o seu nome através da exigência de uma referência ao bem jurídico-objecto. Se é bem verdade que "perigo", de *Gefährdung*, supõe algo transitivo, não é menos certo que uma fórmula menos precisa não pode condicionar a substância da categoria de crime.

---

[128] Enquanto esta "probabilidade de um perigo concreto", entendida como "uma espécie de perigo concreto de menor intensidade", é característica do crime de perigo abstracto – conciliando-se, assim, estes tipos de perigo abstracto com o princípio da culpa –, a "probabilidade de um dano" faz parte da essência do crime de perigo concreto, *v.*, de Cramer, *Der Vollrauschtatbestand als abstraktes Gefährdungsdelikt*, cit., pp. 68-69, 74 e 100-101. Criticamente, *v.* Horn, *Konkrete Gefährdungsdelikte*, cit., pp. 24-25; e Schunemann, "Moderne Tendenzen in der Dogmatik der Fahrlassigkeits- und Gefährdungsdelikte", cit., pp. 797-798.

[129] A designação originalmente preferida pelo Autor no seu "Vorbemerkungen zu den §§ 306 ff.", cit., inserto na 18.ª ed. do cit. *Strafgesetzbuch: Kommentar* (v. o nm. 3c), de "abstrakt-konkrete Gefährdungsdelikte" não vingou nas edições seguintes deste *Kommentar*.

[130] Cramer, "Vorbemerkungen zu den §§ 306 ff.", cit., nm. 3, apesar de em termos de classificação das infracções enquadrar esta espécie no crime de perigo abstracto, não deixa, todavia, de admitir que da interpretação da norma penal individual possa resultar que o tipo com a característica da *Eignung*, ou outras formulações comparáveis, pressuponha um perigo concreto.

Em termos muito semelhantes aos de Cramer, Gallas[131] constrói o que denomina por "crime de perigo abstracto da segunda espécie" (*zweite Spielart des abstrakten Gefährdungsdelikts*).

Para Gallas, o conceito de crime de perigo abstracto também compreende duas diferentes modalidades, acolhendo quer os crimes nos quais a perigosidade geral do facto apenas constitui o motivo do legislador para a incriminação, quer os crimes em que o legislador elevou a característica do tipo a perigosidade geral do comportamento através do uso de formulações que também carecem de preenchimento, deixando ao aplicador do direito a qualificação através de um critério generalizador (*generalisierender Maßstab*) do comportamento do agente como geralmente perigoso[132]. É precisamente a estes crimes que contêm uma cláusula de propensão que remete para a perigosidade geral do facto que Gallas atribui a etiqueta de "crimes de perigo abstracto *zweiter Spielart*". Note-se que o próprio Autor não deixa porém de reconhecer que não há qualquer distinção material entre ambos os crimes[133].

Este crime de perigo abstracto da segunda *Spielart* comunga com o crime de perigo concreto da tipificação do perigo como elemento da previsão típica, a apreciar pelo julgador. No entanto, e apesar desta semelhança ao nível da estrutura formal, distingue-se do crime de perigo concreto, pois o perigo é atributo da própria acção; é a perigosidade geral da acção, elevada pela lei a elemento configurador do tipo objectivo, que carece de prova, ou seja, de verificação ou preenchimento caso a caso pelo juiz.

Portanto, a punibilidade nos termos de uma infracção penal de perigo abstracto da segunda espécie é independente da verificação de um desvalor de resultado (de perigo concreto). Não sendo necessário provar um perigo real torna-se contudo indispensável provar a perigosidade geral do comportamento no sentido da referida propensão.

E, neste concreto ponto, se Gallas, por um lado, defende um juízo *ex ante*, pois está em causa um desvalor da acção, por outro, não deixa de

---

[131] Consulte-se o seu artigo "Abstrakte und konkrete Gefährdung", cit., em esp. pp. 175 ss.

[132] Exemplo: o § 3 Nr. 1a i.V.m. § 11 da LebMG, que pressupõe que o agente actue contrariamente à proibição de "confeccionar produtos alimentares para outrem [...] de tal modo [...] que o seu consumo é propenso a lesar a saúde humana".

[133] "Abstrakte und konkrete Gefährdung", cit., novamente a pp. 171, 174-175 e 183.

considerar também a perigosidade geral da acção incriminada "como um momento que é susceptível e carece de uma apreciação posterior" ("ein nachträglicher Überprüfung zugängliches und bedürftiges Moment")[134], podendo, portanto, o juiz basear-se em conhecimentos adquiridos *ex post* – o que, se bem vemos, em nada condiz já com a apreciação da perigosidade (ainda por cima geral) da acção[135].

Esta ampliação da base do juízo, no sentido de considerar conhecimentos adquiridos posteriormente para a apreciação da característica da "propensão", leva o Autor a falar de um "desvalor 'potencial' de resultado" ou de um "desvalor 'potencial' de perigo da acção" ("'potentieller' Erfolgs- oder Gefährdungsunwert der Handlung")[136], por contraposição ao "desvalor 'real' de resultado" ("'realer' Erfolgsunwert") do crime de perigo concreto, o resultado real de perigo ("realer Gefährdungserfolg").

Diferencia-se ainda do crime de perigo concreto por a perigosidade geral da acção dizer respeito não a bens jurídicos determinados ou individuais (por exemplo, a vida ou a integridade física do sujeito *X*), mas sim a bens jurídicos de um certo género (por exemplo, a vida ou a saúde humana)[137].

A este respeito, a concepção geral deste "perigo abstracto *zweiter Spielart*" de Gallas desvirtua-se quando o Autor procede à análise de alguns artigos do StGB. É o que acontece com os §§ 130 e 166 em que o Autor interpreta a expressão "de um modo [...], que é propenso a perturbar a paz pública" ("in einer Weise [...], die geeignet ist, den öffentlichen Frieden zu stören") como estando em causa não uma *Rechtsgutsart* (a saúde humana – *menschliche Gesundheit*), mas sim um *individuelles Rechtsgut* (o bem jurídico *öffentlicher Friede*), a que corresponderia a saúde de uma pessoa determinada ("Gesundheit eines bestimmten Menschen"). Aqui, a fórmula "geeignet" não seria de

---

[134] V. "Abstrakte und konkrete Gefährdung", cit., p. 181.
[135] Criticamente, *v.* também Zieschang, *Die Gefährdungsdelikte*, cit., pp. 167-168.
[136] Expressamente, "Abstrakte und konkrete Gefährdung", cit., p. 181.
[137] Note-se que está implícita na construção de Gallas uma distinção entre perigo abstracto e perigo concreto com base no nível de concretude do bem jurídico objecto de protecção ou, dito de forma inversa, com base no grau de abstracção do bem jurídico tutelado pela norma incriminadora. Enquanto o bem jurídico de referência no tipo de perigo abstracto é o bem jurídico-categoria (*Rechtsgutsart*), no de perigo concreto é o bem jurídico-objecto, enquanto exemplar do *genus* (*Rechtsgutsobjekt*).

interpretar no sentido de incriminar uma acção geralmente perigosa abstraindo das circunstâncias das quais depende o perigo concreto para um bem jurídico individual (crime de perigo abstracto), mas sim no sentido de punir precisamente um perigo concreto para um bem jurídico individual (crime de perigo concreto)[138]. Afinal, mediante a interpretação dos tipos legais de crime, é possível reconduzir, também no pensamento de Gallas, alguns crimes com a cláusula da propensão à classe dos crimes de perigo concreto[139].

4.3. O crime de perigo abstracto-concreto (Schröder)

Horst Schröder[140] interpreta, *em regra*, os crimes com a característica da propensão no sentido de crimes de perigo concreto. Trata-se de tipos que, apesar de caberem em termos sistemáticos no âmbito dos crimes de perigo concreto, contêm uma certa combinação (*gewisse Kombination*) entre elementos de perigo abstracto e de perigo concreto. Correspondem, na verdade, a tipos em que o legislador combina modos de comportamento abstractamente perigosos com um perigo concreto. Há, pois, por imposição legal, uma excepção de generalização, na justa medida em que a "propensão" tem que ser apreciada com base nas circunstâncias tipicamente estabelecidas, abstraindo de outros elementos do caso concreto não indicados expressamente na lei[141].

---

[138] V. "Abstrakte und konkrete Gefährdung", cit., pp. 181-182.

[139] Na doutrina espanhola, Torío López, "Los Delitos del Peligro Hipotético (Contribución al Estudio Diferencial de los Delitos de Peligro Abstracto)", cit., pp. 825 ss., também converge materialmente nas formas especiais de crime de perigo abstracto de Cramer e de Gallas, mas com um *nomen* diferente: o de "crime de perigo 'hipotético'". E apesar de serem referidas pelo Autor outras duas espécies de perigo abstracto – crimes que consistem na violação de regras ético-sociais ou ético-religiosas, de uma parte, e crimes de desobediência, crimes de polícia ou injustos administrativos submetidos a pena criminal, de outra –, é ao "crime de perigo 'hipotético'" que, segundo Torío López, se deve a final circunscrever a incriminação de perigo abstracto, chegando a propor então a descriminalização das outras espécies.

[140] V., do Autor, "Abstrakt-konkrete Gefährdungsdelikte?", cit., pp. 522 ss., e "Die Gefährdungsdelikte im Strafrecht", cit., pp. 18 ss.

[141] Exemplo: o § 308 Abs. 1 2. Alt. do StGB. Na determinação judicial do perigo só podem ser tidas em conta a natureza e a situação do objecto incendiado, ponderando--se, no entanto, todas as circunstâncias que lhes digam respeito (por hipótese, se o

Esta construção de Schröder é logo criticável, na medida em que admite a existência de crimes de perigo concreto em que o comportamento do agente nem sequer é sempre concretamente perigoso. Mais: um "crime de perigo concreto", quando Schröder defendeu, relativamente a esta classe de crimes e por exigências de justiça individual, a regra da não limitação da decisão do julgador através de critérios gerais, que implicam necessariamente a abstracção de circunstâncias do caso concreto. Daí que o próprio Autor admita a contraprova da perigosidade[142].

Dizíamos que estes crimes são reconduzidos, *em regra*, no pensamento de Schröder aos crimes de perigo concreto porque paralelamente o Autor enquadra alguns crimes de propensão sob um novo *nomen iuris*, o de "crime de perigo abstracto-concreto" (*abstrakt-konkretes Gefährdungsdelikt*)[143]. Trata-se de uma categoria mista de perigo em que a lei "faz característica do tipo a propensão de uma coisa ou acção para produzir um resultado determinado sem ao mesmo tempo precisar contra que bem jurídico ou contra que objecto o perigo no caso concreto pode ou deve dirigir-se"[144].

É com base numa aqui *echte* ou *wirkliche Kombination* entre elementos de perigo abstracto e de perigo concreto da distinção generalizada entre crimes de perigo abstracto e de perigo concreto que se pode apurar o sentido desta espécie de perigo.

O Autor fala, por um lado, numa apreciação da perigosidade da acção pelo juiz (elemento de perigo concreto). O que é dizer que o legislador renuncia à definição dos pressupostos da perigosidade da acção, confiando esta decisão ao julgador que tem que verificar a propensão da acção, que é um elemento constitutivo do tipo.

---

edifício próximo do objecto incendiado é um *bunker* de betão). Portanto, o julgador já não pode ter em conta outras circunstâncias do caso concreto, por exemplo as condições meteorológicas (força ou direcção do vento, por hipótese). Contra o entendimento de Schröder, *v.* as opiniões de Gallas, "Abstrakte und konkrete Gefährdung", cit., p. 183; Cramer, "Vorbemerkungen zu den §§ 306 ff.", cit., nm. 3; e Roxin, *Derecho Penal. Parte General, Tomo I*, cit., p. 411, nm. 127, autores que consideram tratar-se de um crime de perigo abstracto.

[142] "Abstrakt-konkrete Gefährdungsdelikte?", cit., p. 525.
[143] Especificamente, "Abstrakt-konkrete Gefährdungsdelikte?", cit., p. 522.
[144] V., novamente, "Die Gefährdungsdelikte im Strafrecht", cit., p. 22, e "Abstrakt-konkrete Gefährdungsdelikte?", cit., p. 525.

E, por outro lado, na necessidade de o juiz, na sua sentença sobre a perigosidade da acção, aplicar critérios abstractos, gerais, próprios de um crime de perigo abstracto (elemento de perigo abstracto). O perigo que carece de prova acaba, pois, por não se referir ao caso concreto, devido à abstracção de certas circunstâncias do caso individual, mas à propensão geral da acção para produzir um perigo para um bem jurídico de determinado género[145][146].

Fácil é de ver que não estamos nem perante um crime de perigo abstracto tradicional, nem perante um crime de perigo concreto propriamente dito. Não se trata de um crime de perigo abstracto propriamente tal, na justa medida em que ao julgador é confiada a decisão, no caso concreto, sobre a perigosidade geral da acção, que não é portanto determinada *ex vi legis*; não se trata também de um crime de perigo concreto próprio porque a afirmação da respectiva tipicidade não exige a prova de um perigo efectivo para o bem jurídico (a lei nem sequer determina o

---

[145] Exemplo de crime de perigo abstracto-concreto segundo o Autor: o já citado § 3 Nr. 1a i.V.m. § 11 da LebMG. O juiz tem que verificar se no caso concreto estão preenchidos os pressupostos da perigosidade do facto, ou seja, tem que apreciar se o alimento tal como foi confeccionado é geralmente propenso a prejudicar a saúde humana, isto é, dos consumidores (um bem jurídico de certo género), sem considerar o seu efeito em indivíduos concretos (um bem jurídico determinado). V. "Abstrakt-konkrete Gefährdungsdelikte?", cit., p. 525 (a transcrição é desta página), e "Die Gefährdungsdelikte im Strafrecht", cit., p. 22.

[146] Autores há que deduziram do pensamento de Schröder a integração dos outros casos de "propensão" que na verdade são reconduzidos pelo Autor ao crime de perigo concreto, também neste seu conceito de crime de perigo abstracto-concreto. Neste sentido, *v.*, por exemplo, Schünemann, "Moderne Tendenzen in der Dogmatik der Fahrlässigkeits- und Gefährdungsdelikte", cit., p. 793. Cremos que esta consequência escapa aos propósitos de Schröder, que a um tal respeito fala sempre de *"gewisse Kombination"* ("Die Gefährdungsdelikte im Strafrecht", cit., p. 19) ou de *"in gewissem Sinne eine Kombination"* entre elementos abstractos e concretos ("Die Gefährdungsdelikte im Strafrecht", cit., p. 27), por contraposição a *"echte Kombination"* ("Die Gefährdungsdelikte im Strafrecht", cit., p. 22) ou *"wirkliche Kombination"* ("Abstrakt--konkrete Gefährdungsdelikte?", cit., p. 525) própria da categoria mista de perigo. Claro que formalmente poder-se-ia sempre falar em "crime de perigo propriamente abstracto--concreto" por contraposição ao "crime de perigo impropriamente abstracto-concreto" ou "crime de perigo abstracto-concreto da segunda espécie"..., até porque, se bem vemos, a diferença entre os crimes de uma *"gewisse Kombination"* e os de uma *"echte"* ou *"wirkliche Kombination"* parece residir apenas na menor ou maior amplitude da base do juízo de perigosidade geral da acção pressuposta respectivamente.

objecto de bem jurídico que pode ou deve ser posto em perigo), mas apenas a subsunção da matéria de facto no respectivo tipo incriminador, isto é, a prova da perigosidade da acção e segundo um juízo baseado na experiência geral[147].

Portanto, e apesar de o Autor afirmar que nesta categoria há a referida *echte* ou *wirkliche Kombination* entre elementos de perigo abstracto e de perigo concreto, a definição estrutural de crime de perigo abstracto próprio e de crime de perigo concreto próprio não se reflecte integralmente no tipo misto[148]: porque, por um lado, não é definida pela lei a perigosidade geral da acção, como é próprio do crime de perigo abstracto, e porque, por outro, não está determinado o objecto de bem jurídico a pôr em perigo, nem é necessária a prova de um perigo real para o bem jurídico, como é próprio do crime de perigo concreto. É por razões, parece-nos, puramente formais que o Autor fala na referida combinação real – que, se bem vemos, também não deixa de ser uma combinação só ao nível da apreciação da acção – entre elementos de perigo abstracto e de perigo concreto que se prendem e tão-só com a intervenção do juiz para apreciar a perigosidade do comportamento (elemento de perigo concreto) que a final não passa de um comportamento apenas geralmente

---

[147] Ao "perigo concreto" e "perigo abstracto-concreto" da construção de Schröder, prefere Angioni contrapor, em substituição e no âmbito da sua concepção mais ampla de perigo expresso, os termos *pericolo concreto in senso stretto* ou *specifico* e *pericolo (concreto) generico*. Do ponto de vista hermenêutico, enquanto no tipo de "perigo concreto em sentido estrito" a verificação do perigo é inconciliável com abstracções de circunstâncias concretas do facto; o tipo de "perigo (concreto) genérico", em que o perigo também é um elemento expresso do tipo, já admite alguma abstracção na verificação da perigosidade, mas *ex vi legis*. Angioni continua a manter o binómio *astratto--concreto* com o sentido tradicional da contraposição que atende ao perigo como elemento expresso ou não no tipo incriminador. V., do Autor, *Il Pericolo Concreto come Elemento della Fattispecie Penale*, I, cit., p. 93, n. 154, e *Il Pericolo Concreto come Elemento della Fattispecie Penale*, II, Chiarella: Sassari, 1984, pp. 54 ss. e 83-84.

[148] Ouçamos Schröder, "Die Gefährdungsdelikte im Strafrecht", cit., p. 7, neste concreto ponto da definição genérica dos crimes de perigo abstracto e de perigo concreto: "ou a lei pune determinadas formas de comportamento humano que, segundo a experiência geral, criam um perigo para um determinado bem jurídico [os chamados crimes de perigo 'abstracto']. Ou a lei estabelece como elemento do tipo a ocorrência de um perigo e obriga, por isso, o juiz a decidir no caso concreto se o comportamento do agente efectivamente pôs em perigo um determinado bem jurídico [os chamados crimes de perigo 'concreto']" (intercalado nosso). V., também, e sinteticamente, o seu "Abstrakt-konkrete Gefährdungsdelikte?", cit., p. 522.

perigoso (elemento de perigo abstracto). Esta forma de crime de perigo suscita assim os mesmos problemas dos crimes de perigo abstracto, pelo que Schröder tem que reconhecer – e reconhece –, mais uma vez, a necessidade de limitar a punibilidade, invocando a excepção da não--perigosidade[149].

Acresce que da análise que Schröder faz de alguns tipos legais de crime do StGB, apontados como casos ilustrativos da estrutura de "crime de perigo abstracto-concreto", se verifica que a definição da "forma mista" assumida com carácter geral no plano da construção dogmática também não corresponde àquela que depois é utilizada na ordem prática. Ou seja: há casos que na prática são acolhidos no seio do crime de perigo abstracto-concreto, apesar de a perigosidade geral do facto, com a qual se satisfazem, ser a *ratio legis* da incriminação e não um elemento típico essencial a verificar no caso concreto pelo julgador. Poder-se-á, então, supor que o elemento de perigo concreto de que fala Schröder afinal não é uma característica geral desta "categoria mista" de perigo[150].

4.4. O crime de perigo potencial (Wolter)

Por referência ao tratamento doutrinário da característica da "propensão" no âmbito das estruturas tripartidas do perigo, enunciemos a categoria do "crime de perigo potencial" (*potentielles Gefährdungsdelikt*) de Jürgen Wolter[151], categoria subdividida ainda em crime de perigo potencial concreto e crime de perigo potencial geral (*konkretes und generelles potentielles Gefährdungsdelikt*).

Determinante é que o comportamento do agente crie (primariamente) um "risco adequado de perigo" (*adäquates Gefährdungsrisiko*) de (secun-

---

[149] V., de novo, "Die Gefährdungsdelikte im Strafrecht", cit., pp. 22-23, e "Abstrakt-konkrete Gefährdungsdelikte?", cit., p. 525.

[150] Para uma apreciação também crítica da construção de Schröder veja-se Gallas, "Abstrakte und konkrete Gefährdung", cit., pp. 171, 174-175 e 183; Zieschang, *Die Gefährdungsdelikte*, cit., pp. 171-172; Rodríguez Montañés, *Delitos de Peligro, Dolo e Imprudencia*, cit., pp. 17 ss.; e Méndez Rodríguez, *Los Delitos de Peligro y sus Técnicas de Tipificación*, cit., pp. 189 ss.

[151] V. a sua monografia *Objektive und Personale Zurechnung von Verhalten, Gefahr und Verletzung in einem funktionalen Straftatsystem*, cit., em esp. pp. 75 ss. e 254 ss., e o seu artigo "Konkrete Erfolgsgefahr und konkreter Gefahrerfolg im Strafrecht – OLG Frankfurt, NJW 1975, 840", cit., p. 754.

dariamente) realizar um resultado de perigo concreto. Corresponde aquela criação de risco adequado de perigo de resultado, nas palavras do Autor, a um "desvalor primário de resultado" (*primäres Erfolgsunrecht*), por contraposição ao "desvalor secundário de resultado" (*sekundäres Erfolgsunrecht*).

Mas, enquanto no crime de perigo potencial concreto[152] é aplicado um critério concreto para averiguar se o agente criou, ou não, o referido risco adequado de perigo, no crime de perigo potencial geral[153] é aplicado um critério generalizador, não esclarecendo contudo o Autor em que termos é que é feita a abstracção própria do comportamento geralmente perigoso.

Apesar da aparência distinta de conceitos de Wolter, cremos que está subjacente ao seu pensamento uma distinção – já acentuada no pensamento de Zieschang e que se acentuará na sequência a propósito da obra de Hirsch –, entre normas penais que pressupõem um comportamento geralmente perigoso e normas penais que pressupõem um comportamento concretamente perigoso[154].

Apenas em relação aos crimes de perigo potencial concreto se poderá falar com pertinência de uma categoria autónoma de perigo, no sentido de um crime de perigosidade concreta, mas por estar em causa um desvalor da acção concretamente perigosa, procedendo assim a apreciação crítica já feita anteriormente, o que permite igualmente uma economia na exposição[155].

4.5. O crime de perigosidade concreta (Hirsch)

Ocupemo-nos da categoria do "crime de perigosidade concreta" (*konkretes Gefährlichkeitsdelikt*) de Hirsch[156].

---

[152] O exemplo paradigmático é a tentativa de perigo idónea e acabada. Mas *v.* também os §§ 126, 130, 166, 186, 187 1. Alt., e 229 Abs. 1 a.F. do StGB.

[153] Exemplo: o § 3 a.F. da LebMG.

[154] Segundo Zieschang, dever-se-ia então falar, porque com mais propriedade, em "crimes de perigosidade abstracta" e "crimes de perigosidade concreta", justamente por estar em causa o perigo enquanto atributo de um comportamento, e reservar o conceito de "perigo potencial" para os crimes que pressupõem o *plus* da produção causal de um "estado concretamente perigoso". *V.*, do Autor, *Die Gefährdungsdelikte*, cit., p. 181.

[155] Ainda voltaremos a este ponto *infra* (sob o Capítulo III.1., 1.5., 1.5.2., 1.5.2.4.).

[156] *V.* "Gefahr und Gefährlichkeit", cit., pp. 548 ss. e 557 ss.

O Autor parte da distinção entre o perigo em que se encontra um bem jurídico, entendido como o estado em que um bem entra na área de influência de um determinado acontecimento que com probabilidade o lesa (o que corresponde ao resultado de perigo no crime de perigo concreto), de uma parte, e a perigosidade de um comportamento, como o risco de uma acção ou probabilidade de um dano, de outra, para afirmar que só em relação a estes crimes de perigosidade ganha então significado a distinção entre "concreto" e "abstracto".

E enquanto nos crimes de perigosidade concreta é necessária uma perigosidade real, nos crimes de perigosidade abstracta basta uma perigosidade geral. Portanto, os incorrectamente designados crimes de perigo abstracto (*abstrakte Gefährdungsdelikte*) são mais precisamente crimes de perigosidade abstracta [(*abstrakte*) *Gefährlichkeitsdelikte* (*Risikodelikte*)], na medida em que está em causa uma característica da acção – a perigosidade geral (típica) – e não a generalização da ocorrência de um resultado de perigo.

Nestes termos, o crime de perigosidade concreta corresponde a uma espécie intermédia e autónoma de perigo entre o crime de perigosidade abstracta e o crime de perigo concreto, sendo a característica da propensão e a concepção de perigosidade (concreta) conceitos cambiáveis.

4.6. O *Eignungsdelikt* (Hoyer)

Destaque-se, por último, a categoria trabalhada por Andreas Hoyer[157], autor que se debruçou de forma pormenorizada sobre os crimes de perigo com a característica da "propensão". Concebe o Autor os crimes com a característica da "propensão" como um *tertium genus*[158] que completa o quadro dogmático de malhas apertadas que distingue crime de perigo abstracto e crime de perigo concreto. Hoyer propõe uma nova denominação para este crime: a de *Eignungsdelikt*.

Característico do *Eignungsdelikt* é a *Geeignetheit* ou a *Eignung*, que não tem no entanto que constar literalmente da norma, pois esta categoria delitiva também inclui crimes em cujo tipo não aparece explicitamente esta característica, mas que preenchem um conceito "material" de *Eignung*.

---

[157] V., do Autor, a sua monografia *Die Eignungsdelikte*, cit., pp. 15 ss., e o seu artigo "Zum Begriff der 'abstrakten Gefahr'", cit., pp. 183 ss.
[158] *Die Eignungsdelikte*, cit., pp. 197 ss.

Com efeito, Hoyer desenvolve um conceito material de propensão que tem o condão de agregar todos os crimes de propensão em sentido formal numa unidade material, permitindo assim falar numa categoria de crime dogmaticamente autónoma dos crimes de perigo concreto e dos crimes de perigo abstracto, que engloba os chamados crimes de propensão em sentido formal e os de propensão em sentido material[159].

Para Hoyer, o preenchimento da *Eignungsklausel* pelo juiz não se compadece com o recurso apenas a critérios generalizadores. Importa sim verificar se o agente, através da sua acção, criou uma "fonte de perigo". E existirá uma fonte de perigo "quando em face do complexo de circunstâncias do caso concreto, de acordo com a ciência natural, no curso futuro dos acontecimentos pode ocorrer um perigo para determinados objectos de bens jurídicos, caso estes entrem em contacto com ele"[160].

Mais: esta "propensão" da acção é definida no sentido de não poderem intervir *factores de negação* suficientemente fiáveis para impedir o dano. E aqui, ao contrário do crime de perigo concreto, não se torna necessária nem a relação de proximidade directa entre a fonte de perigo e o objecto afectado, nem consequentemente a própria presença do objecto propenso a ser lesado, pois o *Eignungsdelikt* não pressupõe uma afectação concreta de um objecto individual.

Apesar de Hoyer definir a propensão a partir da formulação de que não devem existir *factores de negação* suficientemente fiáveis, não a esclarece[161]. Assim, poder-se-á suscitar imediatamente a dúvida quanto à eventual relevância de causas salvadoras no *Eignungsdelikt* e à sua representação precisamente como tais *factores de negação*. Parece-nos que a posição mais coerente com o seu pensamento terá que passar pela consideração de tais circunstâncias.

---

[159] Sobre o conceito de *Eignungsdelikt* em sentido formal e em sentido material, v. *Die Eignungsdelikte*, cit., pp. 16, 18, 29-30 e 197 ss. Exemplos, segundo Hoyer, de *Eignungsdelikt* em sentido formal: entre outros, os §§ 109d Abs. 1, 126 Abs. 1 e 2, 130, 140, 149 Abs. 1 Nr. 2, 164 Abs. 2, 166, 186, 187, 187a Abs. 1, 229 Abs. 1, 319, e 325 Abs. 1 Nr. 1 e 2 do StGB; e em sentido material: *v.g.*, os §§ 111, 113 Abs. 1, 125, 145d, 146, 323c, 333, e 334, também do StGB.

[160] V., "Zum Begriff der 'abstrakten Gefahr'", cit., pp. 187-188 (a transcrição é da p. 188). Sobre este conceito de fonte de perigo, v. *Die Eignungsdelikte*, cit., *inter alia*, pp. 97, 100, 103, 107-108, 111 e 198.

[161] *Die Eignungsdelikte*, cit., pp. 75 ss. e 96.

Neste sentido, a relevância prática da categoria do *Eignungsdelikt* é significativamente posta em causa porque dificilmente estarão preenchidos os pressupostos da respectiva punibilidade. Com efeito, se o Autor não exige uma relação de proximidade directa entre a fonte de perigo e o objecto afectado, é natural que com frequência possam intervir medidas de salvamento, por parte da vítima ou de terceiro, até já certas no momento da acção[162].

Mas seja como for, devemos ainda sublinhar que apesar de os critérios de valoração da *Eignungsklausel* parecerem, por sua vez, afastar o *Eignungsdelikt* do crime de perigo abstracto por apontarem para uma apreciação da perigosidade concreta, a dúvida quanto à presença de uma categoria autónoma de perigo que alargaria a estrutura biunívoca clássica (como é reivindicado por Hoyer) adensa-se ao longo do pensamento do Autor, revelando a final, se bem vemos, uma comprovação da perigosidade abstracta.

Na verdade, é o próprio Autor que no final da sua monografia conclui no sentido de ter desenvolvido um conceito de *Eignung* ou *Geeignetheit* material capaz de reunir os crimes de propensão em sentido formal – os tais que preenchem um conceito tipológico de *Eignung* –, numa unidade também material, que no essencial consiste na "afectação hipotético--abstracta da vítima" ("hypothetisch-abstrakte Opferbetroffenheit")[163].

Hoyer, no seu artigo "Zum Begriff der 'abstrakten Gefahr'", já então tinha reconhecido que os *Eignungsdelikte* também correspondiam à apreciação de um perigo abstracto, tal como sucede no crime de perigo abstracto, mas, enquanto no crime de perigo abstracto "o legislador concretiza o complexo de circunstâncias cuja existência deve ser entendida como 'abstractamente perigosa'", o preenchimento dos *Eignungsdelikte* "depende de saber se o complexo de circunstâncias tipicamente limitado, por falta de delimitação típica do complexo total de circunstâncias do caso concreto, constitui uma 'fonte de perigo'"[164].

---

[162] Para maiores desenvolvimentos, *v. Die Eignungsdelikte*, cit., pp. 75 ss., 95 ss., 103 ss. e, para uma conclusão final, p. 201. Para uma crítica análoga, *v.* Zieschang, *Die Gefährdungsdelikte*, cit., pp. 176-177.

[163] *V. Die Eignungsdelikte*, cit., p. 201.

[164] *V.* "Zum Begriff der 'abstrakten Gefahr'", cit., pp. 186-187, e, para uma conclusão, p. 188 (as transcrições são desta página). Também para Zieschang, *Die*

4.7. A "propensão" na doutrina portuguesa

4.7.1. Cavaleiro de Ferreira

A doutrina penal portuguesa também tem desenvolvido com modulações uma espécie delitiva correspondente ao genérico crime de perigo "potencial" ou crime com a característica da "propensão".

Começando por Cavaleiro de Ferreira[165], do ponto de vista da tipologia dos crimes de perigo, a par da distinção que faz entre, por um lado, crimes de perigo abstracto ou, na designação preferida pelo Autor, de perigo presumido (em que é incriminado um comportamento em abstracto perigoso, sendo o perigo mero motivo da incriminação e não elemento do facto ilícito) e, por outro, crimes de perigo concreto (em que o perigo ou situação de perigo é evento ou resultado do comportamento, integrando a estrutura essencial do facto ilícito), enuncia, ainda, uma terceira espécie: os crimes de "perigo de perigo" ou "risco de perigo".

Nos crimes de "perigo de perigo" ou "risco de perigo" é de exigir que o facto "contenha realmente potencialidade causal de perigo". Trata-se da "propensão" da acção para a criação de um perigo. O Autor esclarece ainda que "rigorosamente, na definição destes crimes, o evento de perigo concreto não existe ainda e a prognose do perigo será então uma prognose *ex-ante* e não *ex-post*, isto é, em que o perigo só caracteriza a acção e não carece de ser comprovado no caso concreto".

Desta delineação não é para nós evidente que esteja em causa a perigosidade concreta da acção como característica de uma terceira categoria de perigo. Não será mais uma proposta orientada senão pela apreciação judicial da perigosidade geral do facto – uma característica do crime de perigo abstracto? Ou, pelo contrário, será que o uso do advérbio "realmente" significa uma exigência "efectiva" da perigosidade concreta (ou parcialmente concreta) do facto? O Autor não clarifica cabalmente esta ambivalência.

Gefährdungsdelikte, cit., pp. 178-179, este crime de Hoyer não deixa de se poder reconduzir à categoria clássica do crime de perigosidade abstracta, mas com outra argumentação.
[165] V. *Lições de Direito Penal. Parte Geral, I – A Lei Penal e a Teoria do Crime no Código Penal de 1982*, cit., pp. 144-145.

Receamos também que esta construção sobre a perigosidade da acção reflicta os postulados da causalidade adequada, defendendo, na linha da doutrina mais antiga acerca do conceito de perigo, abstracções de circunstâncias a partir da aplicação de critérios da teoria da adequação[166].

Esta orientação que articula de forma particular o perigo e a adequação perpassa de forma clara ao longo do pensamento de Eduardo Correia, podendo ler-se no seu Manual que existe perigo "quando a acção tem idoneidade para produzir um certo resultado, idoneidade que se deve determinar segundo aqueles termos auxiliares do juízo de prognose que fixa os termos da causalidade adequada"[167].

4.7.2. Germano Marques da Silva

Cremos que aquela dúvida quanto à caracterização do crime de "perigo de perigo" ou "risco de perigo" de Cavaleiro de Ferreira a partir da perigosidade concreta da acção que a análise do Autor nos revela torna a ter razão de ser quando confrontamos o ensinamento de Germano Marques da Silva, primeiro no seu *Direito Penal Português*[168] e depois num estudo de carácter monográfico[169] que, trabalhando em termos não muito diferentes as ideias de "potencialidade causal de perigo" e de "propensão da acção para a criação de um perigo concreto" considera-as relevantes para a caracterização exactamente do crime de perigo abstracto.

É precisamente no seu *Crimes Rodoviários*, e numa formulação mais desenvolvida, que o Autor, apesar de partir da bipartição tradicional dos crimes de perigo – cujo traço distintivo é a exigência, ou não, do perigo como elemento expresso na estrutura do tipo legal –, defende que no

---

[166] Isto porque, como veremos *infra* (sob o Capítulo III.3., 3.3.), esta modalidade de "perigo de perigo" trabalhada por Cavaleiro de Ferreira nas suas *Lições de Direito Penal* parece-nos ser herdeira do conceito de "acção perigosa" que o seu ensino já distinguira, alguns anos antes, no seu *Direito Penal* de 1962, e que fora retomado *ipsis verbis*, em 1981, no *Direito Penal Português*.

[167] V. *Direito Criminal*, Vol. I, cit., pp. 257 ss. (a transcrição é da p. 263). Esta concepção do perigo assume no pensamento de Eduardo Correia uma categoria generalizante sendo, por isso, igualmente aplicável à tentativa. V. *Direito Criminal, I – Tentativa e Frustração. II – Comparticipação Criminosa. III – Pena Conjunta e Pena Unitária*, Coimbra: Arménio Amado Editor, 1953, pp. 38 ss.

[168] *Direito Penal Português. Parte Geral, II*, cit., p. 30.

[169] *Crimes Rodoviários/Pena Acessória e Medidas de Segurança*, cit., pp. 14 ss.

âmbito do crime de perigo abstracto, embora seja irrelevante a prova da criação de uma concreta situação de perigo de lesão, ou seja, a prova de um perigo concreto para bens jurídicos determinados, "é necessário que esse comportamento seja objectivamente perigoso em si mesmo, sem o que, não havendo perigo de lesão de bens jurídicos, a incriminação carece de sentido, de legitimidade". E acrescenta ainda que "no crime de perigo abstracto a acção é incriminada em razão da sua *potencialidade causal de perigo*; [...] *é sempre de exigir a idoneidade do comportamento para constituir a criação de um perigo para os bens jurídicos tutelados*, sem o que o comportamento carece de tipicidade"[170].

Estará então aqui em causa a perigosidade concreta da acção? Mas como característica do crime de perigo abstracto? Se a resposta for afirmativa, como conciliar a posição aí defendida pelo Autor contra a sinonímia entre perigo abstracto e perigo presumido, no sentido de "presunção *juris et de jure* de perigo, de tal modo que não importa se a acção é ou não potencialmente perigosa para bens jurídicos", com aqueloutra que manifesta no seu manual, baseando-se na contraposição expressa entre o perigo concreto e o perigo abstracto ou presumido, afirmando que nestes crimes de perigo abstracto ou presumido "dispensa-se essa constatação [a verificação, caso a caso, do perigo real], por se tratar de perigo presumido de lesão"?[171]

4.7.3. Figueiredo Dias e Rui Pereira

Como já notámos anteriormente, Figueiredo Dias também faz uma brevíssima referência à espécie de crime de perigo abstracto-concreto, introduzida por Schröder, designação que é no entanto utilizada pelo Autor para "os *crimes de perigo abstracto* em que este não é só critério interpretativo mas tem também de ser momento referencial da culpa"[172].

O "crime de perigo abstracto-concreto" – enquanto categoria autónoma de perigo – é tratado igualmente por Rui Pereira[173] que, claramente

---

[170] As transcrições são das pp. 15 e 16 (itálico nosso) do seu *Crimes Rodoviários/ /Pena Acessória e Medidas de Segurança*, cit. O perigo enquanto razão de ser da proibição é característico frequentemente das transgressões e das contra-ordenações.
[171] *Direito Penal Português. Parte Geral, II*, cit., p. 30 (intercalado nosso).
[172] *Direito Penal*, cit., p. 146 (itálico nosso).
[173] V. *O Dolo de Perigo*, cit., pp. 24-26 e 33.

influenciado pelo Autor alemão, sustenta ser característica do tipo a "genérica aptidão da acção para produzir o evento danoso"[174]. Ou seja, nestas incriminações de perigo não é juridicamente relevante provar de forma casuística a criação de um perigo; de outro modo, o juiz terá de determinar a genérica perigosidade do comportamento, aplicando critérios da experiência. Está em causa um juízo positivo de perigo referido ao modo de ser objectivo da acção típica, em que importa verificar, repita-se, se a conduta é genericamente perigosa, o que nos remete para os receios já por nós suscitados aquando da análise do pensamento de Schröder.

4.7.4. Paulo de Sousa Mendes

Recentemente, Paulo de Sousa Mendes[175], a propósito da análise do crime de poluição, previsto e punido nos termos do artigo 279.º do CP, trabalha o chamado "crime de perigo abstracto potencial", caracterizado, segundo o Autor, pela "crença na perigosidade de certas práticas". Ou seja e pensando neste tipo legal de crime *ipsis verbis* diz:

"[...] temos entre mãos um tipo legal de crime estruturado segundo a técnica do crime de perigo abstracto [em que, também segundo o Autor, o legislador não faz menção expressa do perigo, antes o presume] ademais um *perigo abstracto potencial* (ou seja, é um caso de *crença* na perigosidade de certas práticas), no sentido de não haver sequer formas científicas, actualmente, de determinar os riscos para o ambiente advenientes de factos isolados"[176].

Esta técnica de incriminação de "perigos potenciais" é justificada por Sousa Mendes em face da criação de "riscos difusos" – característicos da moderna "sociedade do risco" –, ou seja, de "situações-quadro cujo potencial de risco é ainda totalmente inabarcável à vista das adequadas

---

[174] Exemplos de crimes de perigo abstracto-concreto segundo Rui Pereira: os artigos 144.º, n.º 2 (Ofensas corporais com dolo de perigo), 272.º, n.º 1 (Deterioração de alimentos destinados a animais), e 273.º, n.ºs 1 e 2 (Corrupção de substâncias alimentares ou para fins medicinais), todos da versão originária do CP.

[175] *Vale a pena o Direito Penal do Ambiente?*, cit., pp. 112 ss.

[176] *Vale a pena o Direito Penal do Ambiente?*, cit., pp. 123-124 (itálico do Autor e intercalado nosso).

disciplinas científicas, mas que a mais elementar prudência aconselha [...] que não sejam pelo vulgo postas à prova"[177].

Para este Autor parece não haver dúvida estarmos perante um crime de perigo abstracto[178].

4.7.5. José de Faria Costa

A construção que José de Faria Costa[179] propõe na sua grande monografia *O Perigo em Direito Penal*, se bem julgamos, parece situar-se para além da sistematização bipartida. É verdade que Faria Costa depois de também aludir à incriminação de uma situação "potencial" de pôr-em--perigo – que corresponderia aproximadamente ao crime de perigo

---

[177] *Idem*, agora a pp. 84 ss. (a transcrição é da p. 93).

[178] Registe-se que a classificação do crime de poluição não é pacífica na doutrina. Assim, no sentido de um crime de perigo concreto, *v.* Fernanda Palma, "Direito Penal do Ambiente – Uma Primeira Abordagem", *Direito do Ambiente*, Oeiras: INA, 1994, p. 444; e, *idem*, "Novas Formas de Criminalidade: o Problema do Direito Penal do Ambiente", *in* AA.VV., *Estudos Comemorativos do 150.º Aniversário do Tribunal da Boa-Hora*, Lisboa: Ministério da Justiça, 1995, p. 209. Teresa Quintela de Brito classifica--o como crime de perigo abstracto-concreto, "O Crime de Poluição: Alguns Aspectos da Tutela Criminal do Ambiente no Código Penal de 1995", *Anuário de Direito do Ambiente*, Lisboa: Ambiforum, 1995, p. 340. Concebendo-o como crime de dano, *v.* Silva Dias, "A Estrutura dos Direitos ao Ambiente e à Qualidade dos Bens de Consumo e sua Repercussão na Teoria do Bem Jurídico e na das Causas de Justificação", separata da *RFDUL* de "Jornadas de Homenagem ao Professor Doutor Cavaleiro de Ferreira", Lisboa: 1995, p. 194; Anabela Miranda Rodrigues, "A Propósito do Crime de Poluição (Artigo 279.º do Código Penal)", *DJ*, Vol. XII, Tomo 1, 1998, pp. 123-128; e, *idem*, a sua anotação ao artigo 279.º (Poluição) do CP *in Comentário Conimbricense do Código Penal. Parte Especial, Tomo II*, cit., p. 962, § 37; Pinto de Albuquerque, "Crimes de Perigo Comum e contra a Segurança das Comunicações em face da Revisão do Código Penal", *in Jornadas de Direito Criminal – Revisão do Código Penal. Alterações ao Sistema Sancionatório e Parte Especial*, Vol. II, cit., pp. 256 e 294; José Souto de Moura, "O Crime de Poluição – A Propósito do Art. 279.º do Projecto de Reforma do Código Penal", *RMP*, Ano 13.º, N.º 50, Abril-Junho 1992, p. 34; *idem*, "Crimes contra o Ambiente – Porquê e Como", *in Jornadas de Direito Criminal – Revisão do Código Penal. Alterações ao Sistema Sancionatório e Parte Especial*, Vol. II, cit., pp. 347 ss.; e A. Leones Dantas, "Crimes contra o Ambiente no Código Penal", também neste vol. II das *Jornadas de Direito Criminal – Revisão do Código Penal. Alterações ao Sistema Sancionatório e Parte Especial*, a pp. 370 ss. e 382.

[179] *O Perigo em Direito Penal (Contributo para a sua Fundamentação e Compreensão Dogmáticas)*, cit., pp. 568, e em esp. sob a n. 1, e 641-643, sob a n. 175.

"potencial" ou "crime de perigo abstracto-concreto" da literatura alemã –, quando faz a aproximação ao conceito de crime de perigo redefine imediatamente os termos da sua classificação dos crimes de perigo, precisamente devido à flutuação dos conceitos na dogmática penal a respeito desta classe de infracções, e passa a distinguir apenas entre crimes de perigo concreto e "os 'outros' crimes de perigo", como lhes chama. Todavia e mais à frente no percurso da sua tese, quando analisa alguns crimes tipificados pelo legislador português, não deixa de designar certos comportamentos típicos como "crimes de perigo (concreto) de protecção antecipada", um reflexo de que a sua construção não é espartilhada pela dualidade tradicional dos crimes de perigo.

É concretamente a propósito do problema da legitimidade constitucional dos crimes de perigo abstracto que Faria Costa admite o surgimento de "formas atípicas" dentro do *modus aedificandi* dos crimes de perigo abstracto, preferindo denominá-las por "crimes de perigo (concreto) de protecção antecipada". Seriam os casos dos artigos 265.º, 272.º e 273.º da versão originária do CP, tipos legais que concretizam os seus elementos constitutivos essenciais através da fórmula "[...] de forma a criar perigo para a vida [...]".

Esta categoria delitiva, desenvolvida pelo Autor, não é nem um "(normal) crime de perigo concreto", pois não se exige um concreto e efectivo perigo para um determinado bem jurídico (naqueles casos a vida de outrem), nem é um "*comum*, normal, crime de perigo abstracto", porque o perigo é elemento do tipo. Decisiva é a presença de uma conduta "concretamente" idónea para criar um perigo, que tem que ser, por isso mesmo, avaliada caso a caso.

Vejamos o seguinte caso recolhido do Autor, com duas variações de exemplificação:

(4) Caso-base: *A* corta a energia eléctrica que alimenta o bloco operatório do hospital *Y*.

(4a) Primeira variante: as intervenções cirúrgicas programadas para esse dia tinham sido *todas* proteladas para dias seguintes, devido a qualquer impossibilidade do cirurgião.

(4b) Segunda variante: o mesmo, mas há um paciente *B* na mesa de operações que, no entanto, não chega a correr perigo de vida, porquanto mal a energia falhou entrou automaticamente em funcionamento o sistema supletivo de energia que apoiava o bloco operatório.

É certo, segundo Faria Costa, que em ambas as situações não houve a criação de um concreto perigo para a vida de outrem. No entanto, em 4a, apesar de a acção de A ser "idónea" para criar um perigo, não o chega a criar na concretude daquela situação real, devido a um circunstancialismo desconhecido do agente. Não há aqui a possibilidade de se criar um perigo para a vida de outrem. Logo, afasta o Autor a punibilidade do agente nos termos do tipo incriminador do artigo 265.º do CP.

Diferentemente, na segunda variante de exemplificação do caso-básico 4b, em que existe no circunstancialismo do caso concreto um paciente na mesa de operações, o agente A, ao cortar a energia eléctrica, actua *de forma a criar perigo para a vida* daquele. Ou seja, a previsão normativa do tipo do artigo 265.º do CP está preenchida, pois há uma "idoneidade" concreta da conduta de A para a criação de uma situação de perigo; "a intervenção do sistema energético supletivo é que destrói, no caso concreto, o nexo de 'idoneidade'".

O tratamento diferenciado dado por Faria Costa a estes casos parece apontar de forma mais cristalina para a perigosidade concreta da acção. Sob este ponto de vista é significativa a acentuação de uma reorganização conceptual em torno de uma categoria de perigo – o "crime de perigo (concreto) de protecção antecipada" – cada vez mais depurada no sentido da perigosidade concreta como factor decisivo de uma "conduta 'concretamente' idónea a criar um perigo" que carece de uma apreciação caso a caso.

No entanto, a afirmação do Autor de que a construção dogmática desta figura a aproxima dos crimes de "perigo de perigo" ou "risco de perigo" de Cavaleiro de Ferreira ou ainda dos tradicionais "crimes de perigo abstracto-concreto" sugere no leitor novamente um sentimento de indefinição dos contornos desta classe de crimes como categoria autónoma.

O apelo a uma compreensão afim destas construções do perigo que, a nosso ver, é extremamente discutível se não passam de um mero *modus aedificandi* do crime de perigo abstracto – uma matiz do crime de perigo abstracto que a sensibilidade de Faria Costa regista expressamente –, alvitra, pelo menos no plano teórico, a dúvida sobre a concretude global da apreciação da acção – o que não condiz com a extrema sensibilidade aos variados matizes da problemática que esta reconstrução do perigo parecia fazer justiça[180].

---

[180] Sobre estes crimes com a caracterísitca da "propensão" v., ainda entre nós, a posição de Silva Dias, subscrevendo a tese de Hoyer e de Jakobs no sentido de os

4.8. Algumas reflexões críticas

Além das observações já feitas às definições dogmáticas dos crimes de perigo com a característica da "propensão" propostas pela doutrina estrangeira e portuguesa, impõem-se ainda algumas reflexões complementares.

Naturalmente que os atributos "abstracto" e "concreto" não deixam de ser relativos entre si e por isso também interdependentes atento o critério subjacente à respectiva qualificação. Ou seja, o que segundo um determinado ponto de vista pode ser definido como "concreto", noutros termos pode ser "menos concreto" ou até "abstracto". Vice-versa: o que é qualificável como "abstracto" pode também ser considerado "menos abstracto" ou até "concreto". Neste sentido, como vimos, o perigo pode ser, por exemplo, "concreto" ou "abstracto" consoante seja, ou não, um elemento típico; ainda "concreto" ou "abstracto", atenta a intervenção, ou não, do juiz na apreciação do perigo; perigo "abstracto" porque abstrai de todas as circunstâncias de facto do caso individual; perigo "menos abstracto" – o que é também "mais concreto" – por considerar algumas circunstâncias do caso concreto...

No entanto, a nosso ver, o que materialmente distingue o crime de perigo abstracto do crime de perigo concreto não é a diferente técnica de tipicização legislativa no sentido tradicional de o perigo ser, ou não, um elemento expresso da norma incriminadora cuja existência tem que ser verificada pelo juiz, mas sim – e, por isso, acrescente-se – ser, ou não, um elemento expresso do tipo de ilícito enquanto atributo de um evento causalmente produzido pela acção típica. É a exigência de um resultado

---

"crimes de aptidão" serem um *tertium genus* de perigo, "Entre 'Comes e Bebes': Debate de algumas Questões Polémicas no Âmbito da Protecção Jurídico-Penal do Consumidor (A Propósito do Acórdão da Relação de Coimbra de 10 de Julho de 1996)", cit., pp. 521-523, sob a n. 14; e as concepções igualmente tripartidas do perigo de Teresa Quintela de Brito, *Crime Praticado em Estado de Inimputabilidade Auto-Provocada, por Via do Consumo de Álcool ou Drogas (Contributo para uma Análise do Art. 282 do Código Penal à Luz do Princípio da Culpa)*, cit., pp. 70 ss., e de Pinto de Albuquerque, "Crimes de Perigo Comum e contra a Segurança das Comunicações em face da Revisão do Código Penal", cit., p. 267, nos termos das quais o "crime de perigo abstracto--concreto", designação preferida por ambos os Autores, exige, respectivamente, uma "aptidão genérica para produzir um evento danoso" ou uma "mera potencialidade abstracta de verificação da lesão como consequência da acção perigosa".

de perigo que traduz a essência do crime de perigo concreto e que permite a sua classificação no plano dogmático como crime de resultado.

Diferentemente, o que caracteriza estruturalmente o crime de perigo abstracto é a perigosidade abstracta ou tendencialmente abstracta – porque abstrai total ou parcialmente das circunstâncias do caso individual – do comportamento sem consideração de um resultado da acção. Uma acção apenas geralmente ou genericamente propensa – segundo dados estatísticos ou regras da experiência – a criar perigo é tão-só uma acção abstractamente perigosa.

E isto independentemente da técnica legislativa escolhida – através da descrição exaustiva pelo legislador dos comportamentos considerados geralmente perigosos ou da mera remissão para a necessidade de um comportamento geralmente perigoso para efeitos de preechimento do tipo, deixando ao juiz a verificação dessa propensão geral, isto é, da perigosidade típica da acção. Uma diferença puramente formal. Em ambos os casos está em causa tão-só um comportamento tipicamente perigoso.

Já a exigência de um comportamento concretamente perigoso ou propenso a criar um perigo empurra-nos para um *tertium genus* entre o perigo abstracto e o perigo concreto, isto é, para uma categoria de crime autónoma, pelo menos teoricamente – o chamado crime de perigosidade concreta. Aqui, está igualmente em causa a apreciação da perigosidade do comportamento, mas de um comportamento que tem que ser facticamente perigoso, o que pressupõe a ponderação de *todas* as circunstâncias do caso individual. A caracterização, nestes termos, do comportamento perigoso significa que não basta verificar em abstracto a correspondência entre o facto concreto e o tipo legal, ou seja, a perigosidade geral do facto concreto ou até a perigosidade parcialmente concreta do comportamento. Pelo contrário, o julgador tem que apreciar a perigosidade globalmente concreta do facto geralmente perigoso, isto é, do facto individual que reúne as características de perigosidade geral tipificadas pelo legislador. Já não é esta, no entanto, a essência do crime de perigo abstracto.

Esta perigosidade refere-se portanto ao caso concreto e, neste sentido, a sua apreciação pode, ou melhor, deve, ser tão "concreta" como a apreciação do resultado de perigo no crime de perigo concreto. Mas, apesar da verdadeira concretude da avaliação da acção que subjaz a este conceito de perigo-perigosidade concreta, tipicamente não é necessário um evento de perigo para um determinado bem jurídico, logo estamos fora do conceito de perigo-resultado de perigo concreto.

Nestes termos, a análise das várias posições doutrinárias sobre os crimes de perigo com a característica da "propensão" expostas anteriormente não permite, a nosso ver, concluir – em geral[181] – que o perigo deixa de ser abstracto só pelo facto de se exigir a determinação ou a comprovação judicial da propensão geral da acção para provocar um determinado efeito, o perigo. Cremos que a verificação desta característica corresponde à observação do próprio comportamento abstractamente perigoso: uma acção concreta que é geralmente propensa a produzir um perigo é tipicamente perigosa, independentemente de ser concretamente perigosa e até de produzir um perigo efectivo para o bem jurídico.

Se é a perigosidade geral da acção que materialmente caracteriza o crime de perigo abstracto, é irrelevante se organicamente é o legislador que incrimina (de acordo com a experiência geral) determinados comportamentos como perigosos para bens jurídicos penalmente protegidos ou o juiz que verifica no caso concreto a existência dessa perigosidade (também segundo a experiência geral).

A nosso ver – repita-se enfaticamente –, numa perspectiva dogmático-classificatória, é irrelevante, para a natureza do crime, quem é que define o comportamento tipicamente perigoso: ou o legislador, que define exaustivamente na letra do tipo os pressupostos da perigosidade do comportamento, ou seja, o que ele tipicamente entende por comportamento geralmente perigoso (diríamos, "crime de perigo abstracto centralizado"); ou o juiz, a quem é deixada expressamente a apreciação no caso concreto da perigosidade típica do comportamento ou da propensão geral da acção para a produção de um perigo, através de um critério geral (diríamos, agora, "crime de perigo abstracto descentralizado"). Portanto, a abstracção ou é assumida pelo legislador ou é descentralizada no juiz.

De notar que do ponto de vista da validade dos crimes de perigo, é inequívoco que o recurso à figura do perigo abstracto centralizado deixa de ser discutível à luz do princípio da legalidade tal como foi questionado *supra* (sob o Capítulo I.2., 2.1.) a respeito do perigo abstracto em geral.

---

[181] As categorias de crimes de "perigosidade concreta" de Hirsch e de Zieschang e de "perigo potencial concreto" de Wolter, na doutrina alemã, e de "perigo (concreto) de protecção antecipada" de Faria Costa, com a ressalva feita, parecem ser as excepções.

E mesmo no caso de um crime que agora designaríamos como "de perigo abstracto centralizado parcialmente", ou, na perspectiva inversa, "de perigo abstracto descentralizado parcialmente" – em que há uma delimitação típica apenas parcial dos pressupostos da perigosidade –, o juízo de perigosidade da acção só é "menos abstracto" ou, o que é também dizer, "mais concreto", mas não deixa, ainda assim, de ser a final "geral" ou "abstracto".

Em nossa opinião, a única particularidade reside precisamente no facto de que no "crime de perigo abstracto descentralizado" a perigosidade geral da acção já não é a simples *ratio* da incriminação, mas um critério para o julgador subsumir o caso concreto no tipo. Ou, noutros termos, o legislador não descreve tipos de condutas geralmente perigosas, limitando-se simplesmente a estabelecer a proibição jurídico-penal de determinadas acções, as geralmente perigosas, delegando no juiz a verificação da perigosidade geral das condutas em causa. Trata-se, a nosso ver, de uma mera técnica legislativa de incriminação ou de um outro *modus aedificandi* do tipo no âmbito dos crimes de perigo abstracto e não de uma categoria mista ou autónoma de perigo ou até de um crime de perigo concreto, como defendido pelos Autores citados.

Neste sentido, as espécies de crimes de perigo abstracto de Cramer, de perigo abstracto *zweiter Spielart* de Gallas, de perigo abstracto-concreto de Schröder, e trabalhado entre nós por Rui Pereira, e porventura até o *Eignungsdelikt* de Hoyer, não são materialmente estruturados de forma uniforme? Não é a propensão geral que assume na estrutura dos respectivos tipos a natureza de um elemento essencial, a verificar no caso concreto pelo juiz? Noutros termos, todos eles caracterizam-se, ou não, pela renúncia do legislador à definição da perigosidade geral do comportamento, cuja verificação é então confiada ao juiz através de um critério geral? Cremos que sim.

E mesmo em relação aos crimes com a característica da "propensão" que são reconduzidos por Schröder aos crimes de perigo concreto, em que o juiz terá que ter em conta determinadas circunstâncias de facto do caso individual, mas de forma generalizante, uma ponderação desta maneira apenas permite, como muito bem adverte Gallas[182], "uma maior 'proximidade à realidade' do juízo de perigo abstracto", com a conse-

---

[182] V. "Abstrakte und konkrete Gefährdung", cit., p. 183.

quência prática da não aplicação do tipo a condutas que em concreto não são geralmente perigosas.

A única diferença entre tais posições parece-nos passar simplesmente pelo respectivo enquadramento dogmático do perigo: no crime de perigo abstracto, com Cramer e Gallas; no tipo misto de perigo ou no crime de perigo concreto, com Schröder; e num *tertium genus* com Hoyer. Quanto ao mais, são diversos significantes para o mesmo significado: o de perigosidade abstracta.

5. Os crimes de perigo na jurisprudência portuguesa dos Tribunais Superiores

5.1. Crimes de perigo abstracto e crimes de perigo concreto

No que diz respeito às classificações dos crimes de perigo, a distinção bipartida em crimes de perigo abstracto e crimes de perigo concreto, generalizada na doutrina, também constitui jurisprudência uniforme dos Tribunais Superiores[183].

Mas, e apesar de a jurisprudência também diferenciar o crime de perigo abstracto do crime de perigo concreto com base na consideração do perigo, respectivamente, como mero motivo da incriminação ou como elemento essencial do tipo, no sentido de resultado típico, a provar no caso concreto, não é inédita alguma confusão na delimitação das duas espécies de crimes, desvanecendo-se o critério distintivo assumido com carácter geral.

---

[183] *V.*, das Relações, os Acórdãos da RP de 6 de Janeiro de 1993 (*CJ*, Ano XVIII, Tomo I, 1993, pp. 241 ss.), da RL de 18 de Novembro de 1997 (*CJ*, Ano XXII, Tomo V, 1997, pp. 142 ss.), da RC de 25 de Fevereiro de 1998 (*CJ*, Ano XXIII, Tomo I, 1998, pp. 57 ss.), da RL de 19 de Junho de 2001 (*CJ*, Ano XXVI, Tomo III, 2001, pp. 153 ss.), da RE de 18 de Fevereiro de 2003 (*CJ*, Ano XXVII, Tomo I, 2003, pp. 261 ss.), da RP de 25 de Fevereiro de 2004 (*CJ*, Ano XXIX, Tomo I, 2004, pp. 219 ss.) e da RL de 26 de Fevereiro de 2004 (*CJ*, Ano XXIX, Tomo I, 2004, pp. 142-143); do STJ, os Acórdãos de 4 de Maio de 1994 [*CJ/STJ*, Ano II, Tomo II, 1994, pp. 211 ss. (também in *BMJ*, N.º 437, 1994, pp. 179 ss.)] e de 16 de Outubro de 1996 (*BMJ*, N.º 460, 1996, pp. 381 ss.).

Neste sentido, veja-se o Acórdão da RC de 7 de Novembro de 1996[184] que, embora qualifique correctamente o tipo legal de condução de veículo em estado de embriaguez previsto no artigo 292.º na versão depois da Revisão de 1995 do CP como um crime de perigo abstracto, fundamenta esta arrumação classificativa em razão também da relevância do perigo como característica expressa do tipo:

"Ora, *o crime do art. 292.º é um crime de perigo abstracto, já que*, como decorre do respectivo texto, *o perigo surge-nos ali como mero motivo da incriminação, renunciando o legislador a concebê--lo como resultado da acção. O perigo é pois aqui requisito explícito da fattispecie incriminadora*, limitando-se o legislador a tipificar uma conduta, a qual a verificar-se preenche, sem mais, o respectivo crime.

Efectivamente, o legislador partindo das regras de experiência comum, considera que o comportamento previsto na norma em apreço (condução de veículo em estado de embriaguez), de ordinário, coloca invariavelmente em perigo certos e determinados bens jurídicos, quais sejam a vida, a integridade física ou bens patrimoniais de outrem, bens estes que pretende proteger" (itálico nosso).

Atente-se em mais dois arestos, agora do Alto Tribunal, a propósito da detenção de armas proibidas – comportamento que integrava o crime de armas, engenhos, matérias explosivas e análogas do artigo 260.º da versão originária do CP –, que revelam uma contradição entre a argumentação utilizada e a qualificação implícita do crime como de perigo abstracto, porque, se bem vemos, parecem partir de uma incorrecta sinonímia entre perigo abstracto e criação ou produção de um perigo concreto (*ou mesmo abstracto*). Primeiro: o Acórdão do STJ de 29 de Abril de 1993[185]:

"*O crime de detenção de arma proibida é punido pela simples produção do perigo concreto ou mesmo abstracto. A posse duma arma constitui um risco tão sério para a vida e integridade física e para a paz social, que a lei pune imediatamente a simples detenção não justificada do armamento*" (itálico nosso).

---

[184] *CJ*, Ano XXI, Tomo V, 1996, pp. 47 ss.
[185] *CJ/STJ*, Ano I, Tomo II, 1993, pp. 212 ss. (também *in BMJ*, N.º 426, 1993, pp. 284 ss.).

Segundo: o Acórdão do STJ de 20 de Março de 1996[186], logo o próprio sumário:

"I – Verifica-se também a prática do crime de detenção de arma proibida, do art. 260.º do C. Penal de 1982, em concurso real com o crime de homicídio voluntário, quando a arguida, não detentora de licença de uso e porte de arma, vai ao quarto do casal, daí retira uma espingarda registada em nome dele, coloca-a junto à soleira da porta que dá acesso ao patamar superior das escadas exteriores da casa e com ela mata o marido, quando este chegava a casa.

II – *Isto, porque em momento anterior ao do seu uso, já a arguida havia colocado a arma na sua disponibilidade, já havia criado o perigo com essa arma de fogo, assim a detendo, independentemente do uso que posteriormente dela veio a fazer*, sem que a punição pelo homicídio consuma esse crime de detenção" (itálico nosso).

E depois a fundamentação da decisão:

"[...] *esse crime consuma-se logo que o agente detém a arma.* [...]

É [...] seguro que a arguida, em momento anterior ao do seu uso, já havia colocado a arma na sua disponibilidade, transportando-a do quarto para o patamar onde a poisou.

Independentemente do uso que depois veio a fazer da arma, a arguida já havia criado perigo com tal arma de fogo, para mais carregada, poisando-a na zona do patamar da escada. Passou, por isso, a deter a dita arma, independentemente de depois a ter usado. *Este uso representa tão só uma das manifestações de perigo que criou* ao cometer o homicídio por meio daquele instrumento de perigo" (itálico nosso).

Em termos semelhantes, mas a respeito do crime de tráfico de estupefacientes previsto no artigo 21.º, n.º 1, do Decreto-Lei n.º 15/93, de 22 de Janeiro, consulte-se o Acórdão do STJ de 24 de Novembro de 1999[187]

---

[186] *CJ/STJ*, Ano IV, Tomo I, 1996, pp. 233 ss.
[187] *BMJ*, N.º 491, 1999, pp. 88 ss.

que apesar de apontá-lo como crime de perigo abstracto ou presumido – o que constitui jurisprudência uniforme do STJ – incorre numa fundamentação contraditória:

"O crime consuma-se com a simples criação de perigo ou risco de dano para o bem protegido (a saúde pública, na dupla vertente física e moral) como patenteiam os vocábulos definidores do tipo fundamental do crime inscritos no respectivo normativo (artigo 21.º do Decreto-Lei n.º 15/93): 'cultivar', 'produzir', 'fabricar', 'comprar', 'vender', 'ceder', 'oferecer', 'detiver'.

Por consequência, *o crime em causa não exige, nos seus elementos tipificadores, que a detenção de droga se destine à venda, bastando a simples detenção ilícita da mesma ou proporcioná-la a outrem ainda que a título gratuito"* (itálico nosso).

No plano terminológico, a análise jurisprudencial também revelou que correntemente se usa o termo "perigo presumido" (presunção de perigo *iuris et de iure*) por contraponto a "perigo concreto"[188].

Mas quanto ao sentido a dar à presunção que o tipo de perigo abstracto encerra, os poucos arestos que explicitamente identificam o objecto da presunção fazem-no por referência ao resultado de perigo – presunção de um resultado de perigo –, o que não corresponde à tendência seguida maioritariamente pela doutrina e, como também já vimos, pela jurisprudência do TC. Segundo o entendimento tradicionalmente aceite pela ciência jurídico-penal, recorde-se, o que se presume no crime de perigo abstracto é o carácter perigoso da própria acção e não a realização de um resultado de perigo.

---

[188] Assim, *v.* os Acórdãos da RE de 12 de Janeiro de 1982 (*CJ*, Ano VII, Tomo I, 1982, pp. 372-373), da RP de 2 de Junho de 1982 (*CJ*, Ano VII, Tomo 3, 1982, pp. 276 ss.), da RE de 8 de Outubro de 1985 (*CJ*, Ano X, Tomo IV, 1985, pp. 304 ss.), da RP de 27 de Novembro de 1985 (*CJ*, Ano X, Tomo V, 1985, pp. 193 ss.), da RC de 25 de Junho de 1986 (*CJ*, Ano XI, Tomo III, 1986, pp. 99 ss.) e de 18 de Fevereiro de 1987 (*CJ*, Ano XII, Tomo 1, 1987, pp. 77 ss.), da RP de 6 de Dezembro de 1989 (*CJ*, Ano XIV, Tomo V, 1989, pp. 239-240), da RC de 10 de Janeiro de 1991 (*CJ*, Ano XVI, Tomo I, 1991, pp. 88 ss.) e da RP de 11 de Março de 1992 (*CJ*, Ano XVII, Tomo II, 1992, pp. 248 ss.); e o já citado Acórdão do STJ de 29 de Abril de 1993.

Pronunciam-se portanto no sentido da presunção do perigo enquanto atributo de um resultado as espécies jurisprudenciais seguintes:

(i) O citado Acórdão da RP de 6 de Janeiro de 1993 que fundamenta a qualificação do crime do n.º 2 do artigo 144.º (Ofensas corporais com dolo de perigo) da versão originária do CP estranhamente como crime de perigo abstracto, sustentando que "a lei não exige a verificação concreta do perigo de lesões graves resultante de certo facto, mas supõe-o, presume-o *juris et de jure*";

(ii) O citado Acórdão do STJ de 4 de Maio de 1994 onde se escreve que enquanto no crime de perigo concreto "a lei pressupõe a verificação efectiva do perigo", no crime de perigo presumido "já a lei não exige a verificação concreta do perigo de lesão resultante de certos factos, mas supõe-o '*iuris et de iure*'";

(iii) O Acórdão do STJ de 24 de Março de 1999[189] que se ocupa do crime de lançamento de projéctil contra veículo do artigo 293.º na versão depois da Revisão de 1995 do CP e que, embora não fale expressamente em presunção, afirma:

"[...] e se no corpo de artigo não se exige a criação de perigo isso sucede porque o perigo fica criado com o simples arremesso do objecto.
Ora o simples arremesso da gasolina a arder contra o veículo em circulação criou o perigo que o tipo legal do art.º 293.º do C. Penal visa tutelar";

(iv) O Acórdão do STJ de 7 de Dezembro de 1999[190] onde se pode ler que a condução de veículo em estado de embriaguez do artigo 292.º do CP é um crime de perigo abstracto, "pois que nele a lei 'supõe' *iuris et de iure* a existência de perigo de lesão de bens jurídicos pessoais e patrimoniais significativos decorrente da condução de veículo em estado de embriaguez, dados os consabidos efeitos negativos da alcoolemia na condução";

(v) O Acórdão da RC de 11 de Outubro de 2000[191], uma decisão judicial singular, pelo menos no que diz respeito à admissão da refutação da presunção de perigo.

---

[189] *CJ/STJ*, Ano VII, Tomo I, 1999, pp. 250 ss.
[190] *CJ/STJ*, Ano VII, Tomo III, 1999, pp. 231 ss.
[191] *CJ*, Ano XXV, Tomo IV, 2000, pp. 56 ss.

Ora bem: apesar de a qualificação do crime de detenção de arma proibida do n.º 3 do artigo 275.º (Substâncias explosivas ou análogas e armas) na versão depois da Revisão de 1995 do CP como espécie de perigo abstracto, feita por esta Relação, não dever ser posta em causa, a respectiva argumentação afigura-se no entanto pouco clara. Com efeito, se bem julgamos, parece não distinguir, por um lado, o perigo-atributo de uma acção do perigo-atributo de um resultado e, por outro, e consequentemente, o objecto da presunção que o tipo de perigo abstracto encerra – a acção perigosa ou o resultado de perigo.

Fica então a dúvida quanto ao acolhimento da chamada "teoria do perigo abstracto", enquanto tendência de fundamentação material do crime de perigo abstracto, na medida em que se, de uma parte, o presente Acórdão aponta para a ilisão da presunção de perigo – no sentido, portanto, da variante da *praesumtio iuris* daquela teoria e, no caso dos autos, por parte do agente (como Rabl e Pütz) –, de outra, o que se presume segundo a *Präsumtionstheorie* é a ocorrência de um resultado de perigo como um pressuposto não escrito do crime de perigo abstracto – o que não resulta distintamente do relatório do citado aresto. Senão vejamos:

"O crime em causa é um crime de perigo abstracto. Isto é, a lei presume o perigo sempre que os referidos objectos tenham as características referidas. E esse perigo só não será de presumir quando, em cada caso concreto, o portador justificar a detenção ou uso; ou seja, quando se prove que, apesar daquelas características, naquele caso, não ocorreu qualquer perigo. Mas quando o perigo se verifica, em concreto, isto é, quando se usa, ou tenta usar, o objecto, como meio de agressão, há a tendência a inverter o raciocínio, ou seja, a considerar que o objecto (porque efectivamente usado) é sempre proibido, mesmo que tal objecto não tenha as características de que a lei faz presumir o perigo. [...]

O perigo concretamente verificado poderá ser elemento constitutivo de outro crime autónomo e, quanto ao crime em causa, apenas significa que o perigo que a lei presumia está mesmo verificado. [...]

Mas também é verdade que é necessário que essas características se comprovem. A simples verificação do perigo não basta para que tal crime se verifique. O perigo pode existir com qualquer objecto independentemente de ele dever ser tido como 'arma *proibida*'.

Na presunção da existência de perigo é que está a verdadeira natureza deste crime" (itálico no original e sublinhado nosso).

5.2. Crimes de perigo com a característica da "propensão"

A tendência verificada na doutrina para um enriquecimento da classificação dos crimes de perigo através da introdução de uma classe intermédia, correspondente ao genérico crime de perigo "potencial" ou com a característica da "propensão", tem permitido a formação – já – de alguma jurisprudência a este respeito, sob o *nomen iuris* de "crime de perigo abstracto-concreto", introduzido por Schröder.

Pressupostos os desenvolvimentos contidos *supra* (sob o Capítulo I.4.) acerca dos crimes de perigo com a característica da "propensão" e a apreciação crítica também já feita anteriormente, permitimo-nos uma economia na exposição dessa jurisprudência, dando simplesmente notícia das decisões judiciais mais significativas para a temática em questão.

Neste sentido, e como ilustrações da aplicação desta categoria de perigo:

(i) O citado Acórdão da RC de 25 de Fevereiro de 1998 sobre os crimes de difamação e de injúria, cuja fundamentação reflecte claramente o pensamento de Rui Pereira que, como vimos, influenciado por aquele Autor alemão, também trabalhou o "crime de perigo abstracto-concreto":

> "[...] os crimes de difamação e de injúria são crimes de perigo [...]. Com efeito, os textos dos arts. 164.º e 165.º, do Código Penal de 1982 e dos arts. 180.º e 181.º, do Código Penal revisto [...], e a razão de ser deles, não deixam dúvidas a tal respeito. Aí se falando de factos *ofensivos*, isto é, que ofendam ou possam ofender, e não apenas de factos que tenham na realidade ofendido a honra ou a consideração alheias[192].
>
> [...] <u>os crimes de difamação e de injúria, como crimes de perigo, terão de ser incluídos na categoria de crimes de perigo *abstracto-concreto*, na medida em que nos textos dos referidos normativos, o perigo não surge como simples motivo da incriminação (perigo abstracto) nem é ali incluído como efeito do facto típico (perigo concreto), encontrando-se antes referido ao modo de ser da acção</u>

---

[192] Note-se a incorrecta sinonímia entre "factos que ofendam" e "factos que possam ofender". Com efeito, enquanto a primeira expressão aponta para o dano, a segunda remete para o perigo enquanto probabilidade do dano.

típica (perigo abstracto-concreto), a qual encerra em si mesma uma genérica aptidão para produzir o evento danoso (ofensa da honra ou da consideração alheias).

[...] Ao julgador incumbirá, pois, provada que fique a conduta ou a acção por parte do agente, referenciada às normas incriminadoras, averiguar, tão-só, se as mesmas são ou não genericamente perigosas, socorrendo-se, para tanto, de critérios de experiência, bem como se o agente agiu com consciência dessa perigosidade" (itálico no original e sublinhado nosso)[193].

(ii) O Acórdão do STJ de 14 de Junho de 2000[194] que, mantendo a dualidade clássica exclusiva em crimes de perigo abstracto e de perigo concreto, reconduz o crime de falsificação de documento da alínea a) do n.º 1 do artigo 256.º na versão depois da Revisão de 1995 do CP ao perigo abstracto, não no sentido tradicional, mas em termos tais que o aproxima dos crimes com a característica da "propensão". Veja-se a seguinte passagem do texto do aresto:

"É porém de notar que, *embora se trate de um crime de perigo abstracto* e não concreto de ofensa do interesse jurídico pretendido proteger com a incriminação – a segurança e a credibilidade do tráfico jurídico, no caso pela confiança no cheque como meio de pagamento –, *é indispensável que a falsidade do documento se apresente, nas circunstâncias concretas do caso, apreciadas segundo as regras da experiência comum, como idónea, adequada, com virtualidades para a produção daquele perigo*" (itálico nosso)[195].

---

[193] Ainda sobre o crime de difamação, *v.* o Acórdão da RC de 13 de Junho de 2001 (*CJ*, Ano XXVI, Tomo III, 2001, pp. 53 ss.) com o seguinte sumário: "I – O crime de difamação é um *crime de perigo abstracto-concreto*, isto é, crime em que *basta a possibilidade de ofensa à honra e consideração*, sem necessidade de concretização do perigo, *mas em que tal perigo terá de, concretamente, ser possível.* II – [...]" (itálico nosso).

[194] *BMJ*, N.º 498, 2000, pp. 48 ss.

[195] Idêntico enquadramento dogmático para as infracções de perigo com a característica da "propensão" – portanto no âmbito do perigo abstracto – se esboça, em tese, no Acórdão da RC de 29 de Janeiro de 2003 (*CJ*, Ano XXVII, Tomo I, 2003, pp. 45 ss.): "*Dos delitos de perigo concreto haverá que distinguir os de perigo abstracto. Estes constituem relativamente aos de perigo concreto um estádio anterior cujo merecimento de pena surge pela perigosidade geral de uma acção para determinados bens*

No domínio da versão originária do CP, a expressão típica "de forma a criar perigo" do crime de corrupção de substâncias alimentares ou para fins medicinais, do artigo 273.º, n.º 1, também tem sido interpretada pela jurisprudência num sentido muito próximo do dos crimes com a característica da "propensão". Assim:

(iii) O Acórdão da RC de 10 de Julho de 1996[196]:

"Ora, comete o crime p. e p. pelos artigos 273.º do Código Penal de 1982 ou 282.º do Código Penal revisto, quem tiver em depósito para, por qualquer forma, entregar ao consumo alheio para serem comidas, substâncias a que tenham sido juntos ingredientes *que possam criar perigo* para a vida ou para a integridade física de outrem.

Esta infracção, que tem como especialidade, em relação ao crime do artigo 24.º [do Decreto-Lei n.º 28/84, de 20 de Janeiro], *a exigência de idoneidade para criar um perigo* para a vida ou para a saúde, *é um crime de perigo, ou seja, o resultado é indiferente.*

Daí que seja irrelevante, para integrar o crime, que o perigo só ocorra quando o produto for consumido de forma crónica, por ingestão prolongada ou em doses elevadas; a simples possibilidade de isso suceder já é suficiente para o crime estar perfeito.

Ou seja, o crime consuma-se independentemente, no caso, de os queijos serem comidos de forma crónica, prolongada ou em grande quantidade pela mesma pessoa. *Basta a existência do perigo que o produto cria para a saúde do consumidor*" (itálico e intercalado nossos);

(iv) O Acórdão da RP de 13 de Maio de 1998[197] embora a delimitação em abstracto do âmbito de aplicação do citado artigo 273.º do CP e

---

jurídicos. A criação do próprio perigo não pertence aqui ao tipo porquanto o correspondente comportamento coadjuva tipicamente a produção de um tipo concreto. Por isso *os indícios de perigosidade se encontram recolhidos de forma vinculante na lei* enquanto que nos delitos de perigo concreto a concorrência do perigo como elemento do tipo deve ser constatada pelo juiz. § *São também delitos de perigo abstracto aqueles tipos em que a comprovação da perigosidade geral da acção fica ao critério do juiz em virtude do requisito de idoneidade para a produção de um resultado determinado*" (itálico nosso).

[196] *CJ*, Ano XXI, Tomo IV, 1996, pp. 65 ss.
[197] *CJ*, Ano XXIII, Tomo III, 1998, pp. 228 ss.

do artigo 24.º (crime contra a genuinidade, qualidade ou composição de géneros alimentícios e aditivos alimentares) do Decreto-Lei n.º 28/84, de 20 de Janeiro, não condiga depois com a fundamentação da decisão tomada de enquadrar juridicamente o caso dos autos na norma incriminadora do CP. No entender do Tribunal:

"[...] *no art.º 273.º*, como elemento típico do crime (corrupção de substâncias alimentares) *exige-se a criação do perigo* para a vida, ou da lesão para a saúde ou integridade física alheias, enquanto *no art.º 24.º a consumação do crime se verifica com a conduta aí prevista*, respeitante a produtos e géneros alimentícios anormais não considerados susceptíveis de criar perigo para a vida ou para a saúde e integridade física alheias (infracções contra a genuinidade, qualidade ou composição de géneros alimentícios e aditivos alimentares).

Ora, como ficou provado que o estado dos ovos era susceptível de causar perigo de pequena gravidade para a saúde de qualquer consumidor, tendo em conta que esse consumidor médio seja pessoa saudável, *há que ter como correcto o enquadramento jurídico feito na sentença, pelo que a condenação dos arguidos tem de basear-se na prática de um crime p. e p. pelo art.º 273.º, n.º 3, com referência aos n.ºs 1 e 2 do C. Penal/82*, diploma este vigente à data dos factos e aplicável por ser o que contém o regime mais favorável" (itálico nosso)[198].

---

[198] Ainda em sede de corrupção de substâncias alimentares, *v*., das Relações, os Acórdãos da RC de 2 de Março de 1983 (*CJ*, Ano VIII, Tomo II, 1983, pp. 42 ss.) e da RL de 4 de Maio de 1983 (*CJ*, Ano VIII, Tomo 3, 1983, pp. 158 ss.) e de 18 de Março de 1987 (*CJ*, Ano XII, Tomo 2, 1987, pp. 172-173); do STJ, o Acórdão de 17 de Fevereiro de 1983 (*BMJ*, N.º 324, 1983, pp. 436 ss.) – o primeiro acórdão deste Alto Tribunal sobre a questão da punibilidade da adulteração dos géneros simplesmente impróprios para o consumo no domínio do CP de 1982 –, e os Acórdãos de 16 de Março de 1983 (*BMJ*, N.º 325, 1983, pp. 398 ss.), de 9 de Novembro de 1983 (*BMJ*, N.º 331, 1983, pp. 295 ss.), de 15 de Fevereiro de 1984 (*BMJ*, N.º 334, 1984, pp. 281 ss.), de 3 de Maio de 1984 (*BMJ*, N.º 337, 1984, pp. 219 ss.), de 16 de Outubro de 1985 (*BMJ*, N.º 350, 1985, pp. 185 ss.), de 27 de Abril de 1988 (*BMJ*, N.º 376, 1988, pp. 400 ss.) e de 24 de Fevereiro de 1993 (*BMJ*, N.º 424, 1993, pp. 405 ss.).

CAPÍTULO II
Conceitos analíticos da doutrina do crime de perigo concreto

1. Apontamento de síntese sobre o conceito jurídico-penal de perigo

1.1. Perigo penal: aspectos gerais do conceito

A palavra "perigo" (oriunda, por via culta, do latim *perīcŭlu*-[199]) significa, na acepção jurídico-penal mais comum, possibilidade (ou probabilidade) de um dano. O fundamento desta compreensão do perigo encontra-se, na doutrina germânica moderna, nas reflexões de Woldemar von Rohland, autor que de forma clara precisou a possibilidade (ou probabilidade) da produção de um evento e o seu carácter danoso como os dois elementos essenciais para a definição do conceito de perigo[200].

Esta definição-síntese do perigo permite-nos teorizar alguns tópicos de análise do conceito.

Desde logo, o perigo deve ser compreendido num sentido "ontológico": como algo de real, uma realidade objectivamente existente. O perigo é independente e autónomo da apreciação humana, isto é, dos conhecimentos humanos de quem tem que julgar a sua existência.

---

[199] *V.* o artigo de José Pedro Machado, sob "Perigo", in *Dicionário Etimológico da Língua Portuguesa (com a mais antiga documentação escrita e conhecida de muitos dos vocábulos estudados)*, Quarto Volume (M-P), 7.ª ed., Livros Horizonte, 1995 (1.ª ed.-1952), p. 346.

[200] *Die Gefahr im Strafrecht*, 2. Aufl., Dorpat-Leipzig, 1888, p. 1. No entanto, já as reflexões de Christoph Carl Stübel sobre os crimes de perigo apontavam neste sentido, "Ueber gefährliche Handlungen, als für sich bestehende Verbrechen, zur Berichtigung der Lehre von verschuldeten Verbrechen, nebst Vorschlägen zur gesetzlichen Bestimmung über die Bestrafung der ersteren", *NArchCrimR*, 8, 1825-6, p. 237.

É, portanto, uma realidade exterior à representação mental do próprio sujeito do juízo de perigo, pré-existente à actividade judicial. O mesmo é dizer: o juízo de verificação do perigo não é constitutivo do perigo, pois o perigo não é o resultado de um juízo. Pelo contrário, é o perigo que constitui o objecto do juízo de perigo. A teoria objectiva do perigo, hoje dominante na doutrina penal do perigo, assenta nesta ideia fundamental.

A esta caracterização "ontológica" do perigo contrapõe-se um conceito subjectivo de perigo[201]. Para a hoje histórica teoria subjectiva do perigo, o perigo identifica-se com um juízo puramente subjectivo sobre a probabilidade da ocorrência de um dano, sem qualquer correspondência na realidade objectiva. Neste sentido, o perigo é um juízo de um observador, uma mera criação da mente humana (*ens imaginationis* ou *subjektive Schlußfolgerung*), ou um produto da falta de conhecimento humano – na conhecida expressão de Hugo Hälschner[202], "filho da nossa ignorância" (*ein Kind unserer Unwissenheit*).

Estas duas ideias, só aparentemente contraditórias – do perigo-juízo e do perigo-ignorância – completam-se, traduzindo a essência da natureza subjectiva do perigo, ou melhor do juízo de perigo[203]: o perigo é filho da nossa ignorância mas também de alguns conhecimentos.

Estão subjacentes à posição subjectivista do perigo orientações positivo-naturalísticas que definem o perigo como produto do desconhecimento de elementos de facto ou de leis causais e, por isso, com existência apenas na mente subjectiva de um observador deficientemente informado ontológica ou nomologicamente. Neste sentido, o perigo não tem uma existência real, pré-judicial,

---

[201] No sentido da *subjektive Gefahrtheorie*, v., por exemplo, August Finger, *Der Begriff der Gefahr und seine Anwendung im Strafrecht*, Prag, 1889, pp. 69 ss. Registe-se, no entanto, como também é aliás salientado por Faria Costa, *O Perigo em Direito Penal (Contributo para a sua Fundamentação e Compreensão Dogmáticas)*, cit., pp. 582-583, sob a n. 28, uma evolução no pensamento de Finger no sentido de uma compreensão empírica do perigo.

[202] *Das gemeine deutsche Strafrecht*, Bd. II, Bonn: Adolph Marcus, 1887, p. 597.

[203] Também no sentido de a expressão de Hälschner ser mais conotativa de perigo do que definitória, v., entre nós, Faria Costa, *O Perigo em Direito Penal (Contributo para a sua Fundamentação e Compreensão Dogmáticas)*, cit., p. 582, sob a n. 27; na doutrina espanhola, Corcoy Bidasolo, *Delitos de Peligro y Protección de Bienes Jurídico-Penales Supraindividuales. Nuevas Formas de Delincuencia y Reinterpretación de Tipos Penales Clásicos*, cit., p. 33, e, idem, *Delitos de Peligro, Dolo e Imprudencia*, cit., pp. 27 ss.

assumindo o juízo de perigo uma função constitutiva do próprio conceito de perigo – o perigo é o próprio juízo de perigo.

Mas é também a partir dos sistemas filosóficos do determinismo e do mecanicismo que os defensores desta teoria impõem a conclusão de que, segundo uma apreciação *ex post* feita por um observador omnisciente, ontológica e nomologicamente, a ausência de um dano nunca terá sido precedida de um perigo. A existência do perigo que surge de um juízo *ex ante* subjectivo portanto é excluída quando *ex post* não se produziu o resultado de dano. Isto porque, no plano objectivo, ou há lesão ou não-lesão, ou causação de um dano ou não esclarecimento da não-causação de um dano[204].

Torna-se fácil compreender as críticas que têm sido avançadas contra estas teorias subjectivistas, não só no plano jurídico, mas também no plano, diríamos, filosófico, ou mais exactamente gnoseológico ou da teoria do conhecimento.

No plano jurídico, para além do argumento do judicialismo que põe em causa a autonomia real do perigo relativamente à actividade judicial, invoca-se também o subjectivismo que a construção do perigo encerra, o que em nada é compatível com o princípio da certeza ou da segurança jurídica, na medida em que a valoração da existência do perigo estaria sujeita ao arbítrio subjectivo de quem o verifica. Objecção esta que não é ultrapassada com o recurso a padrões objectivos como o do homem-médio ou do homem-perito na matéria, visto que o juízo de perigo se reveste de um conteúdo essencialmente subjectivo, pois baseado no desconhecimento de ordem subjectiva.

No plano filosófico, são questionadas as respectivas premissas – o determinismo e o mecanicismo – próprias do mundo físico fenoménico[205].

---

[204] Alguns partidários da tese subjectivista chegam ainda a definir o perigo como um juízo subjectivo do sujeito passivo, no sentido de um estado ou uma impressão psicológica de temor ou medo da vítima. Este entendimento afirma o perigo quando a vítima tem este temor subjectivo do perigo, apesar de as circunstâncias objectivas o negarem. Vice-versa: nega-o quando a vítima não tem aquela impressão psicológica relativa ao perigo não obstante a existência real do mesmo. A favor desta linha subjectivista extrema manifestaram-se Juan Bustos e Sergio Politoff, embora de forma minoritária, no já referido Colóquio Preparatório do X Congresso Internacional de Direito Penal dedicado ao tema dos crimes de perigo. Veja-se o respectivo *Rapport* publicado in RIDP, N.os 1 e 2, cit., pp. 337 ss.

[205] Para uma evolução histórica do conceito de perigo e análise crítica da tese do juízo e da ignorância, *v.*, na doutrina alemã, Horn, *Konkrete Gefährdungsdelikte*, cit., pp. 31 ss.; na doutrina italiana, Angioni, *Il Pericolo Concreto come Elemento della Fattispecie Penale*, I, cit., pp. 16 ss.; e Giusino, *I Reati di Pericolo tra Dogmatica e Politica Criminale*, cit., pp. 167 ss.; e, na doutrina espanhola, Escrivá Gregori, *La Puesta en Peligro de Bienes Jurídicos en Derecho Penal*, cit., pp. 47 ss. Para uma visão também crítica da doutrina subjectivista, é interessante consultar alguns trabalhos

Partindo desta natureza objectiva do perigo, acentue-se o carácter relacional do conceito. O perigo é algo que se predica de algo e em relação a algo. Isto porque não há perigos independentes, mas sim acções perigosas, resultados perigosos. O perigo não é *in se*, mas *per aliquid*. É um conceito de relação porque é atributo de uma acção (acção perigosa) ou de um resultado (resultado de perigo) em relação a um dano. O perigo assume, assim, um sentido conotativo negativo.

É também e, naturalmente, relacional com um bem jurídico – *rectius* um bem jurídico-penal – igualmente termo de referência do perigo. Ou seja, a relevância jurídico-penal do perigo tem que se buscar numa relação de possibilidade-probabilidade com lesão de bens penalmente protegidos[206].

Uma outra base do conceito de perigo assenta numa lógica de incerteza – de verificação incerta do resultado de dano (que se funda em leis de probabilidade), por contraponto a uma lógica de certeza, própria

---

apresentados no citado Colóquio Preparatório do X Congresso Internacional de Direito Penal, que são um reflexo da concordância aí manifestada em torno da natureza objectiva do perigo. A este propósito, consulte-se, em especial, os *Rapports Particuliers*, publicados *in RIDP*, N.os 1 e 2, cit., de David Baigun, a pp. 33 ss.; de Leszek Lernell, a pp. 215 ss.; e de Adolf Dolensky, a pp. 241 ss.; e, bem assim, o "Relatório italiano", apresentado pelo *Centro Nazionale di Prevenzione e Difesa Sociale*, também aí inserido a pp. 203 ss.

[206] A este respeito, refira-se, todavia, a posição de Angioni, *Il Pericolo Concreto come Elemento della Fattispecie Penale*, I, cit., pp. 25 ss., que, apesar de entender o perigo como uma relação de possibilidade-probabilidade, defende igualmente que o perigo não pressupõe, sempre, uma relação com lesão de bens. Este entendimento resulta da distinção que Angioni faz – influenciado por Ratiglia, *Il Reato di Pericolo nella Dottrina e nella Legislazione*, cit., p. 104 – entre "perigo directo" e "perigo indirecto". Enquanto o perigo directo se refere directamente a um bem jurídico – à lesão de um bem jurídico –, correspondendo ao perigo concreto tradicional; o perigo indirecto refere-se a "um outro elemento intermédio não qualificável como bem jurídico em sentido estrito, ligando-se a um resultado que não constitui a lesão de um bem jurídico". Segundo Angioni, estas duas categorias não apresentam diferenças quanto à estrutura do perigo e do juízo de perigo. O que varia é tão-só o termo final a que se refere o perigo: no perigo directo, um resultado desfavorável de lesão de um bem jurídico; no perigo indirecto, um resultado desfavorável que consiste num evento intermédio. Sobre esta distinção, consulte-se *Il Pericolo Concreto come Elemento della Fattispecie Penale*, I, cit., pp. 11-12, e sob a n. 16.

dos fenómenos e processos exclusivamente físicos de natureza determinística – de verificação certa ou não-verificação certa do resultado de dano (que se funda em leis causais e leis de impossibilidade). E esta incerteza é não só ontológica, mas também gnoseológica. Vale, portanto, uma apreciação do perigo através de um juízo necessariamente de prognose.

O juízo de perigo é, pois, um juízo de probabilidade sobre a verificação de um processo causal futuro, por contraposição ao juízo de causalidade, um juízo de certeza sobre a (não-)verificação de um processo causal passado. Assim, à pergunta sobre a verificação de um determinado acontecimento, enquanto no âmbito da causalidade a resposta é do tipo "sim" ou "não", no domínio da probabilidade é do tipo "não sei".

1.2. O perigo no Direito penal

O carácter amplo da definição de perigo acaba por se traduzir na plúrima relevância do conceito no Direito penal, e que vai muito para além dos crimes de perigo. Assim, depara-se-nos o perigo em domínios distintos da teoria geral do crime, como por exemplo, em sede de imputação objectiva (especialmente a propósito da teoria da causalidade adequada), ao nível da imputação subjectiva como elemento referencial do dolo, na delimitação de algumas causas de justificação ou de exclusão da ilicitude (como o estado de necessidade), na conformação da tentativa, na comparticipação ou no conceito de perigosidade criminal.

No âmbito das incriminações, a referência ao perigo surge não só nos tipos de perigo abstracto e de perigo concreto, mas também nos tipos de dano.

O perigo como elemento expresso do tipo pode configurar, na acção, (i) um pressuposto do crime, isto é, uma condição do comportamento exigido, por exemplo o pressuposto da omissão [*v.g.*, os artigos 200.º, n.º 1, 142.º, n.º 1, alíneas a) e b), e 284.º do CP] ou (ii) uma qualificação de um comportamento ou de uma das possíveis formas de execução do facto ilícito [*e.g.*, os artigos 132.º, n.º 2, alínea g) – agora alínea h) na versão depois da Revisão de 2007 do CP, 210.º, n.º 1, e 214.º, n.º 1, do CP] ou (iii) um atributo do objecto material da acção [*v.*, a título de exemplo, o artigo 204.º, n.º 2, alínea c), do CP].

O perigo surge também como atributo do evento do crime. Neste caso, o perigo, enquanto resultado típico, é-o não só (i) de um crime de perigo concreto [v., *ad exemplum*, os artigos 138.º, 150.º, n.º 2, 272.º, .º 1, 273.º, 277.º, n.º 1, 280.º, 281.º, n.º 1, 282.º, n.º 1, 283.º, n.º 1, 289.º, n.º 1, e 291.º, n.º 1, todos do CP], mas também (ii) de um crime de dano como evento qualificante [veja-se, *v.g.*, os artigos 144.º, alínea d), e 210.º, n.º 2, alínea a), do CP].

1.3. O perigo no crime de perigo concreto: adjectivações

Sendo consensual na dogmática penal contemporânea a natureza objectiva e o carácter relacional do perigo, afinal de que é que se predica o perigo?

A questão coloca-se, na medida em que, como se notou anteriormente, não há perigos *a se*, no sentido de que não há perigos independentes (o que não invalida, como se verá na sequência, que o perigo como adjectivação de um resultado exista *per se*, relativamente ao resultado-dano).

Também como resultará da investigação subsequente sobre a doutrina contemporânea dos crimes de perigo concreto, a generalidade dos autores, à excepção nomeadamente de Zieschang e, entre nós, de Silva Dias, centra o objecto da sua análise no perigo enquanto resultado, chegando mesmo alguns a predicar o perigo apenas da acção.

Na verdade, como veremos, não raro o perigo é um adjectivo cuja função é a de atributo *ou* de uma acção, *ou* de um resultado, em que a locução "ou... ou", é então verdadeiramente disjuntiva.

Mas a nosso ver, o preenchimento do tipo legal de perigo concreto consumado pressupõe antes uma locução copulativa. Assim, o perigo pode e deve ser usado como adjectivação "não só" de uma acção – como "perigosa", do termo latino *pèrícùlósa* –, "mas também" de um resultado – como "perigoso", ainda de *pèrícùlósus*[207].

---

[207] Como sublinhámos *supra*, Angioni, *Il Pericolo Concreto come Elemento della Fattispecie Penale*, I, cit., pp. 22 ss., manifesta-se criticamente em relação a um conceito de perigo enquanto adjectivação de um resultado. Sumariamente dito, o Autor aponta duas ordens de críticas a esta concepção do perigo como situação-evento: primeira, a hipostaziação – não existe o perigo *in se* ou *a sé stanti*; segunda, as conse-

O mesmo é dizer que devemos considerar, como elementos constitutivos essenciais do ilícito-típico de perigo concreto, a acção (concretamente) perigosa "e" o resultado de perigo (concreto), sendo precisamente o perigo concreto que ocupa o lugar de resultado ou evento em sentido técnico nos crimes de perigo concreto – resultado espaço temporalmente separado da acção e que lhe é objectivamente imputável. O crime de perigo concreto é, por isso, um crime de resultado – o crime material de perigo.

E, como veremos, a letra da lei dos diversos tipos de perigo concreto reflecte esta distinção dogmaticamente fundamental entre "acção perigosa" e "resultado de perigo"[208]. A estrutura do ilícito-típico dos crimes de perigo concreto é composta, assim, não só por um desvalor da acção, mas também por um desvalor de resultado.

1.4. Do conceito normativo de perigo

Apesar de o "perigo" ser o conceito nuclear dos crimes de perigo, não existe um conceito tipológico. Não há, de facto, nos Códigos Penais, em geral, e na lei penal portuguesa, em especial, uma determinação material do conceito de perigo.

A lei não determina, nomeadamente, o momento temporal a que se deve reportar o juízo de perigo, nem as circunstâncias de facto que devem ser tidas em conta para o discernimento concreto da existência do perigo, nem as leis através das quais devem ser apreciadas estas circuns-

---

quências para o *accertamento* do perigo, nomeadamente a diferença de tipo lógico de juízo – um procedimento *ex post* e não *ex ante*. No mesmo sentido e para análogas críticas, v. Giusino, *I Reati di Pericolo tra Dogmatica e Politica Criminale*, cit., pp. 178 ss. Este raciocínio merece, a nosso ver, uma nota: o perigo como adjectivação de um resultado não implica o entendimento do perigo *a se* – que já foi, aliás, por nós rejeitado – como resultado *tout court*. Significa, pelo contrário, que é também um atributo de um resultado.

[208] Veja-se, a título de exemplo, o crime de condução perigosa de veículo rodoviário do artigo 291.º, n.º 1, alínea b), do CP, que pune "quem conduzir veículo, com ou sem motor, em via pública ou equiparada, violando grosseiramente as regras da circulação rodoviária relativas à prioridade" (acção perigosa) "e criar deste modo perigo para a vida ou para a integridade física de outrem, ou para bens patrimoniais alheios de valor elevado" (resultado de perigo).

tâncias, nem, em regra, a intensidade do perigo penalmente relevante – por considerar, porventura, que se realizará melhor a justiça no caso individual através da intervenção judicial. Não existe, portanto, uma definição do conceito de perigo – apesar de ele ser, repita-se, a chave da punibilidade nos termos das infracções de perigo – que garanta as exigências do princípio da legalidade material.

O perigo em geral é, assim, um conceito normativo não só porque o seu objecto de referência é o bem jurídico, mas também, e especialmente, porque exige um juízo, a valoração de uma acção – tendo em consideração os diversos modos de revelação do perigo – e a valoração de um resultado como possibilidade-probabilidade de dano. Esta imprescindível apreensão normativa do conceito de perigo penal para efeitos de preenchimento de qualquer crime de perigo – que tem que passar, naturalmente, por uma análise da respectiva norma incriminadora – não tem que ver portanto e exclusivamente com a consideração do perigo como elemento normativo do tipo. O perigo só constitui um elemento normativo-valorativo na justa medida em que é exigido expressamente no ou pressuposto pelo tipo de crime.

Esta técnica de incriminação do perigo – dificilmente conciliável com as exigências do princípio da legalidade vigente em matéria penal [artigos 29.º, n.º 1, e 165.º, n.º 1, alínea c), da CRP e artigo 1.º, n.º 1, do CP], *maxime* com o corolário da tipicidade – remete-nos para a construção dos "tipos abertos" de Hans Welzel[209], pois os crimes de perigo têm que ser necessariamente configurados pelo juiz, conquanto o preceito primário das respectivas normas incriminadoras só indirectamente se encontra determinado[210]. É necessária uma complementação do tipo pelo

---

[209] *Derecho Penal Alemán — Parte General*, cit., em esp. pp. 28 e 98-99. A teoria de Welzel sobre os tipos abertos é objecto de uma *review* crítica na monografia de Roxin, *Offene Tatbestände und Rechtspflichtmerkmale*, Berlin: Walter de Gruyter & Co., 1970 (esta obra encontra-se traduzida em castelhano por Enrique Bacigalupo sob o título *Teoría del Tipo Penal. Tipos Abiertos y Elementos del Deber Jurídico*, Buenos Aires: Ediciones Depalma, 1979).

[210] Um outro exemplo de "tipos abertos" é-nos dado pelos crimes comissivos por omissão. Na verdade, se, por um lado, é consensual que a equiparação da omissão à acção em crimes de omissão imprópria passa pela existência de um dever jurídico de evitar o resultado que impende sobre o sujeito activo e assim fundamenta a respectiva autoria, por outro lado, a lei, entenda-se as próprias normas incriminadoras da Parte Especial do CP ou previstas em legislação extravagante, bem como a norma do artigo

julgador a quem cabe elaborar os parâmetros que fundamentam o juízo de perigo. Porém, não se trata – nem pode tratar-se – de uma criação livre de direito, pois na elaboração desses parâmetros a própria lei penal lhe fornece os necessários pontos de apoio complementados pela jurisprudência e pela doutrina.

Sobre o princípio da legalidade, para além dos compêndios, *v.*, entre nós, Germano Marques da Silva, "Algumas Notas sobre a Consagração dos Princípios da Legalidade e da Jurisdicionalidade na Constituição da República Portuguesa", *in* Jorge Miranda (coord.), *Estudos sobre a Constituição*, 2.º Vol., Lisboa: Livraria Petrony, 1978, pp. 255 ss.; José de Sousa e Brito, "A Lei Penal na Constituição", também neste 2.º Vol. dos *Estudos sobre a Constituição*, a pp. 197 ss. (estudo publicado também *in* AA.VV., *Textos de Apoio de Direito Penal*, Tomo II, Lisboa: ed. da AAFDL, reimp. 1997, a pp. 3 ss.); António Castanheira Neves, "O Princípio da Legalidade Criminal. O seu Problema Jurídico e o seu Critério Dogmático", *in* número especial do *BFDUC* de "Estudos em Homenagem ao Prof. Doutor Eduardo Correia", I, Coimbra 1984, pp. 307 ss. (estudo igualmente publicado *in* António Castanheira Neves, *Digesta*, Coimbra: Coimbra Editora, 1995, pp. 349 ss.); Jorge Miranda, "Os Princípios Constitucionais da Legalidade e da Aplicação da Lei mais Favorável em Matéria Criminal", *O Direito*, Ano 121.º, IV, Outubro-Dezembro 1989, pp. 685 ss.; Manuel Lopes Rocha, "A Função de Garantia da Lei Penal e a Técnica Legislativa", *Legislação. Cadernos de Ciência de Legislação*, N.º 6, Janeiro-Março 1993, pp. 25 ss.; Jorge Miranda / / Miguel Pedrosa Machado, *Constitucionalidade da Protecção Penal dos Direitos*

10.º da Parte Geral do CP, são omissas quanto à determinação das fontes deste mesmo dever. O preceito contido no n.º 2 deste artigo 10.º fornece tão-só a seguinte orientação para a determinação das características do agente: "quando sobre o omitente recair um dever jurídico que pessoalmente o obrigue a evitar o resultado". Assim, cabe ao juiz determinar as posições de garante, isto é, as possíveis origens do dever de garantia. E se neste sentido o preceito primário das normas incriminadoras da omissão imprópria só indirectamente é construído, o mesmo se pode passar ao nível do respectivo preceito secundário. Isto porque o n.º 3 do citado artigo 10.º remete, embora seja uma remissão facultativa, para o instituto da atenuação especial da pena (artigo 73.º do CP). Assim, pode o julgador atenuar especialmente a pena, operação que implica construir uma nova pena aplicável a que chegará a partir da modificação da penalidade do hipotético crime comissivo por acção. Esta faculdade que é concedida ao juiz permitir-lhe-á, sempre que dela fizer uso, construir indirectamente o preceito secundário da norma penal respectiva. Todavia, fá-lo-á recorrendo aos critérios fornecidos pelo próprio artigo 73.º e, ainda, aos contributos da doutrina quanto àquilo que, diferenciando a omissão da acção, pode justificar uma menor punibilidade daquela. Para maiores desenvolvimentos, *v.* o nosso estudo *A Teoria Penal da Omissão e a Revisão Crítica de Jakobs*, cit., em esp. pp. 47 ss.

de Autor e da Propriedade Industrial, Lisboa: Sociedade Portuguesa de Autores em colaboração com as Publicações Dom Quixote, 1995, pp. 17 ss.; Maria Fernanda Palma, "Constituição e Direito Penal. As Questões Inevitáveis", in Jorge Miranda (org.), *Perspectivas Constitucionais. Nos 20 Anos da Constituição de 1976*, Vol. II, Coimbra: Coimbra Editora, 1997, pp. 227 ss.; e Manuel da Costa Andrade, "Constituição e Direito Penal", in *A Justiça Criminal nos Dois Lados do Atlântico (Teoria e Prática do Processo Criminal em Portugal e nos Estados Unidos da América)*, ed. da FLAD, 1998, pp. 198 ss. No Direito comparado, consulte-se, da doutrina italiana, os dois trabalhos de Giuliano Vassalli, *"Nullum crimen sine lege"*, in AA.VV., *NmoDI*, Antonio Azara e Ernesto Eula (org.), Vol. XI (N-ORA), 3.ª ed., Torino: Unione Tipografico-Editrice Torinese, 1957, pp. 497 ss., texto objecto de actualização pelo Autor através do artigo *"Nullum crimen, nulla poena sine lege"*, Digesto – Sec. *Digesto delle Discipline Penalistiche*, Vol. VIII, 4.ª ed., Torino: Unione Tipográfico-Editrice Torinese, 1994, pp. 278 ss., que contém amplas referências bibliográficas; e o interessante estudo de Luigi Ferrajoli, *Derecho y Razón. Teoría del Garantismo Penal* (trad. de Perfecto Andrés Ibáñez, Alfonso Ruiz Miguel, Juan Carlos Bayón Mohino, Juan Terradillos Basoco e Rocío Cantarero Bandrés de *Diritto e Ragione. Teoría del Garantismo Penale*, e com um prólogo de Norberto Bobbio) Madrid: Editorial Trotta, 1995, em esp. pp. 93 ss. Sobre o tema, refira-se ainda as comunicações apresentadas nas "1.ªs Jornadas Luso-Italianas de Direito Penal", realizadas na Faculdade de Direito da Universidade de Coimbra em 20 e 21 de Setembro de 2002, por José de Faria Costa, "Construção e Interpretação do Tipo Legal de Crime à luz do Princípio da Legalidade: duas Questões ou um só Problema?", Manuel da Costa Andrade, "Princípio de Legalidade e Constituição (Analogia e Causas de Justificação)", Emilio Dolcini, "Principio di Legalità e Costituzione" e Silvia Larizza, "Il Principio di Legalità della Pena".

2. Parâmetros do juízo de perigo concreto

2.1. Enquadramento

A comprovação da existência do perigo concreto tem, tal como dito anteriormente, que se referir a um determinado momento temporal, partir de uma determinada base de informação e modelo de agente a implicar e atender a um determinado grau de probabilidade.

Podemos inventariar, deste modo, os seguintes parâmetros relevantes para a definição e a formulação do juízo de perigo concreto: (i) o tempo do juízo de perigo; (ii) a base ou conjunto de informação do juízo de perigo; (iii) o modelo de agente; (iv) a intensidade do perigo penalmente relevante.

Sendo que a tomada de posição prévia no sentido da natureza objectiva do perigo, por um lado, e a aceitação da dupla função atributiva do perigo, por outro, vão condicionar determinantemente a concretização destes parâmetros do juízo de perigo.

2.2. Critérios para o tempo do juízo de perigo

É corrente na doutrina penal a referência ao que chamamos tempo ou índice temporal do juízo de perigo através da dicotomia juízo *ex ante*/ /juízo *ex post*. Estas expressões, todavia, podem gerar – e geram – confusões, resultantes da sua utilização sem critério fixo e uniforme e dos vários sentidos que podem encerrar, muitas vezes relativos entre si.

Importa, *hic et nunc*, fazer algumas precisões em relação aos possíveis sentidos a atribuir ao "tempo do juízo".

Desde logo, o tempo de que o juízo fala, ou seja, o tempo em que houve o perigo. Está em causa, portanto, o momento a que se reporta o juízo de perigo. Este momento temporal corresponde, numa linguagem própria da Lógica, ao "tempo interno" do juízo de perigo.

Neste sentido, o juízo pode falar ou do momento da acção ou do momento do resultado, como momentos da constituição do perigo relevante – a acção perigosa ou o resultado de perigo.

Consoante estes momentos do *iter criminis* da infracção de perigo concreto objecto do juízo de perigo, e utilizando a usual notação abreviada de juízo *ex ante*, por um lado, e juízo *ex post*, por outro, o juízo *ex ante* pode reconduzir-se ao momento da acção típica, enquanto o juízo *ex post* pode referir-se, por sua vez, ao evento típico. E aquele juízo *ex ante* é-o não só porque reportado à acção, mas também porque anterior ao resultado de perigo (numa notação abreviada: *ex ante* do resultado).

Correspondentemente, o juízo *ex post* é-o, na medida em que é reportado ao resultado de perigo e é posterior à acção (novamente numa notação abreviada: *ex post* da acção).

É ainda possível alargar o momento factual da constituição do perigo, subjacente a estes dois juízos, no sentido de o juízo de perigo se referir ao momento da prática do facto típico globalmente considerado, compreendendo, portanto, o momento da conduta perigosa e do evento de perigo. Ou seja, todo o momento precedente àquele em que o resultado de dano, *terminus* final da referência do juízo de perigo, se verifica, ou já não se pode verificar[211]. O que poderíamos designar também abreviadamente por juízo *ex ante*, por referência ao resultado-dano.

Neste sentido, um juízo *ex post*, por sua vez, sê-lo-ia quando reportado ao momento em que o dano se verifica ou já não se pode verificar. *Ex post* portanto por referência ao facto típico de perigo concreto (acção perigosa e resultado de perigo).

Mas a contraposição nestes termos do juízo de perigo implicaria logo a perda da própria autonomia do perigo relativamente ao dano. Com efeito, se o juízo de perigo pressupõe a probabilidade de um dano, parece lógico prescindir-se da ocorrência de um dano efectivo, sob pena de se pôr em causa também a natureza prognóstica do juízo.

Importa esclarecer um outro sentido possível do tempo do juízo de perigo quando referido à base da informação do juízo – o do "tempo da constituição da base da informação". Este tempo é importante para determinar com que informação é feita a avaliação do perigo. Nesta perspectiva, o juízo de perigo pode ser feito a partir da informação existente no momento do *iter criminis* de referência do juízo – o momento da acção ou do resultado de perigo (ou até de dano) – ou adquirida de facto a seguir ao momento da sua existência, ou até com base em informação de existência e naturalmente também adquirida em momento posterior ao da prática da conduta típica ou da verificação do resultado, objecto do juízo.

Explicitando e tendo presente a problemática da perigosidade da acção: se é verdade que o juízo de perigo pode ser feito com a base da informação existente no momento da acção – o tempo da existência dos elementos relevantes para o juízo – e considerar, por isso, apenas a informação então conhecida ou cognoscível, não é menos certo que podem também ser ponderados elementos cujo conhecimento tenha sobrevindo *ex post*, depois do momento da sua existência – o tempo da aquisição da informação necessária para o juízo de perigo. Ou seja, o juízo de perigo é apenas *ex ante* enquanto indexado ao momento da acção, como momento

---

[211] Ou seja, aquilo que a doutrina italiana chama "a cose fatte". V., por exemplo, Angioni, *Il Pericolo Concreto come Elemento della Fattispecie Penale*, I, cit., *inter alia*, pp. 64 e 66.

da existência dos elementos factuais e das leis e não como momento em que é adquirida a respectiva informação que pode ser *ex post* relativamente ao momento da sua existência. Por maioria de razão, o juízo também será *ex post* atento o tempo da existência do conjunto da informação quando é posterior ao momento da execução da acção.

Este raciocínio aplica-se, *mutatis mutandis*, para o outro momento do *iter criminis* de referência do juízo – o momento do resultado de perigo.

Por último, refira-se aquilo que designaríamos, numa terminologia mais uma vez emprestada pela Lógica, por "tempo externo" – o tempo em que é emitido o juízo de perigo. Este tempo é o tempo do juiz – o do juízo de perigo do sujeito-julgador ou o do juízo do julgador ou ainda o do juízo judicial (através de uma notação abreviada, o do juízo^j) – a fazer no contexto da sentença, no momento do processo penal, que em termos cronológicos é naturalmente *ex post* em relação ao facto penal globalmente considerado. O juízo sobre o perigo é publicado sempre depois de o facto se ter desenvolvido. Portanto, é um juízo *ex post*, em relação ao termo do curso dos acontecimentos – o acontecido. Portanto *ex post*, em relação à acção perigosa e ao resultado de perigo (e até ao resultado de dano).

É claro que o facto de ser o julgador o sujeito do juízo de perigo que é emitido no contexto da sentença, não impede que o respectivo juízo possa – ou melhor, deva – ser feito a partir de uma perspectiva *ex ante*. O processo lógico próprio do juízo de perigo, como acentuaremos ao longo do nosso trabalho, é o da prognose póstuma. Dito de outro modo: há que distinguir dois momentos temporais do juízo de perigo – o momento em que o sujeito-juiz realiza o juízo de perigo e o momento da própria existência do perigo. Enquanto o momento da realização do juízo de perigo pelo julgador é o momento do julgamento, que é sempre *ex post*, em relação não só à acção (perigosa), mas também ao resultado (de perigo) – o julgador não é, naturalmente, espectador contemporâneo dos factos concretos objecto do seu juízo; o momento da existência do perigo, por sua vez, varia consoante o objecto do juízo: o momento da acção, se está em causa o juízo acerca da perigosidade da acção do agente, ou o momento do evento típico, se está em causa o juízo acerca do resultado de perigo causalmente provocado pela acção.

Fácil é de compreender que não pode relevar como "tempo externo" do juízo o tempo do agente, pois o juízo de perigo não é um juízo sobre a culpa do agente. Na verdade, em termos de análise do tipo objectivo do crime de perigo concreto não pode ser relevante o juízo de perigo do sujeito-agente, a que poderemos também chamar juízo do agente ou juízo agencial (de novo através de uma notação abreviada, o juízo^{ag}), feito naturalmente no contexto da acção. E que é *ex ante*, em relação ao curso futuro dos acontecimentos – o acontecer.

Mas se para os propósitos do preenchimento do tipo objectivo não é determinante o juízo do sujeito-agente acerca do perigo, é, todavia, imprescindível fazer a contraposição entre os dois possíveis contextos da definição do perigo para efeitos de apreciação do tipo subjectivo e da culpa. Não raro se chega a uma divergência entre os respectivos juízos de perigo: o juízo de perigo feito *ex ante*, no contexto da acção, com a base da informação do sujeito-agente, como juízo do agente, por um lado, e o mesmo juízo de perigo feito *ex post*, no contexto da sentença, com a base da informação do juiz, como juízo do julgador, por outro – o que em si não merece qualquer reparo.

A eventual não coincidência entre os juízos de perigo é um reflexo da dualização dos possíveis contextos para a definição de um perigo penalmente relevante, naquele sentido de "tempo externo": o contexto da acção do sujeito-agente, de uma parte, e o contexto da sentença do sujeito-julgador, de outra.

E consequentemente, o juízo do sujeito-julgador é um juízo *global* e *final*, porque posterior à realização do facto, e *definitivo* ou *conclusivo*, porque resulta de juízos do juiz. O juízo do sujeito-agente, por seu turno, e por contraposição, é um juízo *parcial* e *inicial*, porque contemporâneo do facto, e *provisório* ou *inconclusivo*, porque tem que ser verificado pelo julgador.

2.3. Critérios para a base ou conjunto da informação do juízo de perigo: base ontológica e base nomológica

Falámos há pouco em "tempo da constituição da base da informação" do juízo de perigo. Este conjunto da informação compreende precisamente as chamadas base ontológica e base nomológica do juízo.

Enquanto a base ontológica do juízo de perigo corresponde ao conhecimento das circunstâncias de facto que devem ser tidas em conta para o discernimento concreto da existência do perigo, a base nomológica corresponde ao conhecimento das leis através das quais devem ser apreciadas aquelas circunstâncias de facto[212].

Em relação à base nomológica do juízo de perigo, e devido precisamente à lógica de incerteza característica deste juízo, assume particular relevo a aplicação de leis da experiência do tipo leis de probabilidade ou leis estatísticas. Pensamos concretamente em leis causais estatísticas, ou seja, leis que permitem afirmar que a ligação causal entre certos factos e certos eventos se verifica com uma frequência maior ou menor, mas não sempre. Portanto incerteza quanto à verificação do resultado de dano.

Estas leis sobre a frequência da dependência causal de certos factos contrapõem-se, assim, às leis universais ou de certeza – que estabelecem, sempre ou sem excepção, aquela ligação causal (leis causais) ou, pelo contrário, a impossibilidade dessa mesma ligação (leis de impossibilidade) – irrelevantes no domínio do perigo. Portanto certeza quanto à verificação ou não-verificação do resultado de dano.

É de realçar que existe uma interdependência entre estas duas bases da informação. No caso de pluralidade de leis da experiência potencialmente aplicáveis, a escolha da lei relevante para apreciar as circunstâncias de facto tem que ser feita à luz da situação concreta, devendo aplicar-se a lei que se ajusta de forma mais completa àquele caso concreto – daí a importância, como veremos, em recortar a base ontológica do juízo de perigo num ou noutro sentido.

Por exemplo, e ainda no plano puramente teórico, se se recortar a base ontológica do juízo de perigo a partir das circunstâncias de facto A, B e C, por hipótese; de entre duas leis potencialmente aplicáveis, a lei X, formulada com base na verificação das circunstâncias A, B e C, e a lei Y, com base nas circunstâncias A e B, é a primeira lei que de forma mais completa se aplica à factualidade concreta. A aplicação da lei Y traduziria uma abstracção da circunstância C do caso individual.

---

[212] É usual na doutrina italiana identificar-se a componente ontológica do juízo de perigo como a "base do juízo" e a componente nomológica como o "critério do juízo". *V.*, entre outros, Angioni, *Il Pericolo Concreto come Elemento della Fattispecie Penale*, I, cit., *passim*, e Giusino, *I Reati di Pericolo tra Dogmatica e Politica Criminale*, cit., *passim*.

2.4. O modelo de agente

Já esclarecemos que o "tempo externo" relevante – o momento em que alguém faz o juízo de perigo – é o momento da sentença, isto é, o momento em que o juiz julga.

Parece óbvio que o sujeito do juízo de perigo é o julgador – é ao sujeito-julgador, enquanto órgão jurisdicional, que compete emitir o juízo de perigo e não ao próprio agente.

Embora possamos afirmar que a referência a este sujeito e ao respectivo tempo em que se publica o juízo é dominante na literatura sobre o perigo, esta compreensão não é todavia expressamente dita na maioria dos casos mas contida de modo implícito no pensamento geral dos autores, talvez por ser evidente.

De qualquer modo, aquilo que nos interessa saber, no contexto da apreciação do perigo feita pelo julgador, é se o juiz se põe no lugar de um agente-modelo e qual o modelo de agente que aqui está subjacente. A problematização da questão nestes termos tem subentendida uma resposta afirmativa em relação ao primeiro aspecto. Na verdade, o juiz tem que julgar a partir de uma determinada pessoa-modelo. Caso contrário, a existência ou inexistência do perigo ficaria dependente do (des)conhecimento subjectivo de quem julga, muitas vezes sem qualquer correspondência com a realidade existente.

Importa, então, determinar à luz de que observador-modelo é recortado o conjunto da informação considerado relevante para o juízo de perigo, sendo que a maior ou menor abstracção de conhecimentos vai depender de uma opção de método que tem que ser feita pela doutrina. Assim, o perigo, apesar de ter uma existência objectiva, é também condicionado por uma vertente subjectivo-valorativa do intérprete-aplicador do Direito. A apreciação do perigo, enquanto facto humano, ou operação mental de um sujeito, acaba por ser, neste sentido, também subjectiva, muito embora seja a valoração dos factos objectiva e realmente existentes – e não as representações arbitrárias do sujeito-agente, puramente *agent-centered*, do sujeito-julgador (ou até do sujeito-vítima) – que é decisiva.

Exclui-se, portanto, o critério do sujeito-agente. O perigo surgiria essencialmente como um juízo, como o produto de uma representação mental subjectiva do agente, naturalmente variável de sujeito para sujeito – o que poria em causa a necessidade de um juízo de perigo objectivamente válido. De facto, por ser irredutível a ignorância do agente sobre as consequências totais dos seus actos no momento da sua prática, não podem ser consideradas todas as circunstâncias e leis necessárias para a fundamentação objectiva e (tendencialmente) completa de um juízo de prognóstico sobre o curso futuro dos acontecimentos.

A consideração do critério do sujeito activo do crime, em que o julgador teria que apreciar o perigo do ponto de vista do agente, não pode, com efeito, valer num sistema de Direito penal do facto, em que se pretende tutelar bens jurídicos e não valores ético-sociais do agir humano. Considerar perigosa e, por isso, penalmente relevante, uma acção exclusivamente a partir das representações do agente significaria defender um Direito penal da vontade, orientado para a proibição de comportamentos que apenas subjectivamente são considerados perigosos, uma finalidade estritamente retributiva da pena. O que ameaça os bens jurídicos não são os pensamentos, a vontade ou as intenções de alguém, mas sim a exteriorização desses pensamentos, vontade ou intenções através de actos ou omissões.

A ilicitude objectiva do comportamento proibido não depende da intenção ou da consciência da ilicitude do agente, do (des)conhecimento de circunstâncias e de leis pelo agente, mas sim da probabilidade objectiva da verificação do dano. Decisivo é estar em causa uma acção perigosa para determinados bens jurídicos. É aqui que reside o desvalor da acção, isto é, a relevância jurídico-penal da acção. Caso contrário, cair-se-ia numa orientação como a da "'velha' Escola de Bona"[213], que pretende determinar o desvalor da acção a partir da vontade do agente.

Portanto, o desvalor da acção, como, aliás, o desvalor do resultado, enquanto elementos do tipo objectivo, são independentes dos (des)conhecimentos do sujeito-agente. Sublinhe-se, de novo, que o juízo de perigo ou não-perigo do agente, feito necessariamente no contexto da sua acção,

---

[213] "'Velha' Escola de Bona" por contraposição a "'nova' Escola de Bona". Diferenciação usual na doutrina actual para distinguir entre a orientação dogmática propugnada por Armin Kaufmann e seus discípulos, herdeira do finalismo, por um lado, e a corrente dele adversária, o pensamento funcionalista-sistémico de Jakobs e seus seguidores, por outro. V., por todos, Gonzalo D. Fernández, *Bien Jurídico y Sistema del Delito*, Montevideo: B de F, 2004, p. 223; e Eduardo Montealegre Lynett (coord.), *El Funcionalismo en Derecho Penal – Libro Homenaje al Profesor Günther Jakobs*, Tomo I, Bogotá: Universidad Externado de Colombia, 2003, p. 31.

pode, e deve, relevar em sede de análise do tipo subjectivo e da culpa – ao nível do erro sobre o facto típico, no âmbito do dolo ou da negligência típicos e da culpabilidade dolosa ou negligente.

Temos para nós que também não podemos definir o perigo única e exclusivamente a partir da informação conhecida ou cognoscível pelo sujeito-homem médio ou até pelo sujeito-perito na matéria.

Fácil é de reconhecer que existe uma gradação entre estes conhecimentos, pois a base da informação do perito na matéria é mais completa do que a do homem médio: enquanto para o homem médio vale tão-só a experiência geral ou geralmente cognoscível por uma pessoa razoável (corresponde ao critério do "*homem prudente*", ou ao "*bonus pater familias*"); para o perito na matéria já são considerados conhecimentos especializados ou qualificados, mas limitados a uma determinada área do saber. A escolha do modelo do homem médio implica por isso abstrair de conhecimentos conhecidos ou cognoscíveis por um perito – por exemplo, excluir, do leque de regras da experiência aquelas que superem o nível de conhecimentos nomológicos daquela *Maßstabsperson* relevante.

Diversamente, no contexto da apreciação do perigo efectuada pelo julgador, o juiz deve pôr-se no lugar do modelo que designaríamos do "homem-plenamente informado", no sentido de informado o melhor possível, isto é, com toda a informação acessível ao conhecimento humano.

Está naturalmente implícito um limite – o do conhecimento prático e da racionalidade humana – que impede que seja considerado todo o saber da humanidade. Mas é uma limitação, diríamos, gnoseológica, que se impõe *per se*. A opção por esta pessoa-modelo, ao contrário do critério do homem médio ou do homem perito, não pressupõe, por conseguinte, uma abstracção consciente da informação conhecida ou cognoscível.

Este critério do homem-plenamente informado diferencia-se, por consequência, do critério do homem-ideal, omnisciente, isto é, com toda a informação conseguida pela humanidade no seu conjunto, do ponto de vista ontológico e nomológico. Este modelo de agente – e só este – é que é apenas pensável num plano puramente teórico e, portanto, não operativo no plano prático. Em termos linguísticos naturalmente que poderemos falar, em vez do nosso "homem-plenamente informado", num observador ideal não naquele sentido de "ideal-absoluto" (o omnisciente), mas de "ideal-relativo". Ou seja, um observador que sabe tudo aquilo que se pode saber mas numa determinada época, isto é, no momento considerado relevante para o juízo de perigo. O esclarecimento assim do significado e do alcance do nosso modelo de agente mostra uma outra limitação, aqui diríamos estrutural, porque decorre do carácter relacional do perigo já sublinhado anteriormente. É este, a nosso ver, o critério de agente a considerar para a apreciação tanto da acção (perigosa) como do resultado (de perigo)[214].

Ressalvadas estas duas limitações – a gnoseológica e a estrutural –, considerar relevante uma outra pessoa-modelo com uma base de saber necessariamente mais limitada, significaria uma abstracção consciente de informação conhecida ou cognoscível, o que pode pôr em causa a correspondência do juízo de perigo com a realidade objectivamente existente, ou seja, com o contexto concreto comprovativo da probabilidade de dano.

Ou seja, o recurso a qualquer outra pessoa-modelo – agente, homem médio ou perito na matéria (pese embora estes dois últimos sejam critérios objectivos e exteriores em relação ao sujeito-agente) – pode traduzir formas de abstracção ou limitações à relevância de conhecimentos

---

[214] O critério do "homem-plenamente informado" parece-nos corresponder, na terminologia alemã, ao *optimaler Beobachter* ou *bestmöglicher Beurteiler*. Pronunciando--se a favor do *bestmöglicher Beurteiler* para a apreciação do resultado de perigo, *v.*, para a doutrina alemã, Schröder, "Die Gefährdungsdelikte im Strafrecht", cit., p. 9, e, para a doutrina espanhola, Escrivá Gregori, *La Puesta en Peligro de Bienes Jurídicos en Derecho Penal*, cit., pp. 87 e 134. Na apreciação do crime de perigo concreto, também Ostendorf remete para este modelo de observador, não deixando, todavia, de defender uma "redução da base do juízo" (*Verkürzung der Urteilsbasis*) relativa a todo o saber, sem contudo esclarecer esta limitação. V., do Autor, "Grundzüge des konkreten Gefährdungsdelikts", cit., p. 429, e sob a n. 62. Não nos parece mais do que o reconhecimento por Ostendorf, embora em termos pouco explícitos, da inexequibilidade prática não daquele critério de referência, mas do modelo do homem-ideal, no sentido de "ideal-absoluto". Recorde-se, ainda, a equiparação feita por Zieschang entre "observador óptimo" e "observador ideal", *Die Gefährdungsdelikte*, cit., por exemplo, p. 56, modelo de observação este que é todavia afastado pelo Autor. Entre nós, João Curado Neves, *Comportamento Lícito Alternativo e Concurso de Riscos. Contributo para uma Teoria da Imputação Objectiva em Direito Penal*, Lisboa: ed. da AAFDL, 1989, p. 96, a propósito do observador relevante para a apreciação da probabilidade da verificação do evento compreendido nos crimes de resultado, a respeito do juízo de previsibilidade objectiva para efeitos da caracterização da conduta proibida nos crimes de dano, também defende que quando se fala no "observador óptimo", no "mais inteligente dos homens" e – como acrescenta – no "perito", se está a pensar na mesma pessoa-modelo: "trata-se de um indivíduo que disponha da maior capacidade para ponderar as consequências da acção em causa". Esta equiparação ao perito também se torna perceptível, a nosso ver, se concebida no sentido de ser o melhor de todos os peritos disponíveis.

acessíveis a um "homem-plenamente informado" incompatíveis com a natureza objectiva do perigo e do juízo de perigo e com o fundamento dos crimes de perigo concreto que se prende com a transferência da decisão sobre o perigo do legislador para o juiz.

Portanto, para a *Maßstabsperson* aqui a considerar relevam, para além dos conhecimentos gerais do homem médio e dos conhecimentos qualificados do perito na matéria, os conhecimentos adquiridos pelo "homem-plenamente informado", mas não alcancáveis por aqueles dois modelos de agente.

Mais: quando o "homem-plenamente informado" se coloca na situação do agente são também considerados no juízo sobre a existência do perigo típico objectivo os conhecimentos e as capacidades especiais do sujeito activo, ainda que acima da média ou até exclusivos (incluindo também o próprio plano do agente). Este *plus* de conhecimento exclusivo do agente tem que relevar também para o juízo de perigo, pois não deixa de ser um conhecimento do agente e, na medida em que se trata de conhecimento alcançado pelo agente, é também acessível, em geral, ao conhecimento humano.

A consideração destes conhecimentos e capacidades especiais do agente não implica, no entanto, e naturalmente, qualquer subrogação do julgador colocado na situação do agente e apreciando "do ponto de vista do agente".

O juízo de perigo que o julgador faz no contexto da sentença e segundo este modelo de agente é, portanto, um juízo de informação tendencialmente completa.

A assunção de um ou outro modelo de observação pode gerar, consequentemente, divergências no resultado do juízo de (não)perigo, o que confirma a natureza normativa do próprio conceito de perigo.

Na verdade, é possível – e até natural – chegar-se a juízos sobre o perigo de sinal contrário se se definir o perigo a partir da informação conhecida ou cognoscível pelo sujeito-agente concreto, pelo sujeito--homem médio, pelo sujeito-perito na matéria ou pelo sujeito-homem--plenamente informado. Será o caso em que as circunstâncias existentes no momento de que fala o juízo de perigo são apenas conhecidas *a posteriori* pelo juiz, segundo o modelo do "homem-plenamente informado", mas que não podiam ter sido conhecidas pelo agente concreto, pelo observador médio ou pelo perito na matéria.

Também pode acontecer que, com um conhecimento mais completo das circunstâncias do caso concreto, a base da informação do juízo se modifique e se conclua, por exemplo, que a probabilidade de dano – que o observador médio não podia excluir – estava de facto excluída por outras coordenadas da situação e efectivamente por ele ignoradas.

Assim, e pensando precisamente na base da informação, o juízo de perigo, diríamos de informação tendencialmente incompleta – porque são apenas consideradas algumas circunstâncias e algumas leis para a avaliação do perigo –, feito por um homem médio ou por um perito na matéria pode ser infirmado por um juízo de não-perigo do observador plenamente informado que é de informação tendencialmente completa – por serem consideradas todas as circunstâncias cognoscíveis, segundo este modelo de observador. Também podemos equacionar a situação simétrica: um juízo de não-perigo do observador médio ou do perito contrariado na perspectiva de um observador plenamente informado.

A nosso ver, em ambas as situações deve prevalecer o critério de perigo do agente-plenamente informado. Na segunda situação, a protecção do bem jurídico tutelado, por um lado, e a natureza objectiva do perigo, por outro, não podem estar condicionadas pelos (des)conhecimentos contigentes daqueles sujeitos.

Na primeira situação, é, uma vez mais, a concepção do perigo enquanto conceito objectivo que impõe a desconsideração do juízo de perigo feito pelo homem médio ou pelo perito.

Importa igualmente sublinhar, enfaticamente, que a opção por esta pessoa-modelo do observador plenamente informado não implica necessariamente a responsabilização jurídico-penal do agente concreto, na medida em que, nomeadamente, em sede de análise do tipo subjectivo e da culpa pode verificar-se que o agente actuou sem dolo ou sem culpa, logo ficará impune, pois o agente não sabe – e até nem podia ou devia saber – o que sabe o "homem-plenamente informado".

Temos falado da divergência entre juízos de perigo como uma possibilidade na medida em que não é de excluir, nomeadamente, a hipótese de o julgador publicar no momento da sentença, com a informação adquirida neste momento, o juízo de que houve perigo no momento da acção, mas (i) o agente concreto tinha já ele próprio a mesma informação no momento da acção; (ii) o homem médio teria essa informação no momento da acção; (iii) o perito também saberia tudo isso no momento da acção. Quer isto dizer que o juiz que julga segundo o modelo do "homem-plenamente informado" não soube entretanto nada que não pudesse ter sabido o agente, o homem médio ou o perito.

Pergunte-se, no entanto: será que esta opção metodológica pelo "homem-plenamente informado" ainda permite falar em "perigo"? Cremos que sim – o "estar informado o melhor possível" não é sinónimo de predizer o curso futuro dos acontecimentos, atento, como já foi sublinhado, o carácter necessariamente limitado do conhecimento humano em geral (a tal limitação gnoseológica).

Teoricamente também é concebível uma descontinuidade cognitiva entre o juiz e o "homem-plenamente informado" resultante da tal limitação estrutural do juízo de perigo – a existência de circunstâncias ou leis que fundamentam o perigo conhecidas pelo julgador no contexto da sentença e já certas no momento do *iter criminis* objecto do juízo de perigo, mas não cognoscíveis nesse momento pelo "homem-plenamente informado". Continuar-se-á, então, a afirmar o perigo enquanto ente objectivo, mas sem que esse perigo possa ser considerado na formulação do juízo de perigo, logo jamais será jurídico-penalmente relevante.

2.5. Critérios para a intensidade do perigo: aproximação preliminar

Se é certo que o perigo é a probabilidade do dano, também é verdade que a lei, em regra, não indica o grau de probabilidade qualificável como perigo em sentido penal. Na verdade, são raras as qualificações que a lei penal atribui ao perigo: veja-se, no entanto, "perigo grave para o corpo ou para a saúde" [artigo 156, n.º 2, alínea a), do CP] ou "perigo grave para a integridade física" (artigos 283.º, n.º 1, e 284.º do CP), como qualificação da intensidade do perigo; "perigo iminente para a vida ou para a integridade física" (artigos 210.º, n.º 1, e 214.º, n.º 1, do CP), como qualificação da proximidade do perigo; e "perigo de grave ofensa para o corpo ou a saúde" (artigo 152.º, n.º 4, do CP), uma graduação em função não só da dignidade do bem jurídico, mas também, e especialmente, da magnitude do dano ameaçado.

Assim, o grau de intensidade do perigo penalmente relevante escassamente re-presentado nas normas concretas incriminadoras carece de uma a-presentação doutrinal e jurisprudencial.

Escassez esta porventura incontornável dado que se não existem perigos independentes, mas acções perigosas, resultados perigosos, dificilmente se poderá definir legislativamente e, por isso, em abstracto, o grau de probabilidade penalmente relevante. O perigo por referência quer à acção, quer ao resultado é – tem que ser –, insista-se, um perigo contextualizado, porque definido em concreto, e analisado em face do tipo legal de crime em causa.

A formulação do problema nestes termos pressupõe desde logo que nem todos os perigos são proibidos pelo Direito. O que parece ser claro. Só há punibilidade se existir um perigo tipicamente relevante.

Mas afirmar que a probabilidade de um acontecimento é X só faz sentido se se entender que esse grau X se reporta ao conjunto da informação do julgador que, no contexto da sentença, diz se houve ou não perigo no momento de que fala o juízo de perigo.

A determinação judicial da probabilidade do dano vai depender, de facto, das bases ontológica e nomológica do juízo de perigo, concretamente da frequência estatística com que se deve realizar no caso individual a lei da experiência seleccionada previamente por referência à base ontológica.

Mas esta via de solução só é possível para os casos em que há lei. Se não houver regra da experiência codificada ou se apenas existir um único caso singular que não permite o estabelecimento de uma regra, resta, então, ao julgador levar a cabo a difícil tarefa de quantificar juridicamente o conceito de probabilidade. Ou seja, de determinar o grau de probabilidade da ocorrência do dano pressuposto pelo perigo em sentido jurídico-penal.

Não querendo antecipar o estado da investigação sobre esta temática, é importante começar por desfazer uma confusão verificada na doutrina – o uso indiferenciado dos termos "possibilidade" (*Möglichkeit*) e "probabilidade" (*Wahrscheinlichkeit*) para definir o grau de perigo relevante. Estes dois conceitos não são no entanto sinónimos. Distinguem-se porque a ocorrência do dano ou é possível ou é impossível; e só no caso de ser possível é que pode ser muito ou pouco provável, mais ou menos provável... ou até improvável. Enquanto a possibilidade é fixa, no sentido de que ou existe ou não existe, o grau de probabilidade da verificação do dano já é variável.

2.6. Aplicação das convenções terminológicas propostas ao quadro de análise de Zieschang

Uma vez ensaiados os parâmetros ou convenções terminológicas acerca do juízo de perigo concreto, importa agora aplicá-los às três categorias de perigo contextualizado propostas por Zieschang – o "crime de perigosidade concreta", o "crime de perigo potencial" e o "crime de perigo concreto".

Relativamente ao crime de perigosidade concreta, o julgador, no contexto da sentença (tempo externo do juízo de perigo), publica o juízo que faz da perigosidade do comportamento, reportado ao início da acção do agente (tempo interno do juízo de perigo), com a informação, ontológica e nomológica, que o homem-médio (modelo de agente a considerar) – pertencente ao âmbito social em que o agente desenvolve a sua actividade juridicamente relevante e com os seus conhecimentos e capacidades especiais –, colocado na situação do agente concreto, podia ter nesse momento da acção (tempo da constituição da base da informação do juízo de perigo).

Quanto ao grau de intensidade do perigo – o que corresponde ao "rigor do prognóstico" de Zieschang –, é suficiente que não possa ser excluído o dano para um objecto de bem jurídico penalmente protegido.

Em relação ao crime de perigo potencial, há que relembrar que a estrutura essencial desta modalidade de perigo integra, para além do comportamento concretamente perigoso, um resultado – o "estado concretamente perigoso".

No que se refere ao juízo de perigo por referência ao comportamento concretamente perigoso, vale, sem modificações, o que ficou exposto acerca do crime de perigosidade concreta.

No que diz respeito à temporalização do juízo referido ao "estado concretamente perigoso", propõe Zieschang que o juízo de perigo feito pelo julgador no contexto da sentença (tempo externo) fale do momento subsequente ao termo da acção do agente (tempo interno).

E é este o tempo em que julga o modelo do perito na matéria – a *Maßstabsperson* relevante, quer do ponto de vista ontológico, quer do ponto de vista nomológico.

Vale então este modelo de observação com a seguinte informação: todas as circunstâncias e leis certas naquele tempo interno, ainda que só venham a ser conhecidas *ex post* (por hipótese, no momento da sentença). Resulta daqui que o momento da aquisição da informação ou do conhecimento destas circunstâncias e leis pode ser posterior ao momento da sua própria existência.

Podemos pois afirmar: o tempo da constituição da base da informação necessária à emissão deste juízo sobre o "estado concretamente perigoso" coincide com o seu tempo interno apenas no que concerne à existência da informação – que tem que já estar certa neste momento. Pelo contrário, quanto ao conhecimento da informação, este momento pode não coincidir com o tempo interno do juízo e com o tempo da existência da base da informação, dado que pode ser posterior.

Como vimos, exceptua no entanto o Autor as intervenções de salvatérios que têm de ser activados pela vítima, por terceiros ou por equipamentos técnicos, independentemente de existirem ou não no momento subsequente ao termo da acção do agente. Para negar o "estado concretamente perigoso" só relevam as medidas salvadoras que não têm que ser desencadeadas, por factor humano ou técnico, ainda que só conhecidas *ex post*.

Quanto ao grau de intensidade do perigo, é necessário o que Zieschang designa por "probabilidade (possibilidade) manifesta" da ocorrência de um dano, isto é, que no curso futuro e não perturbado dos acontecimentos seja muito provável a ocorrência de um dano.

Finalmente, a última categoria de perigo-contextualizado – o crime de perigo concreto. O pressuposto da acção dispensa esclarecimentos, visto tratar-se do conceito do comportamento concretamente perigoso já recortado anteriormente.

Em relação ao resultado-perigo concreto, curiosamente Zieschang não explicita nem o tempo do respectivo juízo, nem o modelo de agente em causa.

Surge, assim, imediatamente a dificuldade de individualizar o tempo interno do juízo. Perguntamos: qual é o momento de que o juízo fala ou qual é o momento decisivo para saber se houve, ou não, perigo efectivo? A exposição do Autor não é nem clara, nem precisa neste concreto ponto. Valerá, também aqui, aquele tempo interno relevante para a apreciação do "estado concretamente perigoso"? Uma resposta positiva parece, todavia, estar contida – mas apenas de forma implícita – no pensamento do Autor, precisamente quando analisa a relevância da intervenção das causas salvadoras.

Mas note-se que se o tempo interno do juízo de perigo referido ao "estado concretamente perigoso" no crime de perigo potencial e ao "perigo concreto" no crime de perigo concreto é, segundo nos parece, o mesmo, já no recorte da correspondente base da informação do juízo de perigo, não utiliza Zieschang o mesmo critério.

Assim, para a apreciação do perigo concreto são considerados todos os conhecimentos obtidos *ex post*, relativamente, cremos, ao momento subsequente ao termo da acção do agente, portanto, mesmo que desconhecidos neste momento, incluindo todas as intervenções salvadoras, independentemente de estarem ou não certas no momento da conclusão da prática do facto e de terem que ser, ou não, desencadeadas, por factor humano ou técnico. É considerada toda a informação adquirida no momento da sentença independentemente do momento da sua existência que pode coincidir, ou não, com o tempo de que fala o juízo de perigo – repita-se, o momento após o termo da acção do agente.

Também não é explicitado o critério do agente a considerar, isto é, a pessoa-modelo que julga o perigo. Ou seja: o juiz, no momento do julgamento (tempo externo), põe-se no lugar de que agente-modelo?

Todavia, parece-nos possível inferir logicamente do raciocínio expendido em tese pelo Autor acerca da *Maßstabsperson* que o modelo de agente é também o do observador-perito na matéria. Só a aparência do silêncio é que poderia afastar a aplicação *qua tale* deste critério[215].

O estádio de progressão do perigo penalmente relevante passa também por uma "probabilidade ou possibilidade manifesta da ocorrência do dano", acrescentando Zieschang, como aspectos complementares deste juízo de probabilidade, a entrada do bem jurídico no horizonte causal da acção do agente e a não verificação da ocorrência do dano estar apenas dependente do mero acaso.

---

[215] Relembre-se que Zieschang, por um lado, equipara o "observador óptimo" ao "observador ideal" e, por outro, rejeita este critério por considerá-lo apenas teoricamente pensável.

CAPÍTULO III
Principais Orientações da Doutrina Contemporânea

1. Doutrina alemã

1.1. Razão de ordem

Uma compreensão da dogmática dos crimes de perigo concreto tem que passar necessariamente pela análise da doutrina alemã, a que, com mais profundidade, se tem debruçado sobre este campo de investigação. Assim, expõe-se e comenta-se, já na sequência, as teorias singulares dos autores alemães mais representativas da doutrina penal do perigo.

A reflexão crítica não deixará de ser feita a partir da casuística analisada na literatura, o que permitirá testar e confrontar os diversos *approaches*, recorrendo sempre que o pensamento dos autores o permita às nossas convenções terminológicas sobre o juízo de perigo.

1.2. A tese clássica de Binding

Na doutrina mais antiga, o impulso de ideias dado por Karl Binding através da sua teoria das normas jurídicas[216] teve importante sequência nas construções do perigo apresentadas pela doutrina penal contemporânea. Para Binding, o crime é sempre uma infracção da norma jurídica. É com base num critério, diríamos, "normológico" – em razão da natureza da norma violada – que o Autor trabalha a sua estrutura tripartida

---

[216] *Die Normen und ihre Übertretung. Eine Untersuchung über die rechtmässige Handlung und die Arten des Delikts, Bd. 1*, cit., em esp. pp. 372 ss. e 390 ss.

dos crimes. São essas categorias de crimes: os crimes de dano, que infringem proibições de lesão, os crimes de perigo, que violam proibições de perigo, e os crimes de mera desobediência (*Delikte des einfachen Ungehorsams* ou *Ungehorsamsdelikte*), que constituem a inobservância de meras proibições.

Em relação aos crimes de perigo, o perigo (*Gefährdung*), no sentido do seu *Die Normen*, constitui uma situação real que se traduz no "abalar da segurança do bem protegido" ("Erschütterung der Daseinsgewißheit des Schutzgutes") ou, noutros termos, em que "é posta em questão a capacidade indiscutível da continuação da sua existência" ("fraglose Fähigkeit seines Weiterbestandes in Frage gezogen wird")[217]. É este conceito da *Erschütterung*[218] do bem jurídico que fundamenta a relevância penal do perigo na construção do crime de perigo de Binding. Numa palavra: se falha a *Erschütterung* não há perigo.

Esta formulação tem, no entanto, o condão de abarcar não só o hoje denominado "perigo concreto", enquanto situação ou estado causalmente produzido pela acção, mas também a própria acção perigosa que é igualmente caracterizável como "perigo". Ou seja, o conceito de crime de perigo de Binding tem uma elasticidade que permite integrar crimes sem um resultado de perigo concreto – justamente os *Eignungsdelikte*, cujo tipo exige uma acção "propensa" a criar um perigo, isto é, pressupõe um "Geeignetsein zur Erregung einer Gefahr". Por outro lado, naquela noção de perigo são também integrados crimes sem uma referência típica para um objecto individual da acção, mas tão-só com uma referência para um conceito de nível superior de bem, entendido como uma extensão do *Angriffsobjekt*.

A concepção do perigo de Binding insere-se na corrente doutrinária segundo a qual apenas o perigo concreto é penalmente relevante – ou seja, o perigo ou é concreto ou não existe. Esta tese radical nega, portanto, qualquer relevância penal a factos, segundo o Autor, impropria-

---

[217] *Die Normen und ihre Übertretung. Eine Untersuchung über die rechtmässige Handlung und die Arten des Delikts, Bd. 1*, cit., pp. 372 e 374.

[218] Esta ideia da *Erschütterung*, que foi retomada mais tarde nomeadamente por Wolter, e, entre nós, por Silva Dias, como critério para a verificação do perigo concreto, foi um impulso importante para a definição do perigo como perigo concreto, no sentido de situação-evento (*Zustand-Erfolg*) causalmente produzido pela acção.

mente considerados como abstractamente perigosos. Ou melhor, Binding tenta demonstrar que todo o comportamento perigoso, ainda que considerado pela lei *abstrakt gefährlich*, é um comportamento concretamente perigoso no sentido descrito.

E é justamente este tópico que distingue o crime de perigo do crime de mera desobediência, precisamente porque naquele tem que se verificar em concreto a *Erschütterung*. Através do crime de mera desobediência punem-se acções independentemente da verificação da sua perigosidade no caso concreto. Esta classe de crimes pressupõe somente uma mera desobediência, sendo a pena correspondente também uma pena de desobediência (*Ungehorsamsstrafe*).

Ora, e apesar de esta figura dogmática dos crimes de mera desobediência ser concebida por Binding fora do conceito do crime de perigo, cabe perguntar: em termos substantivos não corresponderá esta categoria à dos crimes de perigo abstracto próprios? Ou seja: o perigo não constituirá também aqui a *ratio* da incriminação? Temos para nós que sim. Caso contrário, qual a legitimidade da intervenção jurídico-penal? Ou será que esta classe delitiva é um mero reflexo de um estrito positivismo, ou de uma omnipotência do legislador, na medida em que é incriminado um comportamento simplesmente por ser contrário a um preceito legal?[219]

No que diz respeito à verificação do perigo nos crimes de perigo (concreto), o momento a que se reporta o juízo de perigo, segundo Binding, é o momento da prática do facto. É este o tempo interno do juízo de perigo.

E é este momento do facto que constitui igualmente o tempo da constituição da base da informação do juízo de perigo, ou seja, o momento relevante para recortar o conjunto da informação do juízo, quer na dimensão ontológica, quer na dimensão nomológica. São portanto irrelevantes, para o juízo de perigo a emitir pelo julgador, no contexto da sentença, as circunstâncias que se verifiquem num momento após a prática da acção e os conhecimentos adquiridos também depois da prática

---

[219] No sentido de que o perigo nos crimes de mera desobediência funciona apenas como o motivo da norma, *v.* Silva Dias, "Entre 'Comes e Bebes': Debate de algumas Questões Polémicas no Âmbito da Protecção Jurídico-Penal do Consumidor (A Propósito do Acórdão da Relação de Coimbra de 10 de Julho de 1996)", cit., pp. 558-559, sob a n. 71.

da conduta, ainda que se reportem a circunstâncias de facto já certas no momento da acção[220].

Quanto à intensidade do perigo penalmente relevante, Binding exige que no curso dos acontecimentos haja um maior peso dos factores favoráveis à ocorrência do evento de dano, relativamente aos factores desfavoráveis[221].

Ora, esta proposta de apreciação *ex ante* do perigo – no sentido de que é exclusivamente reportada ao momento da acção – não pode traduzir mais do que uma apreciação da perigosidade da própria acção, apesar de não ser este o propósito de Binding. Na verdade, como é que se pode apreciar o perigo (concreto), enquanto resultado causalmente produzido pela acção, a partir unicamente da informação constituída e adquirida no tempo da acção? A limitação, nestes termos, da base da informação necessária para falar do perigo concreto, enquanto resultado, não pode ser uma via correcta para definir o próprio conceito de crime de perigo concreto. Este procedimento permite apenas dizer se no momento da acção houve, ou não, perigo-perigosidade da acção. Caso contrário, há uma ficção do resultado de perigo concreto e uma sobreextensão do conceito de crime de perigo concreto, definido apenas – mas de maneira suficiente – a partir do desvalor da acção perigosa[222].

Esta consequência da tese de Binding pode ser ilustrada de modo intuitivo com a análise do conhecido exemplo proposto pelo Autor – o caso da ruptura da represa (*Dammbruchfall*)[223]:

(5) *A* rompe a represa de um lago para que seja inundada uma aldeia situada no vale.

---

[220] Veja-se o caso da "triguina" – parasita que existe no intestino do porco, capaz de causar doenças no homem em caso de ingestão de carne de porco, especialmente crua – ilustrativo da irrelevância de conhecimentos obtidos depois do momento da prática do facto para fundamentação do perigo. Considera Binding não existir um perigo se a descoberta daquele efeito da "triguina" ocorrer em momento posterior ao da acção de comer carne de porco, *Die Normen und ihre Übertretung. Eine Untersuchung über die rechtmässige Handlung und die Arten des Delikts, Bd. 4*, cit., Leipzig, 1919, p. 385.

[221] *Die Normen und ihre Übertretung. Eine Untersuchung über die rechtmässige Handlung und die Arten des Delikts, Bd. 4*, cit., pp. 382 e 384-385.

[222] Para uma apreciação também crítica do pensamento de Binding, *v.*, na doutrina italiana, Giusino, *I Reati di Pericolo tra Dogmatica e Politica Criminale*, cit., pp. 178 ss.

[223] *Die Normen und ihre Übertretung. Eine Untersuchung über die rechtmässige Handlung und die Arten des Delikts, Bd. 1*, cit., p. 389.

Considera Binding que "[...] com o furo é consumado o perigo (*Gefährdung*), mesmo quando a água ainda demora algumas horas até chegar às primeiras vítimas"[224]. Ou seja: com o romper do açude já estaria consumado um crime de perigo concreto, ainda que tivessem de decorrer algumas horas até que a água chegasse às primeiras vítimas.

Para esta concepção do perigo concreto parece ser suficiente a verificação, segundo um juízo de prognose estritamente *ex ante*, da possibilidade[225] da produção de um dano, possibilidade que esgotaria o conceito de resultado de perigo concreto, para efeitos de preenchimento do crime de perigo concreto. Não seria sequer exigida a existência do objecto da acção, nem, naturalmente, a sua entrada na área de influência da acção do agente – bastaria que ele pudesse vir a entrar nesse contexto causal. Perguntamos, de novo: como é que este desvalor da acção perigosa pode ser suficiente, no sentido de reflectir o pleno conteúdo do desvalor do resultado de perigo, enquanto desvalor de evento característico do crime de perigo concreto? Esta teoria afinal não atende ao carácter de resultado do perigo concreto no crime de perigo concreto.

Também de forma crítica se tem pronunciado, em geral, a doutrina posterior a Binding.

É o caso, por exemplo, de Wolter[226]. Também segundo este Autor, a concepção do resultado de perigo concreto de Binding parece satisfazer--se com a "criação de um círculo de perigo para um determinado objecto que apenas corresponde a um risco adequado de perigo". Basta, por isso, verificar, com base num juízo de prognose póstuma, reportado ao momento do facto, que o objecto entrará, com mais ou menos probabilidade, no horizonte causal da acção do agente.

Como veremos à frente, para Wolter não é suficiente, para a atribuição de responsabilidade penal por um crime de perigo concreto consu-

---

[224] *Die Normen und ihre Übertretung. Eine Untersuchung über die rechtmässige Handlung und die Arten des Delikts, Bd. 1*, cit., p. 389.

[225] Binding, apesar de se ter destacado entre os autores que primeiramente defenderam a natureza objectiva do perigo, define indistintamente o perigo como possibilidade ou probabilidade: "possibilidade objectiva de um resultado lesivo: probabilidade geralmente válida da sua produção", *Die Normen und ihre Übertretung. Eine Untersuchung über die rechtmässige Handlung und die Arten des Delikts, Bd. 1*, cit., pp. 324, sob a n. 10, e 375.

[226] "Konkrete Erfolgsgefahr und konkreter Gefahrerfolg im Strafrecht – OLG Frankfurt, NJW 1975, 840", cit., p. 752.

mado, a criação de um risco adequado de perigo para um determinado objecto. Necessário é que no curso dos acontecimentos o âmbito de perigo se densifique num "perigo concreto de resultado". Neste caso da ruptura da represa, que a água já devesse estar tão próxima das pessoas que a fuga só parecesse ser possível com um "esforço aumentado".

Na teoria penal do perigo mais recente, Zieschang[227] entende que com a ruptura da represa "apenas"[228] se constitui um "perigo concreto potencial" (*potentielle konkrete Gefahr*)[229], na medida em que as pessoas que permanecem no vale apenas são potencialmente afectadas: há a probabilidade (possibilidade manifesta) da ocorrência de um dano, no entanto os objectos de bem jurídico – desde que a água do açude esteja a uma distância de horas até chegar às primeiras vítimas – ainda nem entraram no horizonte causal da acção do agente, nem a sua (não-)violação fica só dependente do mero acaso. Não há, pois, um resultado de perigo concreto, logo não há um crime de perigo concreto. O que se constitui com a acção de romper o açude é um "estado concretamente perigoso" para a vida ou integridade física das pessoas que vivem no vale, causalmente produzido por aquele comportamento concretamente perigoso; portanto, na classificação do Autor, um crime de perigo potencial.

Este caso 5 extraído de Binding é ainda discutido por Zieschang[230] com variações de exemplificação para evidenciar os resultados a que chega atento o tipo de intervenção de causas salvadoras:

(5a) Tal como em 5, mas uma barragem impede a inundação da aldeia situada no vale.

(5b) Tal como em 5, mas as comportas da barragem que impede a inundação da aldeia situada no vale têm que ser activadas pelas massas de água.

Notar-se-á imediatamente que os casos 5a e 5b têm uma estrutura idêntica aos casos 3d e 3c (do comboio), respectivamente. Assim, em 5a, para Zieschang, a barragem que impossibilita a inundação da aldeia

---

[227] V., de novo, *Die Gefährdungsdelikte*, cit., pp. 37 ss.
[228] Apenas entre aspas, pois, a nosso ver, é mais um caso que reflecte a sobre-extensão da espécie de crime de perigo potencial.
[229] Especificamente, *Die Gefährdungsdelikte*, cit., p. 42.
[230] *Die Gefährdungsdelikte*, cit., pp. 83-84.

situada no vale, sustendo as águas, é, num certo sentido, uma causa salvadora que não precisa de ser desencadeada para intervir; logo, não existe um "estado concretamente perigoso", pois não há a probabilidade de um dano.

Pelo contrário, já haverá um "estado concretamente perigoso" em 5b, quando as comportas de uma barragem só se fecham depois de activadas pelas massas de água (se for caso disso, automaticamente) – causa de salvamento que tem que ser desencadeada – evitando, assim, a inundação da aldeia.

Em ambos os casos, tanto a barragem (em 5a) como as comportas (em 5b) têm que estar em condições de suster as massas de água, mas só as comportas têm que ser desencadeadas activamente.

Um outro exemplo discutido por Zieschang[231], mas citado de Eva Graul, é comparável ao do da ruptura da represa.

(6) *A* incendeia um quarto na parte poente de um edifício apalaçado; *B* encontra-se num quarto na parte nascente do mesmo edifício.

Segundo Zieschang, se alguém incendeia um quarto na parte poente do edifício há, também, tão-só um "estado concretamente perigoso" para a vida ou para a integridade física da pessoa que se encontra num quarto na parte nascente, causado por um comportamento concretamente perigoso, mas não existe ainda um resultado de perigo concreto no sentido de um crime de perigo concreto[232].

1.3. A evolução do pensamento de Welzel

Nos trabalhos preparatórios do projecto de reforma do StGB, também Welzel[233] defende, na linha da doutrina tradicional e contra a posição aí manifestada maioritariamente, que o perigo concreto devia ser

---

[231] *Die Gefährdungsdelikte*, cit., p. 65.
[232] Procede de novo a crítica que fizemos *supra*, a propósito da análise de Zieschang do *Dammbruchfall*.
[233] *V.* "Gemeingefährliche Handlungen", in *Niederschriften über die Sitzungen der Großen Strafrechtskommission*, 8. Bd., Besonderer Teil, 76. bis 90. Sitzung, cit., pp. 427 e 429-431.

apreciado sempre com base nas circunstâncias existentes no momento da acção, através de uma prognose *ex ante*.

Concentremo-nos na discussão suscitada a propósito do caso da bomba na estação de correios (*Post-Bomben-Fall*), de Dreher, que foi objecto de debate nos referidos trabalhos preparatórios[234]:

> (7) *A* esconde numa estação de correios uma bomba com um relógio programado para a meia-noite; à meia-noite, quando a bomba-relógio explode, a estação está vazia, apesar de algumas vezes, àquela hora, ser frequente ainda se encontrarem alguns trabalhadores no interior do edifício.

Defende Welzel, embora tenha sido, repita-se, tese minoritária, que neste caso já haveria um crime de perigo concreto. É com base numa apreciação do perigo através de uma estrita prognose *ex ante*, isto é, reportada ao momento da acção – o tempo interno do juízo de perigo – que o Autor considera previsível que à meia-noite, quando a bomba explodir, ocorra o resultado de perigo concreto, pois com base num juízo *ex ante* por vezes àquela hora ainda trabalham pessoas nos correios.

Explicitando, Welzel exige um prognóstico, sobre a ocorrência de um perigo concreto para uma pessoa, e um juízo *ex ante*, neste caso reportado ao momento em que *A* coloca a bomba na estação de correios. Juízo este que deve ser feito pelo observador perito na matéria – o critério de agente a considerar. Assim, há já perigo concreto (*konkrete Gefährdung*) quando o perito na matéria sabe que, às vezes, à meia-noite, ainda há pessoas a trabalhar nos correios. E o Autor continua a afirmar o perigo concreto mesmo na hipótese de na noite da explosão não ter estado ninguém nos correios. Para Welzel é errado dizer que não houve perigo (*Gefährlichkeit*)[235].

---

[234] "Gemeingefährliche Handlungen", *in Niederschriften über die Sitzungen der Großen Strafrechtskommission*, 8. Bd., Besonderer Teil, 76. bis 90. Sitzung, cit., p. 418.

[235] Welzel, ao longo das suas intervenções, utiliza indiferenciadamente os termos *Gefährdung* e *Gefährlichkeit* para designar o "perigo". E se neste caso da bomba, em sede de análise do tipo objectivo de perigo concreto, parece não distinguir claramente o respectivo termo de referência – a acção ou o resultado, porque fala ora em "konkrete Gefährdung eines Menschen eintritt" (resultado de perigo concreto para uma pessoa), ora em "konkrete Gefährlichkeit seiner Handlung" (acção concretamente perigosa) –, já em relação ao respectivo tipo subjectivo Welzel identifica a perigosidade concreta da

Resumindo: o julgador, no contexto da sentença (tempo externo do juízo) faz um juízo de perigo, segundo o modelo do observador perito na matéria, reportado ao momento em que o agente actuou (tempo interno do juízo) com a base da informação constituída também neste momento (tempo da constituição da informação relevante).

Esta solução não é de facto aceitável, na medida em que não basta para a consumação de um crime de perigo concreto a *Gefährlichkeit* concreta do comportamento do agente, abstraindo-se da verificação de um efectivo resultado de perigo concreto. Neste caso, em que a bomba--relógio explode à meia-noite, estando a estação de correios vazia, há tão-só um comportamento concretamente perigoso porque da perspectiva *ex ante* por vezes trabalham pessoas nos correios à meia-noite – ainda que *ex post* se verifique que no momento da explosão de facto ninguém se encontrava no interior do edifício. Mas, como é que se pode afirmar a existência de um resultado de perigo quando ainda não existe o objecto do crime?[236]

Na opinião de Welzel, só não existirá um perigo concreto (*konkrete Gefährdung*), para efeitos de responsabilidade penal por um crime de perigo concreto, se o perito na matéria, no momento da acção, isto é, no momento em que o agente coloca a bomba, verificar que "até então ninguém permaneceu na estação de correios à meia-noite". Nesta hipótese continua a faltar um perigo concreto apesar de na noite da explosão a estação de correios ter sido, por acaso, assaltada por um ladrão que

---

acção como o objecto do dolo e da negligência. No entanto, quando analisa o § 289 do StGB, cuja redacção utiliza o termo *gefährdet*, o Autor, por um lado, diz, de forma inequívoca, que "gefährden" significa uma acção que cria um perigo, e, por outro, conclui que este *Gefahr* tem que existir no momento da acção. Ora, parece Welzel predicar então o perigo do resultado – o que entra todavia em contradição quando na continuação da exposição do seu pensamento afirma que é incorrecto considerar que o lugar do resultado no crime de perigo é ocupado pelo perigo –, e avaliar o resultado de perigo a partir do momento da acção – o que suscita as críticas já feitas a propósito do pensamento de Binding.

[236] Neste sentido, *v.* também Zieschang, *Die Gefährdungsdelikte*, cit., pp. 28 ss. Entre nós, igualmente de forma crítica, *v.* Pinto de Albuquerque, "O Conceito de Perigo nos Crimes de Perigo Concreto", *DJ*, Vol. VI, 1992, pp. 352-353; *idem*, "Crimes de Perigo Comum e contra a Segurança das Comunicações em face da Revisão do Código Penal", cit., p. 264; e Silva Dias, "Entre 'Comes e Bebes': Debate de algumas Questões Polémicas no Âmbito da Protecção Jurídico-Penal do Consumidor (A Propósito do Acórdão da Relação de Coimbra de 10 de Julho de 1996)", cit., pp. 566-568.

acaba por perder a vida no interior do edifício. Para Welzel há apenas um perigo abstracto (*abstrakte Gefahr*).

Contra esta solução pronunciaram-se Baldus[237], Koffka[238], Dreher[239], Lackner[240] e Schafheutle[241], que no seio da Comissão consideraram que o ladrão se encontrou em perigo. Contra-argumentam nos seguintes termos: se neste caso se verifica a própria morte do ladrão, não é compreensível que a pessoa morta não tenha sido colocada previamente em perigo. Seria errado concluir no sentido de que não existe perigo para o ladrão que morre quando a bomba explode à meia-noite, porque no momento da acção ainda não se encontrava na estação de correios. Sublinharam estes membros da Comissão que o perigo pode surgir depois da acção do agente, não sendo possível negá-lo no momento da acção e enquanto resultado só porque a bomba explodiu mais tarde, à meia-noite[242].

Em nosso juízo, há que acentuar a distinção entre acção perigosa e resultado de perigo percebida aliás por estes Autores. No entanto, aquela acção pode ser causal para o dano, mas não é perigosa naquele contexto concreto porque segundo um juízo *ex ante* ninguém trabalhava na estação de correios à meia-noite. A nosso ver, o dano prova o perigo enquanto ente objectivo, mas não a existência de uma acção perigosa. Como acentuaremos, uma acção causal para o dano não é necessariamente perigosa em concreto.

---

[237] "Gemeingefährliche Handlungen", *in Niederschriften über die Sitzungen der Großen Strafrechtskommission*, 8. Bd., Besonderer Teil, 76. bis 90. Sitzung, cit., p. 428.

[238] "Gemeingefährliche Handlungen", *in Niederschriften über die Sitzungen der Großen Strafrechtskommission*, 8. Bd., Besonderer Teil, 76. bis 90. Sitzung, cit., pp. 428-429.

[239] "Gemeingefährliche Handlungen", *in Niederschriften über die Sitzungen der Großen Strafrechtskommission*, 8. Bd., Besonderer Teil, 76. bis 90. Sitzung, cit., pp. 429-430.

[240] "Gemeingefährliche Handlungen", *in Niederschriften über die Sitzungen der Großen Strafrechtskommission*, 8. Bd., Besonderer Teil, 76. bis 90. Sitzung, cit., pp. 430-431.

[241] "Gemeingefährliche Handlungen", *in Niederschriften über die Sitzungen der Großen Strafrechtskommission*, 8. Bd., Besonderer Teil, 76. bis 90. Sitzung, cit., p. 431.

[242] Baldus, "Gemeingefährliche Handlungen", *in Niederschriften über die Sitzungen der Großen Strafrechtskommission*, 8. Bd., Besonderer Teil, 76. bis 90. Sitzung, cit., p. 428, varia a hipótese de Welzel no sentido de no momento da acção já se encontrar no interior da estação de correios um mendigo a dormir e deduz do pensamento de Welzel que seria de negar o perigo concreto também no caso da morte deste intruso.

Naturalmente que não estamos a equacionar o problema da responsabilidade penal do ponto de vista da criação de um perigo para bens patrimoniais. Aqui, sim, há desvalor não só de acção, mas também de resultado.

Welzel acaba por entrar em contradição ao longo do debate, pois, ao manifestar a sua concordância com a ideia de que o perigo não tem que existir necessariamente no momento da acção – sendo, aliás, este caso da bomba prova disso mesmo (em que o perigo só ocorre à meia-noite) –, não deixa de frisar simultaneamente que é o momento da acção o relevante para o juízo de perigo (o mesmo é dizer: o juízo de perigo tem que ser feito no momento da acção)[243]. Temos, no entanto, para nós que o momento da acção só pode relevar para o juízo do perigo enquanto atributo da acção.

Registe-se ainda que da discussão travada entre os juristas alemães, se é bem verdade que a corrente de opinião dominante não partilha o ponto de vista de Welzel, não é menos certo que se limita a afirmar o perigo (concreto) como um resultado, isto é, um efeito produzido causalmente pela acção, e a defender, por conseguinte, que não pode ser decisivo o momento em que o agente actuou, não esclarecendo, todavia, e pela positiva, o momento então relevante para a apreciação do perigo. Perguntamos pois: qual é o tempo interno do juízo de perigo (resultado), o tempo em que se diz ter-se constituído perigo relevante?

A nosso ver, não é claramente distinguido no debate suscitado a propósito da Reforma do StGB – nem por Welzel, nem pelos demais intervenientes – a ambivalência do termo de referência do próprio juízo de perigo: a acção e o resultado.

Em relação a Welzel, refira-se a existência, no entanto, de uma evolução na linha de pensamento do Autor.

Assim, na 11.ª ed.-1969 do seu manual, Welzel[244] já assume esta distinção quando, a propósito da análise do tipo e da ilicitude nos crimes

---

[243] Eberhard Schmidt, "Gemeingefährliche Handlungen", in *Niederschriften über die Sitzungen der Großen Strafrechtskommission*, 8. Bd., Besonderer Teil, 76. bis 90. Sitzung, cit., p. 430, também se pronuncia expressamente no sentido de que o perigo se tem que verificar no momento da acção.
[244] *Derecho Penal Alemán — Parte General*, cit., pp. 55 e 164-165.

negligentes, enumera, quanto à temporalização do perigo, dois momentos diversos consoante o objecto do próprio juízo de perigo.

Neste sentido, se o juízo fala da perigosidade da acção, então o tempo interno do juízo é o momento da execução da acção – o tempo em que se diz ter-se constituído o perigo relevante – que é simultaneamente o tempo da constituição da base da informação do juízo de perigo.

Diversamente, para avaliar se o bem jurídico está em perigo, o juízo de perigo deve reportar-se ao momento em que o bem jurídico entra na área de influência da acção. Este juízo já é *ex post* por referência ao momento da acção.

Fácil é de ver que esta evolução do pensamento do Autor vai no sentido de restringir o conceito de perigo concreto. Basta imaginar como seria julgado o caso da bomba na estação de correios (7) à luz desta versão – impor-se-ia a negação da punibilidade do agente nos termos de um crime de perigo concreto.

Ilustrativa desta evolução é também a análise que Welzel faz do caso da colina – *Bergkuppen-Beispiel* (1). Segundo o Autor, o agente *A* realiza uma acção perigosa, na justa medida em que um observador razoável – agora parece ser este o modelo de agente implicado, o que pressupõe uma maior abstracção de conhecimentos relevantes para a apreciação do perigo – colocado na sua situação não podia ter uma visibilidade da curva, de modo que, ao cortá-la, tinha de contar com a presença de veículos que circulassem em sentido contrário. E *A* pratica uma acção perigosa precisamente a partir do instante em que começa a "cortar" a curva, ainda que se verifique posteriormente que não circulava nenhum automobilista em sentido contrário. O juízo sobre a perigosidade da acção é sempre um juízo *ex ante*, reportado ao momento da prática do facto, que prescinde de informação obtida *ex post*.

Mas, se há uma acção perigosa a partir do momento em que *A* "corta" a curva, afirma Welzel, sem maiores desenvolvimentos, que só existirá perigo para um bem jurídico, por exemplo, para a integridade física ou para a vida do automobilista *B*, quando este se encontrar efectivamente na trajectória da curva "cortada" por *A*. Ora bem: se estas considerações já envolvem a tal ambivalência do juízo de perigo, não podemos deixar ainda assim de notar que em Welzel parece bastante para a afirmação do perigo para um bem jurídico a entrada do objecto no horizonte causal da acção do agente.

1.4. A sequência: Schröder e Gallas

1.4.1. Enquadramento

Na tentativa de superar as críticas apontadas à concepção tradicional da apreciação do perigo concreto – caracterizada por um procedimento *ex ante* que se reporta ao momento da acção –, tem-se assistido a um esforço da doutrina no sentido de adoptar o designado procedimento *ex post*.

Significa esta mudança, sobretudo, uma ampliação da informação do juízo de perigo.

Esta ampliação é dupla: está em causa, por um lado, a base ontológica e, por outro, a base nomológica do juízo de perigo. Quanto à base ontológica do juízo de perigo, atribui-se relevância não só a circunstâncias de facto verificadas no momento da acção, mas apenas conhecidas num momento posterior ao momento da sua existência, *maxime* no momento do julgamento, mas também a elementos factuais de existência posterior ao momento da acção, inclusive, para alguns autores, a verificação do próprio dano.

Em relação à base nomológica do juízo de perigo, trata-se de apreciar aquelas circunstâncias de facto com base em conhecimentos adquiridos depois da acção, entendendo alguns autores todos os conhecimentos disponíveis pelo julgador no momento em que deve proferir a decisão acerca do perigo – o momento da sentença, o tempo externo do juízo de perigo.

1.4.2. A concepção de Schröder

Defende Schröder[245] o perigo concreto como objecto de um juízo *ex post*[246] (índice temporal do juízo de perigo), propondo uma ampliação da base da informação do juízo de forma a integrar conhecimentos que

---

[245] "Die Gefährdungsdelikte im Strafrecht", cit., pp. 8 ss.
[246] Registe-se como exemplo ilustrativo do carácter relativo, a que já aludimos, da utilização do binómio *ex ante/ex post*, a apreciação que Méndez Rodríguez faz do pensamento de Schröder acerca do perigo considerando que o Autor trabalha antes com um juízo *ex ante*, *Los Delitos de Peligro y sus Técnicas de Tipificación*, cit., pp. 106 ss.

surjam entre o momento da acção e o momento do julgamento e que revelem o carácter perigoso da própria *acção*. Schröder não limita, pois, o âmbito das "proibições de abstracções" às circunstâncias conhecidas no momento do facto, mas estende-o também a circunstâncias só conhecidas posteriormente, no contexto da sentença.

Na prática, quanto à base ontológica do juízo de perigo, são consideradas todas as circunstâncias disponíveis no momento do julgamento de existência posterior à prática do facto. Ou seja, são tidos em conta para a apreciação da *perigosidade do facto* elementos que foram conhecidos entretanto, *a posteriori* – depois da prática do facto –, assumindo mesmo particular importância para o juízo de perigo o facto de a acção ter causado um dano.

Schröder defende, pois, a tese de que a verificação do dano no caso concreto prova a existência de um *comportamento perigoso*, entendido como um estádio necessário do *iter* tendente à realização do dano. Fixe-se, pois: a prova da ocorrência do dano prova também a *perigosidade do comportamento*[247].

---

[247] Desta construção do perigo de Schröder extraíram alguns autores [*v*. Brehm, *Zur Dogmatik des Abstrakten Gefährdungsdelikts*, cit., p. 156; Angioni, *Il Pericolo Concreto come Elemento della Fattispecie Penale*, I, cit., p. 81; Giusino, *I Reati di Pericolo tra Dogmatica e Politica Criminale*, cit., p. 328; e, entre nós, Silva Dias, "Entre 'Comes e Bebes': Debate de algumas Questões Polémicas no Âmbito da Protecção Jurídico-Penal do Consumidor (A Propósito do Acórdão da Relação de Coimbra de 10 de Julho de 1996)", cit., pp. 568-569] um outro corolário que, a nosso ver, não pode ser atribuído ao seu pensamento: a ausência do dano prova ainda a ausência do perigo. Ou seja, o Autor identificaria não só a lesão com o perigo – primeira conclusão (positiva) – mas também a não-lesão com o não-perigo – segunda conclusão (negativa). Ora, para além de esta segunda consequência estar fora do pensamento escrito de Schröder [no mesmo sentido *v*. Faria Costa, *O Perigo em Direito Penal (Contributo para a sua Fundamentação e Compreensão Dogmáticas)*, cit., p. 605, sob a n. 91, que considera esta inferência "exagerada, quando não incorrecta"; e Méndez Rodríguez, *Los Delitos de Peligro y sus Técnicas de Tipificación*, cit., pp. 108-109], transgredindo-o assim, não deixaria de ser bastante criticável. Como acentuaremos *infra*, o argumento de que a inocorrência da lesão implica a inexistência do perigo tem como consequência que o juízo de perigo não tem conteúdo autónomo, pondo-se em causa, consequentemente, o próprio conceito objectivo de perigo. A prova do resultado de dano ratificaria o perigo. Por conseguinte, transformar-se-iam os tipos de perigo concreto em tipos de dano. Não havendo, portanto, um crime de perigo concreto sem a correspondente lesão do objecto material, a incriminação do perigo concreto estaria em concurso com o respectivo crime de dano, esvaziando-se, na maior parte das vezes, o conceito de crime de perigo, que

Mas, em jeito de dúvida, será que para Schröder o *desvalor da acção perigosa* depende do *desvalor do resultado-dano* com a consequência de que a prova da perigosidade do comportamento passa necessariamente pela prova do resultado de dano? Por outras palavras: será que o *desvalor da acção perigosa* é estranhamente um *ex-desvalor do evento de dano*, sendo este segundo desvalor que fundamenta o primeiro?

Esclarece ainda o Autor que a superveniência de um resultado de dano prova suficientemente que todos os pressupostos para produzir um dano estavam reunidos, ainda que, no momento do facto, fosse humanamente impossível prevê-los, porque, por exemplo, as circunstâncias que causam o dano eram atípicas.

Este raciocínio, como também é aliás reconhecido por Schröder, traduz a aplicação da teoria da equivalência das condições ou da *conditio sine qua non*, aos crimes de perigo nos mesmos termos em que é aplicada aos crimes de dano. Nas palavras do Autor: "seria seguramente pouco sensato qualificar uma situação como não perigosa, com base na experiência humana, quando se verificou que essa situação provocou um dano"[248].

Na verdade, para a formulação do juízo de perigo, não valem, segundo o Autor, as limitações da teoria da causalidade adequada, na medida em que são consideradas todas as circunstâncias do caso concreto, independentemente de serem atípicas. Segundo Schröder, o juiz não pode abstrair de elementos do caso individual somente por serem atípicos segundo a experiência geral, sob pena de se pôr em causa a legitimidade do crime de perigo concreto: a obtenção de uma decisão mais justa no caso individual[249]. Qualquer abstracção de circunstâncias do caso con-

---

passaria a dizer apenas respeito ao crime de perigo abstracto. Este raciocínio geraria, ainda por cima, inevitáveis lacunas de punibilidade em relação a comportamentos que realizam tipos legais de perigo mas ou dos quais não resulta a produção de um dano ou em relação aos quais não está tipificado o respectivo crime de dano. Ora, o conceito de perigo faz fundamentalmente sentido nos casos em que precisamente não houve lesão.

[248] V. "Die Gefährdungsdelikte im Strafrecht", cit., p. 12.
[249] Corresponde ao *Maximum an Wahrheitsgarantie* de Gallas, "Abstrakte und konkrete Gefährdung", cit., p. 178, e, *idem*, "Vorbemerkungen zu den §§ 306 ff.", cit., nm. 7, expressão que foi depois utilizada, designadamente, por Wolter, "Konkrete Erfolgsgefahr und konkreter Gefahrerfolg im Strafrecht – OLG Frankfurt, NJW 1975, 840", cit., pp. 751 e 752, Ostendorf, "Grundzüge des konkreten Gefährdungsdelikts", cit., p. 429, e Zieschang, *Die Gefährdungsdelikte*, cit., pp. 93-94, relativamente à apreciação do "estado concretamente perigoso".

creto converteria, segundo o Autor, o crime de perigo concreto em crime de perigo abstracto.

Schröder conclui portanto no sentido de que um comportamento que causou um resultado de dano é necessariamente perigoso.

A nosso ver, há, no entanto, que distinguir dois planos: o plano conceitual do perigo, enquanto referido à acção e ao resultado, e o plano da imputação objectiva. Quanto ao primeiro plano, se é bem verdade que o resultado de dano pressupõe o resultado de perigo como um evento logicamente *preposto* àquele – compreensão que é hoje consensual na doutrina –, não é menos verdade que não se pode retirar dali necessariamente o carácter penalmente perigoso da acção. Podemos estar por exemplo perante um comportamento realizado dentro do risco permitido. Ou recorde-se o caso da bomba na estação de correios na sua variante do ladrão em que a acção causal para o dano não é *qua tale* (por isso automaticamente) perigosa em concreto.

Quando observamos o segundo plano, ainda que exista um resultado de dano para um bem jurídico, este pode não ser objectivamente imputável à conduta do agente, quando, a título de exemplo, o comportamento implicou uma diminuição do risco da produção do dano ou o dano produzido não é a concretização do risco criado pela conduta do agente. Portanto, um resultado de dano causalmente produzido por uma acção, ainda que perigosa, não é *per se* imputável objectivamente a essa mesma acção.

Ainda no âmbito do conjunto da informação necessária para falar do perigo, no que agora diz respeito à base nomológica, relevam também todos os conhecimentos adquiridos entre o momento da acção e o momento do julgamento, inclusive, portanto, descobertas científicas, isto é, novos conhecimentos científicos adquiridos depois da realização do comportamento[250].

Não será ilegítima a seguinte dúvida: o recorte do conjunto da informação do juízo de perigo (base ontológica e base nomológica) nos termos acabados de referir não implicará afinal um juízo de certeza – um juízo de diagnose estritamente *ex post* – e não um juízo de prognose,

---

[250] Recortando as bases ontológica e nomológica do juízo de perigo em termos semelhantes aos de Schröder, veja-se, na doutrina espanhola, Escrivá Gregori, *La Puesta en Peligro de Bienes Jurídicos en Derecho Penal*, cit., pp. 87, 90, 92 ss. e 134-135.

como é defendido por Schröder – o que em nada condiz com a natureza do perigo? Ou seja, não substituirá desse modo um juízo de prognose, em que o perigo conceitualmente deve consistir, por um juízo de diagnose?[251] [252]

Quanto à intensidade do perigo relevante, basta, para Schröder, uma probabilidade[253] pequena do dano, entendida, contudo, acima de um risco mínimo de dano (*minimale Schadenschance*). Vale, portanto, uma probabilidade baixa, mas não mínima. Acrescenta: probabilidade baseada na experiência geral, mas segundo o *bestmöglicher Beurteiler*. O perigo é assim definido como um "juízo de prognose" a fazer por este modelo de agente que detém os melhores conhecimentos disponíveis no momento da acção[254].

Mas apesar de remeter para os princípios da experiência geral, repudia Schröder[255], ainda assim – e como já sublinhámos –, a aplicação da teoria da causalidade adequada no âmbito dos crimes de perigo concreto. Isto é, para apreciar a probabilidade do dano, o julgador terá de ter em conta todos os elementos disponíveis, incluindo aqueles que possam ser considerados irrelevantes para o processo causal nos termos da teoria da causalidade adequada, e afirmar o perigo mesmo que a apreciação do caso concreto segundo esta teoria afaste o nexo. Inversamente, o juiz deve negar o perigo se este não existir no caso individual à luz da mesma tese de princípios, não obstante o eventual nexo de causalidade[256].

---

[251] O próprio Schröder – talvez consciente do que vem de ser interrogado – tem necessidade de acentuar que o juízo, mesmo assim, é feito "quase com um resto de má consciência" ("gleichsam mit einem Rest von schlechtem Gewissen"), porque ninguém estaria em condições de determinar todos os factores causais. Mas, ao considerar toda a informação disponível no contexto da sentença restringe este "resto" o mais possível. V. "Die Gefährdungsdelikte im Strafrecht", cit., p. 13.

[252] Angioni, *Il Pericolo Concreto come Elemento della Fattispecie Penale*, I, cit., pp. 76 ss. e 100, denomina esta tese de Schröder como de "base ontológica total *ex post*", por contraposição à sua que é de "base ontológica total *ex ante*". Sobre esta posição doutrinal sobre o perigo concreto, *v. infra* (sob o Capítulo III.2.).

[253] Sublinhe-se que o Autor usa indistintamente os termos "possibilidade" (*Möglichkeit*)/"probabilidade" (*Wahrscheinlichkeit*) para definir o perigo. V., "Die Gefährdungsdelikte im Strafrecht", cit., por exemplo, p. 8.

[254] "Die Gefährdungsdelikte im Strafrecht", cit., pp. 8-9 e 11.

[255] "Die Gefährdungsdelikte im Strafrecht", cit., pp. 9-11.

[256] Schröder, "Die Gefährdungsdelikte im Strafrecht", cit., p. 11, exemplifica estas duas tendências de sinal contrário da seguinte forma: uma pequena pancada no olho

Se com Schröder é abandonada, de facto, a apreciação *ex ante* do perigo, parece-nos, todavia, que o Autor entra em contradição com as premissas teóricas do seu pensamento quando recorre a casos práticos para explicitar a sua posição.

Reflexo da contradição entre o plano teórico e o plano prático é dado pelos seguintes exemplos[257]:

(8) Há medicamentos – experimentados em milhares de casos – que, apesar de terem efeitos curativos na grande maioria das pessoas, podem ter, em casos excepcionais, efeitos contrários; só um perito (*Sachverständiger*) pode determinar com base na experiência médica um certo grau de probabilidade ou improbabilidade de que um doente em cada 1.000 ou 10.000 seja ameaçado por aquele medicamento.

(9) O conhecido processo Contergan, que tem a particularidade de ser real: é colocado no mercado um preparado – a *Thalidomida* – que produz malformações, resultado este que era desconhecido por qualquer pessoa no momento em que foi distribuído no mercado.

Em face do caso 8 e se numa determinada situação o medicamento tem um efeito nocivo, Schröder questiona se o *comportamento* do médico deve ser considerado não-perigoso pelo facto de ser muito improvável a ocorrência do dano, com base nas circunstâncias que rodearam a *prática da acção de ministrar o medicamento*. E acaba por concluir no sentido de que a apreciação do perigo não se deve basear senão na experiência geral. Mas adverte: "como esta experiência [geral] é necessariamente incompleta, qualquer prognóstico implica naturalmente uma reserva, a saber: que os erros são possíveis e que o resultado não pode ser predito com certeza"[258]. Haveria portanto um comportamento não perigoso. É neste sentido que apontaria, pelo menos segundo nos parece, tal lógica de Schröder. De qualquer forma, a aplicação pelo Autor da teoria da equivalência, nos termos atrás expostos, implica já esta conclusão.

---

pode parecer segundo a experiência comum não adequada a causar uma lesão grave; mas, uma tal pancada em alguém com uma doença de olhos pode provocar *in concreto* a perda da visão. Neste caso, não se pode negar, em concreto, o perigo. Vice-versa: se o disparar para a perna de alguém é, segundo a teoria da causalidade adequada, apto a causar um dano; se a vítima em concreto usa uma prótese, exclui-se o perigo no caso individual.

[257] "Die Gefährdungsdelikte im Strafrecht", cit., p. 12.
[258] "Die Gefährdungsdelikte im Strafrecht", cit., p. 12 (intercalado nosso).

Afinal, ao considerar para efeitos de análise do caso 8 o que nos diz a experiência geral, é duvidoso que Schröder atribua sempre relevância a circunstâncias posteriores ao momento da acção (incluindo o dano), ampliando em todos os casos a base da informação do juízo de perigo.

Por outro lado, e pelo menos neste caso, a experiência geral parece relevar igualmente para efeitos de determinação do grau de perigo penalmente relevante. A experiência geral assume assim uma dupla função – de selecção e de valoração do conjunto da informação do juízo de perigo.

No caso 9, para apreciar o perigo inerente ao *acto*, são considerados, segundo Schröder[259], para recortar a base nomológica do juízo de perigo, os resultados científicos, constituídos e adquiridos depois daquele momento de que o juízo de perigo fala, conclusivos de que a utilização da *Thalidomida* é, ou melhor, já era perigosa no momento em que foi posta em circulação, apesar de este resultado ser desconhecido por qualquer pessoa no momento em que o preparado foi distribuído no mercado. Há por isso um comportamento perigoso. É o princípio da culpa que, segundo o Autor, servirá de filtro para restringir a responsabilidade jurídico-penal do agente.

Será que a especialidade do caso 8 relativamente ao processo Contergan – aqui, o efeito prejudicial do medicamento era desconhecido por qualquer pessoa no momento da prática do facto; ali, só era conhecido por um perito – não impõe a revisibilidade daquele juízo no sentido da afirmação do perigo, até por maioria de razão?

Ou inversamente, a apreciação do caso 9 segundo a experiência geral, como é reivindicado pelo Autor ao analisar o caso 8, não devia considerar irrelevante o conhecimento entretanto obtido quanto ao efeito prejudicial do preparado e, portanto, negar o perigo?

Se bem julgamos, a análise de Schröder dos casos 8 e 9 evidencia a preponderância de um dos parâmetros do juízo de perigo que ainda em cima não é o mesmo nos dois casos. Mais: não é ao menos explicado o fundamento para utilizar para a comprovação da existência do perigo um critério diferente num e noutro caso. Com efeito, no caso 8 é a falta da intensidade do perigo considerada penalmente relevante pelo Autor – uma probabilidade baseada na experiência geral – que fundamenta o

---

[259] "Die Gefährdungsdelikte im Strafrecht", cit., p. 14.

carácter não perigoso do comportamento. De outro modo, no caso 9 é o recorte da base nomológica do juízo de perigo que permite afirmá-lo.

Torna-se importante sublinhar, ainda, a flutuação do pensamento de Schröder ao predicar o perigo ora da acção, ora do resultado[260]. Explicitando: se, por um lado, Schröder define o perigo como um estado, parecendo atribuir o perigo a um evento[261], por outro, quando pondera a conformação das bases do juízo e analisa o crime de perigo concreto refere-se quase sempre, como acabámos de expor, a um comportamento (*Verhalten*; *Handlungen*).

Além disso, de uma parte atribui o perigo à acção e, de outra, defende, como também acabámos de verificar, uma apreciação da perigosidade da acção com base em conhecimentos (de facto e científicos) de existência posterior ao próprio momento da acção, constituindo inclusive a verificação do resultado de dano prova suficiente daquela perigosidade. O Autor, a nosso ver, incorre, pois na seguinte contradição: se está em causa o perigo-acção, ou seja, a perigosidade da acção, então, o momento de que fala este juízo deve ser o momento da acção – o tempo em que o perigo se constituiu, ou não. Considerações de existência *ex post* da acção só podem relevar para a qualificação do perigo-resultado.

1.4.3. A posição de Gallas

Na doutrina sobre o perigo concreto, o pensamento de Gallas apresenta algumas semelhanças com o de Schröder. Gallas[262] rejeita igualmente a tradicional apreciação *ex ante* do perigo, uma vez que também ele aceita, de forma mais clara, o entendimento do perigo concreto como um resultado.

Com efeito, como momento relevante para a avaliação do perigo, considera Gallas o momento da entrada do bem jurídico na área de

---

[260] Registe-se também a infixidez terminológica do Autor para designar o conceito de "perigo", utilizando indistintamente os termos *Gefahr*, *gefährlich* ou *Gefährlichkeit* ou, ainda, *Gefährdung*, v. "Gefährdungsdelikte", cit., *passim*.

[261] Relembre-se, aliás, a definição de crime de perigo concreto dada pelo Autor logo no início do seu artigo "Die Gefährdungsdelikte im Strafrecht", cit., p. 7, transcrita *supra* sob a n. 148.

[262] V. "Abstrakte und konkrete Gefährdung", cit., pp. 171 ss.

influência da acção do agente. Sendo este o momento decisivo para o juízo de perigo, conclui, então, o Autor no sentido de uma apreciação *ex post* do perigo[263].

A assunção deste procedimento *ex post* significa em Gallas o seguinte: apesar de o perigo pressupor um juízo de prognose, sobre o curso futuro dos acontecimentos, a fazer necessariamene *ex ante* (entenda-se em relação ao tempo externo do juízo de perigo), uma vez que está em causa um desvalor de resultado, não restringe o Autor a base desta prognose ao conjunto da informação conhecida no momento da acção ou da ocorrência do perigo (*tempo em que não seria feito qualquer juízo*), mas integra aí também conhecimentos, quer ontológicos, quer nomológicos, obtidos *ex post*. É aqui que o pensamento de Schröder e de Gallas se toca.

Só assim se responderia com um *Maximum an Wahrheitsgarantie* à questão de saber se um determinado bem jurídico, num determinado momento no passado, entrou facticamente em perigo[264].

Gallas chega a falar a este propósito de um "dualismo característico de apreciação *ex ante* e *ex post*"[265].

Esta combinação *ex ante/ex post* tem o mérito de já intuir a distinção, a nosso ver essencial, entre os variados matizes da problemática do tempo do juízo de perigo. Recorde-se que enquanto o tempo externo do juízo de perigo é o tempo da sentença – um momento *ex post* relativamente ao momento do facto globalmente considerado –, o tempo interno do juízo de perigo é o tempo em que se diz ter-se constituído perigo relevante – que pode ser o da acção ou o do resultado, dependendo do objecto de que o juízo fala, mas é sempre *ex ante* em relação ao contexto da sentença.

Por outro lado, o tempo da constituição da base da informação do juízo de perigo pode ser considerado *ex post*, no sentido de ter em conta informação adquirida em momento posterior ao da sua existência ou mesmo informação de existência ao momento a que se reporta o próprio juízo de perigo.

Cremos que a colocação da questão da temporalização do perigo através destas formulações mais desenvolvidas ganha clareza, insista-se, comparativamente com a utilização tão-só dos termos *ex ante/ex post* que

---

[263] "Abstrakte und konkrete Gefährdung", cit., p. 177.
[264] Especificamente, "Abstrakte und konkrete Gefährdung", cit., p. 178.
[265] V. "Abstrakte und konkrete Gefährdung", cit., p. 179.

per se esclarecem pouco, por serem juízos interdependentes consoante os diferentes aspectos considerados[266].

Reavivadas estas considerações terminológicas, sucede que Gallas[267] acaba também ele por entrar em contradição com aquelas premissas iniciais do seu pensamento quando afinal fala numa limitação à observação *ex post*, respeitante a "alterações ontológicas que se seguem ao momento da apreciação" ("ontologischen Veränderungen, die dem Beurteilungszeitpunkt *nach*folgen")[268]. Seria o caso das circunstâncias existentes no momento do facto, mas não acessíveis nesse momento ao conhecimento humano.

Ora, se Gallas, por um lado, falava na relevância para a base da informação do juízo de perigo em informação adquirida *ex post*, ou seja, cujo conhecimento tenha sobrevindo *ex post*, por referência ao momento do facto, não se compreende por que é que, por outro lado, esta proibição de abstracção não é válida para circunstâncias que no momento do facto estão excluídas do conhecimento humano, mas que se tornaram entretanto conhecidas no momento da sentença, o *momento em que é feito o juízo de perigo*. Só assim se alcançaria o tal *Maximum an Wahrheitsgarantie* de que Gallas fala.

Na construção de Gallas, uma limitação nestes termos da base do juízo só faz sentido, naturalmente, em relação a circunstâncias que nem sequer são acessíveis ao conhecimento humano no momento do julgamento (porque nem sequer são pensáveis)[269].

Admitindo que se trata de uma correcção que o Autor pretende fazer ao seu pensamento inicialmente delineado com base no princípio do *Maximum an Wahrheitsgarantie*, o leitor fica sem saber, porque não é

---

[266] Como mais um exemplo da confusão que o uso deste binómio pode gerar, veja-se a análise crítica que Demuth faz daquela proposição do pensamento de Gallas, concluindo que em rigor já não se pode falar numa apreciação *ex ante*, v. *Der normative Gefahrbegriff. Ein Beitrag zur Dogmatik der konkreten Gefährdungsdelikte*, cit., pp. 86--88. Mas o juízo de perigo enquanto juízo de prognose tem que ser *ex ante* naquele sentido utilizado por Gallas.

[267] V., novamente, "Abstrakte und konkrete Gefährdung", cit., p. 179.

[268] Diferentemente de Schröder, e indo na esteira deste raciocínio, a eventual ocorrência do dano não provaria o perigo prévio, pois o dano também é uma tal "alteração ontológica" de verificação temporal posterior à do perigo. Gallas, todavia, não se pronuncia expressamente sobre este concreto ponto.

[269] Para uma crítica análoga, v. Demuth, *Der normative Gefahrbegriff. Ein Beitrag zur Dogmatik der konkreten Gefährdungsdelikte*, cit., pp. 86-88.

explicado, por que é que essa limitação à observação *ex post* só é válida para as "alterações ontológicas" e não simultaneamente para as "alterações nomológicas". Basta ter em conta a solução que é dada pelo Autor ao caso 9 – o caso *Contergan*. Aí Gallas afirma o perigo concreto para o doente apesar de o carácter lesivo da *Thalidomida* prescrita só se ter verificado através de experiências subsequentes à própria prescrição. Com efeito, naquele caso o juízo de perigo proposto por Gallas é feito com informação sobre o carácter prejudicial do preparado adquirida apenas depois do facto.

1.5. Ensaios de diferenciação

1.5.1. A teoria naturalista do perigo de Horn

No âmbito das teorias do resultado de perigo, destaque-se, com algum pormenor, a concepção de Horn[270] que, partindo do pressuposto de que é o perigo-atributo do resultado o elemento do tipo penal de perigo – já que, como vimos *supra* (sob o Capítulo I.2., 2.4.), o perigo--atributo da acção é sinónimo da culpa objectiva – e que, portanto, o crime de perigo concreto é um crime de resultado[271], também rejeita uma observação *ex ante* do perigo.

Antes de nos debruçarmos sobre a análise dos parâmetros relevantes do juízo de perigo, importa, desde já, esclarecer que a teoria de perigo do Horn se baseia numa explicação causal-naturalística.

Na verdade, Horn recorre, para a construção do perigo concreto, ao método próprio das ciências naturais[272]. O Autor define, na esteira de

---

[270] V., do Autor, "Vorbemerkungen vor § 306", cit., nm. 1 ss., e *Konkrete Gefährdungsdelikte*, cit., em esp., pp. 51 ss., 104 ss., 128 ss., 144 ss., 159 ss. e 182 ss.

[271] De novo, v. *Konkrete Gefährdungsdelikte*, cit., p. 15, e "Vorbemerkungen vor § 306", cit., nm. 4.

[272] É usual na doutrina posterior a Horn a tendência para rotular a sua teoria de "ontológica" por ser tributária de um conceito "naturalístico" de perigo, fazendo lembrar o naturalismo do Direito penal ultrapassado há muito pelo Neokanteanismo. Neste sentido, v., por exemplo, Giusino, *I Reati di Pericolo tra Dogmatica e Politica Criminale*, cit., p. 329; e Méndez Rodríguez, *Los Delitos de Peligro y sus Técnicas de Tipificación*,

Engisch[273], como "causa" a "'situação de facto' que realiza parte dos pressupostos de uma lei natural (independentemente de ser 'conhecida' ou 'desconhecida')"[274] e como "não-causa" a "situação de facto que realiza parte dos pressupostos de uma 'lei causal negativa' ou de uma 'lei de impossibilidade'"[275], extraindo-se da sua obra uma explicação causal para a afirmação do perigo a partir do manuseamento de dois tipos de leis causais: as leis causais "abstractas" e as leis causais "concretas".

As leis causais "abstractas" traduzem como resultado da experiência uma relação de causa-efeito, isto é, dizem que uma determinada situação de facto em determinadas circunstâncias tem um determinado efeito (o dano). Horn fala aqui em "princípios da experiência" (*Erfahrungssatz*). Estas leis causais abstractas não são válidas incondicionalmente, na medida em que, em face de outras circunstâncias, essa relação causal abstracta pode já não existir.

As leis causais "concretas" confirmam que um determinado facto produz efectivamente um determinado efeito (também o dano). Mas só existe causalidade concreta quando no caso individual a ocorrência do dano não está dependente da presença de outras circunstâncias não incluídas na lei causal abstracta em consideração[276].

---

cit., p. 112. Veja-se, também, a denominação proposta por Wolter de "teoria científico--natural do resultado de perigo" (*Naturwissenschaftliche Gefahrerfolgstheorie*), *Objektive und Personale Zurechnung von Verhalten, Gefahr und Verletzung in einem funktionalen Straftatsystem*, cit., p. 220; e, idem, "Konkrete Erfolgsgefahr und konkreter Gefahrerfolg im Strafrecht – OLG Frankfurt, NJW 1975, 840", cit., p. 754. Ainda no sentido de uma "teoria científica do resultado de perigo", *v.*, entre nós, Pinto de Albuquerque, "O Conceito de Perigo nos Crimes de Perigo Concreto", cit., pp. 358-359. Na doutrina italiana, Angioni, *Il Pericolo Concreto come Elemento della Fattispecie Penale*, II, cit., p. 166, sob a n. 78, prefere apelidá-la de "cientismo naturalístico", na medida em que na perspectiva determinística de Horn o perigo tem uma origem exclusivamente epistemológica.

[273] Recorde-se que Karl Engisch na sua análise distingue dois juízos de adequação: um abstracto e outro concreto. Para maiores desenvolvimentos, consulte-se as seguintes obras do Autor: *Die Kausalität als Merkmal der strafrechtlichen Tatbestände*, Tübingen: J. C. B. Mohr, 1931, pp. 13 ss. e 59 ss., e *Untersuchung über Vorsatz und Fahrlässigkeit im Strafrecht*, Berlin: Scientia Verlag, 1930, pp. 74 ss.

[274] *Konkrete Gefährdungsdelikt*, cit., p. 124.

[275] *Konkrete Gefährdungsdelikte*, cit., p. 137.

[276] Saliente-se que ambas as leis se referem ao resultado de dano. Sobre estes dois tipos de leis causais trabalhados por Horn, *v*. *Konkrete Gefährdungsdelikte*, cit., pp. 138 ss,

Assim, segundo Horn, o "perigo de lesão" exige uma situação de facto que realize parte dos pressupostos de um princípio da experiência de lesão (mais ou menos abstracto) e que simultaneamente não realize parte dos pressupostos de uma lei de impossibilidade concreta referida também a uma lesão[277].

Para o Autor, apesar da não-lesão, pode haver um perigo concreto quando, a partir do complexo das circunstâncias em causa, é inexplicável a não ocorrência do dano para o bem jurídico. Portanto, existe perigo quando – apesar da causalidade abstracta, isto é, de a "situação factual de perigo" ser considerada causa do dano segundo a ciência natural – falha a relação causal concreta, o que ocorre inevitavelmente quando o comportamento não se materializa num dano, e não existe uma lei de impossibilidade concreta, ou seja, uma lei da experiência referida ao dano que explique a não ocorrência do mesmo.

Repetindo agora com palavras de Horn, o resultado de perigo concreto é uma "situação que já foi causa de uma determinada lesão [de acordo com uma lei causal abstracta], mas que não pode ser explicada [através de uma lei de impossibilidade concreta] como não causa de uma tal lesão" ("'Sachverhalt', der bereits als Ursache einer bestimmten Verletzung erfahren worden ist, aber nicht als Nicht-Ursache einer solchen Verletzung erklärt werden kann" – intercalado nosso)[278].

Há portanto resultado de perigo concreto (de dano) quando o bem jurídico entrou num estado em que, apreciando todas as circunstâncias do caso individual, seria de esperar, segundo as leis causais conhecidas, a produção de um resultado de dano que só não ocorreu por uma razão inexplicável.

O perigo para Horn exige esta inexplicabilidade para a não ocorrência do dano (ou para a não entrada do objecto material do crime na área de influência da acção do agente) de acordo com as ciências naturais ("como por um milagre" ou devido a um acaso enigmático)[279].

Inversamente, não há perigo concreto (de dano) quando é possível explicar o porquê de não se ter verificado o evento de dano segundo as

---

[277] *Konkrete Gefährdungsdelikt*, cit., pp. 159-160 e 187 ss.
[278] V., do Autor, *Konkrete Gefährdungsdelikte*, cit., em esp. pp. 159 ss. e 187 ss.; e "Vorbemerkungen vor § 306", cit., nm. 5-6.
[279] *Konkrete Gefährdungsdelikte*, cit., p. 212.

ciências naturais através de uma lei de impossibilidade concreta. Basta uma explicação científica (natural) para a inocorrência do dano (ou para a não entrada do objecto material do crime no horizonte causal da acção do agente) para afastar o perigo concreto[280].

Podemos sintetizar o pensamento de Horn da seguinte forma: o perigo infere-se da ignorância das causas ou das razões para a não ocorrência do dano[281], mas também da verificação do correspondente dano. Isto porque, na linha do pensamento de Schröder, Horn entende que a prova do dano demonstra a existência de um perigo concreto (mas como resultado), como momento logicamente precedente. Vale por afirmar: não há uma lesão sem um precedente estado de perigo concreto, pois a lesão de um bem jurídico pressupõe que o mesmo tenha entrado em perigo concreto de lesão.

Mas, a proposição inversa também não é verdadeira para este Autor. Ou seja: que a inocorrência da lesão prove a ausência do perigo concreto, pois há perigos de que não resulta a lesão, ou, noutros termos, nem todo o estado de perigo para um bem jurídico tem que conduzir à respectiva lesão[282].

Para Horn, a demonstração judicial do evento de dano é mera condição objectiva de punibilidade, assumindo relevância a nível processual, pois a prova do desvalor do evento de dano tem a vantagem prática de facilitar a prova do respectivo ilícito penal de perigo[283]. Esta ideia de que

---

[280] *Konkrete Gefährdungsdelikte*, cit., pp. 104 ss., 128 ss., 144 ss., 159 ss. e 182 ss.

[281] Este desconhecimento não tem nada a ver com meras dificuldades de prova, que não podiam, aliás, ser prejudiciais para o agente; de outro modo, tem que ser "fundamentado como momento jurídico-material" ("als materiellrechtliches Moment begründet werden"), *v. Konkrete Gefährdungsdelikte*, cit., p. 115.

[282] Para melhor compreender o pensamento do Autor, importa explicitar que o conceito de perigo de Horn tem duas faces: de uma parte, é "causa de dano" (*Verletzungsursache*), e, de outra, é "causa possível de dano" (*mögliche Verletzungsursache*). Ora, a não-ocorrência do dano prova tão-só que não existe "causa de dano", mas nada pode dizer acerca da existência de uma "causa possível de dano". Para maiores desenvolvimentos, *v. Konkrete Gefährdungsdelikte*, cit., pp. 51 ss., e "Vorbemerkungen vor § 306", cit., nm. 5.

[283] Horn chega mesmo a afirmar que perante situações em que é difícil precisar quando é que um bem jurídico entrou em perigo (por exemplo, no trânsito rodoviário), o julgador pode limitar-se a dizer: "não importa como se passou o acontecimento em pormenor – a própria situação de perigo não a posso descrever; apesar disso certamente existiu uma situação de perigo. O dano prova-o", *v. Konkrete Gefährdungsdelikte*, cit., p. 55. Para além desta função processual, Horn atribui ao resultado de dano uma outra

o desvalor do resultado não releva para a caracterização do juízo de ilicitude encontra o seu enquadramento dogmático sob filiação finalista de que Horn é um representante.

Retomando o fio do discurso – a análise dos parâmetros do juízo de perigo concreto –, quanto ao indíce temporal do perigo, Horn pronuncia--se de forma particularmente acentuada a favor de uma apreciação *ex post* que tem em consideração o facto global, incluindo a verificação da ocorrência do dano.

Quanto à base da informação do juízo de perigo – e no que diz respeito à base ontológica –, Horn defende que para apreciar se um determinado bem jurídico entrou realmente em perigo concreto de dano devem ser consideradas todas as circunstâncias do caso individual, incluindo as "atípicas: as que só mais tarde forem reconhecidas ou reconhecíveis". É, pois, proibida a abstracção de dados conhecidos, não só para se alcançar o *Maximum an Wahrheitsgarantie*, mas também pela própria dificuldade em delimitar, no momento do juízo, as circunstâncias que seriam abstraídas e as que não seriam, devido à inexistência de critérios delimitadores[284].

Decisivo para os critérios nomológicos aplicáveis é o estado da ciência natural no momento da sentença, incluindo portanto eventuais conhecimentos obtidos *ex post*[285].

Horn parece propor assim uma apreciação do perigo concreto a partir de um juízo não de prognose mas de diagnose estritamente *ex post*, ou seja, no momento do julgamento[286]. O tempo interno do juízo de perigo

---

sob o ponto de vista da eficácia da pena (*Wirksamkeit der Strafe*): em determinados tipos, a lesão do bem jurídico fundamenta a *Ansprechbarkeit* (a susceptibilidade de o agente ser destinatário consciente da norma) e favorece a terapia que é visada com a sua punibilidade. Para maiores desenvolvimentos, *v. Konkrete Gefährdungsdelikte*, cit., pp. 99 e 104-105.

[284] Expressamente, *v.* "Vorbemerkungen vor § 306", cit., nm. 7. Este argumento último suscita-nos logo uma observação: não podemos resignar-nos por ser dogmaticamente difícil demarcar as circunstâncias relevantes para fundamentar o juízo de perigo. Inversamente, é por ser difícil que não pode haver lugar à resignação.

[285] "Vorbemerkungen vor § 306", cit., nm. 6.

[286] Neste sentido, *v.* também Wolter, *Objektive und Personale Zurechnung von Verhalten, Gefahr und Verletzung in einem funktionalen Straftatsystem*, cit., p. 220; e, *idem*, "Konkrete Erfolgsgefahr und konkreter Gefahrerfolg im Strafrecht – OLG Frankfurt, NJW 1975, 840", cit., p. 754.

coincide com o tempo externo, no sentido de que a avaliação do perigo é feita no contexto da sentença e com a base da informação existente e conhecida neste momento.

O momento do julgamento parece ter latitude suficiente para ser não só o momento em que se diz ter-se constituído perigo relevante, mas também o momento da constituição da base da informação do juízo de perigo e, bem assim, o momento da publicação deste juízo.

A tese do perigo de Horn acentua – na linha das teorias já visitadas – a necessidade de considerar a situação em concreto, sem abstracções, pois quem abstrai "finge a ocorrência de um resultado de perigo"[287].

Contudo, e apesar de o Autor defender a não-abstracção de circunstâncias do caso individual para recortar a base ontológica de referência para as regras da experiência, também afirma que apenas constituem perigos de lesão os factos que realizam uma "regra da experiência mais ou menos abstracta". Ora, ao remeter para uma "regra da experiência mais ou menos abstracta", Horn, por um lado, parece não prescindir da generalização e da abstracção próprias do prognóstico *ex ante* característico da doutrina mais antiga – o que não corresponde então a uma apreciação *ex post* do perigo, nem condiz com a sua declaração inicial de princípios. Por outro lado, renuncia à determinação do grau de abstracção da regra da experiência aceitável, ou, de outro modo, do grau de concretização da mesma, o que se traduz na não individualização de critérios para determinar as circunstâncias entre tais que seriam relevantes para o juízo e tais que não seriam.

Uma outra contradição que descobrimos: ao defender como perigo uma situação que simultaneamente realiza uma lei causal abstracta referida ao dano e não realiza uma lei de impossibilidade concreta referida também ao dano, Horn trabalha, por um lado, com uma lei cujo termo final de referência é necessariamente o resultado de dano (lei causal abstracta) e, por outro, com uma outra cujo não preenchimento significa o reconhecimento de que o resultado de dano não existe no crime de perigo concreto (lei de impossibilidade).

Ora, apesar de este raciocínio de Horn realizar a reivindicação de que a inocorrência da lesão não prova a ausência do perigo concreto, o seu conceito de perigo está indissociavelmente referido ao dano, parecendo

---

[287] "Vorbemerkungen vor § 306", cit., nm. 7.

estranhamente não existir, por conseguinte, um conceito autónomo de perigo[288]. Parece-nos, porém, claro que, para um conceito autónomo de perigo, o preenchimento de uma lei de impossibilidade concreta, que se reporta ao evento-dano e não ao evento-perigo, não pode significar a ausência do resultado de perigo concreto.

Uma outra crítica deve ser apontada a esta construção de Horn que articula a "lei causal abstracta" e a "lei de impossibilidade concreta": o determinismo das suas premissas[289].

Registe-se, a título de exemplo, a seguinte passagem do Autor: há perigo "quando *ninguém* está em condições de explicar em caso algum uma determinada lei de impossibilidade de tal situação como origem da ausência de determinado resultado"[290].

Na medida em que as situações próprias do conceito de perigo se caracterizam pela incerteza quanto à ocorrência do dano, não se pode, em nossa opinião, operar com leis próprias da física determinista, do tipo "possibilidade-impossibilidade total". Pelo contrário, no domínio do perigo, as leis causais, que caracterizavam a visão causal-monista do século XIX, devem dar lugar às leis estatísticas e de probabilidade[291].

Exige também o Autor que se trate de uma lei de impossibilidade que a ciência não consiga explicar. Ora, esta exigência, para além de reestreitar o tipo de perigo concreto – de facto já estreitado pelo determinismo das suas premissas –, põe em causa, mais uma vez, o próprio conceito objectivo de perigo, também defendido por Horn.

Assim, reestreita porque, se uma "causa possível de não-dano" já exclui a aceitação de um perigo, Horn só afirma o perigo quando a inocorrência da lesão não seja explicável cientificamente, diminuindo, consequentemente, o respectivo âmbito da punibilidade, pois *ex post*

---

[288] E isto também apesar de Horn deixar claro que o perigo é um conceito objectivo, que existe *per se*, *v. Konkrete Gefährdungsdelikte*, cit., por exemplo, p. 45.
[289] *Konkrete Gefährdungsdelikte*, cit., pp. 182 ss.
[290] *Konkrete Gefährdungsdelikte*, cit., p. 191.
[291] No mesmo sentido, *v.* Schünemann, "Moderne Tendenzen in der Dogmatik der Fahrlässigkeits- und Gefährdungsdelikte", cit., p. 795; e Silva Dias, "Entre 'Comes e Bebes': Debate de algumas Questões Polémicas no Âmbito da Protecção Jurídico-Penal do Consumidor (A Propósito do Acórdão da Relação de Coimbra de 10 de Julho de 1996)", cit., p. 570. Para uma crítica do naturalismo no Direito penal, *v.* Angioni, *Il Pericolo Concreto come Elemento della Fattispecie Penale*, II, cit., pp. 161-162.

quase tudo é explicável pelas ciências naturais[292]. De facto, o constante desenvolvimento científico-natural que progressivamente torna explicável a não ocorrência do dano afasta, seguindo a opinião de Horn, o perigo, ficando igualmente prejudicada a existência de um conceito normativo de perigo com um conteúdo estável relativamente àqueles aperfeiçoamentos científicos.

Característica da objectividade e natureza normativa do perigo por sua vez postas em causa porque o perigo fica dependente do acaso da posterior explicabilidade-inexplicabilidade da não ocorrência do dano, ou seja, do conhecimento-desconhecimento da lei de impossibilidade concreta à luz dos conhecimentos científicos disponíveis num determinado momento tão contingente como o do julgamento. Mas, a inexplicabilidade *ex post* de um determinado curso causal não traduz mais do que a nossa própria ignorância num determinado momento: não significa que o curso causal seja intrinsecamente não-explicável (porque mais cedo ou mais tarde será explicável). A tese de Horn parece representar, assim, um regresso ao modo de observação subjectivo do perigo, caracterizado pelo monismo-causal do perigo como "filho da nossa ignorância".

Além disso, não estará Horn, ao trabalhar com leis causais "abstractas" e "concretas" a confundir dois níveis de problemas: o da caracterização do perigo, por um lado, e o da imputação objectiva do resultado de perigo concreto, por outro, que em rigor nem sequer é definido previamente ou nem sequer tem autonomia em face do dano?

Vejamos algumas das soluções a que chega a tese sobre o perigo proposta por Horn. Os exemplos seguintes são variantes do caso básico

---

[292] Neste sentido, *v.*, na doutrina alemã, Roxin, *Derecho Penal. Parte General, Tomo I*, cit., p. 405, nm. 116. Mas, mesmo quando a não ocorrência da lesão é explicável cientificamente, o observador, como também muito bem nota Schünemann, ainda assim pode dizer: "podia ter acontecido alguma coisa" ("es hätte doch etwas passieren konnen"), "Moderne Tendenzen in der Dogmatik der Fahrlässigkeits- und Gefährdungsdelikte", cit., p. 796. Esta crítica é apontada também por Wolter, *Objektive und Personale Zurechnung von Verhalten, Gefahr und Verletzung in einem funktionalen Straftatsystem*, cit., p. 240; *idem*, "Konkrete Erfolgsgefahr und konkreter Gefahrerfolg im Strafrecht – OLG Frankfurt, NJW 1975, 840", cit., p. 753; e por Demuth, *Der normative Gefahrbegriff. Ein Beitrag zur Dogmatik der konkreten Gefährdungsdelikte*, cit., p. 211. *V.* ainda, e na doutrina espanhola, González de Murillo, *Los Delitos de Incendio. Técnicas de Tipificación del Peligro en el Nuevo Código Penal*, Madrid: Marcial Pons, 1999, pp. 28-29.

da ultrapassagem (1) já reproduzido anteriormente. Assim, a variante da rajada de vento (*Sturmbövariante*):

(1b) A colisão frontal entre os dois veículos, conduzidos respectivamente por A e B, só não ocorre porque o veículo mais leve, conduzido por B, é desviado lateralmente por uma imprevista rajada de vento.

A variante do especialista em *crash* (*Crashspezialist*, também chamado *Crashfahrerbeispiel* ou *Meisterfahrer-Fall*):

(1c) O mesmo que em 1b, mas porque o condutor B é um especialista em *crash*.

Para Horn trata-se de casos idênticos, não fazendo, pois, distinção de tratamento: são casos em que não há perigo. Em 1b, Horn[293] exclui o perigo, na medida em que é explicável *ex post* do ponto de vista das ciências naturais a razão da não verificação do dano (colisão frontal entre os dois veículos), isto é, a circunstância de a rajada de vento ter mudado, em concreto, a direcção do veículo conduzido por B. Ou seja: apesar de existir uma "lei causal abstracta" que nos diz que fazer ultrapassagens numa lomba conduz frequentemente a colisões com o automóvel que circula em sentido contrário, pode formular-se também a "lei de impossibilidade concreta" segundo a qual a rajada de vento evita o choque entre os veículos[294].

---

[293] *Konkrete Gefährdungsdelikte*, cit., p. 175.

[294] Para uma análise crítica da solução de Horn, *v.*, entre os alemães, Schünemann, "Moderne Tendenzen in der Dogmatik der Fahrlässigkeits- und Gefährdungsdelikte", cit., p. 796; Demuth, *Der normative Gefahrbegriff. Ein Beitrag zur Dogmatik der konkreten Gefährdungsdelikte*, cit., pp. 167 ss.; Kindhäuser, *Gefährdung als Straftat. Rechtstheoretische Untersuchungen zur Dogmatik der abstrakten und konkreten Gefährdungsdelikte*, cit., pp. 192 ss.; Roxin, *Derecho Penal. Parte General, Tomo I*, cit., p. 405, nm. 116; Wolter, *Objektive und Personale Zurechnung von Verhalten, Gefahr und Verletzung in einem funktionalen Straftatsystem*, cit., pp. 220 e 240-241; idem, "Konkrete Erfolgsgefahr und konkreter Gefahrerfolg im Strafrecht – OLG Frankfurt, NJW 1975, 840", cit., p. 754. Entre os italianos, *v.* Angioni, *Il Pericolo Concreto come Elemento della Fattispecie Penale*, II, cit., p. 162; e Giusino, *I Reati di Pericolo tra Dogmatica e Politica Criminale*, cit., pp. 185 e 330. Em Espanha, *v.* González de Murillo, *Los Delitos de Incendio. Técnicas de Tipificación del Peligro en el Nuevo Código Penal*, cit., p. 28.

No esquema 1c, também não há perigo, pois a inocorrência do dano, devido à manobra de desvio salvadora de B (o especialista em *crash*), encontra a sua explicação precisamente nesta perícia extraordinária da vítima potencial conhecida posteriormente. É a verificação desta "lei de impossibilidade concreta" que diz que o condutor especialista em *crash* domina sem problemas esta situação que afasta o perigo concreto.

Mas para a afirmação ou negação do perigo decisivo é, a nosso ver, uma definição pela positiva da probabilidade do dano e não uma definição pela negativa – como faz o Autor – que passa por saber por que é que não ocorreu o dano.

Na opinião de Horn[295] também não há perigo concreto de dano para A, condutor de um automóvel estacionado, quando o automobilista B que passa a uma distância de milímetros daquele é, por exemplo, um condutor experiente de *rally*. Nesta hipótese, defende o Autor que sejam tidas também em consideração as circunstâncias do agente B – que tinha capacidade e vontade de evitar o dano.

Atente-se ainda no seguinte caso:

(10) Caso do polícia: A, polícia, quando B, um infractor das regras de trânsito, investe contra ele com o seu veículo, preparado para saltar, resguarda-se atrás de uma árvore.

Neste caso, entende Horn[296], mais uma vez, que não há um perigo concreto "porque sem mais nada pode explicar-se por que não houve um dano". Não se pode deixar de ter em conta que quando o polícia viu o condutor e saltou em nenhum momento chegou a correr perigo concreto (para a sua vida ou integridade física).

Pelo contrário, já haverá perigo, segundo Horn, se o polícia não se tivesse apercebido da situação (porque não viu o automobilista) ou se se tivesse apercebido tarde demais (viu-o demasiado tarde e, por isso, ficou parado).

A análise que Horn faz destes exemplos suscita de forma clara a dificuldade prática da aplicação do seu conceito de perigo[297] (assente,

---

[295] V. "Vorbemerkungen vor § 306", cit., nm. 7.
[296] V. "Vorbemerkungen vor § 306", cit., nm. 7.
[297] Dificuldade esta reconhecida, aliás, por Horn, *Konkrete Gefährdungsdelikte*, cit., p. 212, sem constituir todavia motivo para reponderar a sua construção do perigo.

repita-se, na explicabilidade ou não-explicabilidade da não ocorrência do dano, no conhecimento ou desconhecimento da lei de impossibilidade concreta), principalmente quando estão em causa comportamentos que passam por decisões humanas (como nos casos 1c e 10), domínio onde a explicabilidade científica dos factores que evitaram o dano dificilmente é realizável quer na teoria, quer na prática.

O perigo concreto parece resultar de um juízo de diagnose a fazer verdadeiramente *ex post* que se caracteriza por avaliar se no caso concreto existiu, ou não, um dano e, nesta hipótese última, por que é que não ocorreu. Portanto, a análise da não ocorrência da lesão e do porquê da sua inocorrência devem ser considerados, segundo Horn, no juízo de perigo. Ora, raciocinar nestes termos é retirar ao conceito de perigo a sua autonomia relativamente ao dano, acentuando a referida definição pela negativa que o Autor faz do perigo.

Mais ainda: Horn não parece contentar-se em encontrar uma explicação para a inocorrência do dano com base numa dada circunstância e vai mais longe procurando também averiguar por que é que essa circunstância se verificou no caso concreto.

Concretizando:

(11) *A*, automobilista, durante um grande troço de estrada não deixa a distância mínima de segurança em relação a *B*, automobilista que circula à sua frente; *A* não bate em *B* porque *B* não trava de repente.

Nesta hipótese, defende Horn[298] que a verificação no caso concreto de que a colisão não ocorre precisamente porque *B* não trava de repente tem que ser completada com a investigação das razões acerca da falta de travagem. Trata-se do problema da investigação de decisões humanas, neste caso saber por que é que *B* não travou. Se da investigação resultar um motivo que demonstre a falta de travagem como um acto necessário (conforme a uma lei causal de necessidade), então, não há perigo.

Nestes casos em que a verificação, ou não, da lesão depende de um acto humano, só haverá perigo concreto se se chegar à conclusão de que em caso algum se pode descobrir uma lei de impossibilidade que explique a ausência do dano (na hipótese, a falta de travagem).

---

[298] *Konkrete Gefährdungsdelikte*, cit., pp. 174 ss.

O Autor parte, portanto, da possibilidade de distinguir casos em que uma determinada decisão humana deve ser entendida como um acto conforme a uma lei causal de necessidade, por um lado, e casos em que uma tal decisão é uma consequência conforme a uma lei de impossibilidade, por outro.

Não basta verificar que a colisão não ocorreu porque o automobilista *B* não travou; determinante é também averiguar por que é que não travou – encontrar a explicação para esta causa através de uma "lei causal concreta".

Este procedimento – para além de evidenciar a já mencionada dificuldade teórico-prática em explicar a inocorrência do dano em face de decisões humanas – suscita igualmente uma outra crítica: a de um possível regresso da fundamentação ao infinito, na medida em que não está claro no pensamento de Horn até onde é que se deve recuar na investigação da causa para a inocorrência do dano. Perguntamos se quererá Horn estabelecer como limite o regresso até às circunstâncias que acompanham a prática do facto – o que, pelo menos, evitaria o referido "regresso ao infinito"[299].

1.5.2. Teorias normativas do perigo

1.5.2.1. Enquadramento

Esta concepção ontológica tributária de um conceito de perigo com um substrato naturalístico rapidamente deu lugar às teorias normativas do perigo (*normative Gefahrtheorien*), hoje dominantes na doutrina.

Orientações normativas que, apesar dos cambiantes em si mesmos não coincidentes, têm como aspecto materialmente comum a assunção de um critério normativo para definir o perigo concreto, ou melhor para delimitar as circunstâncias que são relevantes para a consideração do perigo das que não o são. Exprimem, por isso, tomadas de posição sobre o perigo com um enfoque especial na circunscrição da base da informa-

---

[299] Equacionando o problema também desta forma, *v.* Schünemann, "Moderne Tendenzen in der Dogmatik der Fahrlässigkeits- und Gefährdungsdelikte", cit., p. 795; e Demuth, *Der normative Gefahrbegriff. Ein Beitrag zur Dogmatik der konkreten Gefährdungsdelikte*, cit., p. 162.

ção necessária para falar do juízo de perigo, concretamente da base ontológica.

Só existe perigo concreto quando o resultado de dano não se produziu apenas por "acaso" ou pela superveniência de circunstâncias salvadoras "ocasionais". Mas o "acaso" é entendido, aqui, não no sentido de Horn – como circunstância inexplicável – mas como circunstância em cuja produção não se pode confiar. Esta concepção normativa está presente em autores tais como: Schünemann, Demuth e Wolter[300].

1.5.2.2. A construção de Schünemann

A teoria normativa do perigo tem uma primeira versão pela pena de Schünemann[301]. Alinhando pela *Gefahrerfolgstheorie*, o Autor propõe a definição do perigo através de uma apreciação também *ex post*[302].

Neste sentido, e para não despir o crime de perigo concreto do seu carácter de crime de resultado, defende este Autor que sejam consideradas as leis naturais e, bem assim, as circunstâncias de facto ainda que só averiguadas posteriormente no contexto do julgamento[303]. Schünemann parte, em relação à base do juízo de perigo, de uma tese de princípio semelhante à de Horn, a saber: não se pode limitar o conjunto da informação do juízo de perigo, pois isso implicaria uma ficção inadmissível *contra reo*. Também se retira do seu pensamento, tal como em Horn, uma

---

[300] Aliás, são os próprios Autores que auto-definem as suas concepções do perigo como "normativas". *V.*, para Schünemann, "Moderne Tendenzen in der Dogmatik der Fahrlässigkeits- und Gefährdungsdelikte", cit., pp. 795-796; para Demuth, *Der normative Gefahrbegriff. Ein Beitrag zur Dogmatik der konkreten Gefährdungsdelikte*, cit., p. 185; e para Wolter, *Objektive und Personale Zurechnung von Verhalten, Gefahr und Verletzung in einem funktionalen Straftatsystem*, cit., pp. 219 e 223.

[301] *V.* o seu estudo sobre os crimes negligentes e os crimes de perigo onde, de forma sumária mas com muito interesse, Schünemann analisa várias questões acerca dos crimes de perigo concreto e de perigo abstracto, "Moderne Tendenzen in der Dogmatik der Fahrlässigkeits- und Gefährdungsdelikte", cit., pp. 792-798.

[302] Wolter chamou à concepção desenvolvida por Schünemann "teoria normativa do resultado de perigo" (*Normative Gefahrerfolgstheorie*), *Objektive und Personale Zurechnung von Verhalten, Gefahr und Verletzung in einem funktionalen Straftatsystem*, cit., p. 217.

[303] "Moderne Tendenzen in der Dogmatik der Fahrlässigkeits- und Gefährdungsdelikte", cit., p. 794.

identidade entre "tempo externo" do juízo de perigo e "tempo da constituição da base da informação" do juízo de perigo. Ou seja, no contexto da sentença, o julgador publica um juízo de perigo que faz com os conhecimentos, ontológicos e nomológicos, que tem nesse momento.

Schünemann[304] constrói então a responsabilidade por um crime de perigo concreto em torno de três tópicos fundamentais.

Em primeiro lugar, tem que existir uma acção típica e um objecto de bem jurídico típico individual, cuja periclitação está em causa.

Em segundo lugar, o dano para este objecto de bem jurídico "deve parecer, segundo as leis de probabilidade disponíveis, como <u>consequência adequada da acção</u>, isto é, como *possibilidade manifesta (naheliegende Möglichkeit)*"[305].

E o grau de probabilidade necessário – que não pode ser indicado em abstracto porque depende da "dimensão do risco permitido variável segundo a espécie do bem jurídico e o respectivo âmbito de perigo, etc." – é atingido quando já não é possível recorrer a "meios normais" de salvamento para evitar o dano. Com palavras do Autor: "têm que ser tomadas medidas *extraordinárias*, ou seja, <u>teriam que ser tomadas</u>"[306]. Este aspecto último encerra o terceiro tópico.

Ainda com palavras de Schünemann:

> "[...] que todas aquelas causas salvadoras (<u>a interpretar em certas circunstâncias estatisticamente</u>) que não são planeadas no curso normal dos acontecimentos, mas que se baseiam numa habilidade extraordinária da pessoa ameaçada ou numa feliz e indominável conjugação de outras circunstâncias que, neste sentido são 'ocasionais', não excluem a responsabilidade pelo <u>crime de perigo concreto</u>: só os

---

[304] Especificamente, *v.* "Moderne Tendenzen in der Dogmatik der Fahrlässigkeits- und Gefährdungsdelikte", cit., pp. 796-797.

[305] *V.* "Moderne Tendenzen in der Dogmatik der Fahrlässigkeits- und Gefährdungsdelikte", cit., p. 796 (itálico do Autor e sublinhado nosso).

[306] *V.* "Moderne Tendenzen in der Dogmatik der Fahrlässigkeits- und Gefährdungsdelikte", cit., p. 797 ["... zu diesem Zweck zu *außergewöhnlichen* Maßnahmen gegriffen werden muß bzw. müßte" (itálico do Autor e sublinhado nosso)]. Não querendo antecipar as observações à construção do perigo de Schünemann, note-se que o modo condicional aqui usado pelo Autor parece ser demonstrativo de que o juízo de perigo está dependente de uma condição: a do salvamento do bem jurídico através de meios extraordinários. A apreciação do perigo parece passar então por um juízo de diagnose sobre as causas da não ocorrência da lesão.

meios de salvamento *geralmente domináveis* tiram a <u>perigosidade à acção</u>, e não os 'ocasionais' como tais habilidades da vítima ou tais circunstâncias naturais felizes, nas quais não se pode confiar"[307].

Portanto, apenas a possibilidade de intervir no curso dos acontecimentos através de causas de salvamento "normais" afasta a responsabilidade jurídico-penal por um crime de perigo concreto.

Ora bem: dos excertos do pensamento do Autor que nos permitimos transcrever, verificamos que Schünemann parece predicar o perigo da acção, fazendo uma apreciação do crime de perigo concreto com referência à própria acção. É duvidoso que esta concepção traduza então a assunção de um critério de apreciação *ex post* e que condiga com a consideração do perigo concreto como resultado.

Por outro lado, a sua construção da base do juízo de perigo não parece ser senão um reflexo da adopção dos postulados da causalidade adequada[308]. Como veremos, a casuística analisada por Schünemann permitirá fundamentar esta conclusão última.

Como já exposto, a teoria normativa do perigo de Schünemann, partindo da ideia central de que o perigo pressupõe a intervenção de uma causa salvadora que não "desperta confiança", apoia-se na dicotomia "causas salvadoras normais" (que negam o perigo) e "causas salvadoras extraordinárias" (que afirmam o perigo). Todavia, não explicita o Autor o critério para delimitar entre tais circunstâncias em cuja verificação "se pode confiar" e tais "em que não se pode confiar" (as que são consideradas ocasionais).

O Autor acaba, assim, por não concretizar o critério normativo de que parte a sua concepção. De facto, limita-se a afirmar que não devem ser consideradas as causas salvadoras em cuja intervenção *"não se pode confiar segundo a ordem mais estreita da respectiva área de vida"* e que a concretização do conceito de perigo, que se pretende a partir do prin-

---

[307] "Moderne Tendenzen in der Dogmatik der Fahrlässigkeits- und Gefährdungsdelikte", cit., p. 797 (itálico do Autor e sublinhado nosso).
[308] Para críticas análogas, *v.*, na doutrina alemã, Demuth, *Der normative Gefahrbegriff. Ein Beitrag zur Dogmatik der konkreten Gefährdungsdelikte*, cit., pp. 179 ss.; e, entre nós, Silva Dias, "Entre 'Comes e Bebes': Debate de algumas Questões Polémicas no Âmbito da Protecção Jurídico-Penal do Consumidor (A Propósito do Acórdão da Relação de Coimbra de 10 de Julho de 1996)", cit., p. 571.

cípio da confiança, "depende de valorações complementares e também de decisões"[309] (mas, perguntamos, quais?).

E recorde-se que a propósito das causas salvadoras ocasionais fala em "causas salvadoras (*a interpretar em certas circunstâncias estatisticamente*)". Também neste concreto ponto ficam várias questões por esclarecer. Afinal é possível o recurso ao método estatístico para precisar o conceito normativo de perigo, incorrendo o Autor numa apreciação causal-naturalística tão criticada em relação à tese de Horn? Mas, "em que circunstâncias"? E em que casos é que se deve interpretar as causas salvadoras "não-estatisticamente"?[310].

Vejamos alguns casos trabalhados pelo Autor que espelham a dificuldade prática da distinção feita entre causas salvadoras[311]. Comecemos pelas variantes do caso da ultrapassagem – a da rajada de vento (1b) e a do automobilista especialista em *crash* (1c).

Ambas as variantes merecem em Schünemann o mesmo tratamento jurídico-penal, considerando o Autor existir um perigo penalmente relevante. Ou seja: perante circunstâncias salvadoras do tipo "rajada de vento" ou "formação em *crash* do condutor que circula em sentido contrário" Schünemann afirma a existência de perigo concreto, na medida em que estão em causa circunstâncias impeditivas extraordinárias (por isso irrelevantes) em cuja verificação não se pode confiar, isto é, circunstâncias do acaso[312]. Por outras palavras: existe perigo quando o salvamento do

---

[309] V. "Moderne Tendenzen in der Dogmatik der Fahrlässigkeits- und Gefährdungsdelikte", cit., p. 796 (as transcrições também são da p. 796 – itálico do Autor).

[310] Também para uma análise crítica, *v.*, na doutrina alemã, Demuth, *Der normative Gefahrbegriff. Ein Beitrag zur Dogmatik der konkreten Gefährdungsdelikte*, cit., pp. 179 ss.; na doutrina italiana, Angioni, *Il Pericolo Concreto come Elemento della Fattispecie Penale*, II, cit., pp. 172 ss.; e, entre nós, Silva Dias, "Entre 'Comes e Bebes': Debate de algumas Questões Polémicas no Âmbito da Protecção Jurídico-Penal do Consumidor (A Propósito do Acórdão da Relação de Coimbra de 10 de Julho de 1996)", cit., p. 571.

[311] "Moderne Tendenzen in der Dogmatik der Fahrlässigkeits- und Gefährdungsdelikte", cit., pp. 795-797.

[312] Concordando com a solução dada por Schünemann ao caso da rajada de vento, *v.* Wolter, "Konkrete Erfolgsgefahr und konkreter Gefahrerfolg im Strafrecht – OLG Frankfurt, NJW 1975, 840", cit., p. 753. Expressamente no sentido de também haver um perigo concreto no caso do especialista em *crash*, embora com uma fundamentação parcialmente distinta, *v.* Demuth, *Der normative Gefahrbegriff. Ein Beitrag zur Dogmatik der konkreten Gefährdungsdelikte*, cit., p. 141.

bem jurídico depende de "tais factores atípicos, não aplicáveis finalisticamente na acção humana".

Estas causas salvadoras não são valoradas juridicamente na construção do perigo de Schünemann no sentido de afastarem o perigo, ainda que sejam, como vimos *supra* (sob o Capítulo III.1., 1.5., 1.5.1.), explicáveis em termos científico-naturais, portanto no sentido de não-causa da lesão de Horn.

Schünemann[313] discute ainda o caso-base da ultrapassagem modificando-o nos seguintes termos:

(1d) O mesmo que em 1, mas *B* é um condutor principiante que, em situações semelhantes e apoderado pelo pânico, já por várias vezes guinou o volante, acabando por ir parar à berma da estrada; no entanto, contrariamente ao que é habitual, *B* prossegue tranquilamente na sua faixa de rodagem, de tal forma que o automobilista *A*, depois de ter feito a ultrapassagem, cruza-se com aquele sem que tenha havido qualquer colisão (*Anfängerbeispiel* ou também chamado *Sonntagsfahrer-Fall*).

Concentremo-nos nas duas variantes rodoviárias – casos 1c e 1d.

No *Crashfahrerbeispiel*, não é atribuída relevância jurídica à característica própria do sujeito passivo ou vítima potencial *B* por ser considerada extraordinária. Por conseguinte, existe neste caso um perigo concreto.

No *Anfängerbeispiel*, também é considerado irrelevante o facto de o automobilista *B* ser um principiante, o que neste caso permite, diferentemente, negar o perigo em sentido jurídico-penal – e isto por se tratar de um comportamento normal e da reacção esperada de qualquer condutor.

Não apontarão estas diferenças de sinal contrário em sentido oposto? Ou seja: o especialista em *crash B* (do caso 1c) não se salva devido à realização de uma manobra "normal", porque para ele fácil, apesar de "extraordinária" em geral? Inversamente, na outra variante, o comportamento do condutor principiante (do caso 1d), apesar de "normal" em geral, não é "extraordinário" para aquele automobilista em concreto?

---

[313] "Moderne Tendenzen in der Dogmatik der Fahrlässigkeits- und Gefährdungsdelikte", cit., p. 795.

Notando as soluções diferentes dadas pelo Autor a estes dois casos, logo se pode excluir a aplicação do critério estatístico. Estamos pois perante *causas salvadoras a interpretar nestas circunstâncias não estatisticamente*. Com efeito, e por referência ao caso 1d, B acaba por ter a reacção que é esperada de qualquer participante no trânsito (circunstância impeditiva normal, por isso relevante para negar o perigo), apesar de uma análise estritamente estatística apontar no sentido de B actuar de forma diversa em casos semelhantes (o que levaria à afirmação do perigo). Como sublinharemos *infra* (sob o Capítulo IV.3., 3.1., 3.1.1., 3.1.1.3., 3.1.1.3.1.), segundo uma estatística de acidentes, a probabilidade da ocorrência de um dano (ou a existência estatística do perigo) em 1c seria mais baixa do que em 1d – o que levaria, diferentemente de Schünemann, a negar o perigo em sentido jurídico ali, e a afirmá-lo aqui. Se bem julgamos, pode então inferir-se que o critério para concretizar o princípio da confiança é o do homem médio. De facto, a distinção de tratamento feita por Schünemann só se justifica pelo recurso implícito que faz ao automobilista médio como critério para o perigo – o que não deixa de ser, nalguns casos, um automobilista abstracto por referência ao automobilista concreto.

O Autor abstrai, assim, daquelas circunstâncias do caso individual – em ambos os casos características do sujeito passivo –, pois a natureza normal ou extraordinária de uma circunstância impeditiva do dano parece aferir-se pelo padrão do homem médio[314]. O Autor não deixa afinal de estabelecer um limite à base da informação relevante para o juízo de perigo, segundo os ditames próprios da teoria da adequação, o que não corresponde à ideia inicialmente defendida de não abstrair circunstâncias reais do caso individual para evitar qualquer ficção *contra reo*[315].

Ou estará implícito o critério da previsibilidade pelo agente para delimitar as circunstâncias relevantes para falar do perigo, confundindo-se então a verificação deste elemento do tipo objectivo com a análise do tipo subjectivo?[316]

---

[314] Em termos semelhantes, *v*. Angioni, *Il Pericolo Concreto come Elemento della Fattispecie Penale*, II, cit., pp. 177 ss.

[315] *V*. "Moderne Tendenzen in der Dogmatik der Fahrlässigkeits- und Gefährdungsdelikte", cit., p. 794.

[316] Neste sentido, *v*. Méndez Rodríguez, *Los Delitos de Peligro y sus Técnicas de Tipificación*, cit., p. 117. Entre nós, também Silva Dias explicita o critério da previsibilidade, mas num sentido semelhante à prognose *ex ante* da teoria da adequação, "Entre

1.5.2.3. A concepção de Demuth

O modo de observação valorativo-normativo do perigo proposto por Demuth[317] apresenta muitas semelhanças com o pensamento de Schünemann.

Para Demuth, "o perigo é uma situação que se representa externamente como ameaça de um bem jurídico que já não é dominável com meios normais, na qual também retrospectivamente permanece um sentimento de insegurança porque a ausência do dano não pode ser evitada através de medidas normais de defesa do dano"[318].

Importa agora explicitar esta definição-síntese do pensamento de Demuth acerca do perigo.

O perigo pressupõe uma situação que já não é dominável com meios normais, mas apenas com medidas extraordinárias. Ou seja, há perigo a partir do momento em que o dano já não pode ser evitado com segurança através de meios de defesa normais. Ou, dito de forma inversa: não há perigo "enquanto o agente ou a vítima 'têm na mão' a situação de tal modo que sem esforços extraordinários e com a *máxima segurança* podiam evitar o dano"[319].

O perigo, também enquanto "situação de crise aguda" ("krisenhafte Zuspitzung der Situation") – que provoca o que o Autor denomina por "vivência da ameaça" e o consequente "sentimento de desvalor" –, exige, desde logo, uma "proximidade" do bem jurídico ameaçado em relação à fonte de perigo. E "a necessária 'proximidade' [...] exige sempre a entrada do bem jurídico no campo de efeito das condições lesivas de forma que as medidas de defesa 'normais', isto é, previstas no respectivo âmbito de vida, já não são suficientes para impedir com certeza o dano"[320].

'Comes e Bebes': Debate de algumas Questões Polémicas no Âmbito da Protecção Jurídico-Penal do Consumidor (A Propósito do Acórdão da Relação de Coimbra de 10 de Julho de 1996)", cit., p. 571.

[317] V. o seu *Der normative Gefahrbegriff. Ein Beitrag zur Dogmatik der konkreten Gefährdungsdelikte*, cit., em esp. pp. 184 ss.

[318] *Der normative Gefahrbegriff. Ein Beitrag zur Dogmatik der konkreten Gefährdungsdelikte*, cit., p. 218.

[319] *Der normative Gefahrbegriff. Ein Beitrag zur Dogmatik der konkreten Gefährdungsdelikte*, cit., p. 205 (itálico nosso).

[320] *Der normative Gefahrbegriff. Ein Beitrag zur Dogmatik der konkreten Gefährdungsdelikte*, cit., pp. 209-210.

Portanto, se o bem jurídico não entrar na área de influência da acção do agente, não há um resultado de perigo concreto (inclusive se a não--entrada do bem jurídico no referido horizonte causal se deveu ao mero acaso).

Mas esta "proximidade externa espácio-temporal" para com a fonte de perigo não chega para afirmar o perigo concreto. É ainda necessário que o "observador retrospectivo" diga para si próprio "podia ter acontecido alguma coisa". A esta compreensão da insegurança do curso dos acontecimentos chama Demuth a "componente interna", por contraposição àquela "componente externa" da proximidade para com a fonte de perigo. Para esta componente interna também é decisivo o facto de a situação não poder ser dominada por "meios normais". Vale, pois, o mesmo critério para a "proximidade" externa e para a "insegurança" interna[321].

Neste concreto ponto, Demuth recorre ao modo de observação valorativo de Schünemann, de que o "princípio da confiança" é um conceito fundamental. Assim, o que é determinante é saber se a intervenção da causa salvadora "suscita confiança", se se representa como "causa salvadora normal", na qual se podia confiar – ou seja, se é um meio de salvamento geralmente dominável e previsto no respectivo âmbito de vida como meio normal de prevenção do dano – ou se, pelo contrário, é uma "causa salvadora ocasional". Vale, portanto, um critério que remete para a "normalidade da causa salvadora", para a sua "dominabilidade geral" e para o seu "carácter planeado".

Enquanto a intervenção da causa salvadora normal afasta o perigo, a intervenção da ocasional não[322]. E assim se fecha o círculo aberto com aquela definição de perigo de Demuth.

---

[321] A remissão que o Autor a respeito da componente interna faz para sentimentos do tipo "vivência da ameaça" ou "sentimento de desvalor" não constitui um regresso à teoria subjectiva do perigo. O perigo continua a ser uma situação objectiva apta a provocar estes sentimentos, sendo decisiva a observação que é feita não pela vítima mas pelo juiz e de uma perspectiva *ex post*. Demuth parece não explicitar, todavia, nem o modelo de observador do juízo de perigo a considerar, nem o sentido a atribuir à apreciação *ex post*. Para maiores desenvolvimentos, v. *Der normative Gefahrbegriff. Ein Beitrag zur Dogmatik der konkreten Gefährdungsdelikte*, cit., pp. 203 ss.

[322] *Der normative Gefahrbegriff. Ein Beitrag zur Dogmatik der konkreten Gefährdungsdelikte*, cit., pp. 211 ss.

Mas, a propósito da "normalidade" da causa salvadora que, por isso, "suscita confiança", o Autor no entanto – e diferentemente de Schünemann – fala também em "máxima segurança", pensando recorrentemente em medidas de salvamento com resultados de protecção tendencialmente de 100%. Este critério máximo, definido em termos absolutos, é, em nosso juízo, discutível, não só por razões de exequibilidade prática, mas também porque alarga demasiado o próprio conceito de perigo. Acresce o facto de que na apreciação de alguns casos não é de fácil articulação com a ideia da "dominabilidade" e do "carácter calculável" da medida de salvamento, suscitando-se, por isso, a dúvida quanto à existência do perigo concreto.

Vejamos os casos do colete à prova de bala e da caixa de cigarros[323]:

(12) Caso-base: *A* dispara contra *B*; *B* não morre porque usa um colete à prova de bala.

E a variante ligeiramente modificada por Demuth:

(12a) Variante: o mesmo, mas a bala fica cravada numa caixa de cigarros de prata que está no bolso do casaco.

Ora, se em relação à variante 12a Demuth afirma a existência de um perigo concreto, já tem dúvidas em afirmá-lo (embora não fundamente) relativamente ao caso-base 12.

O entendimento do caso 12 como um caso de fronteira entre o perigo e o não-perigo parece reflectir precisamente a dificuldade da aplicação prática do critério normativo de perigo considerado decisivo por Demuth, que, do ponto de vista teórico, e como em Schünemann, não é convenientemente explicado. Com efeito, no desdobramento que Demuth faz do critério normativo do princípio da confiança através do uso daquelas formulações, supostamente sinónimas, se bem julgamos, podemos deparar, no momento da comprovação da existência do perigo concreto, com juízos ao mesmo tempo de perigo/não-perigo, justamente em função de cada um dos aspectos daquele critério.

---

[323] *Der normative Gefahrbegriff. Ein Beitrag zur Dogmatik der konkreten Gefährdungsdelikte*, cit., pp. 226-227.

Neste sentido, se tivermos em conta o aspecto da "normalidade" da causa salvadora, cremos que enquanto o colete é uma causa salvadora "normal", a "caixa de cigarros" é uma causa salvadora ocasional. Isto porque o colete de salvação, ao contrário da caixa de cigarros, é um meio normal de protecção de lesões, no respectivo âmbito de vida, cujo uso (ainda que ocasional) tem resultados de segurança na ordem dos 100% e, por isso, suscitaria confiança – abstraindo, claro está, do facto de que através do tiro poderão ser atingidas outras partes do corpo não protegidas.

Mas, da perspectiva da "dominabilidade", será que o colete não é uma causa salvadora "geralmente não dominável" e "não calculável", isto é, fora do "planeamento e cálculo humano", tal como a caixa de cigarros?

Em relação à construção de Schünemann, Demuth, pelo menos em tese, dá, a nosso ver, um passo importante na apreciação do perigo, precisando o aspecto do "acaso". O Autor introduz um *distinguo* no âmbito das causas salvadoras "ocasionais" entre, por um lado, causas salvadoras "ocasionais" que impedem o próprio perigo (a referida situação de crise aguda para o bem jurídico) e, por outro, causas salvadoras "ocasionais" que impedem o dano e que intervêm num momento em que já existe aquela situação de perigo.

Assim, na variante do caso de escola da ultrapassagem numa curva sem visibilidade em que a colisão não se verifica devido à perícia extraordinária da vítima potencial (caso 1c) existe a necessária "proximidade" do bem jurídico relativamente à fonte de perigo, tendo o automobilista entrado numa situação de crise aguda. Há perigo concreto, na medida em que se trata da superveniência de uma circunstância "ocasional" que impede não o perigo, mas o dano. Demuth chega assim ao mesmo resultado de perigo de Schünemann, mas com uma fundamentação distinta, assente no par de conceitos "causas salvadoras ocasionais que impedem o perigo"/"causas salvadoras ocasionais que impedem o dano".

Este *distinguo* que se extrai da análise casuística feita por Demuth, portanto entre causas salvadoras "ocasionais" que impedem o próprio perigo e causas salvadoras "ocasionais" que impedem o dano, merece no entanto uma nota que parece ser de raciocínio circular: para verificar se a causa salvadora "ocasional" afasta o perigo ou já o dano importa determinar se interveio antes ou depois de existir a situação de perigo. E para determinar a existência da situação de perigo, necessário é, como vimos, verificar se a causa salvadora se representa como ocasional num ou noutro sentido[324].

Da distinção que faz entre causas salvadoras "ocasionais" pode concluir-se que atribui relevância penal ao momento temporal da respectiva intervenção – depois da verificação do perigo concreto ou antes da verificação do perigo concreto.

Depois de esclarecer o significado e o alcance de cada uma destas causas salvadoras "ocasionais", o Autor afirma ainda que a relevância da causa salvadora "não pode depender da questão de saber *quando* foi criada a respectiva causa salvadora no curso do acontecimento, mas unicamente é decisiva a sua *espécie* [se suscita ou não confiança]"[325].

Vejamos alguns exemplos imaginados pelo Autor:

(13) Caso do nadador-salvador (*Rettungsschwimmerbeispiel*)[326]:
A empurra B, que não sabe nadar, para um lago profundo; o "empurrão" acontece à frente de um nadador-salvador, C, que vigia a margem do lago; C salva B.

Para Demuth, a intervenção de C, da perspectiva *ex post*, não é uma causa salvadora "ocasional", mas sim uma causa salvadora que "suscita confiança" *ex ante*, no momento do facto, independentemente de A e B desconhecerem a presença de C. Portanto, retrospectivamente não existe a "vivência da ameaça", apesar da proximidade externa do bem jurídico para com a fonte de perigo.

Para saber se a causa salvadora "suscita confiança" determinante é, não a questão de saber a partir de que momento é que se pode contar com a intervenção – neste caso, quando é que o serviço de salvamento foi instituído (o que em certas circunstâncias pode ser considerado ocasional: o serviço foi instituído no dia anterior, por exemplo) – mas sim se a intervenção se representa como "causa salvadora normal", na

---

[324] Uma apreciação também crítica da construção de Demuth pode ser lida em Angioni, *Il Pericolo Concreto come Elemento della Fattispecie Penale*, II, cit., pp. 180 ss.

[325] *Der normative Gefahrbegriff. Ein Beitrag zur Dogmatik der konkreten Gefährdungsdelikte*, cit., por exemplo, pp. 215 ss. e 228 (a transcrição é da p. 230 – itálico do Autor) ("daß es nicht darauf ankommen kann, *wann* die betreffende Rettungsursache in dem Geschehen angelegt worden ist, sondern daß allein ihre *Art*").

[326] V. *Der normative Gefahrbegriff. Ein Beitrag zur Dogmatik der konkreten Gefährdungsdelikte*, cit., pp. 212 ss.

qual se podia confiar. Ora, se o serviço já existia no momento do facto, então a intervenção de *C* não é ocasional, mas uma causa salvadora planeada no respectivo âmbito de vida, ou seja, desde o início do acontecimento

Pelo contrário, já existirá a "vivência da ameaça" se a intervenção de *C* não estava "pré-programada" (entenda-se, cremos, *ex ante*, no momento do facto), pois só excepcionalmente passou por ali em passeio e salvou a vítima. A morte por afogamento neste caso é evitada devido à intervenção de uma causa salvadora "ocasional". Decisivo é, apesar da mesma proximidade externa espácio-temporal do bem jurídico para com a fonte de perigo, a *espécie* de causa salvadora – "ocasional". Mas saber se a causa salvadora suscita, ou não, confiança; saber a *espécie* da causa salvadora, se bem julgamos, parece depender afinal da resposta à "questão de saber *quando* foi criada a causa salvadora no curso do acontecimento". Isto porque é o próprio *quando* que determina a *espécie* da causa salvadora e a sua consequente relevância para o juízo de perigo.

Um outro exemplo análogo:

(14) *A*, médico, entrega a um doente, *B*, um medicamento perigoso que sem a administração do antídoto provocaria danos na saúde; *B* só toma o medicamento alguns meses mais tarde, momento em que toma também o antídoto[327].

Para apreciar se o "antídoto" é uma causa salvadora que suscita confiança, não importa saber se o antídoto que salva *B* já existia no momento da entrega do medicamento ao doente ou se apenas foi produzido entretanto. Decisivo é averiguar se no momento em que *B* toma o medicamento o antídoto já estava à disposição (no mercado) e, uma vez mais, se "nos casos desta espécie foi aplicado em regra pelos médicos com resultados de 100%". Em caso afirmativo, ou seja, se se verificarem estes pressupostos, o antídoto é, então, considerado uma medida de salvamento "normal", ainda que não fosse conhecido no momento da administração do medicamento.

Claro que no momento da entrega do medicamento ainda nem sequer existia a "proximidade externa espácio-temporal" do bem jurídico para

---

[327] V. *Der normative Gefahrbegriff. Ein Beitrag zur Dogmatik der konkreten Gefährdungsdelikte*, cit., pp. 216-217.

com a fonte de perigo – que só ocorre com a toma do medicamento. Uma vez mais, a qualificação do antídoto como causa salvadora "normal" pressupõe uma resposta afirmativa à questão de saber se ele já existia no momento em que B tomou o medicamento. A relevância e a espécie da causa salvadora dependem a final do *quando* da sua inserção no curso dos acontecimentos.

1.5.2.4. A posição de Wolter

No seio das manifestações mais recentes na literatura do perigo registe-se a construção de Wolter[328]. Em relação aos crimes de perigo concreto[329], categoria que nos interessa, a tese de Wolter sublinha a caracterização destes crimes como crimes de resultado. O Autor parte de facto da qualificação do perigo concreto como evento que corresponde à *Erschütterung der Daseinsgewißheit* ou *Existenzkrise* para o bem jurídico que é atingida quando apenas por acaso e contra a expectativa objectiva não se verifica a lesão do mesmo.

A responsabilidade jurídico-penal nos termos de um crime de perigo concreto é trabalhada por Wolter a partir de dois conceitos essenciais: o de "perigo concreto de resultado" (*konkrete Erfolgsgefahr*) e o de "resultado de perigo concreto" (*konkreter Gefahrerfolg*)[330]. Corresponde o

---

[328] Consulte-se, do Autor, *Objektive und Personale Zurechnung von Verhalten, Gefahr und Verletzung in einem funktionalen Straftatsystem*, cit., maxime pp. 223 ss., e "Konkrete Erfolgsgefahr und konkreter Gefahrerfolg im Strafrecht – OLG Frankfurt, NJW 1975, 840", cit., pp. 748 ss.

[329] Os crimes de perigo concreto correspondem na sistematização de Wolter a uma das cinco espécies de incriminações distinguidas pelo Autor consoante o grau de ofensa ao bem jurídico. São as outras quatro: os crimes de dano, os crimes de dano potencial, os crimes de perigo potencial e os crimes de perigo abstracto. V. *Objektive und Personale Zurechnung von Verhalten, Gefahr und Verletzung in einem funktionalen Straftatsystem*, cit., pp. 64 ss., e *passim*.

[330] Apesar deste quase jogo de palavras pretender sublinhar que o "resultado de perigo concreto" (próprio do crime de perigo concreto consumado) é algo mais do que o "perigo concreto de resultado" (típico da tentativa de perigo idónea e acabada, tal como a criação de um perigo adequado de resultado de dano é característica de uma tentativa de dano idónea e acabada), estes dois conceitos, como veremos, são de difícil distinção em termos dogmáticos. V., a este propósito, do Autor, *Objektive und Personale Zurechnung von Verhalten, Gefahr und Verletzung in einem funktionalen Straftatsystem*, cit., pp. 65, 75-76 e 82 ss., e "Konkrete Erfolgsgefahr und konkreter Gefahrerfolg im Strafrecht – OLG Frankfurt, NJW 1975, 840", cit., pp. 750 ss.

primeiro a um "desvalor primário de resultado" ou "desvalor de perigosidade" (*primäres Erfolgsunrecht* = *Gefährlichkeitsunrecht*) e o segundo a um "desvalor secundário de resultado" (*sekundären Erfolgsunrecht*)[331].

Neste sentido, a responsabilidade por um resultado de perigo concreto é mediada pela responsabilidade pelo "risco de perigo" (*Gefährdungsrisiko*) no qual se baseia. E esta mediação é dupla: primeiro, a proibição do resultado de perigo concreto é mediada pela proibição do perigo concreto de resultado; segundo, a imputação do resultado de perigo concreto é mediada pela imputação do perigo proibido pela norma violada[332].

Ou seja e por palavras do Autor:

"A imputação objectiva de um resultado de perigo concreto pressupõe [...] (primariamente) a criação de um risco adequado de posteriormente (secundariamente) se realizar um resultado de perigo concreto e, se for caso disso, indo mais longe, uma lesão do bem jurídico"[333].

Se não existe o "risco adequado de perigo" (*adäquates Gefährdungsrisiko*) (primário) criado pelo agente no momento do facto, o "resultado de perigo concreto" (secundário) subsequente não pode ser imputado objectivamente.

A punibilidade nos termos de um crime de perigo concreto na forma consumada exige, portanto, que o agente tenha criado ou realizado um "risco adequado de perigo" (primário), o que não acontecerá quando (i) devido por exemplo à atenção a que a vítima está obrigada não existe um perigo sério de verificação de um "perigo concreto de resultado" e de um dano subsequente para o bem jurídico; (ii) terceiros *a priori* são obrigados e capazes de evitar a ocorrência do "perigo concreto de resultado"; (iii) o agente com base na sua atenção ou formação (também extraordi-

---

[331] Sobre estes conceitos, *v. Objektive und Personale Zurechnung von Verhalten, Gefahr und Verletzung in einem funktionalen Straftatsystem*, cit., *passim*.

[332] *Objektive und Personale Zurechnung von Verhalten, Gefahr und Verletzung in einem funktionalen Straftatsystem*, cit., pp. 28 ss. e 181.

[333] A transcrição é da p. 751 do já cit. "Konkrete Erfolgsgefahr und konkreter Gefahrerfolg im Strafrecht – OLG Frankfurt, NJW 1975, 840". *V.* também *Objektive und Personale Zurechnung von Verhalten, Gefahr und Verletzung in einem funktionalen Straftatsystem*, cit., pp. 224 ss.

nária) *a priori* tem vontade e capacidade de se opor à entrada do objecto no âmbito de perigo do risco adequado de perigo.

Se a vítima ou o terceiro violarem no caso concreto os seus deveres – o exemplo de os funcionários que controlam os caminhos-de-ferro negligenciarem os seus deveres de segurança –, o risco de perigo daí resultante só é facticamente verificável, mas não objectivamente imputável como desvalor primário de resultado de perigo (desvalor de perigosidade) [*primärer Gefährdungserfolgsunwert (Gefährlichkeitsunwert)*].

É necessário, portanto, a realização de um risco adequado de perigo e imputável de perigo concreto – o que pressupõe, segundo Wolter, um primeiro juízo de adequação (juízo de risco de perigo ou juízo de perigosidade – *Gefährdungsrisikourteil oder: Gefährlichkeitsurteil*).

Ou seja, aquela realização deve ser não só ligada causalmente à acção – não podendo ser, por isso, casual –, mas também objectivamente previsível *ex ante*, no momento da execução da acção típica. Este primeiro juízo de adequação é um juízo prognóstico, ou seja, a verificação da criação do *adäquates Gefährdungsrisiko* exige uma "prognose *ex ante*" – da perspectiva do facto – sobre a questão de saber se pode ocorrer um resultado de perigo concreto (e até a subsequente lesão do bem jurídico). Em caso afirmativo existe, então, um risco adequado de perigo. O Autor recorre assim aos ditames próprios da teoria da causalidade adequada, aqui para verificar uma relação de adequação entre a acção e a realização do risco de perigo.

Parece existir, no entanto, uma contradição ou falta de clareza no pensamento de Wolter. Por um lado, o "perigo concreto de resultado" é concebido como um "desvalor primário de resultado", no sentido de um "desvalor de perigosidade" (*Gefährlichkeitsunrecht*), mas em que não está em causa a perigosidade da acção[334], que, conjuntamente com o "desvalor de comportamento" (*Handlungsunrecht*), forma o desvalor total da acção. Aquele "desvalor primário de resultado" ou "desvalor de perigosidade" ou, diríamos, um "desvalor de risco", é, assim, na construção de Wolter um desvalor intermédio entre o "desvalor de comportamento" e um outro "desvalor de resultado" – o "desvalor secundário de resultado"[335].

---

[334] Assim, expressamente, "Konkrete Erfolgsgefahr und konkreter Gefahrerfolg im Strafrecht – OLG Frankfurt, NJW 1975, 840", cit., p. 750.

[335] Wolter distingue estes três desvalores – o "desvalor de comportamento", o "desvalor de perigosidade" e o "desvalor de resultado" –, em função dos quais são

Mas, e por outro lado, para a verificação deste desvalor de perigosidade vale, segundo o Autor, uma observação exclusivamente *ex ante*, isto é, um juízo de prognose, a fazer no momento da execução do facto, o mais tardar no termo da realização da acção (no momento em que a tentativa está acabada)[336], sobre a existência de um perigo sério de verificação de um resultado como consequência da acção.

Sucede que no curso futuro dos acontecimentos pode resultar a inexistência do objecto da acção. Assim sendo, perguntamos como pode haver um desvalor de perigosidade como criação de um perigo (concreto de resultado) enquanto consequência desligada da acção, ou seja, um "desvalor primário de resultado"[337], se a apreciação da perigosidade não é feita por referência efectiva a um bem jurídico. A nosso ver, há tão-só uma perigosidade como atributo do comportamento – isto é, um desvalor de comportamento (mas portanto não no sentido que Wolter usa) – e não como atributo de um resultado que provém de um comportamento[338].

---

caracterizadas as diversas estruturas do facto ilícito (tentativa impossível, tentativa idónea inacabada, tentativa idónea acabada e crime de resultado). E é precisamente o "desvalor de perigosidade" que constitui para o Autor o cerne da ilicitude do facto, sendo a tentativa idónea acabada o modelo do ilícito (caracterizada, portanto, não só por um desvalor de comportamento, mas também pela criação de um perigo de resultado – o "desvalor primário de resultado"). Este "desvalor primário de resultado" contrapõe-se, assim, ao "desvalor de comportamento" que traduz a violação de uma norma de conduta, estando apenas em causa a função de motivação da norma penal. Para maiores desenvolvimentos, v., do Autor, *Objektive und Personale Zurechnung von Verhalten, Gefahr und Verletzung in einem funktionalen Straftatsystem*, cit., inter alia, pp. 24 ss., 49-50, 52, 65-66, 70 ss., 75 ss., 81 ss., 89-90, 178 e 197 ss., e "Der Irrtum über den Kausalverlauf als Problem objektiver Erfolgszurechung. Zugleich ein Beitrag zur versuchten Straftat sowie zur subjektiven Erkennbarkeit beim Fahrlässigkeitsdelikt", *ZStW*, Bd. 89, 1987, pp. 671 e 691.

[336] *V.*, de novo, *Objektive und Personale Zurechnung von Verhalten, Gefahr und Verletzung in einem funktionalen Straftatsystem*, cit., pp. 82 ss., e "Der Irrtum über den Kausalverlauf als Problem objektiver Erfolgszurechung. Zugleich ein Beitrag zur versuchten Straftat sowie zur subjektiven Erkennbarkeit beim Fahrlässigkeitsdelikt", cit., pp. 691 ss.

[337] "*Reale* Chance einer Rechtsgutsverletzung" (itálico do Autor), *Objektive und Personale Zurechnung von Verhalten, Gefahr und Verletzung in einem funktionalen Straftatsystem*, cit., p. 25.

[338] Esta conclusão, que a nosso ver – e se bem julgamos – é coerente com o pensamento de Wolter, não condiz, todavia, com a fundamentação apresentada para considerar o "desvalor de perigosidade": é a função de protecção de garantia da norma que justifica que cada acção traduza um "desvalor de perigosidade" ao lado do "desva-

Retomando o fio do discurso, aquele "risco adequado de perigo" tem que se concretizar no resultado de perigo concreto para um determinado objecto. Isto é: àquele "desvalor primário de resultado" deve acrescentar--se um "desvalor secundário de resultado", o que pressupõe, desde logo, que o objecto entre no âmbito de perigo[339] do risco adequado de perigo – exigência esta que leva o Autor a falar de um conceito restritivo de resultado de perigo (*restriktiver Gefahrerfolgsbegriff*).

Se o objecto entra no horizonte causal do "perigo concreto de resultado", para a verificação do resultado de perigo concreto, Wolter propõe um segundo juízo de adequação, também prognóstico. Agora uma "prognose *ex post*", porque do ponto de vista da entrada do objecto na área de influência do "perigo concreto de resultado" (do "risco adequado de perigo"), sobre a questão de saber se ainda é possível o salvamento do bem jurídico.

Só há um resultado de perigo concreto quando deste segundo prognóstico resultar que "não existe para um observador objectivo [em relação ao critério de agente do juízo de perigo a considerar Wolter fala apenas num *objektiver Betrachter*, sem o qualificar] uma esperança séria de salvamento para o bem jurídico"[340], ou, dito de outra forma, quando desta segunda prognose "não resultam pontos de referência sérios para a preservação do bem jurídico do seu dano definitivo, ou seja, a lesão do bem jurídico já só pode não ocorrer ocasionalmente com consideração de forças salvadoras ou da natureza"[341]. Por outras palavras, há resultado de perigo concreto quando da prognose *ex post* "as perspectivas de salva-

---

lor de comportamento". Este conceito de ilicitude penal desenvolvido por Wolter, na esteira, aliás, da doutrina predominante, pretende, pois, compreender a ofensa ao bem jurídico para além da violação da norma de conduta. Só assim se alcançaria a dupla função do Direito penal: de motivação, por um lado, e de tutela de bens jurídicos, por outro. Mais: cria nalgumas situações (como na da inexistência do objecto) a dificuldade da distinção entre estes dois tipos de desvalor. Para maiores desenvolvimentos, *v. Objektive und Personale Zurechnung von Verhalten, Gefahr und Verletzung in einem funktionalen Straftatsystem*, cit., pp. 24 ss., 47-48 e 127.

[339] Corresponde ao "horizonte causal" ou "área de influência" da acção do agente.
[340] *V.* "Konkrete Erfolgsgefahr und konkreter Gefahrerfolg im Strafrecht – OLG Frankfurt, NJW 1975, 840", cit., p. 753, e *Objektive und Personale Zurechnung von Verhalten, Gefahr und Verletzung in einem funktionalen Straftatsystem*, cit., p. 226.
[341] "Konkrete Erfolgsgefahr und konkreter Gefahrerfolg im Strafrecht – OLG Frankfurt, NJW 1975, 840", cit., p. 753

mento do bem jurídico parecem ser desprezíveis, isto é, a não ocorrência da lesão do bem jurídico com base numa 'alteração súbita' (através de causas de salvamento ou da natureza) parece ser ocasional"[342].

Para Wolter, neste segundo juízo de adequação devem ser consideradas as causas de salvamento certas no momento deste prognóstico – o da entrada do objecto no âmbito de perigo do risco adequado de perigo –, ainda que só conhecidas *ex post*, por referência ao momento da sua existência. Ficam portanto de fora as circunstâncias de facto incertas naquele momento do prognóstico. E, neste conceito de causas salvadoras, são relevantes, para efeitos de excluir a responsabilidade penal por um crime de perigo concreto, para além das capacidades especiais do agente, não só percepções, capacidades e intenções salvadoras típicas e esperadas da vítima potencial ou de terceiro, mas também circunstâncias ou características extraordinárias e ocasionais, próprias também da vítima ou de terceiro.

Nestes termos, só existirá um resultado de perigo concreto quando – tendo em conta todas estas circunstâncias impeditivas da ocorrência da lesão do bem jurídico provenientes da vítima, de terceiro ou do agente, ou até de forças da natureza, existentes naquele tempo interno do juízo – o do momento da entrada do objecto no âmbito de eficácia das condições lesivas – o salvamento surge ao observador objectivo como imprevisível e por isso ocasional. Isto é: que não existe a referida esperança séria de salvamento para o bem jurídico.

Àquela prognose *ex post* acresce portanto uma diagnose também *ex post* relativamente às "circunstâncias de facto que fundamentam as hipóteses de salvamento" ("Rettungschancen begründende Tatumstände").

---

[342] Ora, apesar de Wolter, no seu artigo "Konkrete Erfolgsgefahr und konkreter Gefahrerfolg im Strafrecht – OLG Frankfurt, NJW 1975, 840", cit., pp. 749 e 753, se manifestar expressamente contra a dedução do resultado de perigo concreto da não violação ocasional do bem jurídico em homenagem a um conceito de resultado de perigo objectivo e normativo e considerar mais preciso formular a questão da afirmação do resultado de perigo concreto em termos de inocorrência de lesão através da intervenção de medidas de salvamento ocasionais – entenda-se medidas salvadoras ou forças da natureza extraordinárias e ocasionais –, aqui, acaba por defini-lo remetendo para a inocorrência ocasional de lesão do bem jurídico, ou seja, para o não-dano ocasional. Não se vê todavia diferença substancial entre as duas formulações. Mais: em ambas o resultado de perigo concreto pressupõe a avaliação e classificação das causas de não ocorrência do dano.

Vale para o juízo de perigo uma "extensa 'combinação entre prognose *ex post* e diagnose *ex post*'"[343] [344].

A condenação por um crime de perigo concreto consumado pressupõe, portanto, um juízo de adequação (naturalmente duplo) combinado com uma diagnose *ex post* alargada [combinação entre prognose *ex ante* (1. juízo de adequação), prognose *ex post* (2. juízo de adequação) e diagnose *ex post* alargada – *Kombination von Prognose ex ante (1. Adäquanzurteil), Prognose ex post (2. Adäquanzurteil) und weitreichender Diagnose ex post*].

Em suma: não há resultado de perigo (secundário), ou seja, resultado de perigo concreto – no sentido, recorde-se, da *Daseinserschütterung*, ou seja, *Existenzkrise* para o bem jurídico – como realização objectivamente previsível e imputável do risco de perigo quando, considerando todas as circunstâncias concretas do caso individual: (i) o "risco de perigo" (por acaso) não se densifica no perigo concreto de resultado; (ii) (por acaso) não existe o objecto (primeira diagnose *ex post*), contrariamente à prognose *ex ante* feita no momento da prática do facto; (iii) o objecto (por acaso) não entra no âmbito de perigo do "risco adequado de perigo" (segunda diagnose *ex post*); (iv) apesar da entrada do objecto no âmbito de perigo, o salvamento do mesmo aparece como não ocasional – ou seja, com a consideração das "circunstâncias de facto que fundamentam as hipóteses de salvamento" (seja da vítima, de terceiro ou do agente, seja até de forças da natureza), certas no momento do segundo juízo de adequação, ainda que só verificáveis através de uma (terceira) diagnose *ex post* – o salvamento do bem jurídico surge como objectivamente previsível (intencional, repetível e por isso não ocasional).

Só assim, se alcança o que Wolter denomina como o *Optimum an konkreter Betrachtung* ("óptimo em observação concreta") e o *Optimum*

---

[343] V. *Objektive und Personale Zurechnung von Verhalten, Gefahr und Verletzung in einem funktionalen Straftatsystem*, cit., p. 224, e "Konkrete Erfolgsgefahr und konkreter Gefahrerfolg im Strafrecht – OLG Frankfurt, NJW 1975, 840", cit., p. 753.

[344] O que corresponde, na terminologia de Angioni, ao "juízo *ex ante* de base total" e ao "juízo *ex post* em sentido próprio", respectivamente, *Il Pericolo Concreto come Elemento della Fattispecie Penale*, II, cit., p. 194. No entanto, e se bem julgamos, esta correspondência é parcial. Não se verifica relativamente ao "juízo *ex post* em sentido próprio", na medida em que Wolter limita a relevância das circunstâncias, que fundamentam as hipóteses de salvamento, em razão da sua existência no momento da entrada do objecto no âmbito de perigo do risco adequado de perigo.

an Wahrheitsgarantie und Normativität ("óptimo em garantia de verdade e normatividade") ou o *Optimum an Wahrheitsgarantie, Restriktion und Normativität* ("óptimo em garantia de verdade, restrição e normatividade")[345], ou, ainda, com outras expressões, o *Optimum an Wahrheitsgarantie* ("óptimo em garantia de verdade") e o *Maximum an Normativität und Einübbarkeit von Rechtstreue (Generalprävention)* ["máximo em normatividade e aprendizagem de lealdade jurídica (prevenção geral)"][346].

Ora bem: esta teoria, apesar de se auto-intitular como "normativa"[347], põe em causa o respectivo critério normativo do perigo – o de "poder confiar". Como veremos já de seguida, da análise crítica dos princípios de decisão subjacentes a algumas soluções do resultado de perigo con-

---

[345] "Konkrete Erfolgsgefahr und konkreter Gefahrerfolg im Strafrecht – OLG Frankfurt, NJW 1975, 840", cit., pp. 750 e 754.

[346] *Objektive und Personale Zurechnung von Verhalten, Gefahr und Verletzung in einem funktionalen Straftatsystem*, cit., pp. 227 ss. "Optimum an Wahrheitsgarantie" que se distingue do "Maximum an Wahrheitsgarantie" característico da *naturwissenschaftliche Gefahrerfolgstheorie*, que, como vimos, renuncia a qualquer prognóstico de um elemento de perigo à luz de uma estrita diagnose *ex post* com base na ciência natural.

[347] É o próprio Wolter, *Objektive und Personale Zurechnung von Verhalten, Gefahr und Verletzung in einem funktionalen Straftatsystem*, cit., pp. 219 e 223 ss., e "Konkrete Erfolgsgefahr und konkreter Gefahrerfolg im Strafrecht – OLG Frankfurt, NJW 1975, 840", cit., pp. 748 ss., que autodefine a sua teoria normativa como "teoria normativa modificada do resultado de perigo". "Normativa", como a de Schünemann, mas "modificada", também por referência à teoria de Schünemann, pela consideração de "todas as circunstâncias de facto que fundamentam as hipóteses de salvamento". A diagnose *ex post* é mais uma vez reforçada, sem todavia abandonar o elemento do prognóstico da teoria normativa do resultado de perigo ("*strenge* Prognose *ex post* und Diagnose *ex post* – itálico do Autor), porque diagnose quanto ao objecto e à entrada deste no âmbito das condições lesivas e relativamente às circunstâncias que abrem hipótese de salvamento. Esta teoria modificada restringe, consequentemente, o âmbito de incriminação do perigo concreto. Entre nós, Pinto de Albuquerque, a propósito da teoria modificada do resultado de perigo de Wolter e de Demuth, também acentua esta combinação entre uma "prognose *ex post* alargada" e uma "diagnose *ex post* alargada". Em ambos os casos "alargada" por referência à teoria normativa do resultado de perigo de Schünemann. Ou seja: prognose "alargada" porque tem também em conta circunstâncias que fundamentam a exclusão do dano já existentes, mas não reconhecíveis no momento da entrada do objecto no círculo de perigo; diagnose "alargada" porque tem em conta o salvamento do objecto do crime pelo ameaçado ou por terceiro através de circunstâncias já existentes aquando da entrada do objecto no horizonte causal, mas só *ex post* confirmadas. V. "O Conceito de Perigo nos Crimes de Perigo Concreto", cit., pp. 357-358. Voltaremos à posição deste Autor *infra* (sob o Capítulo III.3., 3.7.).

creto a partir de exemplos clássicos, quando o Autor nega a existência do perigo concreto em face da intervenção de causas salvadoras como, por exemplo, a extraordinária destreza da vítima potencial, desvirtua por completo o critério, pois considera esta circunstância como uma circunstância impeditiva não-ocasional ou objectivamente previsível. Na verdade, carece de sentido que o critério de "poder confiar" fique dependente da capacidade da vítima potencial, circunstância que do ponto de vista da relevância penal da conduta do agente é tão alheia como a da rajada de vento[348].

A formulação utilizada por Wolter de que "não existe uma esperança séria de salvamento para o bem jurídico" para afirmar o perigo é também uma referência a um grau de perigo extremamente elevado – o que é criticável – e que dificilmente condiz com a essência das teorias normativas assentes no princípio teleológico da confiança.

Cremos que na prática esta teoria é afinal muito menos normativa e com resultados muito mais próximos dos da teoria de Horn, apesar da crítica do método de Horn feita por Wolter.

Uma outra crítica de fundo que a tese de Wolter imediatamente suscita é a da dificuldade da sua aplicação prática. Consciente disto mesmo[349], o próprio Autor propõe, *de lege ferenda*, se se não quiser continuar a seguir a via da "teoria normativa do perigo", a criação dos já referidos crimes de perigo potencial (*potentielle Gefährdungsdelikte*), cuja consumação se esgota precisamente e tão-só na criação de um "risco adequado de perigo", não sendo necessária a realização deste risco no resultado de perigo concreto; ou a estruturação dos crimes de resultado de perigo concreto através de uma combinação entre "potenciais factos penais de dano" (*potentielle Verletzungsstraftaten*) e crimes de perigo concreto, o que exigiria, para além da criação de um "risco adequado de perigo"

---

[348] Neste sentido, v. Corcoy Bidasolo, *Delitos de Peligro y Protección de Bienes Jurídico-Penales Supraindividuales. Nuevas Formas de Delincuencia y Reinterpretación de Tipos Penales Clásicos*, cit., pp. 160-161. Em sentido contrário ao do texto, ou seja, apreciando de forma positiva a consideração por Wolter das características e capacidades especiais dos sujeitos em causa, v. Angioni, *Il Pericolo Concreto come Elemento della Fattispecie Penale*, II, cit., p. 197.

[349] V. "Konkrete Erfolgsgefahr und konkreter Gefahrerfolg im Strafrecht – OLG Frankfurt, NJW 1975, 840", cit., p. 754, e *Objektive und Personale Zurechnung von Verhalten, Gefahr und Verletzung in einem funktionalen Straftatsystem*, cit., pp. 248 ss.

(como é característico da tentativa de perigo idónea acabada), a ocorrência de um "perigo adequado de resultado (de dano)" [*adäquate (Verletzungs-) Erfolgsgefahr*] (como é característico da tentativa de dano idónea acabada), mas já não pressuporia um resultado de perigo concreto para um determinado objecto no sentido tradicional.

Analisemos alguns casos para testar a teoria de Wolter, antecipando desde já que as soluções encontradas estão em coerência com o seu conceito de resultado de perigo – coerência que deve ser aqui registada – apesar de algumas das proposições teóricas do seu pensamento serem, a nosso ver, criticáveis.

No exemplo do especialista em *crash* (caso 1c), se a colisão entre os dois veículos não ocorre, é necessário, segundo Wolter[350], verificar se isso foi devido (i) à extraordinária perícia do condutor ameaçado que facilmente evita o acidente ou (ii) a razões puramente casuais, em que não basta a extraordinária perícia do condutor.

Na primeira sub-hipótese (i), Wolter nega a existência de um perigo concreto com a seguinte fundamentação: o carácter de resultado do perigo concreto exige que na apreciação do caso concreto sejam tidas em consideração todas as circunstâncias de facto que excluem o resultado de perigo (numa diagnose *ex post*), ou seja, aquela qualidade extraordinária do condutor que circula em sentido contrário. Assim, no juízo de prognose sobre as perspectivas de salvamento da vítima, a fazer *ex post*, tem que se incluir aquela circunstância que fundamenta a hipótese de salvamento – a de o condutor saber conduzir extraordinariamente bem –, mesmo que não seja nem conhecida, nem cognoscível pelo próprio agente e só possa ser verificada *ex post* em relação ao momento do prognóstico (ou seja, à entrada do veículo que vem pela frente no horizonte causal da acção do agente). É aqui que reside a "combinação entre prognose *ex post* e diagnose *ex post*". Decisivo é que a circunstância que fundamenta a hipótese de salvamento já esteja certa no momento do prognóstico. Só assim se alcançará o referido *Optimum an Wahrheitsgarantie*. Nesta sub--hipótese a não ocorrência do dano para o bem jurídico não fica, portanto, dependente do mero acaso.

---

[350] "Konkrete Erfolgsgefahr und konkreter Gefahrerfolg im Strafrecht – OLG Frankfurt, NJW 1975, 840", cit., p. 753, e *Objektive und Personale Zurechnung von Verhalten, Gefahr und Verletzung in einem funktionalen Straftatsystem*, cit., pp. 219-220, 227 e 229.

A mesma solução merece o caso da ausência (ocasional) de um objecto.

É a hipótese da variante do caso da ultrapassagem apresentada por Wolter[351]:

(1e) Tal como em 1, mas a colisão não ocorre porque o veículo que vem de frente, por razões objectivamente imprevisíveis, vira, directamente antes do choque, para a direita, para um parque de estacionamento.

Para o Autor, não há aqui um crime de perigo concreto consumado, na medida em que falta o objecto, o que exclui o resultado de perigo concreto. Quando muito, pode B com a sua condução criar um "perigo concreto de resultado" e cometer, assim, um crime na forma tentada.

Retomando o caso 1c, segundo Wolter só se poderá então afirmar o crime de perigo concreto consumado em face de uma situação em que apesar de a vítima potencial ser um automobilista especialista em *crash* não chegue a sua extraordinária perícia para evitar a colisão. Corresponde à situação em que o salvamento do automobilista especialista em *crash* se deveu ao mero acaso, isto é, a uma "alteração súbita", por exemplo a uma medida arriscada [também para um condutor extraordinário] por acaso com um final feliz, ou também a uma força da natureza surpreendente [o caso da rajada de vento][352]. É o *Maximum an Normativität und Einübbarkeit von Rechtstreue (Generalprävention)* que impõe esta solução.

Para Wolter podemos portanto confiar no imprevisível ou no acaso – por exemplo que o outro condutor que se aproxima em sentido contrário é um especialista em *crash* (considerada, repita-se, uma circunstância impeditiva não-ocasional). O "poder confiar" acaba por não depender exclusivamente do sujeito-agente, mas da capacidade da vítima potencial (neste caso do condutor que circula em sentido contrário).

Do exposto resulta que o conceito de "circunstância impeditiva ocasional", de que parte o Autor, cuja superveniência permite afirmar o perigo concreto, é extremamente restritivo. Carácter restritivo este que se

---

[351] "Konkrete Erfolgsgefahr und konkreter Gefahrerfolg im Strafrecht – OLG Frankfurt, NJW 1975, 840", cit., p. 750.
[352] V., por exemplo, *Objektive und Personale Zurechnung von Verhalten, Gefahr und Verletzung in einem funktionalen Straftatsystem*, cit., p. 229.

estende ao próprio conceito de perigo concreto que, na prática, quase coincide com o preenchimento de um tipo de dano – até porque Wolter parte de uma definição da área de influência do perigo em termos tais que quase se identifica com a área da lesão correspondente. Este conceito limitado do perigo concreto, com resultados bem próximos aos de Horn, põe em causa a função do crime de perigo, enquanto antecipação da tutela penal. Há também em Wolter uma sobrerestrição do conceito de perigo concreto.

Um pequeno *corpus* de casos analisados por Wolter à luz da sua tese sobre o juízo de perigo concreto permitirá pôr em evidência esta conclusão.

Recorde-se o caso 11 – o do automobilista *A* que não deixa a distância mínima de segurança em relação ao condutor da frente *B*. Entende Wolter[353] que *A* criou um "risco adequado de perigo" de dano, mas *B*, por acaso, ainda não entrou na área de influência da fonte de perigo. Isto porque *B* não abrandou por acaso. Logo, em seu entender, está excluído o perigo concreto, enquanto "crise de existência", e a consequente punibilidade nos termos de um crime de perigo concreto consumado, visto que a não-entrada, ainda que ocasional, do bem jurídico naquele âmbito de perigo impede a consideração da existência do evento de perigo.

Ainda que o objecto da acção tivesse entrado no âmbito de perigo do risco adequado de perigo, se se provar – através do segundo juízo de adequação – que ainda era possível o salvamento do bem jurídico, então, só existirá um perigo concreto se a não ocorrência da lesão do bem jurídico depender de uma "alteração súbita", ou seja, de medidas salvadoras ou de forças da natureza extraordinárias e ocasionais.

E para fazer este segundo juízo de adequação o julgador deverá ter em conta todas as circunstâncias de facto existentes no momento do prognóstico que fundamentem as hipóteses de salvamento, ainda que só conhecidas *ex post*[354].

---

[353] *Objektive und Personale Zurechnung von Verhalten, Gefahr und Verletzung in einem funktionalen Straftatsystem*, cit., pp. 241 ss., e "Konkrete Erfolgsgefahr und konkreter Gefahrerfolg im Strafrecht – OLG Frankfurt, NJW 1975, 840", cit., p. 752.

[354] Neste caso 11 defende Jakobs a imputação de um crime de perigo abstracto – conduzir não respeitando a distância mínima de segurança relativamente ao condutor da frente é um comportamento não permitido *per se*. Assim, não pune o agente por um

Atente-se ainda no seguinte caso, muito parecido ao do polícia (caso 10) de Horn:

(15) "Caso do bloqueio policial": um automobilista *A* prepara-se para forçar um bloqueio policial, dirigindo-se velozmente no seu carro em direcção a um polícia *B* que barra a estrada; *B* salva-se, dando um passo ou um salto para a berma.

A questão de saber se existe, ou não, um resultado de perigo concreto é equacionada da seguinte forma por Wolter: se o sujeito passivo *B* já se encontrar na área de influência do perigo de tal forma que a inocorrência do dano depende de uma medida de salvamento extraordinária – o polícia tem de realizar um salto arrojado, que exige um "elevado dispêndio de força" –, há perigo concreto.

Se, pelo contrário, para evitar a investida do automobilista *A* bastar, por exemplo, um pequeno passo lateral sem qualquer esforço do polícia *B*, já não haverá perigo[355].

---

crime de resultado, sob pena de se conceber, em alguns casos, o crime negligente de resultado como uma mera etiqueta para o crime de perigo abstracto (com um resultado como condição objectiva de punibilidade). Mas, o Autor mais não faz do que deslocar a análise do caso para o plano da imputação subjectiva. Explicitando, Jakobs considera que um dos problemas dos comportamentos uniformes de massas, característicos da sociedade moderna, é o facto de que alguns comportamentos *per se* são considerados perigosos, mas de forma mínima, no entanto quando praticados em massa é incrementado o seu carácter perigoso. E esta ubiquidade do comportamento conduz a uma inevitável familiarização com o risco – sob pena de se pôr em causa a participação na vida em sociedade, pois qualquer um de nós pode ser uma vítima potencial –, o que implica da parte de quem se comporta mal, uma "falta de cognoscibilidade subjectiva como requisito da negligência", ou seja, a "ubiquidade obriga a uma atitude que já não permite uma relação subjectiva com o resultado". Logo, afasta a imputação de um crime de resultado. *V. La Ciencia del Derecho Penal ante las Exigencias del Presente*, cit., pp. 21-22.

[355] Assim também se pronuncia Wolter na hipótese de um polícia, numa "operação stop", intuitivamente e sem dificuldade se desviar de um veículo que segue na sua direcção. V. "Konkrete Erfolgsgefahr und konkreter Gefahrerfolg im Strafrecht – OLG Frankfurt, NJW 1975, 840", cit., p. 753, sob a n. 68.

Vejamos, por último, um caso que Wolter[356] reporta, e comenta, e que tem o particular interesse de ser real, tendo suscitado uma decisão judicial do OLG de Frankfurt[357]:

(16) Caso do guarda da passagem de nível (*Bahnschranken-Fall*): o guarda de uma passagem de nível foi avisado, através de um telefone de linha, da saída de um comboio de mercadorias da estação vizinha; o guarda inscreveu o registo no respectivo livro e voltou a ocupar--se das suas palavras cruzadas; deste modo, não viu o aviso óptico (uma luz vermelha na casa do guarda) quando o comboio ultrapassou um contacto 2 kms antes da passagem de nível, nem ouviu um sinal acústico, como último aviso para o guarda fechar as cancelas; o guarda não fez nada; quando o comboio se aproximou da passagem de nível, a 80 kms à hora, a 100-150 metros, *A*, que estava com *B*, atravessou com o seu automóvel a passagem de nível com as cancelas abertas; *A* estava à conversa com *B* e só em cima da passagem de nível é que reparou no comboio a aproximar-se, que atravessou a passagem de nível 4-6 segundos mais tarde; estava escuro; os faróis tanto do comboio como do automóvel estavam acesos.

Em termos sumários, o OLG de Frankfurt condenou o guarda da passagem de nível por considerar existir um resultado de perigo concreto, baseando a decisão de perigo em "possíveis reacções de susto que existem por experiência (por exemplo, uma travagem 'instintiva') e no perigo aumentado pela assustabilidade especial do condutor *A* para adoptar um comportamento errado fatal".

De modo diverso, e de forma crítica, Wolter nega a existência de uma *Erschütterung* (de uma "crise de existência" para o bem jurídico), recorrendo à seguinte argumentação: *A* salva-se pelo simples facto de, apesar de distraído e de não se ter apercebido da aproximação do comboio, prosseguir a marcha. Ora, *A* não realiza qualquer manobra impeditiva extraordinária, o que já seria suficiente para afirmar o perigo. Ou seja, para evitar a ocorrência do dano para o bem jurídico não foi necessário qualquer medida de salvamento extraordinária do agente, da vítima

---

[356] "Konkrete Erfolgsgefahr und konkreter Gefahrerfolg im Strafrecht – OLG Frankfurt, NJW 1975, 840", cit., pp. 748 ss.
[357] É uma decisão de 18.12.1974, publicada *in NJW*, 1975, a pp. 840 ss.

potencial ou de terceiro, ou até a intervenção de uma força da natureza surpreendente.

Inversamente, já se poderia falar de uma "crise de existência" para o bem jurídico se o automobilista *A* tivesse que realizar uma "manobra de desvio muito arriscada e contrariamente a qualquer expectativa com resultado feliz, 'como por um milagre', salva a sua vida".

Se bem julgamos, a solução apresentada por Wolter para este caso revela a impossibilidade de tomar como sinónimos "circunstância impeditiva ocasional" e "medida de salvamento extraordinária ou arriscada". Pelo contrário, pode configurar-se como "circunstância impeditiva ocasional" uma "medida de salvamento" não extraordinária ou particularmente arriscada. Por exemplo, continuar a conduzir ao mesmo ritmo e assim evitar o atropelamento pelo comboio. Logo, neste caso, deveria afirmar-se o perigo concreto de resultado.

Ainda no mundo germânico, um conceito objectivo e normativo-concreto de perigo é igualmente construído por Ostendorf[358]. Em relação à informação necessária para falar do perigo, o Autor afirma que deve valer todo o saber que existe no momento do julgamento, sublinhando, na esteira de Wolter, a importância da consideração das especiais "possibilidades de impedimento do perigo" (*Gefährdungsverhinderungsmöglichkeiten*) tanto do agente, como da vítima ou de terceiro. Esta compreensão parece apontar no sentido de o julgador, no contexto da sentença, publicar o juízo de perigo que faz com a informação adquirida também nesse momento, coincidindo, assim, o "tempo externo" com o "tempo da constituição da base da informação do juízo de perigo".

Também considera, agora na linha de Schröder, o *bestmöglicher Beurteiler* como o critério de agente relevante para a apreciação do perigo, defendendo igualmente o Autor possíveis limitações da responsabilidade penal em sede de análise do tipo subjectivo.

No que diz respeito à intensidade do perigo relevante afirma Ostendorf que o resultado de perigo tem que estar numa "proximidade imediata para com o resultado de dano" (*unmittelbare Nähe zum Verletzungserfolg*), no sentido de que o bem jurídico protegido tem de entrar numa "crise de existência que se orienta ao dano", que só não ocorre por mero acaso. O momento essencial da ilicitude do perigo é a "não-dominabilidade do curso de perigo" (*Unbeherrschbarkeit des*

---

[358] Para maiores desenvolvimentos, *vide* o seu artigo de síntese "Grundzüge des konkreten Gefährdungsdelikts", cit., em esp. pp. 428-430 e 433 (para uma formulação de teses).

Gefährdungsverlaufs ou *Nichtbeherrschbarkeit der Gefahrentwicklung*) até ao resultado, isto é, até ao dano do objecto da acção penalmente protegido.

Cramer também trabalha com os conceitos de "dominabilidade", "acaso" e "circunstâncias não habituais" para afirmar a existência do perigo. Para o Autor, o perigo concreto significa um estado no qual existe uma "possibilidade não longínqua" (*nicht fernliegende Möglichkeit*) de dano para um objecto concreto – o que acontece quando o agente não domina os efeitos da situação criada pelo seu comportamento, isto é, "a ausência ou a ocorrência do dano apenas depende do mero acaso" (o que corresponde à intervenção de "circunstâncias não habituais")[359].

Estas propostas normativas desenvolvidas na literatura penal alemã têm sido acolhidas pela doutrina espanhola. Assim, por exemplo, Rodríguez Montañés[360], que também recorre às ideias de "dominabilidade" do curso causal, "meios normais" de defesa e "acaso" para definir o perigo concreto; e Méndez Rodríguez[361], que adere ao critério de Ostendorf (o da *Unbeherrschbarkeit des Gefährdungsverlaufs*) – como é admitido aliás e expressamente pela Autora –, afirmando que há um resultado de perigo quando é criada uma situação "cuyo desarrollo escapa al control del agente".

2. Doutrina italiana: a teoria da "base ontológica total *ex ante*" de Angioni

Na moderna doutrina penalista italiana, fixe-se a teoria de perigo de Francesco Angioni, o Autor que nos últimos anos trabalhou de forma mais aprofundada o conceito de perigo concreto entre os italianos[362].

---

[359] V., do Autor, num apontamento de síntese, "Vorbemerkungen zu den §§ 306 ff.", cit., nm. 5, e *Straßenverkehrsrecht, Bd. I: StVO – StGB*, 2. Aufl., München, 1977, pp. 716 ss.

[360] *Delitos de Peligro, Dolo e Imprudencia*, cit., pp. 37 ss.

[361] *Los Delitos de Peligro y sus Técnicas de Tipificación*, cit., p. 122.

[362] Referimo-nos naturalmente aos seus já citados dois volumes do *Pericolo Concreto*, dedicados à análise detalhada do elemento objectivo da *fattispecie* de perigo concreto. Para os desenvolvimentos que se seguem, v. *Il Pericolo Concreto come Elemento della Fattispecie Penale*, I, cit., em esp., pp. 40 ss. e 95 ss., e *Il Pericolo Concreto come Elemento della Fattispecie Penale*, II, cit., pp. 7 ss. Para uma resenha bibliográfica, v. Cristina Barbieri, "Rassegna Bibliografica a Angioni F., Il Pericolo Concreto come Elemento della Fattispecie Penale, I, Chiarella: Sassari, 1981 (pp. 156); II, Chiarella: Sassari, 1984 (pp. 218)", in *RItalDPP*, 1987, pp. 655-659.

O seu modelo de *accertamento* do perigo é construído essencialmente a partir de uma revisão crítica das propostas da doutrina alemã e, bem assim, da *Relazione* italiana apresentada no já mencionado Colóquio Preparatório do X Congresso Internacional de Direito Penal[363].

---

[363] Em termos sumários, a *Relazione* italiana parte da bipolarização normativa em *fattispecie di condotta pericolosa* e *fattispecie di evento di pericolo* – distinção em razão da inserção do perigo na estrutura das normas penais – para trabalhar com dois índices temporais distintos de *accertamento* do perigo. Assim, em relação aos tipos de comportamento perigoso (em que o perigo é ou pressuposto da conduta ou qualificação da conduta ou objecto material da conduta) vale um juízo reportado ao momento da execução da acção (um juízo *ex ante*). Aqui, a informação necessária para falar do perigo é constituída, digamo-lo com recurso às palavras do Relator, pelas "circostanze che in base all'esperienza erano conoscibili allorché fu realizzata l'azione, ed in più quelle ulteriori, per avventura conosciute dall'agente. Tutte le altre circostanze, successivamente verificatesi, o alla conoscenza delle quali si può arrivare soltanto *ex post*, non possegono rilevanza di sorta nella qualifica di una condotta proibita proprio". Quanto aos tipos de evento de perigo (em que o perigo é evento em sentido técnico ou condição de punibilidade) vale, por sua vez, um juízo de perigo reportado ao momento do evento típico (um juízo *ex post*). A base da informação do juízo é, então, alargada a todas as circunstâncias de facto existentes no momento da verificação do resultado da acção, o evento de perigo. Enquanto para a apreciação da acção perigosa relevam só as circunstâncias geralmente reconhecíveis no momento da acção; diferentemente, para a apreciação do evento de perigo são consideradas todas as circunstâncias existentes no momento do evento geralmente reconhecíveis, ou não. V., para maiores desenvolvimentos, Gallo, "I Reati di Pericolo", cit., pp. 3 ss., texto que, publicado em versão francesa *in RIDP*, N.os 1 e 2, cit., a pp. 203 ss., constitui a *Relazione* apresentada pela Comissão italiana no Colóquio. Mas, porquê este pluralismo de critério no recorte da base da informação dos dois juízos de perigo? Qual é o fundamento para num caso ter apenas em conta as circunstâncias geralmente reconhecíveis no momento de que o juízo fala e no outro todas as circunstâncias existentes no momento de que o juízo fala, geralmente reconhecíveis, ou não, nesse momento? É um campo interrogativo que fica por esclarecer. Acresce que esta teoria pressupõe, naturalmente, a exequibilidade prática da distinção entre tipos de acção e tipos de evento de perigo, o que nem sempre resulta evidente da análise dos diversos tipos legais de crime. Para uma análise também crítica desta proposta italiana, v. Angioni, *Il Pericolo Concreto come Elemento della Fattispecie Penale*, I, cit., pp. 67 ss.; e Giusino, *I Reati di Pericolo tra Dogmatica e Politica Criminale*, cit., pp. 325 ss. V. também, e agora entre os espanhóis, Méndez Rodríguez, *Los Delitos de Peligro y sus Técnicas de Tipificación*, cit., pp. 179 ss. Registe-se, a título de parênteses, que diferentemente os relatórios nacionais da Finlândia (por Pekka Koskinen), Grécia (por Demetre Karanikas), Polónia (por Leszek Lernell) e, especialmente, Bélgica-Luxemburgo (por Séverin-Carlos Versele), apresentados no Colóquio Preparatório do X Congresso Internacional de Direito Penal – e contrariamente aos da Alemanha (por Schröder) e Itália (pelo *Centro Nazionale di Prevenzione e Difesa Sociale*) – propõem

Para a verificação do perigo, Angioni defende um juízo, por um lado, *ex ante* e, por outro, póstumo. Um juízo *ex ante*, relativamente *a cose fatte*, ou ao "epílogo final", reportado, portanto, ao momento do facto; e póstumo, pois efectuado sucessivamente ao facto. É, por isso, um juízo retrospectivo e prognóstico.

Importa determo-nos um pouco, quanto ao tempo do juízo de perigo, sobre a contraposição entre os termos *ex ante/ex post* em Angioni.

Angioni contrapõe os termos "ex ante" e "ex post" com um sentido específico. O Autor considera o juízo *ex ante* por referência ao momento precedente ao momento temporal em que se desenvolve o processo penal e em que o resultado de dano – termo final do juízo de perigo – se verificou ou não (o momento da lesão ou não-lesão)[364]. O juízo *ex post* é entendido completamente *a posteriori, a cose fatte*, isto é, indexado ao momento em que o curso dos acontecimentos está definitivamente concluído e o resultado de dano ou se verificou ou já não é verificável. Há, portanto, uma extensão do significado "ex ante" do juízo.

Mas Angioni rejeita a equivalência entre o critério *ex post* e o momento do processo penal (no sentido de o dano se verificar ou já não se poder verificar) em termos absolutos, porque quer incluir uma situação, *sempre trascurata dalla dottrina*, em que no momento do processo penal o resultado de dano não se verificou, mas não se pode excluir que possa vir a verificar-se como efeito da conduta objecto do juízo de perigo.

---

uma apreciação do perigo com recurso a critérios *ex ante* e gerais próprios da teoria da causalidade adequada. V., de novo, *RIDP*, N.ºs 1 e 2, cit., respectivamente, a pp. 115 ss., 135 ss., 215 ss., 55 ss., 7 ss. e 203 ss.

[364] Este aspecto fundamental da concepção de Angioni – o do repúdio de um critério de *accertamento* do perigo *a posteriori* que tenha em consideração o epílogo efectivo que consiste na verificação, ou não, do dano – merece a concordância, também na doutrina italiana, de Giusino, *I Reati di Pericolo tra Dogmatica e Politica Criminale*, cit., p. 346. E evita as críticas às concepções do perigo concreto trabalhadas pela doutrina alemã que passam pela verificação da ocorrência ou inocorrência do dano e, neste caso último, até pela investigação das causas para a sua não ocorrência. Com efeito, a validade prática e teórica da proposição da natureza *ex post* do juízo de perigo naqueles termos – como juízo de certeza acerca da ocorrência da lesão ou da inocorrência da lesão – é, como vimos, extremamente discutível. No plano prático, a afirmação do perigo fica dependente da averiguação do dano (se ocorreu ou se já não pode ocorrer). Do ponto de vista teórico, põe consequentemente em causa a noção penal de perigo e a autonomia do juízo de perigo que pressupõem precisamente a incerteza quanto à verificação do dano.

Ilustremos com o seguinte exemplo do Autor: no caso de substâncias radioactivas presentes numa determinada zona contaminada podem decorrer vários anos até que se possa verificar com certeza a presença ou a ausência de efeitos danosos para os respectivos habitantes. Neste caso não se pode afirmar que no momento do processo o juízo seja *ex post* naquele sentido de que o dano ou ocorreu ou já não pode ocorrer. Nesta hipótese, o juízo não é de facto *ex post* (isto é, um juízo de certeza: lesão ou não-lesão), mas consiste antes numa prognose, sobre o desenvolvimento futuro do curso dos acontecimentos, com a particularidade portanto de não ser póstumo. Mas, não se trata também de um juízo *ex ante*; é sim, segundo Angioni, um juízo *ex praesenti tempore*[365].

Este esclarecimento do Autor permite que em face de comportamentos cujos efeitos se prologam no tempo possa acontecer que o "tempo interno" e o "tempo externo" do juízo de perigo coincidam.

Relativamente ao parâmetro da base da informação (potencial[366]) do juízo de perigo, propõe Angioni que esta seja integrada por todas as circunstâncias ontológicas existentes no momento do facto típico (objecto do juízo de perigo) – seja qual for o momento do seu conhecimento – que é um momento temporal precedente em relação ao momento em que o resultado de dano (termo de referência do perigo) se realizou ou já não se pode realizar[367]. É este portanto o tempo da constituição da base da informação do juízo.

---

[365] V. *Il Pericolo Concreto come Elemento della Fattispecie Penale*, I, cit., pp. 63 ss. e, em esp., p. 66, sob a n. 73.

[366] O Autor, *Il Pericolo Concreto come Elemento della Fattispecie Penale*, I, cit., pp. 95-96, e sob a n. 4, e 132, distingue entre "base potencial do juízo" e "base real do juízo". A "base potencial do juízo" compreende todas as circunstâncias que podem ser tidas em consideração no caso concreto. A "base real do juízo" é mais restrita, pois é a especificação no caso concreto da base potencial, integrando as circunstâncias singulares relevantes no caso concreto. E a relevância ou não de uma circunstância verifica--se à luz do "metro del giudizio" (critério do juízo), isto é, das leis da experiência.

[367] Contra, v. Giusino, *I Reati di Pericolo tra Dogmatica e Politica Criminale*, cit., em esp. pp. 368 ss. O Autor exige que todas as circunstâncias capazes de afirmar o perigo existam no momento do facto típico (isto é, no da conduta perigosa ou no do evento de perigo, excluindo o epílogo) e sejam objectivamente previsíveis para um observador *avveduto*, colocado na situação espácio-temporal do agente e dotado também dos seus conhecimentos particulares. Esta exigência da existência das circunstâncias no

Vale, portanto, um juízo *ex ante*, por referência ao momento da existência das circunstâncias – o momento do facto objecto do juízo –, e *póstumo*[368], por referência ao momento do conhecimento das circunstâncias, pois pode ser posterior ao da sua existência.

Assim se alcançaria, nas palavras do Autor, uma "base ontológica total *ex ante*"[369].

Reconhecendo Angioni que esta proposta relativa à base ontológica do juízo de perigo pode suscitar críticas polarmente opostas, por ser simultaneamente demasiado restrita e demasiado ampla, vê-se o Autor[370] perante a necessidade de proceder, por esclarecimento, à realização de duas operações de sinal contrário relativamente às circunstâncias existentes no momento do facto: uma de ampliação e outra de restrição, sob pena de a "base ontológica total *ex ante*" relativizar o carácter matricial do juízo de perigo que é de probabilidade e não de certeza.

Assim, Angioni alarga a base da informação do juízo de forma a abranger também as circunstâncias futuras, relativamente ao momento escolhido para o juízo (que, repita-se, é sempre *ex ante* relativamente ao epílogo), em relação a cuja existência é possível um juízo de certeza, à luz da experiência ou das circunstâncias presentes. O juízo de perigo não pode deixar de ter em conta estas circunstâncias futuras certas implícitas na situação presente, que são portanto consideradas como se

---

momento do facto não se estende todavia às circunstâncias que excluem a existência do perigo: a este respeito são já também tidas em consideração as circunstâncias existentes e conhecidas *ex post* do facto típico (mas de qualquer forma antes do epílogo), desde que a sua intervenção seja previsível, parece-nos. Fica todavia por esclarecer esta distinção no recorte da base da informação do juízo de perigo em razão da natureza das circunstâncias: entre tais que fundamentam o perigo e tais que excluem o perigo.

[368] Para evitar eventuais equívocos, o Autor prefere utilizar o termo "póstumo", em vez de "ex post".

[369] *Il Pericolo Concreto come Elemento della Fattispecie Penale*, I, cit., p. 100, ou, melhor, "tendencialmente total" (já veremos de seguida, em texto, porquê), *Il Pericolo Concreto come Elemento della Fattispecie Penale*, II, cit., p. 35.

[370] *Il Pericolo Concreto come Elemento della Fattispecie Penale*, I, cit., p. 100 e, para uma recapitulação, pp. 118-119.

fossem circunstâncias presentes[371]. Excluem-se as circunstâncias futuras possíveis-prováveis e, evidentemente, as circunstâncias futuras impossíveis[372].

Vice-versa, a base do juízo não pode compreender todas as circunstâncias existentes no momento do facto. Assim, segundo Angioni, é excluído o próprio epílogo, ou seja, a lesão, para além das circunstâncias posteriores ao momento do facto. Mas, se bem julgamos, o "epílogo final" não estava já logicamente excluído por ser uma "circunstância futura possível-provável"? Mais até: as "circunstâncias posteriores ao momento do facto", de que o dano é um exemplo, não estavam já igualmente excluídas em virtude da tomada de posição prévia do Autor a favor de um *accertamento* do perigo *ex ante* e não *ex post*, "a cose fatte"? A natureza prognóstica do juízo de perigo e a autonomia conceitual do perigo não impõem que assim seja?

Há ainda limitações inerentes ao critério do observador-modelo a considerar – um "osservatore ideale dotato della massima conoscenza nomologica immaginabile"[373]. Ou seja, fazem parte da base concreta do juízo "solo quelle [circostanze] che si è riusciti a individuare e calcolare, quelle insomma conosciute"[374]. Isto porque o sujeito julgador "benché confortato dalla massima capacità cognitiva della sua epoca e senza limitazioni di sorta nell'operazione di acquisizione dei dati, spesso non riesce ad appurare tutte le circostanze presenti rilevanti nel caso concreto: e ciò per la finitezza congenita delle umane possibilità cognitive"[375].

---

[371] Como nota Angioni, se hoje é sábado, amanhã será necessariamente domingo – ao sábado segue-se o domingo. Assim, se no sábado surge a ameaça de uma acção terrorista para o dia seguinte numa exploração mineira, o juízo de perigo, no momento da ameaça, não pode deixar de ter em conta a circunstância de que amanhã é domingo, dia em que a mina está deserta.

[372] A ampliação nestes termos da base do juízo de perigo é extremamente complicada, pois, como é percebido aliás por Angioni, implica "um novo juízo prognóstico ou de probabilidade" dentro do juízo de perigo sobre o grau de probabilidade da verificação de circunstâncias futuras, *Il Pericolo Concreto come Elemento della Fattispecie Penale*, I, cit., pp. 102-104.

[373] V., agora, *Il Pericolo Concreto come Elemento della Fattispecie Penale*, I, cit., p. 141.

[374] A transcrição é de *Il Pericolo Concreto come Elemento della Fattispecie Penale*, I, cit., p. 117 (intercalado nosso).

[375] *Il Pericolo Concreto come Elemento della Fattispecie Penale*, I, cit., p. 118.

Mas, não serão estas limitações também inevitáveis, aqui pela própria natureza humana? Se bem vemos, não correspondem senão ao reconhecimento de que só é exequível o critério do "homem-ideal" no sentido de "ideal-relativo".

Invoca ainda o Autor, sem maiores desenvolvimentos, que por razões teleológicas da concreta norma incriminadora "sembrerebbe che si debba operare una qualche forma di astrazione, tutte le volte in cui si è difronte a fatti per i quali vige il principio di predeterminazione, sicchè la considerazione della situazione nella totalità delle sue circostanze concrete condurrebbe necessariamente a pronosticare con certezza l'epilogo, e non vi sarebbe spazio per asserzioni di probabilità"[376]. Parece-nos haver aqui alguma abstracção no receio da causalidade.

Mas, linearmente e socorrendo-nos da forma interrogativa: porquê todo este esforço hermenêutico de Angioni em jeito de auto-justificação da sua "base ontológica total"? Cremos que a base ontológica do juízo de perigo é total em relação ao cognoscível por certo sujeito, num determinado momento; não pode ser, naturalmente, total em absoluto... Logo, nunca há certezas![377]

Relativamente ao "critério do juízo", que na nossa convenção terminológica, recorde-se, corresponde à base nomológica do juízo de perigo, Angioni defende uma interdependência entre o conjunto da informação necessária para falar do juízo de perigo – portanto, entre a base ontológica e a base nomológica. Neste sentido, aquelas limitações à base ontológica do juízo de perigo, reflectir-se-ão forçosamente no recorte da base nomológica do juízo[378].

Assim, a base da informação nomológica do juízo deve ser integrada pelas regras da experiência do tipo probabilístico, já existentes no momento da prática do facto típico, ainda que só conhecidas ou até descobertas num momento posterior. Esta dedução no entanto aplica-se apenas para as leis científicas que dizem respeito a fenómenos físicos (ou seja, determinísticos) – as leis da natureza – enquanto existem sem-

---

[376] *Il Pericolo Concreto come Elemento della Fattispecie Penale*, I, cit., p. 119.

[377] Em abono da verdade, este aspecto é percebido aliás pelo Autor, *Il Pericolo Concreto come Elemento della Fattispecie Penale*, I, cit., pp. 106 ss. e, em esp., pp. 115 ss.

[378] Para maiores desenvolvimentos, *v.*, de novo, *Il Pericolo Concreto come Elemento della Fattispecie Penale*, I, cit., pp. 121 ss.

pre, sem validade espácio-temporal[379]. Por contraposição ao segundo tipo de regras da experiência, as concernentes aos fenómenos psicológicos e sociais (isto é, relativamente indeterminísticos) – as normas convencionais prescritivas (jurídicas, morais, pedagógicas, costumeiras, etc.) ou do progresso tecnológico – que são um produto da criatividade humana, porque inventadas num certo momento, determinável espacial e temporalmente e que não podem, por isso, ser tidas em conta caso sejam formadas depois do facto objecto do juízo. A este respeito, só são consideradas as existentes no momento do facto típico[380].

Como resulta da exposição, o Autor fala em "momento do facto típico" como o momento a que se deve reportar o juízo de perigo – o que corresponde ao nosso "tempo interno". Mas que momento é este?

Neste concreto ponto, e na justa medida em que Angioni[381] parte de uma orientação de prevenção geral em que as normas incriminadoras de perigo devem consistir, atribuindo-lhes, portanto, uma função político--criminal de reforço da tutela dos bens jurídicos através de um efeito de prevenção geral, o Autor faz depender estranhamente o momento em que houve perigo ou em que se diz ter-se constituído perigo relevante da base da informação do próprio juízo.

Ouçamos o Autor:

"[...] la scelta del momento valido per il giudizio, all'interno di una serie di momenti tutti teoricamente assumibili, verrà a cadere su quello fra essi che consenta la prognosi indicante la maggiore misura di possibilità di verificazione dell'evento lesivo. Ossia, non potendosi preferire a priori un momento a scapito degli altri, l'operazione di scelta procederà induttivamente in via di esclusione, e alla fine sarà

---

[379] Criticamente, *v.* Giusino, *I Reati di Pericolo tra Dogmatica e Politica Criminale*, cit., pp. 354-355.

[380] Duas notas: de uma parte, parece não existir a final uma interdependência entre as duas bases da informação do juízo de perigo, visto que o critério utilizado para recortar a base nomológica é diferente do proposto para a delimitação da base ontológica, atenta a distinção que Angioni faz em razão do tipo de regras da experiência em causa. De outra, integra o Autor na base nomológica do juízo leis causais – um tipo de leis universais ou de certeza –, que, a nosso ver, são irrelevantes no domínio do perigo, precisamente porque encerram um juízo de certeza (e não de incerteza) quanto à verificação do resultado de dano.

[381] *Il Pericolo Concreto come Elemento della Fattispecie Penale*, II, cit., pp. 33 ss.

privilegiato il momento del giudizio corrispondente a quella base del giudizio che comporti fra tutte le altre la prognosi più sfavorevole"[382].

É este o momento que assegura a maior eficácia geral-preventiva aos tipos legais de perigo.

Para esclarecer o significado e o alcance da escolha deste momento do juízo, Angioni distingue três categorias de casos ou situações-tipo em razão do momento temporal em que se pode realizar o efeito de dano: (i) com evento diferido com intervalo fixo – "ipotesi in cui il potenziale risultato dannoso potrà verificarsi solo a percettibile distanza di tempo dal fatto base, con scadenza predeterminata" (por exemplo, o caso da bomba nos correios – o caso 7); (ii) com evento diferido com intervalo variável – "ipotesi in cui il potenziale risultato dannoso si può verificare solo successivamente al fatto base ma in un qualsiasi momento di un arco di tempo anche vasto" (o caso, discutido na Comissão de Reforma do StGB[383], do canhão defeituoso que pode rebentar e portanto lesar quem o usa, no momento em que se começa a pô-lo a funcionar, e não, pelo contrário, durante o período da sua construção ou do seu transporte para o lugar de utilização); (iii) com evento (quase) simultâneo – "ipotesi in cui l'eventuale risultato dannoso – se si verifica – si verifica simultaneamente (o quasi) al fatto base" (exemplos: o disparo de um tiro em direcção a uma pessoa ou o lançamento de um engenho explosivo contra um grupo de pessoas).

Ora, em relação a este caso último (iii), em que a lesão é (quase) simultânea ao facto, o Autor não tem dúvidas em escolher como momento do juízo o momento do próprio facto[384].

---

[382] *Il Pericolo Concreto come Elemento della Fattispecie Penale*, II, cit., p. 40.

[383] *Niederschriften über die Sitzungen der Großen Strafrechtskommission*, 8. Bd., Besonderer Teil, 76. bis 90. Sitzung, cit., p. 431.

[384] Neste caso, a apreciação *ex ante* defendida pelo Autor não é mais do que uma apreciação *ex post*. Ou melhor: o resultado sobre o perigo a que se chega com base num juízo *ex ante* que tem em consideração todas as circunstâncias existentes no momento do facto é idêntico ao que se chegaria através de um juízo *ex post*. Também de forma crítica, v. Giusino, *I Reati di Pericolo tra Dogmatica e Politica Criminale*, cit., pp. 346 ss. O próprio Angioni não deixa de reconhecer esta evidência quando afirma que em relação às hipóteses de evento (quase) simultâneo a diferença entre um juízo *ex ante* e um juízo *ex post* tende a anular-se, já que o momento da conduta tende a coincidir com o do resultado de dano (lesão ou não lesão), sendo impossível afirmar o perigo sem a

No que diz respeito às outras duas categorias de casos – com evento diferido com intervalo fixo (i) ou com evento diferido com intervalo variável (ii) –, a que teoricamente podem corresponder diferentes momentos para o juízo de perigo, segundo Angioni, apenas se sabe que o tempo do juízo é sempre *ex ante*, relativamente ao "epílogo", isto é, à lesão (ou ao momento em que a lesão já não se pode verificar). Mas, quanto ao resto e por palavras do Autor:

"[...] nella gamma dei momenti in cui si svolge la condotta (nella fattispecie di condotta pericolosa) o permane l'evento (nella fattispecie di evento pericoloso) o che vanno da quello della fine della condotta a quello precedente l'epilogo (nella fattispecie di evento di pericolo), si sceglierà fra tutti il momento che comporti la prognosi indicante la più alta possibilità di verificazione dell'evento lesivo. Con il corollario che il momento del giudizio può essere in ipotesi fissato (beninteso, entro un limite anteriore che varia a seconda delle classi di fattispecie ora indicate) anche a grande distanza temporale dal momento in cui l'evento lesivo si verificherà o non potrà più verificarsi"[385].

---

correspondente lesão. Ainda assim é possível, segundo Angioni, identificar uma fracção de tempo mínima onde se diferencia uma apreciação *ex ante* de uma apreciação *ex post*, o que fará variar a respectiva base do juízo através da consideração de factores (relativamente) indeterminísticos (comportamentos humanos), entre a acção e o dano (por exemplo, A que aponta a arma contra B pode errar a mira e não atingir o alvo), e permitirá deste modo falar num juízo de probabilidade (isto é, de perigo), por contraposição ao juízo de certeza (ou seja, de lesão ou não-lesão). Se não for possível fazer esta distinção no caso concreto devido a uma absoluta simultaneidade entre a conduta e o efeito (em alguns casos de explosão, por exemplo), o Autor propõe, então, sob pena de se identificar a lesão e o perigo, uma restrição da base do juízo de perigo que passa de total a parcial em virtude de uma *qualche astrazione*. É o reconhecimento do abandono do critério da base total *ex ante*. Para maiores desenvolvimentos, *v.*, do Autor, *Il Pericolo Concreto come Elemento della Fattispecie Penale*, II, cit., pp. 39 ss.

[385] *Il Pericolo Concreto come Elemento della Fattispecie Penale*, II, cit., p. 51. Se bem vemos, Angioni afinal não deixa de variar o tempo do juízo de perigo em função da estrutura dos tipos de perigo (crimes de conduta perigosa, crimes de evento de perigo e crimes de evento perigoso), apesar de se manifestar criticamente em relação à proposta da *Relazione* que, recorde-se, assenta numa dicotomia normativa (*fattispecie di condotta pericolosa/fattispecie di evento di pericolo*).

Em relação à intensidade do perigo, Angioni[386] propõe uma análise das normas jurídico-penais de Direito positivo, para defender, sempre que possível, diversos graus de probabilidade em função não do valor do respectivo bem, mas sim da posição dos tipos de perigo individuais no âmbito do sistema penal: probabilidade baixa (conflui na classe de mera possibilidade, ou seja, não impossibilidade), média e alta.

Da análise da teoria de Angioni ressalta um aspecto, fundamental na sua construção, que é, a nosso ver, extremamente discutível. Estamos a pensar no "tempo interno" do juízo de perigo. Cremos que a escolha do momento que permite a *prognosi più sfavorevole* não condiz com a exigência de concretude do juízo de perigo requerida pelo Autor ao propor o critério da "base ontológica total *ex ante*".

E só é perceptível à luz de uma compreensão teleológica dos tipos de perigo como crimes que visam de forma imediata evitar resultados de dano, o que, como salientaremos mais adiante, é uma meia verdade.

Também nos casos em que o potencial resultado de dano só se poderá verificar sucessivamente ao facto base, mas num lapso de tempo vasto, a escolha daquele momento – um momento que em determinadas circunstâncias pode estar a uma grande distância temporal do momento em que o evento de dano se verificou ou já não se pode verificar – pode conduzir a uma excessiva antecipação da tutela penal, considerando determinados factos como crimes de perigo concreto que, na verdade, não o são.

Basta figurar como seria resolvido o caso do incêndio no edifício apalaçado reportado por Zieschang – o caso 6. À luz da tese de Angioni parece ser irrelevante a circunstância de o próprio agente *A*, que incendeia um quarto na parte poente do edifício, ter entretanto extinto o incêndio antes de este se propagar à parte nascente do mesmo edifício.

Ao adoptar o critério da prognose mais desfavorável para determinar o momento em que se considera realizado o facto, aquela circunstância afinal não é considerada, contrariamente ao que pretendia defender o Autor recorrendo ao critério da base ontológica total *ex ante*. O mesmo é dizer: há perigo concreto.

Perguntamos se a tese de Angioni não será afinal uma variante da doutrina tradicional que partia de uma aplicação rigorosa do critério

---

[386] *Il Pericolo Concreto come Elemento della Fattispecie Penale*, II, cit., pp. 85 ss.

ex ante, tão criticada por Angioni, mas com a particularidade de ser aplicada apenas em sentido desfavorável ao arguido[387].

3. Doutrina portuguesa

3.1. Enquadramento

Se olharmos para a doutrina penal portuguesa vemos que os crimes de perigo em geral, e os crimes de perigo concreto em particular, são essencialmente objecto de breves referências em obras de carácter geral que os manuais ou lições universitárias encerram. A excepção aponta para o tratamento da matéria em dois estudos monográficos – pensamos naturalmente na dissertação de doutoramento de José de Faria Costa e na dissertação de mestrado de Rui Pereira –, para além das referências que também se contam em alguns artigos entretanto publicados, sobretudo num de Paulo Pinto de Albuquerque e noutro de Augusto Silva Dias.

---

[387] Na doutrina italiana, também Giusino, *I Reati di Pericolo tra Dogmatica e Politica Criminale*, cit., pp. 346 ss., se manifesta criticamente em relação à escolha deste momento, mas não nos mesmos termos do texto. Para este Autor é incompreensível que não sejam consideradas as circunstâncias capazes de excluir o dano supervenientes à verificação da probabilidade do dano (mas anteriores ao momento da verificação do dano ou do afastamento definitivo da sua ocorrência). Giusino ressalva, no entanto, as circunstâncias que impedem o dano, cuja intervenção não seja previsível (com segurança ou com uma probabilidade particularmente elevada). Só estas circunstâncias é que não devem ser tidas em conta para a apreciação do perigo. Para o Autor, e a fim de salvaguardar o princípio da concretude do juízo de perigo, determinante é pois não o momento que permite a "prognosi più sfavorevole", mas o que permite a "prognosi più *completa*, cioè il momento cronologicamente più vicino (benché anteriore rispetto) all'epilogo". Esta objecção de Giusino merece, de imediato, três notas críticas. Primeira, se o perigo é a probabilidade do dano, como é que a intervenção de circunstâncias salvadoras num momento em que já existe o perigo negam o próprio perigo? Estas circunstâncias que excluem a ocorrência do dano, mas que intervêm após a verificação da probabilidade do dano, isto é, do perigo, só podem relevar para afastar o próprio dano. Segunda nota, relacionada com a primeira: a consideração das circunstâncias que excluem o dano supervenientes à verificação da probabilidade do dano não condiz com o afastamento de um critério de *accertamento* do perigo *a posteriori*, também defendido por Giusino. Terceira nota, esta proposta aproxima demasiado o conceito de perigo concreto do conceito de dano, podendo, na prática, levar a resultados diametralmente opostos aos do da teoria de Angioni – o que porá em causa, em determinados contextos, a autonomia do perigo concreto.

Como Eduardo Correia[388], Figueiredo Dias[389] e Teresa Beleza[390] seguem nas respectivas lições a classificação tradicional que distingue os crimes de perigo concreto dos crimes de perigo abstracto e nos termos já apresentados anteriormente, permitimo-nos remeter para o Capítulo I.1.

3.2. Beleza dos Santos

Começando pelos compêndios escolares e se folhearmos os respectivos índices, verificamos que os crimes de perigo são trabalhados, em geral, no âmbito da classificação das infracções penais ou dos tipos legais de crime, em função dos seus elementos ou da sua estrutura.

Verificamos também, como segundo denominador comum, que a definição de crime de perigo, em geral, e a distinção bipartida em crime de perigo abstracto e crime de perigo concreto, em particular, são feitas num espectro unívoco.

Assim, e começando por Beleza dos Santos, é a propósito da classificação das infracções sob o ponto de vista do dano ou do perigo que a sua consumação traduz que o Autor trata do perigo nas suas lições. Nas lições de 1935/36[391], Beleza dos Santos apenas enuncia sinteticamente o conceito de perigo como "uma situação tal que torna *provável a realização de um dano*, isto é, de uma *lesão de bens jurídicos*" e o perigo efectivo, enquanto elemento do crime, como "*probabilidade averiguada de certo dano*", o que pressupõe "verificar se os factos praticados pelo agente constituem ou não esse *perigo* segundo o que ensina a experiência comum ou aquilo que o agente conhece" (itálico do Autor).

Este critério da "experiência comum" é desenvolvido mais tarde pelo Autor nas suas lições de 1954/55[392], local onde Beleza dos Santos aprofunda o parâmetro da intensidade do perigo.

E fá-lo a partir da seguinte interrogação: bastará para a verificação do perigo a *simples possibilidade* de dano? Esta interpelação merece, em princípio – já veremos porquê esta reserva –, uma resposta negativa do

---

[388] *Direito Criminal, Vol. I*, cit., pp. 287-289.
[389] *Direito Penal*, cit., pp. 145-146.
[390] *Direito Penal*, 2.º Vol., cit., pp. 127-128.
[391] *Direito Criminal*, cit., pp. 274-275.
[392] *Lições de Direito Criminal*, cit., pp. 73 ss.

Autor, sob pena de se por em causa a vida em sociedade, visto que a "simples possibilidade" de lesão seria incompatível, por exemplo, com a circulação de automóveis ou com o funcionamento de fábricas de explosivos, actividades necessariamente perigosas naquela acepção.

São afastados por Beleza dos Santos os critérios que atendem "a uma média, a um *quid* normal" – tais como: "possibilidade próxima", "certo número de possibilidades fortes", "naquilo que acontece mais vezes do que deixa de acontecer" (critério matemático), "naquilo que sucede normalmente" (*id quod plerumque accidit*) – a favor de um critério de frequência. Assim, há perigo quando existir uma "possibilidade séria de lesão" (expressão que, no entanto, e diga-se já a título de parênteses, é mais uma perífrase das formulações que encerram um elevado grau de perigo penalmente relevante). Ou seja: há perigo quando "ao adoptar-se uma certa conduta, a frequência do dano for de tal ordem que, para evitar-se um tal dano, deva a conduta ser diferente ou devam tomar-se certas precauções".

Esta frequência deve ser avaliada segundo um critério de razoabilidade. Assim, e por palavras do Autor, "há perigo, quando, postas certas condições, há uma frequência tal no dano, que, *razoavelmente*, deve exigir-se ao agente uma conduta diversa".

E a averiguação da razoabilidade far-se-á segundo as regras da experiência comum – tem que ser razoável, segundo as regras da experiência comum, exigir-se ao agente uma conduta diversa –, atribuindo o Autor relevância também a conhecimentos especiais do agente que lhe permitam reconhecer como perigosa uma *conduta*. Há, então, perigo de dano também em hipóteses em que, contrariamente aos ensinamentos da experiência comum, aquilo que o agente conhece possibilita fundamentar a *perigosidade de um comportamento*[393].

A formulação do perigo nestes termos permitiria reflectir a elasticidade da própria noção de perigo que deve variar consoante a importância dos interesses ou valores ameaçados – se "são da mais alta importância, compreende-se que sejam menores as exigências para a existência do perigo". É de salientar já a sensibilidade do pensamento de Beleza dos Santos à relatividade do grau de perigo ao valor do bem jurídico em causa, que retomaremos mais à frente.

---

[393] O Autor parece predicar o perigo tão-só da acção.

Vejamos duas situações de perigo fornecidas por Beleza dos Santos: o automobilista que atravessa uma povoação em festa, com velocidade excessiva, ou que entra numa curva fora de mão – nestas circunstâncias é de temer que se produzam resultados danosos.

Mas, perguntamos, configurarão sempre situações de perigo concreto? Mesmo, e pensando nesta última hipótese – que corresponde ao caso da curva (o caso 1) – quando, por exemplo, não circula alguém em sentido contrário?

Pena é que o Autor não se tenha debruçado sobre os demais parâmetros do perigo: tempo do juízo, base da informação do juízo e modelo de agente, o que certamente contribuiria para clarificar este ponto.

Apesar daquele critério para a intensidade do perigo, entende Beleza dos Santos que o CP, em algumas normas, exige apenas a "simples possibilidade de dano".

Era o caso do crime de abuso de confiança, previsto e punido nos termos do artigo 453.º do CP de 1886, que no seu § único dispunha: "a mesma pena será aplicada [...] quando com isso prejudique ou *possa prejudicar* [...]". A realização deste elemento do tipo da "possibilidade de prejuízo" basta-se, portanto, segundo Beleza dos Santos, com uma "simples possibilidade de dano". Esta menor exigência da lei justificar--se-ia, pois "o acto já é repreensível em si mesmo, isto é, independentemente de qualquer dano ou perigo. Exige-se, ainda assim, uma mera possibilidade de dano que fica aquém do conceito de perigo"[394]. Apesar de o Autor não esclarecer, é de ver que já estamos fora do conceito de crime de perigo concreto e muito próximo dos já analisados crimes com a característica da "propensão".

3.3. Cavaleiro de Ferreira

Cavaleiro de Ferreira ocupa-se do perigo a propósito dos elementos essenciais do facto ilícito, em geral, e do nexo causal, em particular. Assim, nas lições de 1962[395] e no tratado de *Direito Penal Português*[396],

---

[394] *Lições de Direito Criminal*, cit., pp. 76-78.
[395] *Direito Penal* (Reedição das Lições proferidas pelo Autor em 1940-41, revista e actualizada por Luís Brito Correia), Vol. I, Lisboa: ed. policop., 1962, pp. 234-236.
[396] *Direito Penal Português. Parte Geral*, I, cit., pp. 252 ss.

o perigo é abordado no âmbito do título reservado ao nexo de causalidade; mais concretamente, nas primeiras lições é tratado conjuntamente com a causalidade na omissão, enquanto no tratado a propósito do nexo causal nos crimes materiais dolosos.

Nas lições de 1962, o Autor refere-se de forma muito breve ao conceito de perigo, noção que importava definir, nomeadamente, "para distinguir crimes de dano e crimes de perigo". Cavaleiro de Ferreira dá, então, uma noção de perigo e de acção perigosa. O perigo é entendido, em concordância com a doutrina dominante, como a probabilidade de um evento danoso.

Uma acção é considerada perigosa quando tem potência causal, capacidade ou "idoneidade" para produzir um resultado, isto é, o perigo. Esta possibilidade de ser causa de determinado efeito deve ser apreciada segundo as regras da experiência comum, em termos idênticos aos da doutrina da causalidade adequada. Se bem julgamos, este conceito de perigosidade da acção corresponde à categoria de crimes de "perigo de perigo" referida em termos classificatórios mais tarde, em 1985, nas suas *Lições de Direito Penal*[397].

Estas duas ideias, de perigo e de acção perigosa, são retomadas nos mesmos termos em *Direito Penal Português*, agora sob uma alínea com a epígrafe "A acção perigosa" do ponto relativo a "O nexo causal nos crimes materiais dolosos".

Mais tarde, nas *Lições de Direito Penal*[398], Cavaleiro de Ferreira trata dos crimes de perigo no âmbito dos elementos essenciais do facto ilícito, precisamente a propósito do objecto jurídico do crime. Os crimes de perigo contrapõem-se – nos termos correntes da doutrina – aos crimes de dano, em razão do modo de ofensa do objecto jurídico. Assim, enquanto naqueles se verifica apenas o perigo de lesão, nestes, a efectiva lesão.

O perigo é definido também como dano provável, acrescentando o Autor, em apontamento de síntese, e sem mais desenvolvimentos, que não pode ser um mero juízo subjectivo; tem de ser probabilidade "efectiva, próxima e real".

---

[397] O que parece confirmar os nossos receios manifestados *supra* (sob o Capítulo I.4., 4.7., 4.7.1.) sobre a "propensão" em Cavaleiro de Ferreira.
[398] *Lições de Direito Penal. Parte Geral, I – A Lei Penal e a Teoria do Crime no Código Penal de 1982*, cit., pp. 139 ss.

3.4. Maria Fernanda Palma

Em Maria Fernanda Palma[399], a análise do crime de perigo é feita a partir da proposição de duas questões que caracterizam a dogmática do perigo – e cujas soluções determinam depois a respectiva estrutura típica, nomeadamente ao nível da imputação objectiva e da subjectiva – a saber: o perigo é uma situação factual, ontologicamente considerada, ou um mero juízo a realizar pelo julgador? Segunda questão: o perigo é um elemento do tipo de ilícito ou uma mera condição de punibilidade?

Em relação à primeira questão, o perigo, também entendido como probabilidade do dano, é concebido pela Autora, em sintonia com a orientação hoje dominante na literatura do perigo, como uma situação factual ou um estado efectivamente existente que pode ser equiparado ao evento dos crimes de resultado. Esta tomada de posição permite a Fernanda Palma concluir no sentido de uma caracterização dos crimes de perigo ("pelo menos os de perigo concreto", como afirma), como crimes de resultado, que se pautam, portanto, pelos princípios orientadores da imputação objectiva.

Quanto à segunda questão, que é de teoria da ilicitude, concede Fernanda Palma relevância ao desvalor de resultado na configuração do ilícito penal.

E é precisamente a partir do entendimento do perigo, em geral, como elemento do tipo de ilícito – o resultado – e, em especial, como relevante para o juízo de ilicitude, que a Autora distingue os crimes de perigo concreto e de perigo abstracto. Assim, estas duas formas de perigo contrapõem-se com base na existência, ou não, de um desvalor de resultado. Mas, como já escrevemos *supra* (sob o Capítulo I.2., 2.1.), Fernanda Palma rejeita a orientação que defende a prova do perigo apenas no âmbito do crime de perigo concreto.

3.5. Germano Marques da Silva

No seu manual, Germano Marques da Silva[400] faz apenas uma breve referência aos crimes de perigo concreto e de perigo abstracto, igualmente numa lógica da classificação dos crimes em razão da sua estrutura.

---

[399] V. *Direito Penal. Parte Especial. Crimes contra as Pessoas*, cit., pp. 104 ss.
[400] *Direito Penal Português. Parte Geral, II*, cit., p. 30.

Mas em estudo anterior de carácter monográfico[401], que tem por objecto os crimes rodoviários, o Autor debruça-se, ainda que também sumariamente, sobre o conceito de perigo e, bem assim, sobre a estrutura objectiva dos crimes de perigo.

Quanto à definição do perigo, Germano Marques da Silva alinha igualmente por uma teoria objectiva que caracteriza o perigo como algo de real, objectivamente existente, definido-o como a probabilidade ou possibilidade de produção de um evento danoso.

Por sua vez, a estrutura objectiva do crime de perigo concreto é integrada pelo perigo como elemento essencial do tipo legal enquanto evento ou resultado. O mesmo é dizer: o crime de perigo concreto exige a criação de uma situação de perigo, isto é, de um perigo efectivo para bens jurídicos individualizados, como evento ou resultado produzido pela acção no caso concreto.

3.6. Rui Pereira

É no seu estudo *O Dolo de Perigo*[402] que Rui Pereira aborda o conceito de perigo, ainda que de forma abreviada, porque numa perspectiva instrumental para a sua investigação sobre o dolo, mais concretamente sobre o perigo como elemento referencial do dolo de perigo. Esta investigação, apesar de se situar portanto na dogmática da imputação subjectiva nos crimes de perigo concreto, constitui uma excepção na doutrina portuguesa quanto à análise dos elementos constitutivos do perigo, cujas reflexões irão moldar o próprio conteúdo do dolo de perigo.

O Autor, em consonância com a opinião corrente na Ciência do Direito penal, enumera duas características essenciais do conceito de perigo: primeira, o perigo é algo de real e objectivamente existente; segunda, o perigo é relacional com o dano. E é com base nesta definição que Rui Pereira parte para a apreciação do conteúdo do juízo de perigo no crime de perigo concreto.

O perigo é desde logo concebido, nesta modalidade do perigo concreto, e também em sintonia com a doutrina dominante, como efeito do

---

[401] *Crimes Rodoviários/Pena Acessória e Medidas de Segurança*, cit., pp. 14 ss.
[402] Para a sequência, *v. O Dolo de Perigo*, cit., pp. 19 ss.

facto ou como "evento" típico destacado da própria acção que pode ser equiparado ao evento dos crimes de resultado. Deste entendimento do perigo conclui o Autor no sentido de uma caracterização do crime de perigo concreto como crime material. A equiparação do perigo enquanto resultado típico ao evento do crime de dano passa então por compreender o perigo como situação perigosa. O juízo de perigo traduzir-se-á, pois, numa situação em que é possível ou provável a lesão do bem jurídico enquanto logicamente destacável da própria acção e causalmente ligada com ela.

O destacamento deste "evento" típico da acção perigosa tem, por isso, um sentido preciso ao nível da imputação objectiva no âmbito do crime de perigo concreto: a prova de um nexo causal entre a conduta do agente e a situação de perigo dela destacável.

No crime de perigo concreto exige-se, assim, uma dupla relação de causalidade: entre a acção do agente e aquela situação perigosa (o efeito da acção típica), por um lado; e entre este "evento" e o dano (que não constitui elemento do tipo), por outro. Enquanto a primeira relação de causalidade é uma efectiva relação de causa-efeito; a segunda é uma relação de causalidade potencial porque o perigo como resultado típico não exige a ocorrência efectiva do dano[403].

Rui Pereira afasta o critério tradicionalmente apontado pela doutrina para distinguir os crimes materiais dos crimes formais: o da exigência, ou não, de um resultado para a consumação no sentido de um resultado tipicamente relevante, que consiste na lesão ou na colocação em perigo separada espacial e temporalmente da acção do agente ou que constitui uma modificação do mundo exterior causada pela conduta do agente. Para o Autor, o resultado tipicamente relevante, entendido não numa perspectiva causal-naturalista, mas sim como logicamente ligado à descrição objectiva de uma conduta, é característico de qualquer acção humana, inclusive da dos crimes de mera actividade. É precisamente no estudo que faz no âmbito da dogmática dos crimes de mera actividade que Rui Pereira, a propósito do crime de envenenamento (previsto e punido nos termos do artigo 146.º da versão originária do CP, preceito sem correspondência após a Revisão de 1995 do Código), tradicionalmente caracterizado como crime formal e de mera actividade, defende também aqui a existência de um resultado tipicamente relevante. V., do Autor, "Crimes de Mera Actividade", *RJ*, N.º 1, Out./Dez., 1982, pp. 7 ss., e *O Dolo de Perigo*, cit., p. 26, sob a n. 27.

---

[403] V. *O Dolo de Perigo*, cit., pp. 26, 33-34 e 37-38.

Quanto aos parâmetros do juízo de perigo, numa referência directa a Schröder, Rui Pereira defende que a base da informação do juízo de perigo, tanto a ontológica como a nomológica, se deve referir a todo o conhecimento humano, isto é, ao conjunto de conhecimentos de toda a humanidade (o que integra também os conhecimentos do próprio agente) e não apenas aos conhecimentos do agente, do homem médio ou de um perito. São, portanto, relevantes para a determinação do perigo todas as circunstâncias acessíveis ao conhecimento humano (base ontológica) e todo o saber da experiência humana (base nomológica). O que corresponde, parece-nos, ao nosso critério do "homem-plenamente informado"[404].

Este entendimento é, segundo o Autor, uma consequência da compreensão do perigo como resultado e como "categoria ontológica de estado", no sentido de o comportamento do agente produzir um certo "estado de coisas".

Caso haja uma modificação da base do juízo de perigo entre o momento da prática do facto e o momento do julgamento[405], devem ser considerados todos os conhecimentos novos, adquiridos *ex post*, sublinhando o Autor que não deve ser feita, portanto, uma prognose póstuma. Isto significa que o momento a que devem ser reportados os conhecimentos da humanidade é o momento do julgamento[406]. Este tempo externo é igualmente o tempo da constituição da base da informação necessária para falar do perigo.

Ora bem: tal como já observámos em relação à construção de Schröder, o recorte nestes termos da base da informação do juízo de perigo implica,

---

[404] A utilização por Rui Pereira ora da expressão "conjunto de conhecimentos de toda a humanidade", ora da formulação "circunstâncias acessíveis ao conhecimento humano" pode gerar uma ambiguidade de sentido quanto ao modelo de agente considerado relevante para delimitar a base da informação do juízo de perigo – "observador ideal-absoluto" ou "observador ideal-relativo". Cremos no entanto que ao apelar Rui Pereira neste concreto ponto para o pensamento de Schröder, que, recorde-se, defende o critério do *bestmöglicher Beurteiler*, não deixa então o Autor de ter em conta o critério do "homem-ideal", mas no sentido de "ideal-relativo".

[405] A este propósito refere o Autor o caso clássico da *Thalidomida* ou *Contergan* (caso 9), *O Dolo de Perigo*, cit., p. 36.

[406] *O Dolo de Perigo*, cit., pp. 34 ss.

de facto, não um juízo de prognose – aspecto este reconhecido aliás pelo Autor[407] – póstuma, ou não, mas sim um juízo de diagnose estritamente *ex post*, que em nada condiz com a natureza do perigo. Com efeito, o juiz, depois de tudo acontecido, emite um juízo de perigo reportado a um momento naturalmente *ex ante* do tempo externo, mas com todos os conhecimentos disponíveis no momento do julgamento. Consequentemente, o perigo não tem um tempo próprio, pois o tempo externo acaba por ser também o seu tempo interno. Destrói-se assim a "categoria ontológica de estado" do perigo.

No que diz respeito ao grau de perigo relevante[408], Rui Pereira afasta claramente o critério estatístico e considera que o legislador nos crimes de perigo concreto requer "um certo grau de possibilidade ou probabilidade de lesão, genericamente válido, dada a escassez de qualificações que atribui ao perigo"[409]. Acrescenta ainda, e pela negativa, que "a possibilidade ou probabilidade de dano não deve ser entendida como uma possibilidade qualquer: uma possibilidade muito diminuta não bastará, com ressalva dos casos em que a norma incriminadora fizer baixar a esse nível a exigência típica da produção do perigo".

E acaba por propor, na justa medida em que, em regra, a norma incriminadora não tipifica o grau de perigo exigido, a caracterização do perigo a partir do critério do acaso trabalhado pela doutrina alemã – há resultado de perigo concreto quando a lesão ou não lesão do bem jurídico depende do acaso.

A preferência por este critério torna-se evidente quando se debruça sobre o dolo de perigo no artigo 144.º da versão originária do CP. Ouçamos o Autor neste ponto concreto:

"A concepção que parece compreender, na sua essência, o conceito de perigo concreto é [...] a que se prevalece da ideia de acaso ou de incerteza da existência do bem jurídico, já apontada por

---

[407] Recorde-se que diferentemente Schröder ainda assim continua a definir o perigo como um "juízo de prognose".

[408] *O Dolo de Perigo*, cit., pp. 30-33 e 101-102.

[409] V., no entanto, a excepção, referenciada por Rui Pereira, da alínea b) do n.º 1 do artigo 153.º (Maus tratos ou sobrecarga de menores e de subordinados ou entre cônjuges) da versão originária do CP, que exigia um "perigo grave".

Binding e de que a moderna caracterização proposta por Horn se aproxima decisivamente. Perante um crime como o tipificado no n.º 1 do artigo 144.º do Código Penal, a pergunta sobre a produção do resultado obtém uma resposta afirmativa quando se disser que a não verificação do próprio dano depende do acaso ou que não se pode confiar na não verificação do dano ou ainda que esta não é explicável racionalmente, por uma lei de 'impossibilidade especial'"[410].

Esta passagem que nos permitimos transcrever se por um lado evidencia o critério do acaso – que merecerá, *infra* (em especial sob o Capítulo IV.3., 3.1., 3.1.1., 3.1.1.3., 3.1.1.3.1.), a nossa crítica –, por outro pretende estranhamente igualar dogmaticamente as diferentes formulações que presidem às distintas teorias ontológica e normativas do perigo, mesclando-as.

3.7. Paulo Pinto de Albuquerque

Também Paulo Pinto de Albuquerque se ocupa, em dois artigos[411], da delimitação do conceito de perigo no crime de perigo concreto. Após uma análise crítica de algumas posições na literatura alemã, o Autor defende ser a "teoria normativa modificada do resultado de perigo" na versão de Wolter e de Demuth aquela que recorta com maior precisão a noção de perigo concreto e que melhor se justifica à luz dos princípios da máxima garantia de verdade no juízo de perigo e da tutela da confiança jurídica[412], procedendo assim algumas críticas que fizemos anteriormente às construções daqueles Autores[413].

---

[410] *O Dolo de Perigo*, cit., p. 102.

[411] V., do Autor, "O Conceito de Perigo nos Crimes de Perigo Concreto", cit., pp. 351 ss., e "Crimes de Perigo Comum e contra a Segurança das Comunicações em face da Revisão do Código Penal", cit., pp. 255 ss.

[412] "O Conceito de Perigo nos Crimes de Perigo Concreto", cit., pp. 362-363, posição reafirmada mais tarde pelo Autor, em face das alterações introduzidas pelo legislador na Revisão de 1995 do CP a propósito das incriminações de perigo comum e contra a segurança das comunicações, no seu "Crimes de Perigo Comum e contra a Segurança das Comunicações em face da Revisão do Código Penal", cit., pp. 263 ss.

[413] Aderindo também à teoria normativa do resultado de perigo na sua versão modificada de Wolter e Demuth, e seguindo de perto a exposição de Pinto de Albuquerque,

O juízo de perigo resulta, então, da combinação entre uma "prognose *ex post* alargada" e de uma "diagnose *ex post* alargada". Recorde-se os termos desta teoria: prognose "*ex post*", referida ao momento em que o objecto material do crime entra no horizonte de perigo da acção do agente (por contraposição à prognose *ex ante*, feita no momento em que o agente actua), e "alargada", porque no que diz respeito às circunstâncias que fundamentam a exclusão do dano, isto é, às circunstâncias que criam hipóteses de salvamento, são relevantes as circunstâncias existentes ainda que não reconhecíveis aquando da entrada do objecto no referido círculo do perigo (por exemplo, a especial perícia da vítima no caso 1c – o do especialista em *crash*).

Diagnose *ex post* "alargada", pois não só ao objecto material do crime, mas também à entrada deste no círculo do perigo e ainda às circunstâncias de salvamento já existentes aquando da entrada do objecto no círculo de perigo, apesar de só confirmadas *ex post*.

Deste modo, a afirmação do perigo concreto para Pinto de Albuquerque passa pela verificação cumulativa das seguintes condições: existência de um objecto de perigo; entrada deste objecto no círculo de perigo; e inocorrência do dano por força de "circunstâncias inesperadas ou de esforços extraordinários e não objectivamente exigíveis de terceiros ou do ameaçado, ou devido a circunstâncias criadoras de hipóteses de salvamento incontroláveis e irrepetíveis (como por exemplo, as forças da natureza)". Concretizando ainda com palavras do Autor:

> "A circunstância que possibilitou a não ocorrência da lesão não deve parecer ao homem médio repetível, controlável, de fácil exercício ou normal. Só se a circunstância que possibilitou o salvamento do objecto do crime surgir aos olhos do homem médio como irrepetível, incontrolável, de difícil realização ou extraordinária se pode concluir pela verificação do perigo concreto"[414].

---

v. Rui Patrício, *Erro sobre Regras Legais, Regulamentares ou Técnicas nos Crimes de Perigo Comum no Actual Direito Português (Um Caso de Infracção de Regras de Construção e algumas Interrogações no nosso Sistema Penal)*, cit., em esp. pp. 215-217.

[414] As transcrições são de "Crimes de Perigo Comum e contra a Segurança das Comunicações em face da Revisão do Código Penal", cit., pp. 265-266. No mesmo sentido já o seu artigo anterior "O Conceito de Perigo nos Crimes de Perigo Concreto", cit., a pp. 358 e 362-363. Apesar de o Autor não falar expressamente no carácter "ocasional" da circunstância salvadora, cremos que as formulações usadas não são senão perífrases desse conceito.

Ao contrário daqueles Autores alemães, Pinto de Albuquerque pronuncia-se expressamente sobre as circunstâncias que fundamentam o resultado de perigo, não atribuindo relevância a essas circunstâncias quando conhecidas posteriormente, por exemplo no contexto da sentença (é o caso da condição hemofílica da vítima de uma agressão só conhecida no momento do julgamento), pois nestes casos o resultado de perigo não é objectivamente previsível. De outro modo, responsabilizar-se-ia alguém por um resultado que não lhe pode ser *ex ante*, isto é, no momento da prática do facto, objectivamente imputável. É uma limitação imposta ao princípio da máxima garantia de verdade do juízo de perigo pelos princípios da imputação objectiva e da confiança jurídica. Assim sendo confunde-se, a nosso ver, o juízo de perigo com o problema da imputação objectiva.

Ora bem: a conformação da base ontológica do juízo de perigo assim proposta por Pinto de Albuquerque, se bem julgamos, parece pressupor a aplicação do critério da previsibilidade no sentido da prognose *ex ante* característica da teoria da adequação para limitar a relevância das circunstâncias que fundamentam e, bem assim, que excluem o perigo. Neste sentido, e em relação às circunstâncias que possibilitam o salvamento do objecto do crime, não parece existir a final o referido "alargamento" dos juízos de prognose e de diagnose por referência à "teoria normativa modificada do resultado de perigo" defendido pelo Autor.

Basta configurar como seria resolvido o caso 1c, o do especialista em *crash*, a partir da sua construção. Se bem vemos, para Pinto de Albuquerque tem que haver perigo concreto, pois a especial perícia da vítima seria uma causa de salvamento que surgiria ao homem médio como "irrepetível, incontrolável, de difícil realização ou extraordinária". Diferentemente, para Wolter, como vimos *supra* (sob o Capítulo III.1., 1.5., 1.5.2., 1.5.2.4.), em princípio não há perigo.

Quanto ao grau de perigo relevante, entende o Autor que o legislador em 1995, ao recorrer em todas as incriminações de perigo comum e contra a segurança nas comunicações de forma monista à expressão "e criar deste modo perigo", pretendeu uniformizar o conceito de perigo concreto em termos de intensidade. Ou seja:

> "[...] refere-se a um grau jurídico-normativamente determinado de risco de lesão do bem jurídico, grau esse cuja relevância penal não depende do concreto tipo em causa, mas antes é agora definido pelo

legislador nos dois capítulos em análise [crimes de perigo comum e crimes contra a segurança das comunicações] sempre e sem excepções do mesmo modo (*e criar deste modo perigo para*), sendo penalmente relevante qualquer grau menor de perigo senão nos termos da dogmática da tentativa"[415].

Para Pinto de Albuquerque não haverá preenchimento de um crime de perigo concreto no *Post-Bomben-Fall* (caso 7), pois quando a bomba--relógio explode à meia-noite a estação de correios estava vazia, ou seja, não havia sequer o objecto do perigo.

Também não está consumado um tipo legal de perigo concreto no caso 11 – o da perseguição a alta velocidade numa auto-estrada com desrespeito da distância mínima de segurança – enquanto *B*, o automobilista da frente, não abrandar. Só com o abrandamento deste é que se verifica a entrada do objecto no horizonte causal da acção do agente. Mesmo assim, só haverá perigo se, apesar do abrandamento, "por força de uma medida de salvamento adoptada pelo agente, como a travagem ou o desvio, ou pelo ameaçado, como a súbita aceleração, contra aquilo que se esperava nada vier a ocorrer".

No *Dammbruchfall* (caso 5) também não há consumação do perigo concreto, segundo Pinto de Albuquerque, na hipótese de as águas terem sido facilmente desviadas, a meio da encosta, por acção de terceiros. Existe, sim, mas tão-só, um risco adequado de verificação desse perigo.

Diversamente, passa a existir a consumação do resultado de perigo concreto se a inocorrência da inundação da aldeia situada no vale for devida a um desvio das massas de água por uma tempestade[416].

3.8. José de Faria Costa

O tema do perigo foi especialmente trabalhado por José de Faria Costa[417]. O Autor fala em normas que incriminam comportamentos que

---

[415] "Crimes de Perigo Comum e contra a Segurança das Comunicações em face da Revisão do Código Penal", cit., pp. 266-267 (intercalado nosso e itálico do Autor).

[416] Sobre a análise destes casos v. "Crimes de Perigo Comum e contra a Segurança das Comunicações em face da Revisão do Código Penal", cit., pp. 264 e 266.

[417] *O Perigo em Direito Penal (Contributo para a sua Fundamentação e Compreensão Dogmáticas)*, cit. Para a nossa investigação é fundamental o 9.º Capítulo sobre

originam situações concretas de pôr-em-perigo por contraposição a normas que incriminam comportamentos que desencadeiam situações abstractas de pôr-em-perigo. Estas incriminações de "condutas de pôr-em--perigo" contrapõem-se às incriminações de "condutas fautoras de dano//violação"[418].

Como vimos *supra* (sob o Capítulo I.2., 2.5.), é uma "relação de cuidado-de-perigo" que permite recortar as três possíveis formas de desvalor: o desvalor de dano/violação, o desvalor de perigo e o desvalor do próprio cuidado-de-perigo, característicos, respectivamente, dos crimes de dano, dos crimes de perigo concreto e dos crimes de perigo abstracto. Os dois primeiros desvalores – o desvalor de dano/violação e o desvalor de concreto pôr-em-perigo –, contrariamente ao desvalor de cuidado-de--perigo, pressupõem a existência de um concreto e identificável bem jurídico, o que permite moldar os respectivos tipos legais como crimes de resultado (crime de resultado de dano-violação e crime de resultado de perigo-violação).

O perigo – tendo também na sua base a construção de von Rohland – é um estádio em que é possível a ocorrência de um dano/violação. O perigo é igualmente na construção de Faria Costa um conceito normativo e relacional[419]. O perigo – são palavras do Autor – "surpreende-se, com rigor, na relacionação que se estabelece entre o carácter danoso de um sucesso e a probabilidade desse acontecer"[420]. Como acentuaremos, para Faria Costa esta natureza relacional do perigo não se esgota nesta estrutura de tipo biunívoca, pois é enriquecida com outros elementos relacionais dos quais se destacam as regras da experiência.

"O Perigo e os Crimes de Perigo", a pp. 567 ss., e, em especial, para uma compreensão do perigo, a pp. 602 ss.

[418] Sobre estas distinções, *v.*, especialmente, *O Perigo em Direito Penal (Contributo para a sua Fundamentação e Compreensão Dogmáticas)*, cit., *inter alia*, pp. 568 e 575, e *passim*.

[419] *O Perigo em Direito Penal (Contributo para a sua Fundamentação e Compreensão Dogmáticas)*, cit., pp. 564, sob a n. 184, e 580 ss.

[420] A noção de perigo como categoria relacional é também sublinhada pelo Autor em "Anotação ao Artigo 272.º (Incêndios, Explosões e outras Condutas especialmente Perigosas)", in *Comentário Conimbricense do Código Penal. Parte Especial, Tomo II*, cit., p. 875, § 22.

Em sintonia com a orientação dominante na literatura jurídico-penal, Faria Costa também abandona uma compreensão subjectivística do perigo, entendendo-o como pertencente ao real, embora a um "real construído".

E o Autor fala num "real construído" no sentido de que o perigo não se determina ou não se compreende num espaço real.

De novo por palavras do Autor:

"[...] o chamado 'efeito' das acções perigosas, isto é, o perigo, não tem consistência material, processa-se no tempo mas não se solidifica no espaço. O que se solidifica no tempo e no espaço é a acção concretamente desvaliosa. O desvalor de resultado de perigo tem um tempo real, mas só tem um espaço construído"[421].

Ou seja, e diferentemente do referencial espácio-temporal real da acção – um real físico –, na medida em que não é da essência do perigo uma densidade material, o espaço onde o mesmo influi não é um espaço real, por não ter um espaço próprio que o individualize (por contraposição ao dano/violação que se solidifica sempre num "espaço"), mas sim construído – um real interpretado – e que coincide com o espaço onde a acção se desenvolve.

Como veremos, é à luz desta compreensão que o Autor vai autonomizar a situação perigosa da acção perigosa. Isto porque, como nota o Autor, o facto de o "espaço" do perigo coincidir com o da acção não é motivo para remeter o perigo para a própria acção perigosa[422].

Mas, questione-se já o seguinte: se o desvalor de resultado de perigo tem um tempo real (que tem que ser posterior ao do da acção), não terá logo consistência material e não terá de ter um espaço real (isto até porque o Autor atribui, como veremos, matriz de duração ao perigo)? Caso contrário, ou seja, se o espaço do perigo é o espaço da acção, como é que o perigo pode ser o resultado do crime de perigo concreto? Ao ancorar o espaço do perigo-resultado no da acção não estará Faria Costa a definir o perigo enquanto desvalor de resultado a partir da perigosidade da acção?

---

[421] *O Perigo em Direito Penal (Contributo para a sua Fundamentação e Compreensão Dogmáticas)*, cit., p. 585.

[422] A este propósito, *v.* também *O Perigo em Direito Penal (Contributo para a sua Fundamentação e Compreensão Dogmáticas)*, cit., pp. 604 ss.

O carácter normativo do perigo evidencia-se especialmente a propósito da análise do parâmetro da intensidade do perigo[423]. Para Faria Costa, o perigo é susceptível não só de uma graduação, em geral, mas também de uma gradação, em particular.

Mas vejamos, imediatamente, o seguinte caso, discutido com variações de exemplificação[424]:

(17) Caso-base: *A* trabalha num circo e todas as noites atira uma série de facas contra um alvo à frente do qual se encontra, sempre, a sua *partenaire B*.

(17a) Primeira variante: *A* lança a faca com o intuito de ela se cravar no extremo do alvo.

(17b) Segunda variante: *A* atira a faca com a intenção de ela se espetar junto do corpo de *B*, que se encontra no centro do alvo.

Apesar de em ambas as variantes a acção de *A* levar a um resultado de perigo – estabelecendo-se uma constante entre o atirar a faca de *A* e o resultado de perigo (independentemente do eventual resultado de dano em relação à vida ou à integridade física de *B*) – há uma gradação do perigo da primeira para a segunda variante, ou seja, o grau de perigo é maior na segunda variante do que na primeira. Isto porque a intensidade do perigo diminui na razão directa do afastamento das facas relativamente ao centro do alvo.

Para Faria Costa esta mensurabilidade não se afere por uma medida invariável, pois não se pode estabelecer "tabelas nem escalas de precisão quanto à produção do perigo". Esta gradação só é compreensível na contextualidade concreta dos factos. Ou seja: explica-se pela assunção de um critério normativo – baseado nas regras da experiência – que é construído na própria contextualidade dos factos.

Numa argumentação que – se bem se vê a questão – assimila contexto da acção e tipo de observador desse contexto, afirma o Autor: se aquele número no circo for presenciado por uma criança, é "muito pro-

---

[423] *O Perigo em Direito Penal (Contributo para a sua Fundamentação e Compreensão Dogmáticas)*, cit., pp. 589 ss.
[424] *O Perigo em Direito Penal (Contributo para a sua Fundamentação e Compreensão Dogmáticas)*, cit., p. 589.

vável que no imaginário infantil aquela acção (lançar facas), porque encabeçada pelo 'herói', não represente qualquer perigo". Para a criança, o lançar a faca nesta situação não desencadeia um efeito perigoso, ou seja, aquele facto não é "fautor de um perigo", pois "as regras da experiência que envolvem o juízo de realidade que a criança faz determinam-na a uma tal valoração"[425].

No entanto, segundo Faria Costa, uma vez "definidas as regras da experiência, estas valem como cânones interpretativos que se não devem internamente deixar influenciar pela contextualidade do caso interpretado. Uma coisa são os cânones interpretativos, outra bem diversa é a sua utilização em um determinado contexto. Na interpretação, não é o contexto que pode determinar a alteração da própria regra. [...] O que muda são os contextos"[426].

Mas, perguntamos então em jeito de dúvida: mudando o contexto não muda também a regra? Não será uma imposição da interdependência entre as bases ontológica e nomológica do juízo de perigo? E se o tipo de observador é – parece-nos – integrado no contexto da acção, o cânone interpretativo não nasce afinal da contextualidade?

Mais um exemplo do Autor cuja análise parece ilustrativa do que observamos – o caso da fogueira[427].

(18) *A* ateia uma pequena fogueira numa mata em dia de verão.

(18a) Variante: o mesmo, mas *A* teve o cuidado de fazer um larguíssimo aceiro, retirando tudo o que fosse inflamável.

(18b) Variante: o mesmo, mas não estava vento ou choveu no dia anterior.

(18c) Variante: o mesmo, mas *A* precaveu-se com um extintor de fogos manual.

---

[425] *O Perigo em Direito Penal (Contributo para a sua Fundamentação e Compreensão Dogmáticas)*, cit., p. 590, sob a n. 48.

[426] *O Perigo em Direito Penal (Contributo para a sua Fundamentação e Compreensão Dogmáticas)*, cit., p. 590, sob a n. 50.

[427] *O Perigo em Direito Penal (Contributo para a sua Fundamentação e Compreensão Dogmáticas)*, cit., p. 590, sob a n. 50. *V.* também a análise do caso da prótese feita por Faria Costa e por nós exposta e comentada *infra*.

No contexto da situação-base (18), sem outra informação, as regras da experiência dizem-nos que atear fogueiras em matas no verão leva a resultados perigosos, ou seja, segundo as regras da experiência A realiza uma acção que desencadeia um perigo.

Todavia, se A teve o cuidado de fazer um larguíssimo aceiro retirando tudo o que fosse inflamável (18a) ou se não estava vento ou choveu no dia anterior (18b) ou se A se precaveu com um extintor de fogos manual (18c), então a regra anterior é infirmada por esta contextualidade concreta, isto é, a contextualidade pode contrapor uma contra-regra. Vale por afirmar que a inferência da contra-regra que vai infirmar a regra anterior "nasce pela contextualidade e naquela contextualidade, por isso esta revela-se como o pólo primacial do julgamento que podemos fazer relativamente ao facto de saber se o atear aquela fogueira, naquelas circunstâncias, é ou não concretamente perigoso"[428].

Ainda quanto ao parâmetro da intensidade do perigo, Faria Costa não deixa de sublinhar que um dos aspectos do perigo se baseia na controvérsia do cálculo de probabilidades. Para compreender o inteligir probabilístico propõe, em termos metodológicos, que o decisor se coloque na posição de quem quer decidir tendo pela frente uma situação de manifesta alternatividade, no sentido de uma "situação de risco"[429].

Introduz, assim, o Autor uma distinção entre actuação numa "situação de incerteza" e actuação numa "situação de risco". Apesar de se jogar em ambas as situações com juízos probabilísticos, age-se numa "situação de incerteza" quando "a cada decisão correspondem vários resultados, todos possíveis, sem se conhecer a probabilidade da ocorrência de cada um deles"; actua-se numa "situação de risco", por seu turno, quando "a cada decisão correspondem também vários resultados, mas no que a estes se refere, e contrariamente ao caso anterior, consegue-se estimar a probabilidade da sua ocorrência".

Há situações em que, pelo contrário, jogam ou juízos de determinação absoluta (em relação a resultados – situações – causalmente determináveis) ou juízos de incerteza absoluta (em relação a resultados emergen-

---

[428] A análise que o Autor faz deste caso 18 e suas variantes também revela, segundo nos parece, a falta de autonomia do juízo de perigo da acção relativamente ao juízo de perigo do resultado, como já notámos *supra*.
[429] *O Perigo em Direito Penal (Contributo para a sua Fundamentação e Compreensão Dogmáticas)*, cit., pp. 592-593.

tes de situações de puro acaso). Estas situações estão fora do universo das situações abrangidas pelo perigo.

As situações abrangidas pelo perigo devem surpreender-se no âmbito das "situações de risco", precisamente no âmbito de um segmento entre dois limites – o limite mínimo e o limite máximo de aleatoriedade, respectivamente igual a 0 e a 100[430].

Nestes termos, entende o Autor que quem dispara à queima-roupa sobre outrem e o mata, ou quem decapita outrem com um machado, não cria em sentido jurídico-penal uma situação de perigo, pois há um juízo de determinação, de necessidade ou de certeza absoluta – estas acções matam em qualquer circunstância, ou seja, a probabilidade da morte acontecer é igual a 1 ou a 100[431].

Por outro lado, também não existirá perigo quando alguém dá uma pequena bofetada em B, provocando-lhe um ataque cardíaco do qual resulta a morte. Neste caso, devido à intervenção da componente do acaso "ao nível da total imprevisibilidade, ao nível de uma aleatoriedade tendencialmente igual a cem"[432] [433].

Concentremo-nos, então, na "situação de risco". Afinal, e socorrendo-nos da formulação interrogativa, a partir de que momento é que se pode qualificar uma determinada situação como perigosa? Isto é: qual o grau de perigo penalmente relevante?

---

[430] Corresponde, no cálculo de probabilidades, a um segmento de probabilidade entre 0 (a ausência de toda e qualquer probabilidade) e 1 (o universo de todas as probabilidades), respectivamente. A preferência do Autor pelo par "1-100" prende-se com o facto de permitir estabelecer o grau de probabilidade em termos percentuais, o que vai ao encontro da linguagem corrente.

[431] Mas será que o disparo à queima-roupa, por exemplo contra o braço, mata em qualquer circunstância? Seja como for, será que nestes casos referidos por Faria Costa há logo dano? Não existirá um "perigo imediato" *preposto* e autónomo do dano? O dano não pressupõe então para Faria Costa o perigo como situação *preposta*? Recorde-se que Faria Costa, *O Perigo em Direito Penal (Contributo para a sua Fundamentação e Compreensão Dogmáticas)*, cit., p. 607, afirma que o resultado de perigo tem "sempre de se solidificar, não no instante teórico da violação, mas sim em um arco de tempo, por mínimo ou infinitesimal que seja" e imputa "continuidade" ao perigo – "o perigo, matricialmente, não é momento, mas sim duração". Não haverá, ali, aquele lapso de tempo pelo menos infinitesimal de perigo do ponto de vista da acção humana?

[432] Para maiores desenvolvimentos, *v*., de novo, *O Perigo em Direito Penal (Contributo para a sua Fundamentação e Compreensão Dogmáticas)*, cit., pp. 592 ss.

[433] Mas neste caso – se bem vemos – não há sequer uma acção perigosa.

Faria Costa parte de uma orientação antiga: há uma situação de perigo quando a ocorrência do resultado desvalioso é mais provável do que a sua inocorrência.

Mas, este juízo de probabilidade tem que ser reconvertido para o domínio da referida "situação de risco": há uma situação de perigo concreto penalmente relevante quando "relativamente aos resultados possíveis descritos na lei penal, a probabilidade do resultado desvalioso é superior à probabilidade da sua não produção, quer dizer, é superior à probabilidade da produção do resultado valioso"[434].

Trata-se de uma probabilidade comparativa, pois afirma a situação de perigo (ou de pôr-em-perigo) quando a probabilidade da produção do resultado desvalioso é superior à probabilidade da sua não produção.

Neste sentido, Faria Costa mostra-se apoiante do que designa por "regra da metade": decisivo é, pois, transpor a barreira da metade das probabilidades. Esta formulação mais não é do que a aceitação de um critério quantitativo de probabilidade no sentido matemático de metade mais um, isto é, de uma probabilidade de verificação superior à média (51%). Como salientaremos *infra* (sob o Capítulo IV.3., 3.1., 3.1.1., 3.1.1.3., 3.1.1.3.1.), esta lógica probabilística é, a nosso ver, bastante discutível.

Ainda assim, convirá registar aqui a sua hesitação no acolhimento de um critério menos restritivo que alargue consequentemente o âmbito da punibilidade, ao questionar se não existirá também uma situação de perigo quando a probabilidade do resultado desvalioso for inferior à probabilidade da sua não ocorrência.

Acaba, no entanto, por concluir pela "regra da metade" ao escrever:

"Continuamos a pensar que o referente da 'metade' deve continuar a defender-se [...]. Parece, pois, seguro que, se normativamente

---

[434] *O Perigo em Direito Penal (Contributo para a sua Fundamentação e Compreensão Dogmáticas)*, cit., pp. 597-598. Faria Costa fala em "resultados possíveis descritos na lei penal" para compreender não só o resultado de perigo, enquanto resultado "típico", mas também dois outros resultados: o resultado de violação do bem jurídico a proteger e o resultado da sua não violação (que facticamente é coincidente com o próprio resultado de perigo). Ou seja: quando o perigo, por exemplo, para a vida de outrem, é um elemento constitutivo essencial do tipo legal de crime, o juízo sobre este resultado de perigo passa por pressupor dois hipotéticos resultados – o resultado de violação do bem jurídico vida (resultado hipotético negativo porque axiologicamente

chegarmos à conclusão, apelando à imprescindível mediação das regras da experiência ou mesmo para juízos científicos, de que a probabilidade de produção do resultado desvalioso é superior à probabilidade da sua não produção, então, estaremos perante uma situação de perigo. Daí que o universo contemplado pelas situações de perigo esteja em parte definido ou recortado. O problema está todo na justificação que temos que desenvolver se se quiser fundamentar a situação, chamemos-lhe inversa [...]. Relativamente a este ponto é também seguro, já o vimos, que, se a probabilidade for igual a zero, não há também situação de perigo. E mesmo que seja ligeiramente superior, a doutrina inclina-se a considerar que também nessas circunstâncias não há uma verdadeira situação de perigo. Donde, a mera possibilidade de produção do resultado não é suficiente para caracterizar a situação como sendo de perigo, isto é, não engloba os elementos suficientes para se poder defender que se está perante um perigo jurídico-penal relevante. Tem de partir-se, no mínimo, de uma ideia de que há uma *possibilidade relevante* para ser lícito, normativamente, ajuizar-se que estamos perante uma situação de perigo. É esta a situação mínima capaz de se assumir como centro gerador de um perigo relevante para o direito penal. O que torna possível dizer-se que há perigo sempre que, através de um juízo de experiência, se possa afirmar que a situação em causa comportava uma forte probabilidade de o resultado desvalioso se vir a desencadear ou a acontecer"[435].

Deste longo excerto que nos permitimos transcrever resulta também que Faria Costa não se restringe a um critério meramente quantitativo para a apreciação do perigo. É no cânone interpretativo das regras da

---

desvalioso), por um lado, e o resultado de manutenção do bem jurídico vida (resultado hipotético positivo porque axiologicamente valioso), por outro. Hipotéticos, sob pena de uma contradição – a de o resultado da manutenção da vida ser simultaneamente valioso, relativamente ao do da violação da vida, e desvalioso, por ser o próprio resultado de perigo. Faria Costa não deixa, naturalmente, de acentuar a ideia de que o resultado de perigo é que é o efectivo resultado desvalioso. V. *O Perigo em Direito Penal (Contributo para a sua Fundamentação e Compreensão Dogmáticas)*, cit., pp. 597-598, sob a n. 70.

[435] *O Perigo em Direito Penal (Contributo para a sua Fundamentação e Compreensão Dogmáticas)*, cit., p. 600 (itálico do Autor).

experiência que podemos encontrar o critério material para a determinação normativa e relacional do perigo (ainda que ligado ao referencial de haver probabilidade de ocorrência de um resultado desvalioso)[436]. Determinante é, pois, que o intérprete-aplicador se coloque na posição de um "homem avisado" (o modelo de agente considerado relevante pelo Autor) que apreende o cânone de valoração que a regra da experiência representa.

Recorde-se agora o caso da prótese de Schröder, também analisado por Faria Costa[437]: *A dispara para a perna de B que tem uma prótese.*

Segundo um juízo *ex ante*, todos concordam que A desencadeia uma situação perigosa. No entanto, o cânone de valoração "*rectius*, a relação abstracta que o cânone interpretativo gera, ao comparar-se com a efectiva relação de concretude vai fazer com que reversamente, agora, se defenda que, se se conhecesse uma tal característica, nunca se diria que o acto de A era susceptível de desencadear uma situação perigosa. De modo que o cânone, nesta inversão, porque é elemento relacional, é reconstruído, precisamente para negar a existência (logo, juízo de realidade) da situação perigosa".

Neste sentido, o processo de vinculação judicativa proposto pelo Autor pressupõe uma "imbricação de um momento *ex ante* com uma referência à concretude *ex post*". Isto é: um jogo cruzado entre a "determinante *ex ante*, que permite a construção abstracta da relação desencadeadora de uma situação perigosa, e a determinante *ex post*, ou seja, o facto normativo *acontecido*".

Este caso é muito semelhante ao caso da fogueira (caso 18) dada a inferência de uma contra-regra em face da contextualidade concreta.

---

[436] Esta compreensão do perigo foi recentemente acentuada pelo Autor, no plano do já citado comentário ao artigo 272.º do CP, a propósito da delimitação do respectivo resultado de perigo-violação, mais concretamente da verificação, em concreto, de um perigo para a vida ou para a integridade física ou para bens patrimoniais alheios de valor elevado. Assim, há perigo quando um "pedaço da realidade, através de um juízo baseado nas regras da experiência, complementadas ou não por proposições científicas, puder ser visto como susceptível – desde que sustentados em um raciocínio de prognose – de desencadear um resultado desvalioso". Quanto ao grau de probabilidade, vale "um juízo de forte e marcada probabilidade" de produção do resultado material desvalioso – o resultado de dano-violação (relativamente à sua não produção). V. "Anotação ao Artigo 272.º (Incêndios, Explosões e outras Condutas especialmente Perigosas)", *in Comentário Conimbricense do Código Penal. Parte Especial, Tomo II*, cit., p. 875, § 22.

[437] *O Perigo em Direito Penal (Contributo para a sua Fundamentação e Compreensão Dogmáticas)*, cit., pp. 615-616.

Mas estes critérios de apreciação *ex ante* e *ex post* são-o em relação a quê? Não nos parece também claro se o objecto do juízo é a acção ou o resultado.

Vejamos uma situação inversa – ou seja, a relação abstracta é considerada como não-perigosa e a relação concreta tida como perigosa – através do seguinte exemplo[438]:

(19) Caso do crânio trepanado: *A* dá uma pequena pancada em *B* que tem o crânio trepanado, circunstância desconhecida por *A*.

Ora, se a acção – a pequena pancada de *A* – não é *ex ante* considerada como susceptível de desencadear uma situação perigosa, em face daquele circunstancialismo *B* esteve realmente ou efectivamente numa situação de perigo. Dever-se-á, então, construir uma relação abstracta inversa àquela? Por outras palavras: o contexto situacional reconverte a relação abstracta não perigosa numa relação concretamente perigosa? Ou seja: o que não era perigoso *ex ante* passa a ser perigoso *ex post*?

Equacionada a hipótese de dar aqui relevância a esta valoração *ex post*, Faria Costa afasta-a imediatamente, na medida em que:

"[...] o cânone interpretativo que as regras da experiência representam ao determinar *ex ante* que a acção não é desencadeadora de uma situação perigosa não pode ser contraditado pela particular concretude, sob pena de, então, o próprio cânone deixar de ser operatório. Se *ex ante* a acção é tida como insusceptível de desencadear uma situação como perigosa é porque a 'experiência' demonstrou, na sua forma de apreensão reiterada e constante do real várias vezes acontecido, a justeza daquela inferência".

E argumenta:

"Esse específico circunstancialismo [a vítima ter o crânio trepanado] inusitado e improvável não pode inverter o sentido da qualificação da relação, sob pena de resultados totalmente improváveis poderem ser imputados objectivamente ao agente. Por outras pala-

---

[438] *O Perigo em Direito Penal (Contributo para a sua Fundamentação e Compreensão Dogmáticas)*, cit., pp. 616-618, sob a n. 120.

vras: nem todos os resultados de perigo desencadeados pelo agente lhe podem ser objectivamente imputados" (intercalado nosso).

Da análise comparativa dos casos da prótese e do crânio trepanado, notamos que o cânone interpretativo só é reconstruído para negar a existência de uma situação perigosa (como no caso da prótese) e não para fundamentar uma situação perigosa (como no caso do crânio trepanado). Ora, se bem vemos, e raciocinando em termos análogos aos do caso da prótese, também nesta hipótese do crânio trepanado "se se conhecesse uma tal característica, dir-se-ia que o acto de *A* era susceptível de desencadear uma situação perigosa". Aquela ambivalência todavia não é esclarecida claramente pelo Autor.

Receamos que seja também a partir do entendimento do perigo como pressuposto para o juízo de imputação objectiva que Faria Costa sustenta aquela posição. Com efeito, o Autor parece trabalhar na base da imputação objectiva e definir o perigo a partir das regras da imputação objectiva. Na verdade, a delimitação da informação relevante para o juízo de perigo parece reflectir os postulados da teoria da causalidade adequada. Ora, a esta luz, os dois casos têm que avaliar-se segundo os mesmos critérios. O que os distingue situa-se ao nível do juízo de perigo referido à acção. Vejamos: na primeira situação (caso da prótese), se a existência da prótese não for reconhecível no momento da conduta, haverá que afirmar-se a perigosidade da acção. A presença daquela prótese gera uma impossibilidade do dano (e também do próprio perigo-resultado, por inexistência do objecto) – mas não afasta uma tentativa de provocação do mesmo [*v.* o artigo 22.º, n.º 2, alíneas b) e c), do CP], logo inviabiliza subsequentemente a questão da imputação objectiva. Note-se que, no plano da perigosidade da conduta, a teoria da adequação não faz relevar as circunstâncias imprevisíveis [*v.* o artigo 22.º, n.º 2, alínea c), do CP].

O que sucede na segunda hipótese (caso 19) é, desde logo, a impossibilidade de um juízo de perigo, reportado à acção, se a existência do crânio trepanado não for cognoscível pelo "homem-plenamente informado". Consequentemente, encontra-se liminarmente excluído o problema da imputação objectiva.

Se bem vemos, das diferentes soluções dadas a estes dois casos intui-se então que Faria Costa, a final, ancora o perigo na acção, por um lado, e, consequentemente, o perigo deixa de pertencer a um "real construído", por outro. Isto põe em causa a premissa de que parte.

Importa fazer agora algumas considerações acerca da temporalização do perigo[439], tendo presente que Faria Costa sublinha que o perigo enquanto situação perigosa não é momento, mas sim duração.

Afirma o Autor que o perigo só é penalmente relevante se for um "perigo presente". É, pois, afastada a relevância do "perigo passado" ou do "perigo futuro" para sustentar um juízo jurídico-penal válido em termos de determinação de um perigo concreto.

A irrelevância do "perigo passado" baseia-se no facto de que "se o perigo esteve no pretérito e não é realidade do presente não tem ele, por isso, qualquer relevância".

Claro está que a aparência destas afirmações não leva o Autor a rejeitar que no contexto da sentença o juiz aprecie um perigo passado, no sentido de a situação de perigo já se ter desenvolvido. Explicitando: o que está em causa é a "postura temporal em que se deve colocar o intérprete-julgador para ponderar sobre a situação decidenda".

E é a este propósito que Faria Costa refere o critério da prognose póstuma, no sentido de – e por palavras do Autor – "o juízo de probabilidade sobre a produção do perigo se tenha que reportar a um momento temporal anterior; há aqui que jogar com o passado presente. É, pois, dentro do circunstancialismo daquele passado, que é agora presente, que se tem de apreciar se há ou não uma situação perigosa". Ou seja, o julgador que não foi espectador contemporâneo dos factos concretos, tem que reconstruir o passado que se torna, portanto, presente. Mas este presente não deixe de ser, segundo o Autor, repita-se, um "presente-passado", entendido como se desenvolvendo ainda em futuro, sob pena de se cair naquele passado pretérito, do qual não podia sair para julgar a situação perigosa.

De facto, como a determinação normativa do perigo, apesar da pertinência do critério da prognose póstuma, não se esgota na estrita lógica da causalidade adequada, decisivo é ainda um segundo juízo, isto é, um juízo hipotético de relação de perigo.

Vale por dizer: o julgador, para além de prognosticar o curso dos acontecimentos ("no passado-presente"), tem que hipotetizar a possibili-

---

[439] *O Perigo em Direito Penal (Contributo para a sua Fundamentação e Compreensão Dogmáticas)*, cit., pp. 608 ss.

dade de o resultado de dano se verificar, ou não (juízo hipotético sobre o próprio "passado-presente")[440].

Neste contexto, para Faria Costa, a relação de perigo seria melhor precisada através de um juízo *ex ante* – o momento em que a factualidade penalmente relevante aconteceu – do que através de uma fórmula *ex post*, até porque o perigo não se pode solidificar num real verdadeiro[441].

Com todo o respeito, a única nota que esta douta argumentação suscita é a de não especificar o exacto momento temporal a que se reporta o juízo de perigo, nem indicar uma distinção em função do objecto do juízo – a acção ou o resultado.

3.9. Augusto Silva Dias

Recentemente, com Augusto Silva Dias[442], repensa-se criticamente algumas ideias sobre o conceito de perigo. A construção apresentada pelo Autor apela de forma inequívoca – o que vai de encontro à nossa chamada de atenção para a dupla adjectivação do perigo – à caracterização do conteúdo da ilicitude do crime de perigo concreto a partir não só de um desvalor da acção, mas também de um desvalor de resultado. E fá-lo a propósito da classificação do crime do artigo 282.º, n.º 1, do CP como crime de perigo comum concreto para a vida e a integridade física.

Neste sentido, o desvalor da acção dos crimes de perigo concreto exige, no momento da execução da acção, isto é, *ex ante* (o tempo interno do juízo), a comprovação no caso concreto de uma "idoneidade"

---

[440] Próximo, isto é, também exigindo uma dupla relação de causalidade (causalidade efectiva/causalidade potencial), recorde-se, *supra*, a posição de Rui Pereira.

[441] *O Perigo em Direito Penal (Contributo para a sua Fundamentação e Compreensão Dogmáticas)*, cit., p. 610, sob a n. 105.

[442] *V.* o seu já cit. "Entre 'Comes e Bebes': Debate de algumas Questões Polémicas no Âmbito da Protecção Jurídico-Penal do Consumidor (A Propósito do Acórdão da Relação de Coimbra de 10 de Julho de 1996)", a pp. 515 ss., estudo onde o Autor tece considerações acerca da protecção penal do consumidor, concretamente a propósito da confrontação do artigo 282.º, n.º 1, do CP (crime de corrupção de substâncias alimentares ou medicinais) com o artigo 24.º, n.º 1, do Decreto-Lei n.º 28/84, de 20 de Janeiro (crime contra a genuinidade, qualidade ou composição de géneros alimentícios e aditivos alimentares), tendo como pano de fundo o Acórdão da RC de 10 de Julho de 1996 (o texto do aresto pode ser lido em *CJ*, Ano XXI, Tomo IV, 1996, pp. 65 ss.).

genérica da acção para lesar os bens jurídicos tutelados. Esta perigosidade da acção é entendida no sentido da sua "aptidão" para causar dano, ou seja, de uma "aptidão geral-lesiva da acção", tal como é característica dos "crimes de aptidão"[443]. Vale, portanto, um juízo de prognose reportado ao momento da acção – um critério de apreciação que se impõe em face da definição do perigo como probabilidade de lesão e que é muito semelhante à prognose *ex ante* característica da teoria da adequação[444].

Mas, e uma vez que a estrutura do ilícito-típico do perigo concreto também integra um desvalor de resultado, destacado da acção, decisivo é a concretização da acção genericamente perigosa num resultado de perigo, que é concebido, na esteira de Binding, como uma *Erschütterung*. Este "abalo" traduz-se, então, numa situação de insegurança que permite afirmar a probabilidade de lesão que o perigo encerra.

Neste preciso ponto da comprovação da existência do perigo concreto, o Autor, apesar de decompor o juízo de perigo em (i) "momento do juízo" (o que remete para o nosso "tempo interno", pois fala em "a ocasião em que o juízo é formulado" e que pode ser o momento da acção – juízo *ex ante* – ou o momento da produção concreta do perigo – juízo *ex post*); (ii) "base do juízo" (referindo-se apenas à componente ontológica); e (iii) "medida do juízo" (que corresponde à intensidade do perigo), expressamente apenas analisa o primeiro e o terceiro parâmetros do juízo.

Assim, em relação ao tempo do juízo – o "tempo interno" – importa "comprovar *ex post* que alguém entrou num círculo de perigo, isto é, numa zona de insegurança existencial de tal monta, que se torna previsível e normal, segundo a experiência da vida quotidiana, a verificação da lesão"[445]. A título de parênteses: será este igualmente o "tempo da constituição da base da informação" necessária para falar do perigo? Poder-se-á também perguntar à luz de que observador-modelo? Ou estará

---

[443] Estará portanto em causa tão-só a perigosidade geral do facto concreto e não a perigosidade concreta do facto individual geralmente perigoso, procedendo a apreciação crítica já feita anteriormente a respeito dos crimes de "propensão"?

[444] Os parâmetros analíticos do juízo de perigo-acção parecem ser assim determinados quase por remissão para os postulados da teoria da adequação.

[445] "Entre 'Comes e Bebes': Debate de algumas Questões Polémicas no Âmbito da Protecção Jurídico-Penal do Consumidor (A Propósito do Acórdão da Relação de Coimbra de 10 de Julho de 1996)", cit., p. 574.

implícito o critério do homem-médio? É um campo interrogativo que fica, no entanto, em aberto.

Há portanto uma certa analogia – como é reconhecido aliás por Silva Dias – com o pensamento de Schünemann (que, recorde-se, trabalha com um critério de valoração do perigo que se baseia na dominabilidade/ /previsibilidade), apresentando, no entanto, a exposição do Autor português três particularidades de considerável importância. Por um lado, o juízo de prognose não se reporta ao momento da acção, mas, sim, ao momento da entrada do objecto de protecção no horizonte causal da acção do agente; por outro, o critério da previsibilidade releva para definir a probabilidade da ocorrência do dano penalmente relevante e assim afirmar o perigo concreto[446] e não para adjectivar as circunstâncias salvadoras consideradas relevantes para negar o perigo; e, por último, o afastamento de qualquer juízo de diagnose sobre as causas da inocorrência da lesão.

No que diz respeito à intensidade do perigo, o Autor se, de uma parte, afirma que não basta uma mera possibilidade, exigindo uma probabilidade elevada "cuja medida variará em função de factores como a natureza do bem que é objecto do perigo e a potencialidade ofensiva da conduta" – manifestando-se aqui a natureza normativa do perigo também reclamada por Silva Dias –, de outra, não deixa de falar, sem mais, e de forma, parece-nos, intercambiável, numa "probabilidade séria de lesão" ou "possibilidade de lesão"[447]. Afinal qual é a latitude da intensidade do perigo no pensamento do Autor?

Recorde-se o caso do polícia (caso 10) analisado por Horn e o outro muito parecido do "bloqueio policial" (caso 15) de Wolter. Para Silva Dias existe já perigo concreto "quando o veículo descontrolado entra em

---

[446] As regras da imputação objectiva à luz da teoria da adequação parecem ser uma categoria generalizante na construção de Silva Dias. Com efeito, valem para a apreciação/valoração não só da perigosidade da acção, mas também do perigo concreto. Mais: acabam também por recortar, ainda que de forma implícita, a base da informação quer do perigo concreto, quer da acção perigosa, incorrendo assim Silva Dias, curiosamente, no vício da construção da base do juízo de perigo a partir da adopção dos postulados da causalidade adequada, erro que é apontado e sublinhado pelo Autor relativamente à teoria do perigo de Schünemann.

[447] "Entre 'Comes e Bebes': Debate de algumas Questões Polémicas no Âmbito da Protecção Jurídico-Penal do Consumidor (A Propósito do Acórdão da Relação de Coimbra de 10 de Julho de 1996)", cit., pp. 563, 564 e 574.

rota de colisão com o polícia, ou penetra num círculo de proximidade que torna o choque *possível*"[448].

Atente-se ainda no seguinte caso de corrupção de substâncias alimentares apresentado pelo Autor que parece sintetizar o seu conceito de perigo[449]:

> (20) *A* compra um óleo alimentar para confeccionar as refeições da família, sem se aperceber (por ser imperceptível ao consumidor comum) que, por acção do tempo, o produto sofreu uma reacção química gerando uma substância altamente tóxica, a qual, quando ingerida em grandes quantidades pode causar a morte; dos familiares que ingeriram o produto, uns sentiram graves cólicas intestinais e outros absolutamente nada; provou-se mais tarde que isso se ficou a dever ao facto de, entre estes últimos, uns consumirem um medicamento que funcionava como antídoto aos efeitos nocivos daquela substância e outros se terem submetido voluntariamente a uma lavagem ao estômago impedindo que a substância nociva progredisse na digestão.

Para Silva Dias, a existência do perigo comum concreto passa por (i) provar a "aptidão" da substância para provocar a lesão (a acção genericamente perigosa), e por (ii) comprovar que a vida de pelo menos uma pessoa sofreu um "abalo" ou "crise aguda" no momento da ingestão da substância – o momento da entrada do objecto no horizonte de influência da acção –, ou seja, que é previsível, neste momento, e segundo um juízo de experiência comum, a ocorrência da lesão (o resultado de perigo concreto).

Neste juízo *ex post*, e por estar em causa um crime de perigo comum, são apreciadas as características das vítimas enquanto consumidores (e não com as suas qualidades especiais), concluindo, então, o Autor no sentido de existir ali um perigo para a vida de todos os familiares, pois naquele momento de que fala o perigo, segundo as regras da experiência da vida e os conhecimentos científicos, é provável a ocorrência da lesão.

---

[448] "Entre 'Comes e Bebes': Debate de algumas Questões Polémicas no Âmbito da Protecção Jurídico-Penal do Consumidor (A Propósito do Acórdão da Relação de Coimbra de 10 de Julho de 1996)", cit., p. 574 (itálico nosso).

[449] "Entre 'Comes e Bebes': Debate de algumas Questões Polémicas no Âmbito da Protecção Jurídico-Penal do Consumidor (A Propósito do Acórdão da Relação de Coimbra de 10 de Julho de 1996)", cit., pp. 575-576.

CAPÍTULO IV
Inventário e Prospectiva

1. Enquadramento

A análise comparativa e de síntese dos *approaches* principais acerca do crime de perigo concreto permite concluir que têm sido trabalhados pela doutrina vários critérios de verificação do perigo, quer em termos científico-naturais, quer em termos normativos, que redundam em plúrimas definições de perigo concreto para efeitos de preenchimento do tipo legal de crime de perigo concreto.

Porém, este pluralismo evidenciado para determinar quando é que se pode afirmar que realmente se produziu um resultado de perigo é apenas aparente. Há um denominador praticamente comum, com a excepção, entre nós, de Faria Costa e Silva Dias: a definição do perigo pela negativa. Ou seja, há a preocupação não de definir o perigo positivamente, construindo os elementos cuja verificação permitirá afirmar a existência do perigo, mas de individualizar as circunstâncias que impediram o dano, extraindo o perigo da não-explicabilidade da inocorrência do dano ou da não-verificação – por "mero acaso" – da ocorrência da lesão. Há perigo concreto se se provar a inexplicabilidade da inocorrência do dano ou se a sua não ocorrência ficar apenas dependente do mero acaso. Esta tendência para construir o perigo concreto a partir de uma reflexão sobre os motivos da não ocorrência da lesão pressupõe necessariamente uma apreciação através de um juízo não de prognose, em que o perigo conceitualmente deve consistir, mas sim de diagnose, precisamente sobre as causas da inocorrência do dano.

Por outro lado, as orientações doutrinárias o mais das vezes acabam também por solucionar não o problema definitório do resultado de perigo concreto, mas sim o da imputação objectiva do resultado de perigo concreto. Confunde-se, por conseguinte, a existência do resultado de perigo concreto, de uma parte, e a imputação objectiva do resultado de perigo concreto ao comportamento do agente – como tentativa de aprofundamento do conceito de perigo –, de outra. No entanto, estas duas problemáticas não se devem confundir como frequentemente acontece. Insistimos na teorização de dois níveis distintos e sucessivos de análise: em primeiro lugar, a verificação da existência da situação ou estado de coisas de perigo concreto; e, em segundo lugar, a imputação objectiva deste estado de coisas ao comportamento concretamente perigoso do agente.

Impõe-se, agora, no final desta investigação, aplicar o quadro analítico atrás mencionado, ou seja, os nossos parâmetros ou convenções terminológicas acerca do juízo de perigo, quer à acção, quer ao resultado como elementos constitutivos essenciais do crime de perigo concreto, na esteira da crítica interna às propostas doutrinárias analisadas anteriormente. A caracterização do ilícito-típico do crime de perigo concreto a partir não só de um desvalor de resultado, mas também de um desvalor da acção que, repita-se, raramente é evidenciada e trabalhada na teoria penal do perigo.

Na análise do tipo objectivo do crime de perigo concreto – tendo sempre presente que é um crime de resultado –, convém introduzir uma distinção entre o que denominaríamos, por um lado, de variáveis largas ou de malha grossa e, por outro, de variáveis finas ou de malha mais fina. Pertencem às variáveis largas ou de malha grossa a acção típica e o resultado típico, podendo cada uma delas, no uso de uma terminologia de malha mais fina, ser individualizada, respectivamente, em acção ou comportamento concretamente perigoso e situação ou estado de coisas de perigo concreto.

2. Questões da acção

2.1. A acção típica

No momento da cominação legal, a lei penal ameaça abstractamente com uma pena a prática de um certo comportamento: incrimina um determinado comportamento que de acordo com as regras da experiência é propenso a produzir um resultado de perigo.

Este juízo de perigo por via legislativa é logicamente *ex ante* em relação à acção do agente, porque, naturalmente, as cominações legais precedem temporalmente o próprio sujeito. Só assim se assegura a função das normas incriminadoras como directrizes comportamentais para os membros da comunidade em geral[450].

Tendo presente, contudo, a análise dos tipos legais de crime de perigo concreto da Parte Especial do CP, verificamos que a descrição da respectiva acção proibida é variamente concretizada: desde a tipificação mais ou menos rigorosa do comportamento proibido [exemplos: os artigos 272.º, n.º 1, alíneas d) e e), 283.º, n.º 1, e 291.º, n.º 1] até à descrição da acção feita praticamente com referência ao próprio resultado [v.g., os artigos 138.º, 144.º, alínea d), 272.º, n.º 1, alíneas a) e b), e 289.º, n.º 1]. Neste caso último, o legislador fixa apenas abstractamente o critério de perigosidade, não delimitando tipicamente o complexo total das circunstâncias perigosas, transferindo para o julgador a decisão sobre as hipóteses de facto que realizam a previsão da norma incriminadora do perigo, bem como a respectiva verificação no caso individual, o que terá que ser feito a partir do resultado típico[451].

Concretizando através do crime de incêndio, previsto e punido nos termos do artigo 272.º, n.º 1, alínea a), do CP: o tipo faz referência a uma acção – provocar incêndio de relevo, contendo uma enumeração meramente exemplificativa à forma como tal acontece – e à respectiva consequência – criação de um perigo para a vida ou para a integridade física de outrem, ou para bens patrimoniais alheios de valor elevado –, deixando ao julgador a determinação dos perigos relevantes para o preenchimento do tipo.

Esta técnica legislativa última é muito usual nos crimes de perigo comum concreto (por contraposição à dos crimes de perigo abstracto) que, assim, para além de já constituírem uma antecipação da tutela penal, permitem ainda tutelar de forma mais ampla o bem jurídico em causa, pois o menor grau de concretização do comportamento típico tem elas-

---

[450] Subjacente a todas as normas incriminadoras está um comando ou proibitivo (se prevêem crimes de acção) ou prescritivo (se prevêem crimes de omissão), através do qual o Direito penal realiza uma função de motivação. Mas, ao contrário dos autores da chamada "'velha' Escola de Bona", este comando que encerra o preceito primário da norma jurídico-penal tem que ser considerado objectivamente e não subjectivamente, como relativo a uma atitude interior do agente.

[451] Esta técnica evidencia a função que o resultado, enquanto elemento do tipo, pode desempenhar na concretização da acção proibida, função esta sublinhada, por exemplo, por Krümpelmann, *Die Bagatelldelikte. Untersuchungen zum Verbrechen als Steigerungsbegriff*, cit., p. 91.

ticidade para acolher várias modalidades de acções perigosas para o bem jurídico protegido.

Consequentemente, são pertinentes a propósito da redacção de alguns crimes de perigo concreto críticas decorrentes da inobservância do princípio da legalidade, em geral, e do princípio da tipicidade ou da determinação jurídico-penal do tipo, em particular, devido à falta de tipicização da perigosidade da acção do agente.

Temos utilizado – e vamos utilizar – as expressões "acção perigosa" ou "comportamento perigoso", naturalmente no sentido de condutas humanas queridas, previstas e punidas penalmente – o que corresponde ao conceito de acção em sentido amplo que compreende o "fazer" e o "omitir"[452][453] –, para distinguir das "situações de perigo", nem sempre

---

[452] Não querendo entrar na polémica em torno do conceito de acção no sistema do Direito penal como conceito valorativo (Mezger) ou como conceito naturalístico (Welzel), *v.*, no primeiro sentido, de Mezger, para além dos seus tratados *Strafrecht, I. Allgemeiner Teil. Ein Studienbuch*, 2. Aufl., 1948, pp. 35, 37, 39, 40 e 133, e *Strafrecht, Ein Lehrbuch*, 3. Aufl., Berlin/München: Duncker & Humblot, 1949 (reimp. da 2.ª ed.-1933), pp. 92, 102, 103 e 130 ss., a sua monografia *Moderne Wege der Strafrechtsdogmatik. Eine ergänzende Betrachtung zum Lehrbuch des Strafrechts in seiner 3. Auflage (1949)*, Berlin/München: Duncker & Humblot, 1950, já traduzida por Muñoz Conde, sob o título *Modernas Orientaciones de la Dogmática Jurídico-Penal*, Valencia: Tirant lo Blanch, 2000, trabalho que marca o início da polémica com a "teoria final da acção" de Welzel. Precisamente de Welzel, *v.* "Studien zum System des Strafrechts", *ZStW*, Bd. 58, 1938, pp. 491 ss., "Um die finale Handlungslehre. Eine Auseinandersetzung mit ihren Kritikern", *RSt*, Bd. 146, 1949, *passim*, e *Das deutsche Strafrecht in seinen Grundzügen*, 2. Aufl., 1949, p. 23. Sobre as origens desta controvérsia e a evolução do pensamento de Mezger, pode consultar-se o estudo de Muñoz Conde, *Edmung Mezger y el Derecho Penal de su Tiempo. Los Orígenes Ideológicos de la Polémica entre Causalismo y Finalismo*, 2.ª ed., Valencia: Tirant lo Blanch, 2001 (1.ª ed.-2000), pp. 15 ss., edição enriquecida com um Apêndice intitulado "La otra Cara de Edmung Mezger: su Partcipación en el Proyecto de Ley sobre 'Gemeinschaftsfremde' (1940-1944), a pp. 97 ss., e com um Anexo que constitui a "Carta-informe de Edmung Mezger sobre el Proyecto de Ley sobre 'Extraños a la Comunidad' al Consejero Ministerial Rientzsch", a pp. 143 ss. Para uma revisão crítica do conceito penal de "acção", consulte-se o interessante estudo de Giorgio Marinucci, *El Delito como "Acción", Crítica de un Dogma* (trad. cast. de José Eduardo Sáinz-Cantero Caparrós de *Il Reato come "Azione", Crítica di un Dogma*, e enriquecido com um prólogo de Manuel Cobo del Rosal), Madrid: Marcial Pons, 1998, pp. 13 ss., onde o Autor discute aprofundadamente um dos principais "dogmas" da Ciência do Direito penal: o conceito unitário de "acção" como base e fundamento do sistema da teoria jurídica do crime,

[453] No caso da omissão, só relevam, para o preenchimento de um crime de resultado de perigo concreto, as omissões impróprias. Com efeito, o enquadramento da espécie

condutas humanas queridas, não proibidas por uma norma penal. Portanto, no sentido de "acção perigosa e típica", ou seja, acção tipicamente antiju-

---

perigo dentro do género resultado remete-nos para esta forma especial de infracção no seio do crime de perigo concreto: o crime comissivo por omissão. Para uma distinção entre omissões impróprias e omissões próprias e análise de algumas questões controvertidas que a omissão imprópria (material) suscita consulte-se – para além das referências no plano das lições universitárias, e do nosso estudo *A Teoria Penal da Omissão e a Revisão Crítica de Jakobs*, cit., pp. 15 ss., para o qual nos permitimos remeter –, entre nós, Sousa e Brito, *Estudos para a Dogmática do Crime Omissivo, I* (dissertação de mestrado apresentada à Faculdade de Direito da Universidade de Lisboa, no ano lectivo de 1964-65), Lisboa: ed. policop. do Autor, 1965, pp. 7 ss.; Figueiredo Dias, "A Propósito da 'Ingerência' e do Dever de Auxílio nos Crimes de Omissão" (Anotação ao Acórdão do STJ de 28 de Abril de 1982), *RLJ*, Ano 116.º, N.ºs 3706 e 3707, 1983, pp. 18 ss. e 52 ss., respectivamente; *idem*, "Pressupostos da Punição e Causas que Excluem a Ilicitude e a Culpa", in AA.VV., *Jornadas de Direito Criminal. O Novo Código Penal Português e Legislação Complementar*, Fase I, Lisboa: ed. do CEJ, 1983, pp. 52 ss.; e, *idem*, "Les Délits d'Omission dans le Droit Pénal Portugais", *RIntDP*, Vol. 55, N.ºs 3-4 ["Infractions d'Omission et Responsabilité Penale pour Omission. Actes du Colloque Préparatoire au XIIIème Congrés International de l'Association International de Droit Pénal tenu à Urbino (Italie), 7-10 octobre 1982"], 1984, pp. 845 ss., números que reúnem diversos relatórios que dão conta da situação vigente a respeito da matéria em vários países; Maria do Céu Rueff de Saro Negrão, "Sobre a Omissão Impura no Actual Código Português e em especial sobre a Fonte do Dever que Obriga a Evitar o Resultado", *RMP*, Ano 7, N.ºs 25 (Janeiro-Março) e 26 (Abril-Junho), 1986, pp. 33 ss. e 39 ss., respectivamente; José António Veloso, *Apontamentos sobre Omissão. Direito Penal – I (Ano Lectivo 1992/93)*, Lisboa: ed. policop. da AAFDL, 1993, pp. 3 ss.; Maria Leonor Assunção, *Contributo para a Interpretação do Artigo 219.º do Código Penal (O Crime de Omissão de Auxílio)*, Coimbra: Coimbra Editora, 1994, pp. 17 ss.; Faria Costa, "Omissão (Reflexões em redor da Omissão Imprópria)", *BFDUC*, Vol. LXXII, 1996, pp. 391 ss., texto que constitui a parte nuclear da comunicação do Autor apresentada nas "Jornadas de Direito Penal – O Código Penal de Macau", realizadas em Macau, nos dias 14, 15 e 16 de Março de 1996, após a entrada em vigor do CP de Macau em 1 de Janeiro de 1996 [esta comunicação, intitulada na versão original "Viagem ao Oriente através da Dogmática. Um Passeio pela Região da Omissão" (publicada in *BFDUM*, Ano I, N.º 3, 1997, a pp. 49 ss.), foi adaptada em vista do CP português]; e Teresa Quintela de Brito, *A Tentativa nos Crimes Comissivos por Omissão: um Problema de Delimitação da Conduta Típica*, Coimbra: Coimbra Editora, 2000, em esp. pp. 147 ss. Da doutrina germânica, para além das referências bibliográficas indicadas *supra* de Jakobs, sob a n. 70, *v.*, por todos, Armin Kaufmann, *Die Dogmatik der Unterlassungsdelikte*, Göttingen: Verlag Otto Schwarz & Co., 1959, pp. 1 ss.; Roxin, "Do Limite entre Comissão e Omissão" (trad. de Ana Paula Natscheradetz de "Sinn und Grenzen staatlicher Strafe", publicado primeiro *in JuS*, 1966, pp. 377 ss., e depois *in* Paul Bockelmann *et al.* (hrsg.), *Festschrift für Karl Engisch zum 70. Geburtstag*, Frankfurt am Main: Vittorio Klostermann, 1969, pp. 380 ss.), *in* Claus Roxin, *Problemas*

rídica ou antinormativa – que depende da redacção legal do tipo, conforme está configurado "objectivamente" ou "subjectivamente" –, pois só esta interessa para o Direito penal.

Fundamentais de Direito Penal, 3.ª ed., Lisboa: Veja Universidade/Direito e Ciência Jurídica, 1998 (1.ª ed.-1986), pp. 169 ss.; Schünemann, "Sobre el Estado Actual de la Dogmática de los Delitos de Omisión en Alemania" (trad. cast. de Silvina Bacigalupo), *in* Enrique Gimbernat / Bernd Schünemann / Jürgen Wolter (eds.), *Omisión e Imputación Objetiva en Derecho Penal – Jornadas Hispano-Alemanas de Derecho Penal en Homenaje al Profesor Claus Roxin con motivo de su Investidura como Doctor "Honoris Causa" por la Universidad Complutense de Madrid*, Madrid: Servicio de Publicaciones Facultad Derecho Universidad Complutense Madrid, 1994, pp. 11 ss; e, *idem*, "Los Fundamentos de la Responsabilidad Penal de los Órganos de Dirección de las Empresas" [trad. de Lourdes Baza, com algumas modificações, de "Strafrechtliche Verantwortlichkeit der Unternehmensleitung im Bereich von Umweltschutz und technischer Sicherheit", publicado *in* Breuer / Kloepfer / Marburger / Schröder (comps.), *Umweltschutz und technische Sicherheit im Unternehmen*, Heidelberg, 1994, pp. 137-177], *in* Bernd Schünemann, *Temas Actuales y Permanentes del Derecho Penal después del Milenio*, Madrid: Editorial Tecnos, 2002, pp. 129 ss. Da literatura italiana, veja-se, Tullio Galiani, *Il Problema della Condotta nei Reati Omissivi*, Camerino: Jovene Editore, 1980, pp. 7 ss.; Giovanni Grasso, *Il Reato Omissivo Improprio. La Struttura Obiettiva della Fattispecie*, Milano: Dott. A. Giuffrè Editore, 1983, pp. 1 ss.; Andrea Montagni, *La Responsabilità Penale per Omissione. Il Nesso Causale (Fenomenologia Causale nella Responsabilità Penale per Omissione)*, Padova: CEDAM, 2002, em esp. pp. 25 ss.; e, sinteticamente, Ivo Caraccioli, na entrada "Omissione (Diritto Penale)", *in NmoDI*, Vol. XI (N-ORA), cit., p. 896; e o artigo de Giovanni Fiandaca, sob "Omissione (Diritto Penale)", *in* AA.VV., *Digesto – Sec. Digesto delle Discipline Penalistiche*, Vol. III, 4.ª ed., Torino: Unione Tipografico-Editrice Torinese, 1989, p. 711. Da doutrina espanhola, *v.*, Jesús-María Silva Sánchez, *El Delito de Omisión – Concepto y Sistema*, Barcelona: Libreria Bosh, 1986, pp. 3 ss.; os textos "Zur Dreiteilung der Unterlassungsdelikte", também de Silva Sánchez, e "Unechte Unterlassung und Risikoerhöhung im Unternehmensstrafrecht", de Enrique Gimbernat Ordeig, ambos publicados *in* Bernd Schünemann / Hans Achenbach / Wilfried Bottke / Bernhard Haffke / Hans-Joachim Rudolphi (hrsg.), *Festschrift für Claus Roxin zum 70. Geburtstag am 15. Mai 2001*, Berlin; New York: Walter de Gruyter, 2001, pp. 641 ss. e 651 ss., respectivamente; ainda de Gimbernat Ordeig, "Das unechte Unterlassungsdelikt", *ZStW*, Bd. 111, 1999, pp. 307 ss.; e o estudo de Juan Antonio Lascuraín Sánchez, *Los Delitos de Omisión: Fundamento de los Deberes de Garantía*, Madrid: Civitas Ediciones, 2002, pp. 15 ss. V. ainda Rodríguez Mourullo, *La Omisión de Socorro en el Código Penal*, cit., pp. 3 ss.; Torío López, "Límites Políticos Criminales del Delito de Comisión por Omisión", *ADPCC*, Tomo XXXVII, Fasc. III, Setembro--Dezembro 1984, pp. 693 ss.; Susana Huerta Tocildo, *Problemas Fundamentales de los Delitos de Omisión*, Madrid, 1987, pp. 19 ss.; Carlos Maria Romeo Casabona, "Límites de los Delitos de Comisión por Omisión", *in* Enrique Gimbernat / Bernd Schünemann /

Preferimos utilizar estas expressões, em vez de "actividade perigosa" que, no Direito penal, pode induzir a compreender genericamente não só as "acções" proibidas por uma norma penal, mas também as não proibidas penalmente – as referidas "situações de perigo". Esta elasticidade do conceito não pode valer em sede penal[454].

As "situações de perigo" englobam, por um lado, as situações perigosas de facto derivadas de eventos naturais (tempestades, sismos, tufões, cheias, etc.) e, por outro, as actividades humanas perigosas penalmente não punidas. Neste ponto concreto assume particular importância a verificação da existência de uma actividade humana perigosa expressamente permitida ou de uma actividade humana perigosa não proibida.

Por actividades humanas perigosas expressamente permitidas, entenda-se actividades de risco qualificado reservadas, porque sujeitas a licenças especiais – condução automóvel, transporte de substâncias perigosas, produção e armazenagem de explosivos, exploração de uma instalação de tecnologia nuclear ou de uma instalação atómica, de uma indústria farmacêutica ou de uma indústria poluente, uso e porte de armas de fogo, etc.

Nas actividades humanas perigosas não proibidas podemos integrar, por exemplo, o uso de insecticidas.

No âmbito das actividades humanas perigosas impunes são de incluir também as actividades estabelecidas nos usos (determinadas competições desportivas como corridas de automóveis, combates de boxe, etc.).

/ Jürgen Wolter (eds.), *Omisión e Imputación Objetiva en Derecho Penal – Jornadas Hispano-Alemanas de Derecho Penal en Homenaje al Profesor Claus Roxin con motivo de su Investidura como Doctor "Honoris Causa" por la Universidad Complutense de Madrid*, cit., pp. 33 ss.; e, em apontamento de síntese, os artigos de Antonio Quintano Ripollés, "Delito de Comisión por Omisión" e "Delito de Omisión", ambos *in NEJ*, Tomo VI, Carlos-E. Mascareñas (dir.), Barcelona: Francisco Seix Editor, 1954 (para o nosso tema *v.*, esp., a pp. 469-470 e 478, respectivamente). V. igualmente o estudo do jurista chileno Eduardo Novoa Monreal, *Fundamentos de los Delitos de Omisión. Bases Jurídicas de la Omisión. La Influencia Ideológica Liberal-Individualista. La Reacción Socializante. Configuración Típica. Delitos de Acción y Delitos de Omisión. Causas, Factores y Diferencias*, Buenos Aires: Ediciones Depalma, 1984, pp. 1 ss., e, *idem*, "Les Délits d'Omission (Rapport Général)", *RIntDP*, Vol. 55, N.os 3-4, cit., pp. 485 ss.

[454] Pelo contrário, no Direito civil, a expressão "actividade perigosa" tem um sentido genérico que é compreensível à luz dos princípios vigentes no direito privado que, acentuando a perspectiva essencialmente ressarcitória do dano, consagram a responsabilidade objectiva em termos gerais.

Estas actividades humanas perigosas penalmente não punidas remetem-nos para o conceito de risco permitido (*erlaubtes Risiko*). Este critério normativo de valoração vale não só para as actividades humanas perigosas expressamente permitidas, mas também, e essencialmente, para as actividades humanas perigosas não proibidas. Autores há, todavia, que negam a validade deste princípio regulativo geral em relação a estas actividades últimas, entendendo-o como apenas válido para as actividades humanas perigosas que se encontram legalmente regulamentadas[455]. Qual é então a utilidade do referido critério no âmbito de actividades expressamente permitidas pela lei, cuja licitude está, portanto, mais ou menos determinada? É em face de actividades perigosas regulamentadas por lei que se torna mais fácil – parece-nos – estabelecer uma fronteira entre os riscos que têm que ser assumidos juridicamente e os que não têm que ser, sem recurso a princípios gerais[456].

Estão aqui em causa acções ou omissões que – não obstante os inerentes riscos que já estão acima do chamado *allgemeines Lebensrisiko*, da doutrina alemã, ou *cláusula de minimis*, da doutrina anglo-saxónica, e que em princípio seriam ilícitos – não constituem fundamento de responsabilidade penal devido à sua natureza socialmente adequada (*maßvolles Risiko*[457]). É expressamente permitido a determinados agentes, ou pelo menos não é proibido, criarem certos riscos que são, portanto, lícitos para esses mesmos agentes. Ou seja, por razões de utilidade social da actividade perigosa não existe um desvalor social que justifique a aplicação de uma pena – os respectivos riscos não são valorados negativamente como ilícitos pela consciência colectiva.

Estamos, por isso, perante um conceito exterior ao Direito penal, em geral, e às normas jurídico-penais, em particular, o que suscita, de imediato, dois níveis de questões interdependentes. Um primeiro, que se

---

[455] Entre nós, é a posição, por exemplo, de Curado Neves, *Comportamento Lícito Alternativo e Concurso de Riscos. Contributo para uma Teoria da Imputação Objectiva em Direito Penal*, cit., pp. 93 ss.

[456] No sentido do texto, também entendendo aplicável o conceito de "risco permitido" a actividades humanas perigosas não permitidas expressamente pela lei, v. Jakobs, *Derecho Penal. Parte General*, cit., pp. 243 ss., nm. 35 ss.; e Schünemann, "Moderne Tendenzen in der Dogmatik der Fahrlässigkeits- und Gefährdungsdelikte", cit., pp. 575 ss.

[457] Na concepção que parte de Welzel, "Studien zum System des Strafrechts", cit., pp. 491 ss.

traduz na análise dos critérios éticos de licitude com base nos quais a comunidade colectiva considera um determinado comportamento socialmente lícito; um segundo, com vista a integrar esses critérios no Direito positivo.

Quanto ao primeiro nível, trata-se de um problema de fenomenologia moral que aqui não poderemos desenvolver. Torna-se evidente todavia que a maior ou menor extensão do risco permitido variará, não só em razão da situação de perigo típica, mas também da natureza e do valor do bem jurídico em causa. As valorações ético-sociais podem variar, e variam, igualmente no tempo e no espaço, reflectindo-se na aceitação social dos diversos comportamentos.

A segunda questão é de ordem dogmática: a valoração jurídica do perigo deve ter em conta os critérios da racionalidade do senso comum, sob pena de se chegar a soluções contra-intuitivas. É essencial, pois, atribuir relevância às intuições éticas comuns, o que se tornará particularmente evidente na determinação do grau de probabilidade da ocorrência do dano penalmente relevante, como proporemos *infra* (sob o Capítulo IV.3., 3.1., 3.1.1., 3.1.1.3., 3.1.1.3.2.).

Estas actividades não são, por isso, punidas, não porque sejam ilícitos-justificados, ou ilícitos-desculpados, ou ilícitos-não-puníveis, mas porque não têm uma gravidade suficiente para justificar a intervenção jurídico-penal, logo, são situações atípicas. Explicitando, de acordo com o princípio *nulla poena sine crimen*, não sendo estas situações proibidas, não chegando a preencher um tipo de crime de perigo, não constituindo, portanto, um facto típico, o problema da licitude é ultrapassado pela aplicação negativa do princípio da legalidade, ou seja, por atipicidade[458].

---

[458] Esta inserção sistemática do risco permitido na categoria analítica da tipicidade, como critério restritivo do tipo objectivo, corresponde ao entendimento generalizado na doutrina penal contemporânea. *V.*, por todos, Roxin, *Derecho Penal. Parte General, Tomo I*, cit., pp. 293 ss., nm. 34 ss.; e Jakobs, *Derecho Penal. Parte General*, cit., pp. 243 ss., nm. 35 ss. Sobre o tema, em que a bibliografia é praticamente inabarcável, é interessante consultar, para a doutrina espanhola, o estudo de carácter monográfico de Paredes Castañon, *El Riesgo Permitido en Derecho Penal (Régimen Jurídico-Penal de las Actividades Peligrosas)*, Madrid, 1995, *passim*. Recentemente, Corcoy Bidasolo também se debruça sobre esta temática no seu *Delitos de Peligro y Protección de Bienes Jurídico-Penales Supraindividuales. Nuevas Formas de Delincuencia y Reinterpretación de Tipos Penales Clásicos*, cit., pp. 71 ss. Para a doutrina italiana, *v.* Vincenzo Militello, *Rischio e Responsabilità Penale*, Milano: Dott. A. Giuffrè Editore, 1988, pp. 55 ss.

Contudo, e no âmbito destas "situações de perigo", cada vez em maior número na sociedade dos nossos dias caracterizada pela complexidade e perigosidade da base técnica da nossa civilização, é possível, leia-se, muito provável, que seja praticada uma "acção perigosa", penalmente proibida[459]. Decisivo é que esteja em causa uma "acção" que, no âmbito de uma situação de perigo, seja típica (e, naturalmente, ilícita, culposa e punível). Portanto, a tipicidade dos crimes limita as "acções perigosas".

Nem toda a ilicitude exige uma resposta penal, ou seja, nem toda a relevância jurídica do perigo se esgota no âmbito da responsabilidade penal. Há um intervalo não-penal que constitui já um ilícito jurídico, pois o perigo está já acima do limiar de relevância ética e jurídica – fica naturalmente ressalvado o risco mínimo e residual inerente a toda a actividade humana e à própria existência biológica (o tal *allgemeines Lebensrisiko*) que nem sequer constitui fundamento de responsabilidade civil – e que, por isso, exige uma resposta jurídica ou uma responsabilidade jurídica (o perigo como fundamento geral de responsabilidade civil, administrativa, fiscal...), mas não necessariamente ou ainda não um ilícito jurídico-penal. A intervenção penal pressupõe inescapavelmente uma filtragem não por um mero tipo de ilícito, mas por um tipo legal de crime, para os propósitos da nossa investigação, por um tipo de perigo concreto.

Em matéria de licenciamento de actividades humanas perigosas, por isso reservadas – ou seja, submetidas por lei a autorização prévia e fiscalização administrativa por parte de autoridades públicas competentes – levanta-se uma questão de teoria do Direito administrativo: saber se há, ou não, um direito fundamental substantivo das pessoas em geral a exercer essa actividade.

Esta questão suscita, por um lado, a consideração da recusa da licença como privação, ou não, de um direito previamente existente e, por outro, a caracterização, ou não, da revogação da licença como uma sanção.

---

[459] Basta pensar que numa prova automobilística – uma situação objectiva de perigo, quer para os participantes, quer para os espectadores, mas penalmente não punida – podem ser praticadas acções perigosas, como a de o condutor que por imperícia na condução do carro de corrida investe contra os espectadores que se encontram na berma. Ora, o "comportamento perigoso" (e criminoso) não resulta da condução *qua tale* – no caso uma actividade humana perigosa impune porque estabelecida nos usos –, mas sim de um *plus* que passa a qualificá-la precisamente como "acção perigosa".

Cremos que, em regra, não existe nenhum direito pré-existente em relação à licença. A licença é que é constitutiva do direito que há-de vir a ser exercido pelas pessoas autorizadas.

No que diz respeito à natureza jurídica da revogação da licença, trata-se de um mero acto administrativo – o simples oposto do acto administrativo de autorização –, praticado no exercício do mesmo poder administrativo de licenciamento. Até porque, muitas das vezes, a revogação da licença resulta simplesmente da verificação da perda superveniente de pressupostos da autorização. Já nos pronunciámos neste sentido a propósito do diploma que aprova o regime jurídico dos documentos electrónicos e da assinatura digital em "Anotação ao Artigo 21.º (Revogação da Credenciação) do Decreto-Lei N.º 290-D/99, de 2 de Agosto", *in* Manuel Lopes Rocha / Miguel Pupo Correia / / Marta Felino Rodrigues *et al.*, *Leis do Comércio Electrónico. Notas e Comentários*, 2.ª ed., Coimbra: Coimbra Editora, 2001 (1.ª ed.-2000), pp. 82 ss.

As actividades perigosas autorizadas, em geral, suscitam uma outra questão que é agora de articulação entre o Direito penal e o Direito administrativo: como é que se relacionam, entre si, as normas incriminadoras do Direito penal e as normas do Direito administrativo. A esta questão podemos acrescentar, por esclarecimento, uma outra: que relevância é que tem para o Direito penal os actos administrativos.

Em relação à primeira questão, pensamos que deve haver, em geral, uma dependência do Direito penal relativamente às normas permissivas do Direito administrativo, no sentido, portanto, de que os comportamentos que são permitidos por norma administrativa não devem ser sancionados por norma penal, sob pena de se incorrer numa antinomia normativa. Mas esta dependência à norma administrativa já não deve ser estendida em relação ao próprio acto administrativo, no caso de existir um acto inválido.

Há, de facto, tipos legais de crime cujo preenchimento depende da violação de normas reguladoras ou do exercício de uma actividade sem a respectiva autorização [veja-se o caso paradigmático do artigo 277.º (Infracção de regras de construção, dano em instalações e perturbação de serviços) do CP – sobre esta incriminação *v.*, por todos, Rui Patrício, *Erro sobre Regras Legais, Regulamentares ou Técnicas nos Crimes de Perigo Comum no Actual Direito Português (Um Caso de Infracção de Regras de Construção e algumas Interrogações no nosso Sistema Penal)*, Lisboa: ed. da AAFDL, 2000, em esp. pp. 250 ss., e, *idem*, "Apontamentos sobre um Crime de Perigo Comum e Concreto Complexo (Artigo 277.º, N.º 1, Alínea a) do Código Penal – Infracção de Regras de Construção)", *RMP*, Ano 21.º, N.º 81, Janeiro-Março 2000, pp. 91 ss.].

Ora, na hipótese de realização de um comportamento perigoso no exercício de uma actividade autorizada, mas cuja autorização administrativa é, por exemplo, ilegal, a invalidade deste acto não pode ser invocada para afastar uma eventual responsabilidade penal (seja como causa de exclusão da culpa ou até da própria tipicidade). Caso contrário, seria o Poder Executivo, e não o Poder Legislativo, a estabelecer o próprio limite do Direito penal. Para uma formulação nestes termos da relação entre o Direito penal, por um lado, e as normas do Direito administrativo e os actos administrativos, por outro, mas pensada concretamente para o âmbito do Direito penal do meio ambiente, *v.* Schünemann que, a propósito da relação entre o Direito penal e o acto administrativo, crítica o que designa por "acessoriedade 'negativa'" – que afasta a responsabilidade penal perante qualquer autorização administrativa –, por contraposição a uma "acessoriedade 'positiva'" – em que só as proibições ou permissões lícitas das autoridades administrativas prejulgariam o ilícito penal. Fontes: "¿Ofrece la Reforma del Derecho Penal Económico Alemán un Modelo o un Escarmiento?" [trad. de Teresa Rodríguez Montañés de "Bietet die Reform des deutschen Wirtschaftsstrafrechts ein Vorbild oder ein abschreckendes Beispiel?", publicado em Consejo General del Poder Judicial (comp.), *Jornadas sobre la "Reforma del Derecho Penal en Alemania"*, Madrid, 1992, pp. 31-47], pp. 200-201, e "Sobre la Dogmática y la Política Criminal del Derecho Penal del Medio Ambiente" [trad. de Mariana Sacher de "Zur Dogmatik und Kriminalpolitik des Umweltstrafrechts", publicado *in* Schmoller (comp.), *Festschrift für Otto Triffterer*, Viena/Nueva York, 1996, pp. 437 ss.], pp. 207 ss., dois textos publicados *in* Bernd Schünemann, *Temas Actuales y Permanentes del Derecho Penal después del Milenio*, Madrid: Editorial Tecnos, 2002. Sobre a acessoriedade administrativa também nos crimes ambientais, veja-se, entre nós, Fernanda Palma, "Direito Penal do Ambiente – Uma Primeira Abordagem", *Direito do Ambiente*, cit., pp. 440 ss.; Silva Dias, "A Estrutura dos Direitos ao Ambiente e à Qualidade dos Bens de Consumo e sua Repercussão na Teoria do Bem Jurídico e na das Causas de Justificação", cit., pp. 218 ss.; Teresa Quintela de Brito, "O Crime de Poluição: Alguns Aspectos da Tutela Criminal do Ambiente no Código Penal de 1995", cit., pp. 340 ss.; Rui Pereira, "Código Penal: as Ideias de uma Revisão Adiada", *RMP*, Ano 18.º, N.º 71, Julho-Setembro 1997, pp. 59-60; Anabela Miranda Rodrigues, "A Propósito do Crime de Poluição (Artigo 279.º do Código Penal)", cit., em esp. pp. 124 ss.; Sousa Mendes, *Vale a pena o Direito Penal do Ambiente?*, cit., pp. 148 ss.; Frederico da Costa Pinto, "Sentido e Limites da Protecção Penal do Ambiente", *RPCC*, Ano 10, Fasc. 3.º, Julho-Setembro 2000, pp. 381 ss.; e Figueiredo Dias, "Sobre a Tutela Jurídico-Penal do Ambiente – Um Quarto de Século depois", *in* AA.VV., *Estudos em Homenagem a Cunha Rodrigues, Volume I – Homenagens Pessoais/Penal/Processo Penal/Organização Judiciária*, Jorge de Figueiredo Dias et al. (org.), Coimbra: Coimbra Editora, 2001, pp. 385 ss. No plano dos comentários directos a disposições do CP, *v.*,

Paula Ribeiro de Faria, "Anotação ao Artigo 278.º (Danos contra a Natureza)", *in Comentário Conimbricense do Código Penal. Parte Especial, Tomo II*, cit., pp. 934-936, §§ 6-9; Anabela Miranda Rodrigues, "Anotação ao Artigo 279.º (Poluição)", *idem*, pp. 965-968, §§ 43-48. *V.* ainda Albin Eser, "Sobre a mais Recente Evolução do Direito Penal Económico Alemão", *RPCC*, Ano 12, N.º 4, Outubro-Dezembro 2002, pp. 543-544, texto da conferência proferida pelo Autor na Faculdade de Direito da Universidade de Coimbra em 23 de Março de 2002, no encerramento do IV Curso de Pós-Graduação em Direito Penal Económico e Europeu, onde é abordada, de forma sumária, a problemática da acessoriedade também a propósito do Direito penal do ambiente.

Esta questão da articulação do Direito penal com o Direito administrativo remete-nos igualmente para áreas em que existe uma regulamentação através, nomeadamente, de normas técnicas – o que suscita o problema da constitucionalidade das normas penais em branco que vão proliferando principalmente no Direito penal acessório. Sobre o conceito de norma penal em branco, fazendo uma distinção entre "tipo penal em branco dinâmico" e "tipo penal em branco estático", e os problemas que as regras técnicas suscitam no contexto de um Direito penal em branco, *v.* o estimulante estudo de Schünemann, "Las Reglas de la Técnica en Derecho Penal" [trad. de Manuel Cancio Meliá / / Mercedes Pérez Manzano de "Die Regeln der Technik im Strafrecht", publicado *in* Küper *et al.* (comps.), *Festschrift für Karl Lackner*, 1987, pp. 367-397], *in* Bernd Schünemann, *Temas Actuales y Permanentes del Derecho Penal después del Milenio*, cit., pp. 156 ss. Entre nós, sobre a noção de norma penal em branco, consulte-se, por todos, e para além das referências no plano dos manuais, Jorge Miranda / Miguel Pedrosa Machado, *Constitucionalidade da Protecção Penal dos Direitos de Autor e da Propriedade Industrial*, cit., pp. 34 ss., com abundantes indicações bibliográficas; Teresa Pizarro Beleza / Frederico de Lacerda da Costa Pinto, *O Regime Legal do Erro e as Normas Penais em Branco (Ubi lex distinguit...)*, Coimbra: Livraria Almedina, 1999, em esp. pp. 31 ss.; Rui Patrício, *Erro sobre Regras Legais, Regulamentares ou Técnicas nos Crimes de Perigo Comum no Actual Direito Português (Um Caso de Infracção de Regras de Construção e algumas Interrogações no nosso Sistema Penal)*, cit., pp. 264 ss.; *idem*, "Apontamentos sobre um Crime de Perigo Comum e Concreto Complexo (Artigo 277.º, N.º 1, Alínea a) do Código Penal – Infracção de Regras de Construção)", cit., pp. 110 ss.; e Luís Duarte d'Almeida, "Sobre Leis Penais em Branco", separata da *RFDUL*, Vol. XLII, N.º 1, 2001, pp. 597 ss.

2.1.1. Acção ou comportamento concretamente perigoso

A realização típica do delito de perigo concreto exige uma acção que, numa distinção de malha mais fina, é uma acção concretamente perigosa, isto é, uma acção que em concreto é propensa a produzir o perigo para um bem jurídico-penal[460].

Ou seja, determinadas pelo legislador as acções consideradas em abstracto perigosas torna-se necessário verificar se a acção no caso *sub judice*, para além de abstracta ou tipicamente perigosa, segundo a experiência geral, também é, em concreto, perigosa, por isso penalmente relevante.

Ainda por outras palavras: a acção tem que ser não só formalmente subsumível no tipo, mas também concretamente propensa a pôr em perigo um objecto de bem jurídico. Não basta uma perigosidade geral, é necessária uma perigosidade real da acção – um desvalor real da acção. Portanto, concretamente propensa, repita-se, enfaticamente, a produzir uma situação ou estado de coisas de perigo concreto. É este resultado de perigo o termo de referência da acção perigosa e não o resultado de dano para o objecto de bem jurídico (propensão à lesão).

Mas: quando é que se constitui a perigosidade da acção? Com que informação e segundo que modelo de agente? E, qual é a intensidade do perigo penalmente relevante? Estas interrogações remetem-nos para a apreciação do tempo do juízo de perigo, da respectiva base ou conjunto da informação, para a apreciação do modelo de agente a considerar e para a determinação do grau de perigo penalmente relevante – em suma, para os parâmetros do juízo de perigo atrás mencionados.

---

[460] Na apreciação tanto do comportamento concretamente perigoso como da situação ou estado de coisas de perigo concreto falamos em "bem jurídico" ou "objecto de bem jurídico" tendo presente que pode estar em causa um só bem jurídico representativo da comunidade, se se tratar de um crime de perigo comum concreto. Neste sentido, *v.*, entre nós e por todos, Silva Dias, "Entre 'Comes e Bebes': Debate de algumas Questões Polémicas no Âmbito da Protecção Jurídico-Penal do Consumidor (A Propósito do Acórdão da Relação de Coimbra de 10 de Julho de 1996)", cit., pp. 548-549.

2.1.1.1. O tempo do comportamento concretamente perigoso

Comecemos por analisar o "tempo interno" do juízo de perigo tendo presente que neste momento da análise do crime de perigo concreto o objecto do juízo de perigo é a acção.

A verificação de uma acção concretamente perigosa exige um juízo reportado ao momento da realização do próprio comportamento – o momento em que houve, ou não, perigo-perigosidade, o momento em que se diz ter-se constituído, ou não, perigo relevante. Vale por afirmar: a perigosidade ou não-perigosidade concreta da acção é definida no momento em que o agente actua. Isto porque se o perigo é aqui atributo da acção, o momento de que o juízo fala tem que ser o da sua realização. Vale, na terminologia jurídico-penal corrente, um juízo *ex ante*.

Consequentemente, para a verificação de uma acção concretamente perigosa vale um juízo de prognose ou um prognóstico de probabilidade, a fazer no contexto da sentença – o "tempo externo" do juízo de perigo –, sobre o perigo, mas reportado ou que retroage ao momento da realização do comportamento, ou seja, ao contexto da acção do agente, uma prognose por isso póstuma. O juiz coloca-se no momento espácio-temporal em que o agente actuou para avaliar o perigo-perigosidade da acção.

Só desta forma, considerando-se típicas as acções perigosas no momento da sua prática, se cumpre a função das normas incriminadoras como directrizes comportamentais.

E é este também o tempo determinante para recortar a respectiva base da informação do juízo de perigo (quer a base ontológica, quer a base nomológica) – o tempo da constituição da base ou conjunto da informação do juízo de perigo.

2.1.1.2. A base ou conjunto da informação do comportamento concretamente perigoso e modelo de agente

Se o juiz se deve situar temporalmente no momento da acção – repete-se – por ser a acção o objecto do juízo de perigo, deve então julgar a perigosidade concreta da acção a partir das bases ontológica e nomológica efectivamente existentes nesse tempo interno em que se diz ter-se constituído perigo relevante – perigosidade do comportamento – o momento da acção. O que compreende todas as circunstâncias e leis existentes de facto neste tempo, independentemente de serem conhecidas apenas *ex post*, isto é, no momento do julgamento.

Ou seja, para a apreciação da perigosidade concreta, o julgador deve ter em conta, a nosso ver, todos os conhecimentos adquiridos no momento do julgamento que digam respeito a circunstâncias de facto (base ontológica) e a leis (base nomológica) já existentes no momento da acção. O julgador não deve pois abstrair do conjunto da informação entretanto obtido entre o contexto da acção e o contexto da sentença desde que reportado a circunstâncias de facto e a leis de existência certa no momento da realização do comportamento e, como veremos já, se cognoscível nesse momento pelo modelo de agente a considerar. Não é por conseguinte relevante o "quando" do conhecimento da informação, mas, pelo contrário, o "quando" da existência da informação.

Pelo contrário, o juiz já não deve ter em conta, para afirmar o perigo--atributo da acção, conhecimentos de ordem ontológica ou nomológica de existência *ex post* do momento da realização da conduta. Reside aqui um limite, diríamos, estrutural, da informação relevante para a apreciação da perigosidade da acção, por ser a acção, o momento de que o juízo fala; para além, claro está, do já referido limite gnoseológico decorrente da própria condição humana e que é inevitável ainda que se considere como critério de agente relevante o do "homem-plenamente informado".

Como já foi notado *supra* (sob o Capítulo II.2., 2.4.), o critério de agente a considerar é o do "homem-plenamente informado". O juiz põe--se no lugar deste agente-modelo, dispondo de todos os conhecimentos existentes e cognoscíveis por este agente naquele momento da acção, ainda que esses conhecimentos sejam adquiridos no momento do julgamento.

Recorde-se que a construção desta pessoa-modelo inclui os conhecimentos do homem médio, do perito, os conhecimentos e capacidades especiais do agente (ainda que acima da média ou até exclusivos).

Por conseguinte, o juiz deve emitir um juízo de prognose dispondo no momento da realização da acção do conjunto da informação o mais completo possível. Só assim se alcançará um juízo de perigosidade concreta também o mais completo possível, evitando-se abstracções inconciliáveis com a natureza objectiva do perigo, com a existência real de uma perigosidade típica objectiva.

Temos falado em "momento da acção" ou "momento da realização da acção" e não "no início da acção" para ter em conta comportamentos que não se esgotam num instante determinado e integrar, por conseguinte, no respectivo conjunto da informação relevante conhecimentos posteriores ao início da acção, mas simultâneos ao seu desenvolvimento. Não se vê aqui qualquer problema se e na medida em que no domínio desta informação sejam praticados actos integradores da acção.

Sinteticamente: o julgador, no contexto da sentença – o "tempo externo" do juízo – deve fazer um juízo sobre a perigosidade concreta da acção, reportado ao momento da sua execução – o "tempo interno" do juízo de perigo. E fá-lo segundo o modelo do "homem-plenamente informado", com a seguinte base da informação: todas as circunstâncias de facto (base ontológica) e leis (base nomológica) de existência certa naquele tempo da acção e cognoscíveis nesse momento por aquela pessoa-modelo – tempo da constituição da base do juízo –, ainda que esta informação seja adquirida num momento posterior, ou seja, no momento do julgamento – tempo da aquisição da informação necessária para falar do juízo.

Importa no entanto sublinhar que a afirmação da perigosidade da acção a partir das bases ontológica e nomológica recortadas nestes termos, atento o modelo do "homem-plenamente informado", não significa necessariamente a responsabilidade jurídico-penal do agente em causa. Há aqui dois níveis distintos de problemas: o da delimitação do conjunto da informação relevante para a emissão do juízo de perigo pelo sujeito--juiz e o conhecimento ou cognoscibilidade desse conjunto da informação pelo sujeito-agente. O primeiro é um problema de definição do perigo enquanto elemento objectivo do tipo; o segundo é um problema de imputação subjectiva do perigo com relevância no plano da tipicidade subjectiva ou da culpa.

2.1.1.3. A intensidade do perigo

O crime de perigo concreto exige, portanto, como elemento constitutivo essencial, uma acção concretamente perigosa. Perguntamos agora qual é o grau de perigo requerido como pressuposto da tipicidade da acção.

A verificação do perigo-perigosidade da acção – não a sua existência – suscita, portanto, a referida problemática da apreciação valorativa. Esta avaliação que é feita em termos de probabilidade depende da base ou conjunto da informação, nos termos anteriormente definidos para a apreciação da perigosidade da acção, de quem julga segundo o "homem--plenamente informado".

Temos para nós que se o juízo de perigo fala da acção, para afirmar a sua perigosidade basta que da perspectiva *ex ante*, no momento da acção do agente, seja concretamente possível a periclitação concreta de um objecto de bem jurídico. Dito de forma inversa: este limiar mínimo deve ser entendido como uma "não impossibilidade" do perigo, ou seja, como não sendo de excluir um prognóstico de probabilidade sobre o perigo concreto para um objecto de bem jurídico. O resultado de perigo tem que ser uma consequência concretamente possível do comportamento do agente.

A afirmação desta questão da perigosidade pressupõe a concreta possibilidade da existência de objectos de bens jurídicos. Ou seja, que da perspectiva *ex ante* possam existir objectos de bens jurídicos no horizonte causal da acção do agente – relativamente aos quais a ocorrência do perigo efectivo não é de excluir. O julgador terá, então, que verificar em concreto da possibilidade de um contacto entre a acção e o objecto do bem jurídico que possa produzir um perigo efectivo para o bem jurídico. A dispensa desta verificação no contexto concreto da acção do agente por referência ao bem jurídico poria em causa a apreciação *in concreto* ou contextualizada da perigosidade do comportamento do agente, na medida em que o julgador, em alternativa, perguntaria tão-só: supondo em abstracto que existem objectos de bens jurídicos, pode o comportamento do agente produzir um perigo?

Como já se notou, não é de excluir uma divergência entre juízos de perigo do sujeito-agente e do sujeito-julgador resultante da divergência dos respectivos contextos de análise e conjunto da informação disponível.

De facto, pode acontecer que, com uma informação mais completa das circunstâncias do caso concreto, a base do juízo de perigo se altere e se conclua que a perigosidade da acção – que o juízo agencial, feito *a priori*, no momento da acção típica, não podia excluir – estava já efectivamente excluída por outras circunstâncias do contexto da acção não conhecidas do agente concreto. Ou seja: o juízo do agente feito no momento da prática da acção, em relação à própria acção, pode não coincidir com o juízo do julgador, publicado no momento da sentença, mas também reportado à acção, e que tem em conta conhecimentos adquiridos entretanto, mas de existência certa naquele momento e cognoscíveis também naquele momento pelo "homem-plenamente informado".

Retomemos – e recordemos – o caso da curva ou da ultrapassagem (caso 1): o automobilista *A* "corta" uma curva em contra-mão numa estrada com dois sentidos.
Considere-se a seguinte variante:

(1f) No início da curva está instalada uma câmara de filmar que capta o fluxo de trânsito em sentido contrário; no momento em que *A* "corta" a curva, a câmara não transmite a imagem de qualquer automobilista circulando em sentido contrário; *A* ignora a presença da câmara.

Ora, a base ou conjunto da informação do juízo do autor no início da execução da acção e que não considera aquela circunstância – a presença da câmara –, não permite ao agente excluir *ex ante* a possibilidade da periclitação para um objecto de bem jurídico (por exemplo para um automóvel *B* que circula em sentido contrário). Mas, este juízo provisório de perigo pode ser contrariado por um juízo do julgador mais completo – a saber: a base ou conjunto da informação com que faz o juízo de perigo, em relação à acção, integra o conhecimento da presença da câmara (circunstância real, existente no momento da prática do facto e cognoscível pelo "homem-plenamente informado") – que lhe permite concluir que não era possível pôr-se em perigo um bem jurídico até pela inexistência do objecto no horizonte de influência da acção do agente *A*. Consequentemente, não existe uma acção concretamente perigosa.
Uma outra variante:

(1g) A câmara de filmar instalada no início da curva está avariada.

Neste caso – e abstraindo de outras coordenadas da situação que possam excluir *ex ante*, no contexto da acção, ou *ex post*, no contexto da sentença, a possibilidade da periclitação –, o juízo agencial e o juízo judicial, ambos reportados ao momento da execução da acção – de que o juízo de perigo fala –, coincidem, no sentido da existência de um comportamento concretamente perigoso.
Vejamos, de novo, o caso, agora clássico, mas originariamente trabalhado por Schröder, da prótese: *A* dispara para a perna de *B*; *B* tem uma prótese, facto desconhecido de *A*.
Ora, se o juízo do autor aponta para a perigosidade concreta do comportamento; o juízo do julgador pode indicar, pelo contrário, a não-

-perigosidade concreta do mesmo, na medida em que a prótese for cognoscível pelo "homem-plenamente informado" no momento da acção. Em tal hipótese não haverá um comportamento concretamente perigoso. Admitindo, claro está, que devido à proximidade e habilidade em atingir o alvo se pode excluir a possibilidade de um perigo para outras partes do corpo – para um outro objecto de bem jurídico protegido.

Do exposto também resulta já que uma divergência entre o juízo do autor e o juízo do julgador no sentido de este afirmar a perigosidade, mas com base em informação de existência *ex post* do momento da acção, teria como consequência a não punibilidade do autor nos termos do respectivo crime de perigo concreto, dado que faltaria o elemento do tipo de crime obrigatoriamente apreciado no momento da realização da acção – o comportamento concretamente perigoso. Com efeito, na apreciação do comportamento concretamente perigoso, que é independente da ocorrência efectiva de um perigo concreto, só relevam – repita-se – as circunstâncias certas e cognoscíveis no momento da acção do agente pelo "homem-plenamente informado", ainda que só conhecidas *a posteriori*, no momento da sentença.

3. Questões do resultado

3.1. O resultado típico

A estrutura do ilícito-típico do crime de perigo concreto não se basta com a realização pelo agente de uma acção concretamente perigosa. Esta acção não dá por si só conteúdo a este ilícito penal. Aliás, como já referimos, a perigosidade concreta da acção do agente não é uma característica que fundamente a ilicitude apenas desta categoria de crimes. Pelo contrário, é um pressuposto comum que atravessa todas as classes de crimes – ou melhor, quase todas (para ressalvar os crimes de perigo abstracto, cuja acção penalmente relevante não é absolutamente uma acção concretamente perigosa) –, não obstante as eventuais especificidades privativas de cada uma delas.

Assim, a consumação do crime de perigo concreto exige ainda a produção de um resultado de perigo para um bem jurídico-penal. Decisivo é que o comportamento realizado pelo agente crie um perigo para um objeto de bem jurídico, isto é, que seja uma acção que periclitize[461] um bem jurídico. Só a individualização de um resultado de perigo concreto para um objeto de bem jurídico permite apreender a função de antecipação da tutela penal que tradicionalmente é atribuída aos crimes de perigo concreto. Portanto, ao desvalor real da acção perigosa que é logicamente prévio, acresce o desvalor real do resultado de perigo[462].

No entanto, apesar de a verificação do resultado de perigo concreto ser indispensável para a determinação do ilícito-típico do crime de perigo concreto, há que notar que a definição teórica e a apreciação prática deste conceito apresenta dificuldades específicas, por contraposição à verificação do resultado nos crimes de dano, por razões que se prendem essencialmente com a observação causal-monista que é característica da nossa visão das coisas. De facto, o entendimento humano é ainda fortemente marcado por uma lógica causal que caracterizou o mundo científico-natural do século XIX.

Sucede que este tipo de lógica dificilmente tem validade no âmbito do crime de perigo concreto. Isto porque a individualização de um "resultado de perigo" não é naturalisticamente descrita, nem sensorialmente apreensível como o resultado morte, ofensa à integridade física ou destruição de coisa, etc.[463].

A análise das normas penais de perigo concreto previstas na Parte Especial do CP permite verificar que o legislador, no respectivo preceito primário, se refere ao perigo através de vários verbos típicos: por exem-

---

[461] Usamos "periclitizar", enquanto verbo transitivo.

[462] Diferentemente, Brehm, *Zur Dogmatik des Abstrakten Gefährdungsdelikts*, cit., pp. 15 ss., defende a existência de crimes de perigo concreto sem resultado de perigo. No conceito de crime de perigo concreto são, então, incluídos também os crimes cujas normas incriminadoras exigem, como elemento do tipo, tão só a perigosidade concreta do comportamento. Há que notar que esta visão do crime de perigo concreto parece já pressupor de facto o que devia demonstrar: que a "perigosidade concreta da acção" é uma característica de ilicitude específica do crime de perigo concreto. A nosso ver, e uma vez mais, a perigosidade concreta da acção do agente é uma característica de ilicitude geral. É a ilicitude do resultado que verdadeiramente distingue o crime de perigo concreto. Logo, não se pode diferenciar dentro desta espécie de perigo crimes sem um resultado de perigo (concreto).

[463] É claro que mesmo no âmbito dos crimes de dano a verificação do evento material pode também revestir alguma dificuldade atento o carácter também menos tangível de alguns bens jurídicos.

plo, "colocar em perigo (artigo 138.º, n.º 1); "provocar perigo" [artigo 144.º, alínea d)]; "criar perigo" (artigo 150.º, n.º 2); "sujeitar a perigo" (artigo 152.º, n.º 4 – agora artigo 152.º-B, n.º 1, na versão depois da Revisão de 2007 do CP); "produzir perigo" [artigo 210.º, n.º 2, alínea a)]; para além da fórmula canónica de "e criar deste modo perigo", no âmbito dos crimes de perigo comum.

Para a consumação dos respectivos tipos legais – e porque a norma incriminadora é construída a partir de um verbo de natureza causal que tem um carácter transitivo –, é decisiva a causação de um resultado (o resultado de perigo). O legislador considera, então, como antijurídico um comportamento por referência a um suceder externo, a um resultado, proibindo a conduta que é causal para esse mesmo resultado.

Estes vocábulos causais desempenham, assim, um papel fundamental para o preenchimento do respectivo tipo jurídico-penal, ou seja, para a valoração do próprio ilícito.

Este reconhecimento pressupõe de facto o que se pretende afirmar: com o uso daquelas expressões, está o legislador a definir tipicamente o perigo como consequência da acção do agente, isto é, como atributo de um resultado e não a perigosidade enquanto atributo da acção. E quando a lei incrimina expressamente esta "periclitização" para um bem jurídico, a acção perigosa tem que ser causa de um evento de perigo para um objecto, por isso periclitado. Temos para nós que esta interpretação da letra da lei no sentido de um crime de perigo concreto não resulta de uma mera argumentação gramatical, mas impõe-se à luz do princípio da legalidade[464].

---

[464] Silva Dias, "Entre 'Comes e Bebes': Debate de algumas Questões Polémicas no Âmbito da Protecção Jurídico-Penal do Consumidor (A Propósito do Acórdão da Relação de Coimbra de 10 de Julho de 1996)", cit., pp. 543 ss., a respeito do significado da modificação da fórmula descritiva do perigo de "de forma a criar perigo" do artigo 273.º da versão originária do CP para "e criar deste modo perigo" do artigo 282.º na versão depois da Revisão de 1995 do CP operada pelo já citado Decreto-Lei n.º 48/95, também defende que esta substituição traduz a intenção do legislador de considerar o perigo como resultado da acção, logo no sentido de um desvalor de resultado. Consequentemente, classifica a infracção do artigo 282.º como crime de perigo concreto (que é também um crime de perigo comum). Sobre este concreto ponto da Revisão de 1995 do CP, v. também Pinto de Albuquerque, "Crimes de Perigo Comum e contra a Segurança das Comunicações em face da Revisão do Código Penal", cit., pp. 262-263.

3.1.1. A situação ou estado de coisas de perigo concreto

Para a consumação do crime de perigo concreto não basta, naturalmente, ter apenas em conta o resultado abstractamente descrito no tipo legal de crime. É necessário provar no caso concreto a verificação de um perigo real, efectivo, para um determinado bem jurídico-penal protegido. Decisivo é verificar a produção, também numa individualização de malha mais fina, de uma situação ou estado de coisas de perigo concreto, como evento em sentido técnico ou realidade espaço temporalmente separado da acção, como consequência causalmente produzida pela acção, ou seja, como desvalor de resultado paralelo ao desvalor de resultado de dano do crime de dano.

Está subjacente a este entendimento a exigência da existência de um objecto sobre o qual recaia este efeito do comportamento perigoso, o objecto periclitado. O carácter transitivo da periclitização exige de facto uma referência ao bem jurídico, ou melhor, a um concreto bem da natureza, pessoal ou patrimonial, do interesse juridicamente protegido pela norma em causa. Pela periclitização põe-se em perigo alguém ou alguma coisa.

Por isso, também se exige a entrada do objecto de bem jurídico ou do sujeito passivo titular do bem na área de influência do comportamento perigoso – o mesmo é dizer, dentro dos limites de eficácia da causa do perigo ou no contexto do perigo. Se falta o bem no horizonte de perigo, não pode haver uma situação ou estado de coisas de perigo concreto, como resultado causalmente produzido pela acção, mas não invalida que possa existir uma acção concretamente perigosa.

Mas a situação ou estado de coisas de perigo concreto pressupõe mesmo a criação de um perigo ou a exposição efectiva ao perigo de um bem jurídico. Por conseguinte, pode não se chegar à comprovação de uma situação ou estado de coisas de perigo concreto ainda que o objecto se encontre no contexto do perigo da acção do agente.

Como foi já sublinhado ao longo da exposição, este resultado do crime de perigo concreto antecede o do crime de dano, enquanto periclitação, isto é, não como perda do objecto jurídico protegido, mas, sim, como "insegurança concreta" para o bem jurídico. É logicamente anterior ao dano, e a sua verificação não está dependente nem da comprovação do dano, nem da análise da ausência do dano, nem, claro, da reflexão sobre os motivos da não ocorrência do dano. A ausência do dano é, aliás, e como vimos, um pressuposto do perigo. Ou seja: se é bem verdade que o dano pressupõe o perigo, pelo menos em termos fácticos – que o resultado de dano para um bem jurídico encerra um resultado de perigo para o mesmo bem, como estádio prévio de passagem –, não é menos certo que o inverso é falso. Ou seja: ao não-dano não é equiparável o não-perigo.

O facto de não ocorrer o dano, não implica que o resultado de perigo não tenha existência objectiva e real. Não pode proceder esta conclusão negativa de que a inocorrência do dano prova a inocorrência do perigo concreto, sob pena de os crimes de perigo concreto perderem qualquer sentido político-criminal.

Apesar de o "dano" e o "perigo concreto" estarem numa relação graduada, no sentido de que o resultado mais grave pressupõe sempre o menos grave, ao "perigo" não tem que se seguir *ipso iure* o dano. O mesmo vale para o perigo abstracto, como um estádio anterior ao perigo concreto e, por maioria de razão, ao dano.

Só assim se concretiza a tese não contestada de que a punibilidade nos termos de um crime de perigo concreto traduz uma antecipação da tutela penal, protegendo bens jurídicos do perigo de lesão, resultado *preposto* ao da lesão, de uma parte, e se realiza um conceito de resultado de perigo autónomo do de dano, de outra.

Mesmo nas hipóteses de "perigo imediato", ainda tem que ser possível uma separação lógica e normativa entre os dois tipos de evento – resultado de perigo e resultado de dano.

Claro está que se é indiscutível que a punibilidade nos termos de um crime de perigo concreto se refere imediatamente a um resultado de perigo[465], não deixa de ser também verdade (mas apenas uma meia--verdade) que o fundamento da respectiva incriminação – aliás de qualquer forma delitiva – é a prevenção mediata de resultados de dano para bens jurídico-penais. Os tipos legais de perigo concreto ao proibirem modos de comportamento que directamente periclitizam bens jurídicos,

---

[465] A concepção que reduz a ilicitude só ao evento de dano não tem encontrado defensores na doutrina mais recente que se orienta para um conceito de ilícito baseado no comportamento contrário ao Direito. Veja-se também a evolução do pensamento de Jakobs que se no seu *Studien zum fahrlässigen Erfolgsdelikt*, Berlin: Walter de Gruyter//Berlin/New York, 1972, pp. 1 ss., considerou que a função das normas de Direito penal era evitar a verificação de resultados de dano, no seu *Derecho Penal. Parte General*, cit., pp. 201-202, nm. 70-71, repudia este entendimento.

para evitar mediatamente lesões, servem assim reconhecivelmente, ao contrário do que vimos a propósito dos tipos de perigo abstracto, a protecção de bens jurídicos.

Se o bem jurídico é simultaneamente posto em perigo e lesado levanta-se um problema de concurso entre o crime de perigo e o crime de dano que é de concurso de normas ou concurso aparente de crimes. Na medida em que o perigo é um resultado *preposto* à lesão do bem jurídico, a relação é, em princípio, de consunção: a norma que incrimina o dano (a consuntiva) consome a norma que incrimina o perigo (a consumida).

Faria Costa[466], apesar de também assentar que no plano normativo existe uma consunção entre o desvalor de resultado de dano/violação e o desvalor de resultado de pôr-em-perigo, não deixa de afirmar que "se o bem jurídico foi violado através da forma de dano/violação não tem sentido invocar-se que esse *mesmo bem jurídico* foi também violado na forma de pôr-em-perigo. Tudo isto porque, ao entendermos o dano/violação e o pôr-em-perigo como formas autónomas, não podemos admitir um juízo dessa natureza".

A nosso ver, a proposição do problema nestes termos é o reflexo de que a verificação do resultado de perigo nem sequer exige a verificação da existência ou inexistência do resultado de dano.

Não se pode deixar de sublinhar que este concurso de normas pressupõe uma hipótese de perigo individual em que um único e mesmo bem jurídico é posto em perigo e posteriormente lesado. O que pode não acontecer no caso de crimes de perigo comum concreto em que o perigo concreto se refira a vários bens jurídicos. Basta pensar na hipótese em que de um crime de perigo comum concreto resultou a morte ou ofensa à integridade física grave, não apenas de outra pessoa (artigo 285.º do CP) mas de várias outras pessoas. Neste caso, a criação do perigo para os bens lesados já está ponderada na punibilidade do crime de perigo comum concreto. O que a qualificação pelo resultado-dano deste crime não considera é o dano verificado nas várias outras pessoas. O conteúdo material de ilícito da conduta total do agente talvez exija que a qualificação pelo resultado-dano, morte ou lesão grave da integridade física de qualquer uma outra pessoa, seja acompanhada pela punição de tantos crimes de dano negligente quantas as quaisquer outras pessoas cuja vida ou integridade física substancial seja lesada. Esta situação revela que nem sempre a punição pelo crime de dano consome a punição pelo crime de perigo, nem a punição pelo crime de perigo comum concreto qualificado pelo resultado-dano absorve todos os resultados-dano verificados.

---

[466] *O Perigo em Direito Penal (Contributo para a sua Fundamentação e Compreensão Dogmáticas)*, cit., pp. 605-607, sob a n. 91.

3.1.1.1. O tempo do estado de coisas de perigo concreto

A exposição precedente acerca do juízo de perigosidade da acção, acrescida da vantagem da simplificação do uso das convenções terminológicas, permite-nos, aqui, uma dupla economia de linguagem na referência aos parâmetros do juízo de perigo sobre a situação ou estado de coisas de perigo concreto.

O "tempo interno" deste juízo corresponde ao momento em que o bem jurídico entra no contexto do perigo da acção do agente – que pode não coincidir com o momento imediatamente subsequente ao termo da acção do agente (*v.* o caso 5, o *Dammbruchfall*) –, o momento em que houve, ou não, o resultado de perigo. É este o momento de que o juízo sobre o perigo-atributo de um resultado fala. Equivale igualmente a um juízo que, em princípio, é reportado a um momento que é posterior ao da acção[467]. Não deixa de valer também aqui, naturalmente, um juízo de prognose ou um prognóstico de probabilidade sobre o dano, a fazer no contexto do julgamento – o "tempo externo" do juízo de perigo –, mas agora reportado ao momento da produção do evento típico, isto é, ao momento da entrada do objecto na área de influência do comportamento perigoso (por isso, uma prognose também póstuma).

E é este também o tempo da constituição da base da informação do juízo de perigo.

3.1.1.2. A base ou conjunto da informação do estado de coisas de perigo concreto e modelo de agente

O julgador deve apreciar a produção de um resultado de perigo concreto com base no conjunto da informação ontológica e nomológica realmente existente no momento a que diz respeito o juízo – o da entrada do bem jurídico no horizonte causal da acção do agente. E independentemente do tempo em que o juiz adquire essa informação necessária para falar do perigo-atributo do resultado que pode ser *ex post*.

---

[467] "Em princípio" porque há acções perigosas que se prolongam no tempo, apesar de já terem posto em perigo o objecto do bem jurídico. Aqui o juízo de perigo, em rigor, não é feito num momento posterior ao termo da acção do agente. Basta pensar na hipótese de *A* agredir *B* provocando-lhe perigo para a vida, em que a criação deste perigo pode ocorrer antes de *A* ter acabado de bater em *B*.

Para avaliar a existência do resultado de perigo, o juiz deve considerar, uma vez mais, conhecimentos adquiridos entretanto concernentes a circunstâncias de facto e a leis já existentes no momento de referência do juízo – desde que cognoscíveis nesse momento pelo "homem-plenamente informado" –, sob pena de se pôr em causa a natureza objectiva do perigo, em geral, e o carácter de resultado do perigo, em particular. De novo, não é relevante o "quando" do conhecimento da informação, mas o "quando" da existência da informação.

Ressalva-se, no entanto, e de novo, a informação de existência num tempo cronologicamente posterior ao tempo interno deste juízo de perigo. Impõe-se analogamente um limite estrutural para recortar o conjunto da informação relevante para falar do perigo-atributo de um resultado.

Noutros termos, o juiz deve avaliar o perigo com a informação que o modelo do "homem-plenamente informado" podia ter nesse momento. O juiz não pode – não deve – apreciar o perigo a partir de informação constituída apenas, isto é, de existência sucessiva ao momento em relação ao qual se diz que houve, ou não, perigo – o tempo da produção, ou não, do evento de perigo objecto do juízo. O resultado de perigo que se fundamente em informação de existência posterior a este tempo não tem realidade "ontológica" no momento de que fala o perigo, logo não pode ser substrato do juízo de perigo.

Se o conjunto da informação relevante para falar de um resultado de perigo integrasse circunstâncias ou leis de existência *ex post*, nomeadamente só certas no momento da sentença – recorde-se o processo Contergan (caso 9) –, o juízo de perigo seria incorrectamente equiparado a uma explicação causal dos acontecimentos, do tipo por que é que o resultado de lesão se verificou, por que é que o resultado de lesão não se verificou. Se se tivesse em conta toda a informação disponível no momento do julgamento não haveria margem para o perigo[468].

Tratar-se-ia de uma comprovação da existência, ou não, de um resultado passado, o que corresponderia não a um prognóstico sobre a ocorrência de um resultado futuro – a lógica própria do perigo – mas a um diagnóstico – aqui, sim, puramente *ex post* – de resultado (lesão ou não lesão).

---

[468] A nosso ver, no caso Contergan nem sequer existe um comportamento concretamente perigoso mesmo que seja causa da morte. Portanto caso ocorra a morte de alguém haverá uma periclitação tão-só fáctica (e não jurídica) do bem jurídico.

Não releva também e pela própria natureza das coisas, a circunstância da ocorrência do dano. A abstracção do dano faz parte, aliás, da própria essência do conceito de perigo que estruturalmente pressupõe a sua ausência. É um limite, aqui diríamos, *res ipsa loquitur*. Como se notou já, a definição do perigo não pode ser condicionada pela presença contemporânea do dano correspondente.

O entendimento de que o juízo de perigo que se faz no tempo da sentença fala do momento em que se verifica a lesão ou em que esta já não se pode verificar significaria pois o abandono de um juízo de prognose – um juízo de probabilidade –, a favor de um juízo de diagnose – um juízo de certeza – sobre um resultado (e de dano ou não dano). Mas em tal hipótese o conceito de perigo perderia a sua própria autonomia lógica e normativa em relação ao dano.

Sumariamente dito, o juízo sobre o resultado de perigo, publicado no contexto da sentença (o "tempo externo"), reporta-se àquele "tempo interno" – em que se diz ter-se constituído, ou não, um resultado de perigo penalmente relevante –, e é feito com base no conjunto da informação ontológica e nomológica delimitada nestes termos, e segundo a pessoa-modelo do "homem-plenamente informado".

Resulta do exposto uma homogeneidade de critério no recorte do conjunto da informação relevante para a verificação do perigo, quer como atributo da acção, quer como atributo do resultado. A base da informação necessária para falar do perigo é, pois, integrada por todas as circunstâncias e leis existentes e cognoscíveis segundo o modelo do "homem-plenamente informado" no momento de que o juízo fala.

O que varia é o objecto do juízo de perigo e, consequentemente, o tempo interno do juízo: o momento da realização da acção, no caso da perigosidade da acção; o momento da produção da situação ou estado de coisas de perigo concreto, isto é, o momento da entrada do bem jurídico no horizonte causal da acção do agente, na hipótese de um resultado de perigo.

Claro está que esta variação do tempo interno do juízo de perigo com a consequente alteração do conjunto da informação relevante pressupõe que entre o momento da acção e o momento do evento haja um lapso de tempo e que a base ontológica e nomológica do juízo se tenha entretanto modificado.

Uma vez mais, o conhecimento ou desconhecimento da base da informação do juízo de perigo pelo sujeito-agente, pelo sujeito-homem médio ou pelo sujeito-perito na matéria não tem nada a ver com o dado objectivo da existência, ou não, do perigo – quer se refira à acção, quer se refira ao resultado –, que é incompatível com quaisquer abstracções com fundamento em informação apenas cognoscível segundo estas pessoas-modelo.

No entanto, e novamente, é a valoração da tipicidade, concretamente a análise do tipo objectivo e do tipo subjectivo, e da culpa que vai funcionar como filtro da responsabilidade jurídico-penal do agente concreto, afastando a imputação objectiva (nomeadamente perante cursos causais atípicos) ou a imputação subjectiva do resultado típico ou a culpa do agente (designadamente se o agente não conhecia, não podia ou até não devia conhecer as circunstâncias que realizam o tipo objectivo).

Do exposto, cremos que também ficou claro que dizer que à verificação judicial da perigosidade concreta da acção, através de um juízo *ex ante*, acresce a verificação judicial de um perigo efectivo para o bem jurídico, por definição através de um juízo *ex post*, é dizer pouco e de forma imprecisa. É possível multiplicar variantes do mesmo tópico fundamental – *ex ante* ou *ex post* – com a agravante de poderem ser interdependentes, em função tão-só da perspectiva em causa.

A título de exemplo, em ambos os casos – quer o objecto do juízo seja o perigo como atributo de uma acção, quer seja o perigo como atributo de um resultado –, o juízo é *ex ante* no sentido de se reportar a um momento (o da acção ou o do resultado, respectivamente) que é anterior ao momento em que alguém faz o juízo de perigo (o da sentença); mas o mesmo juízo também pode ser entendido, e igualmente, em ambas as verificações do perigo, como *ex post* na perspectiva da relevância da informação adquirida em momento posterior ao da sua existência. Portanto, *ex ante* e *ex post* podem ter várias conotações e assim criar riscos de equívoco.

Poder-se-ia supor que a referência ao binómio *ex ante/ex post* tem o propósito de esclarecer que o juízo de perigo reportado ao resultado é dito num momento posterior ao do juízo de perigo sobre a acção e que, por conseguinte, o momento da constituição da base da informação daquele juízo é também posterior relativamente ao deste. Mas tal acepção parece, porém, evidente. Como também é evidente que o juízo acerca do resultado de perigo concreto (exactamente como o juízo sobre a perigosidade concreta da acção) é *ex ante* em relação ao *terminus* final de referência do respectivo juízo de probabilidade – o resultado de dano.

Também a utilização por alguns autores da dicotomia juízo de prognose (juízo *ex ante*), de uma parte, e juízo de diagnose (juízo *ex post*), de outra, para contrapor, respectivamente, o juízo de perigo da acção e o juízo de perigo do resultado, parece-nos não conferir um conteúdo correcto e preciso a esse confronto. Na verdade, ambos são juízos de perigo, logo têm que ser juízos de prognose, portanto juízos naquele sentido *ex ante*. Vale por dizer: a apreciação dos dois elementos constitutivos essenciais do crime de perigo concreto exige um juízo de prognose da perspectiva do respectivo tempo interno, momento em que se diz ter-se constituído, ou não, perigo penalmente relevante. O julgador terá que fazer um juízo de prognose, em que o perigo conceitualmente deve consistir, mas uma prognose póstuma, porque feita posteriormente no contexto da sentença. É este, repita-se, o processo lógico para avaliar a existência do perigo – seja o perigo-atributo da acção, seja o perigo--atributo do resultado.

Tudo ponderado, parece-nos que o uso das nossas convenções terminológicas – fórmulas mais desenvolvidas – fixa melhor a matriz conceitual e conceptual do juízo de perigo.

3.1.1.3. A intensidade do perigo

3.1.1.3.1. O desafio da concretização da probabilidade do dano

Como vimos, a doutrina individualiza predominantemente um critério geral de tipo monista de possibilidade ou de probabilidade para apurar a verificação do resultado de perigo no caso concreto. Mas este critério é variamente concretizado entre uma probabilidade (ou possibilidade) simples e uma probabilidade (ou possibilidade) qualificada, através do emprego de diversos adjectivos qualificativos do perigo relevante[469].

---

[469] A estas tentativas de concretização contrapõe-se uma corrente de cepticismo relativamente a um conceito de probabilidade susceptível de quantificação jurídica. Segundo uma outra tese, de natureza psicológica, o perigo corresponde ao temor do sujeito passivo ou do "ordenamento personificado". Para maiores desenvolvimentos e análise crítica, *v.* Angioni, *Il Pericolo Concreto come Elemento della Fattispecie Penale*, II, cit., pp. 91 ss.

Neste sentido, encontramos opiniões que defendem, nomeadamente, desde a "mera possibilidade ou probabilidade"[470] da verificação do dano, "probabilidade mínima" ou "possibilidade não negligenciável"[471] ou "possibilidade não longínqua"[472], até à "probabilidade (possibilidade) manifesta[473], "probabilidade relevante ou apreciável"[474], "possibilidade séria"[475], "probabilidad que debe de rozar la seguridad de lesión ou probabilidad rayana en la seguridad de lesión"[476]. Ou, na esteira de uma valoração mais declaradamente "quantitativa" da probabilidade, com o uso de atributos tais como: "elevada", "grande", "pequena", "diminuta", "baixa, mas não mínima"[477], "baixa, média e alta"[478], ou de formulações

---

[470] Assim, Welzel, *"Gemeingefährliche Handlungen"*, in *Niederschriften über die Sitzungen der Großen Strafrechtskommission*, 8. Bd., Besonderer Teil, 76. bis 90. Sitzung, cit., p. 421, embora o Autor no seu manual distinga, mas sem fundamentar, entre "perigo imediato (actual)", "próximo" e "remoto", *Derecho Penal Alemán*, cit., p. 55; Gallas, "Abstrakte und konkrete Gefährdung", cit., p. 176 (*bloße Möglichkeit einer Schädigung*, que é, aliás, característica não só do perigo concreto, mas também do perigo abstracto); e Delitala, "Les Délits de Mise en Danger. Rapport Général", cit., pp. 285 ss.

[471] J. Marques Borges, *Dos Crimes de Perigo Comum e dos Crimes contra a Segurança das Comunicações (Notas ao Código Penal – Artigos 253.º a 281.º)*, Lisboa: Editora Rei dos Livros, 1985, p. 24.

[472] Cramer, "Vorbemerkungen zu den §§ 306 ff.", cit., nm. 5 (*nicht fernliegende Möglichkeit*).

[473] Neste sentido, v. Zieschang, *Die Gefährdungsdelikte*, cit., *inter alia*, pp. 49, 50, 51, 75 e 76; Schünemann, "Moderne Tendenzen in der Dogmatik der Fahrlässigkeits- und Gefährdungsdelikte", cit., p. 796 (*naheliegende Möglichkeit*); e Ostendorf, "Grundzüge des konkreten Gefährdungsdelikts", cit., pp. 430 e 433 (*Nähe einer Verletzung oder unmittelbare Nähe zum Verletzungserfolg*).

[474] Assim, já Barbero Santos, "Contribución al Estudio de los Delitos de Peligro Abstracto", cit., p. 492. V. também Canestrari, "Reati di Pericolo", cit., p. 3; e Fiandaca, "Note sui Reati di Pericolo", cit., p. 177.

[475] Gallo, "I Reati di Pericolo", cit., p. 3; e, entre nós, Beleza dos Santos, *Lições de Direito Criminal* (preleccionadas ao Curso Complementar de Ciências Jurídicas de 1954/55 e coligidas por J. Seabra Magalhães e F. Correia das Neves), Coimbra: ed. dactil. por Mário da Silva e Sousa, 1955, pp. 73 ss.

[476] Corcoy Bidasolo, *Delitos de Peligro y Protección de Bienes Jurídico-Penales Supraindividuales. Nuevas Formas de Delincuencia y Reinterpretación de Tipos Penales Clásicos*, cit., pp. 46 e 51-52.

[477] Schröder, "Die Gefährdungsdelikte im Strafrecht", cit., p. 8.

[478] Angioni, *Il Pericolo Concreto come Elemento della Fattispecie Penale*, II, cit., pp. 85 ss.

que reflectem uma probabilidade comparativa – do tipo "maior peso dos factores favoráveis ao evento danoso"[479], "possibilità della mancata realizzazione non siano *notevolmente* superiori a quelle della realizzazione"[480], e ainda em sentido aritmético, de verificação superior à média, isto é, "probabilidade da ocorrência do dano superior a 50%"[481].

Fácil é de ver que estes critérios da probabilidade são vagos e de aplicação prática pouco segura. E mesmo em relação à probabilidade estatística, em geral – uma probabilidade objectiva determinada de acordo com um método estatístico de probabilidade que permite determinar o grau de probabilidade de acontecimentos futuros com base na frequência com que tais acontecimentos tiveram no passado –, e à probabilidade em termos matemático-estatísticos de metade mais um, em particular, estes modos de observação são bastante contestados – e contestáveis – pela doutrina em geral[482].

E a crítica é dupla. Em primeiro lugar, do ponto de vista jurídico – e ao contrário do que se passa no mundo das ciências exactas –, a fixação de um tal valor percentual (que a probabilidade da ocorrência do dano relativamente à sua não ocorrência seja de 51% para 49%) nem sempre é exequível, devido à complexidade da realidade que constitui o objecto do juízo de perigo – acções humanas realizadas numa contextualidade que não se mantém invariável[483]. Aquela relação percentual pode funda-

---

[479] Binding, *Die Normen und ihre Übertretung. Eine Untersuchung über die rechtmässige Handlung und die Arten des Delikts*, Bd. 4, cit., pp. 382 e 384-385.

[480] Penso, *Il Pericolo nella Teoria Generale del Reato*, cit., p. 4 (itálico do Autor).

[481] É a posição, entre nós, de Faria Costa, *O Perigo em Direito Penal (Contributo para a sua Fundamentação e Compreensão Dogmáticas)*, cit., p. 600.

[482] Criticamente em relação a uma observação estatística, *v.*, entre os alemães, Horn, *Konkrete Gefährdungsdelikte*, cit., pp. 131-132 e 182 ss.; Schünemann, "Moderne Tendenzen in der Dogmatik der Fahrlässigkeits- und Gefährdungsdelikte", cit., pp. 794--795; e Demuth, *Der normative Gefahrbegriff. Ein Beitrag zur Dogmatik der konkreten Gefährdungsdelikte*, cit., pp. 140-141. Contra uma probabilidade matemática, *v.*, por exemplo, Cramer, "Vorbemerkungen zu den §§ 306 ff.", cit., nm. 6. Entre os espanhóis, *v.* já Barbero Santos, "Contribución al Estudio de los Delitos de Peligro Abstracto", cit., p. 492; Escrivá Gregori, *La Puesta en Peligro de Bienes Jurídicos en Derecho Penal*, cit., pp. 25 e 130; Torío López, "Los Delitos del Peligro Hipotético (Contribución al Estudio Diferencial de los Delitos de Peligro Abstracto)", cit., pp. 842-843; e Méndez Rodríguez, *Los Delitos de Peligro y sus Técnicas de Tipificación*, cit., p. 119.

[483] É recorrente nos estudos sobre a probabilidade o exemplo de que ao lançar-se um dado de seis faces a probabilidade de que saia cinco pintas é de 1/6 – o que significa

mentar uma probabilidade científico-natural, mas também nem sempre uma probabilidade jurídica. Esta crítica é, aliás, extensível à análise estatística em geral de comportamentos humanos. Demonstrativo do que acaba de ser dito é o número cada vez maior de fenómenos em relação aos quais falta sustentação estatística (o que aumenta a margem de incerteza inerente ao juízo de probabilidade ao basear-se em meras estimativas).

Em segundo lugar, a delimitação do âmbito punível através de uma relação de hipótese de resultado de dano de 51% para 49%, para além de nem sempre poder ser praticável, pode estreitar demasiado o conceito de perigo penalmente relevante, ao exigir um grau de intensidade do perigo muito elevado, deixando consequentemente impunes comportamentos que não atinjam aquela percentagem de probabilidade de dano – o que por vezes se torna inconciliável com as razões de política-criminal invocadas para justificar a responsabilidade jurídico-penal pelo perigo, em geral, e com a *ratio* das normas incriminadoras, em particular[484].

Esta objecção é, aliás, igualmente válida para outros critérios de probabilidade comparativa ou de mera preponderância de probabilidade como o da "probabilidade predominante" ou o da "ocorrência do dano ser mais provável do que a sua não ocorrência".

Por exemplo, em geral, muitos dos comportamentos que infringem as regras de trânsito e que são perigosos acabam por não produzir um dano. Ora, seguindo um critério de probabilidade estatística, chegar-se-ia estranhamente à conclusão de que não há perigo, apesar de as situações de perigo concreto serem muito mais frequentes do que as de dano.

Recorde-se agora as variantes do caso da ultrapassagem – a do condutor especialista em *crash* (1c) e a do condutor principiante (1d). Em 1c, segundo uma estatística de acidentes, a probabilidade da ocorrência de um dano perante uma manobra de ultrapassagem de *A* que infringe gravemente as regras de trânsito, circulando em sentido contrário *B*, um

---

que dentro dos lançamentos do dado a frequência relativa das cinco pintas é de 1/6. Esta probabilidade numérica pode não valer afinal no campo jurídico porque pressupõe que se mantêm as condições sempre iguais nos lançamentos do dado.

[484] Basta pensar num exemplo também comum em termos probabilísticos: *A* dispara contra *B* com um revólver carregado com duas balas, sendo que o número total de balas carregáveis é de seis. Perguntamos se fará sentido afirmar, sem mais, que *A* não cria um perigo concreto para a vida de *B* pelo facto de a probabilidade de acertar ser de 2/6 (= 33,333%).

automobilista especialista em *crash*, seria muito baixa. Inversamente, já seria elevada em face do automobilista principiante da variante 1d. Será que a apreciação do perigo concreto depende tão-só de uma probabilidade estatística, o que levaria inevitavelmente a negar o perigo na primeira variante e a afirmá-lo na segunda? Cremos que não.

Pense-se também em crimes como o de energia nuclear resultante das disposições conjugadas dos artigos 273.º e 272.º, n.º 1, alínea d), do CP. E agora perguntemos: se fosse possível demonstrar estatisticamente que a probabilidade da ocorrência do dano é de 1% será que este grau de probabilidade da ocorrência de acidentes, muito baixo em termos estatísticos, é tolerável pelo Direito no sentido de não relevar para efeitos de preenchimento daquele tipo? Mas não será esta uma solução contra-intuitiva? Pensamos que sim.

Na literatura do perigo também tem sido explicitado, como vimos, o critério do acaso para definir o grau de probabilidade penalmente relevante – há perigo concreto se se provar que o dano não ocorreu apenas por mero acaso[485].

Doutrinariamente há, todavia, uma infixidez terminológica na apreensão do "acaso" – mais formal do que substantiva, porque são meras variações linguísticas de uma mesma ideia fundamental: o acaso-salvador.

Podemos inventariar, deste modo e em jeito de recapitulação, para além do "acaso" (*Zufall*) *tout court* de Zieschang, desde os critérios da "não explicabilidade" (*Nicht-Erklärbarkeit*) de Horn, à "perspectiva séria de salvamento" (*ernsthafte Rettungsaussicht*) de Wolter, à "causa normal de salvamento" (*normale Rettungsursache*) de Demuth, ao "princípio da confiança" (*Vertrauensgrundsatz*) de Schünemann, e ainda os de Hoyer, Ostendorf, Cramer e Kindhäuser, respectivamente, "factor negativo fiável" (*zuverlässiger Negationsfaktor*), "não dominabilidade do curso de perigo" (*Unbeherrschbarkeit des Gefährdungsverlaufs*), "não dominabilidade" (*Unbeherrschbarkeit*) e "neutralização orientada da relevância do dano" (*gezielte Abschirmung der Schadensrelevanz*).

Portanto, há perigo concreto quando: a não ocorrência da lesão fica dependente apenas do mero acaso; não é possível uma explicação científica (natural) para a inocorrência do dano; como causas salvadoras só são pensáveis circunstâncias em cuja verificação não se pode confiar;

---

[485] Entre nós, *v.* Rui Pereira, *O Dolo de Perigo*, cit., pp. 30-33.

existe uma ameaça do objecto do bem jurídico que não poderá ser dominada com os meios normais de preservação de danos; dadas as circunstâncias, já não é possível intervir no curso dos acontecimentos para evitar o dano.

Sucede que com estas formulações, o conceito de perigo concreto também é fortemente restringido, na medida em que a probabilidade do dano tem que atingir um nível tão elevado que o resultado de perigo coincide praticamente com o resultado de dano. Procedem, por isso, as observações já feitas à intensidade do perigo em termos puramente estatísticos.

E, mais do que restringir o conceito de perigo concreto, estas formulações que têm o propósito de delimitar o resultado de perigo concreto, sintetizando simultaneamente as posições dos autores acerca do conceito de perigo concreto, não põem antes em causa a autonomia do perigo concreto relativamente ao dano? Como já sublinhámos, o raciocínio que lhes está subjacente é um raciocínio viciado: definir o perigo através da inocorrência ocasional do dano para o bem jurídico, significando que a existência do perigo pressupõe, por um lado, a verificação em concreto de que o dano não ocorreu, e, por outro, a indagação e ponderação das razões da sua não-ocorrência. Consequentemente, o juízo de perigo deixa de ser um juízo de prognose para passar a ser um juízo de diagnose. Raciocinar nestes termos significa não deixar margem para a existência de um perigo com relevância penal *ex ante* por referência a uma análise da ausência do dano e a uma reflexão sobre as causas da sua não ocorrência.

Mais: quando os autores se referem ao "acaso" é frequente, como vimos, fazerem-no considerando como produto do acaso, indistintamente, a não ocorrência do dano ou a própria ocorrência do dano. Mas em rigor – e admitindo este critério do acaso, mas não concedendo –, o que deveria depender do acaso seria a não ocorrência do dano como consequência da acção do agente, porque o perigo concreto pressuporia que o agente tivesse perdido o controle, isto é, o domínio da não verificação do dano.

3.1.1.3.2. Tópicos para uma graduação do perigo concreto

Em nosso juízo, a intensidade do perigo penalmente relevante não pode ser fixada em geral e de forma homogénea para todos os crimes de perigo concreto. A determinação do grau de probabilidade necessário para efeitos de preenchimento de um tipo de perigo concreto depende necessariamente de uma análise em concreto das próprias normas incriminadoras. Não pode ser indicado em abstracto, mas sim para cada tipo, ou melhor, para cada grupo de tipos em concreto. Impõe-se um critério de probabilidade pluralista, porque variável de norma para norma.

Deverá assim falar-se, com mais propriedade, não em grau de probabilidade, mas em graus de probabilidade, sendo que aos vários graus de probabilidade correspondem, naturalmente, vários graus de intensidade ou estádios de progressão do perigo penalmente relevante. O mesmo é dizer: há diferentes graus de perigo em função de diferentes graus de probabilidade[486]. Os conceitos de probabilidade e de perigo são, por isso, hierarquizáveis ou graduáveis.

Hierarquia ou graduação esta que pode ir desde o patamar mínimo da possibilidade até a um patamar de probabilidade máxima, sendo que no âmbito dos crimes de perigo concreto, e mais uma vez por razões de política criminal que se prendem com a função de antecipação da tutela penal que o crime de perigo, em geral, encerra, este limite último não deve ser demasiado elevado. Caso contrário, frustrar-se-ia a razão de ser da infracção de perigo. Esta solução é igualmente imposta pela natureza

---

[486] Também no sentido de não existir um conceito uniforme de probabilidade e de perigo concreto, consulte-se, entre nós, como vimos *supra* (sob o Capítulo III.3.), já Beleza dos Santos, que propõe uma relatividade em razão da importância dos interesses ou valores ameaçados; e Silva Dias, em função de factores como a natureza do bem que é objecto do perigo e a potencialidade ofensiva da conduta. Na doutrina alemã, *v.* Demuth, que faz variar o grau de probabilidade em razão do bem jurídico a proteger e da situação de perigo típica, sem contudo explicitar em que termos, *Der normative Gefahrbegriff. Ein Beitrag zur Dogmatik der konkreten Gefährdungsdelikte*, cit., pp. 135 ss.; e Schünemann, que diferencia em função do risco permitido, variável segundo a espécie do bem jurídico e o respectivo âmbito de perigo, "Moderne Tendenzen in der Dogmatik der Fahrlässigkeits- und Gefährdungsdelikte", cit., p. 796. A nosso ver, não vale dizer que a probabilidade é acima do risco permitido. Podemos recorrer a este critério extra-penal para delimitar, negativamente, não só a acção típica, mas também o próprio resultado típico num crime de perigo concreto, considerando-os atípicos. Contudo, já nada pode dizer, positivamente, sobre o grau de perigo exigido para o preenchimento da respectiva norma incriminadora. Também Giusino defende que o grau de probabilidade relevante varia em função da importância do bem ameaçado, do tipo de dano ameaçado e, para os bens patrimoniais, da quantidade (isto é, número e/ou grandeza) dos bens ameaçados, *I Reati di Pericolo tra Dogmatica e Politica Criminale*, cit., pp. 196 ss.

objectiva e autónoma do perigo relativamente ao dano – quanto mais se sobe a fasquia do grau de perigo penalmente relevante, mais se aproxima o perigo do próprio dano, diminuindo, consequentemente, o número de condenações por crime de perigo concreto.

Para a afirmação do resultado de perigo concreto pode não bastar, e em regra não basta, a *possibilidade* (da ocorrência) do dano definida como grau de perigo relevante – e suficiente – para considerar a perigosidade da acção. Esta *possibilidade* em princípio tem que se densificar numa *probabilidade*.

Quais são, então, as bases de análise desta conversão valorativa inerente ao resultado de perigo?

Se é bem verdade que se manifestou, há pouco, a ideia de que o perigo não pode depender exclusivamente de uma probabilidade estatística, também não é menos certo que não se deve afastar por completo esta perspectiva.

Sejamos claros: podemos continuar a recorrer a esta dimensão, diríamos, probabilístico-estatística, que, repita-se, traduz a maior ou menor frequência estatística do evento, que depende também da maior ou menor frequência de contra-causas naturais. No entanto, esta dimensão pode não chegar, como nos exemplos 1c (caso do condutor especialista em *crash*) e 1d (caso do condutor principiante), ou pode até nem sequer ser possível. Basta pensar, reitere-se, em fenómenos relativamente aos quais, por escassez de dados, não há generalizações possíveis; realidades em relação às quais não é possível extrair a respectiva lei estatística.

Exige-se, então, de quem julga a análise do caso individual, fazendo prognósticos probabilísticos sobre o dano, restando ainda ao juiz o eventual consolo de poder comparar o facto *sub judicio* com situações precedentes semelhantes, ou de poder ouvir peritos na matéria...

Assim, aquela dimensão probabilístico-estatística tem que ser integrada com outras dimensões do perigo igualmente relevantes que testam, e eventualmente corrigem, o valor daquela probabilidade estatística, ou até ajudam a ultrapassar a sua inexequibilidade prática. Cremos, então, que a coordenada da intensidade do perigo pode – e deve – ser avaliada noutras dimensões que densificam o conceito de perigo. Podemos, assim, enunciar, para além da dimensão probabilístico-estatística, a dimensão espácio-temporal e a dimensão normativa.

Mais aliás: uma dimensão epistémica, na justa medida em que aquelas dimensões têm que ser valoradas pelo juiz segundo o "homem-plenamente informado".

O juiz deve então probabilizar sobre a ocorrência do dano com uma dimensão espácio-temporal que revela a maior ou menor proximidade do evento relativamente ao objecto do bem jurídico. Esta dimensão reflecte pois uma relação de maior ou menor proximidade espácio-temporal do evento, cujos contornos se tornam mais nítidos em hipóteses em que a aproximação ao bem jurídico vai em crescendo, podendo este aumento ser até mensurável (por exemplo, em metros). É o que se verifica nos casos do comboio (caso 3) ou da ruptura da represa (caso 5).

Mas esta dimensão não deve ser entendida necessariamente através de uma determinação pelo espaço e pelo tempo no sentido de o dano ser concretizável num curto espaço de tempo. Se assim fosse, negar-se-ia o perigo concreto, para efeitos de preenchimento do artigo 283.º do CP, por exemplo, no caso de o agente *A* injectar na vítima *B* o vírus da Sida porque apesar de a probabilidade da ocorrência do dano ser elevada, o contágio pode levar algum tempo a verificar-se.

Quanto à dimensão normativa do perigo que pressupõe a análise em concreto das normas jurídico-penais, somos de opinião de que o grau de probabilidade da ocorrência do dano exigível deve variar de tipo para tipo, concretamente em função do valor da acção, da natureza e do valor do bem jurídico tutelado e ainda da extensão do dano ameaçado.

Em relação ao valor da acção, o grau de perigo dependerá do interesse sobre a utilidade social da acção perigosa típica. Neste ponto concreto assume particular importância a verificação da realização de uma acção perigosa no exercício de uma actividade humana perigosa expressamente permitida.

Assim, em relação ao exercício de actividades perigosas que estão reservadas, no sentido de sujeitas a uma autorização, deve bastar um grau de probabilidade mais baixo, por referência a outro tipo de actividades humanas perigosas. Trata-se de um critério "mínimo" de probabilidade, mas, simultaneamente, de um critério "máximo" de responsabilidade penal em relação ao que possa acontecer para terceiros. Este limiar parece-nos justificável à luz das regras de decisão da sociedade. Na verdade, as pessoas autorizadas a exercer este tipo de actividades devem ter deveres especiais de suportar riscos de responsabilidade penal como correlato de um poder de periclitização alheio, especialmente se estiverem em causa bens de natureza pessoal. É deste confronto entre o lado passivo e o lado activo que tem que surgir a delimitação da liberdade de actuação de quem está autorizado a criar riscos em relação ao direito da vítima potencial de não ser posta em perigo ou lesada.

Ainda no âmbito do valor (ou desvalor) da acção, será útil ter em conta o carácter inovador de certos riscos, devido ao desenvolvimento técnico vertiginoso próprio da nossa "sociedade do risco"[487] – cujos efeitos podem não ser ainda calculáveis, ou sendo calculáveis podem não ser ainda neutralizáveis por razões várias, nomeadamente de ordem técnica. Também aqui deve existir uma relação inversa entre o grau de probabilidade penalmente relevante e a natureza inovadora do risco. É o

---

[487] O *topos* da "sociedade do risco" (*Risikogesellschaft*) – introduzido pelo sociólogo Ulrich Beck (*Risikogesellschaft – Auf dem Weg in eine andere Moderne*, Frankfurt am Main: Suhrkamp, 1986) – vem questionar a validade do "paradigma penal actual", suscitando o aprofundamento, nomeadamente, dos critérios de imputação objectiva, de figuras dogmáticas como o dolo e a negligência e das questões da aferição do erro e da definição da autoria, o que permite falar já de um "Direito penal do resultado, do risco ou do perigo" (*Erfolgs- Risiko- bzw. Gefährdungsstrafrecht*). Sobre esta problemática, *v*., por todos, entre os alemães, Cornelius Prittwitz, *Strafrecht und Risiko: Untersuchungen zur Krise von Strafrecht und Kriminalpolitik in der Risikogesellschaft*, Frankfurt am Main: Klostermann, 1993, pp. 27 ss.; e Herzog, *Gesellschaftliche Unsicherheit und strafrechtliche Daseinsvorsorge: Studien zur Vorverlegung des Strafrechtsschutzes in den Gefährdungsbereich*, cit., maxime pp. 45 ss. e 70 ss.; entre nós, dois textos recentes de Figueiredo Dias: "Algumas Reflexões sobre o Direito Penal na 'Sociedade de Risco'", *in* Maria da Conceição Santana Valdágua (coord.), *Problemas Fundamentais de Direito Penal. Colóquio Internacional de Direito Penal em Homenagem a Claus Roxin*, cit., pp. 209 ss. e, de forma mais desenvolvida, "O Direito Penal na 'Sociedade do Risco'", no seu *Temas Básicos da Doutrina Penal. Sobre os Fundamentos da Doutrina Penal sobre a Doutrina Geral do Crime*, cit., pp. 155 ss. Precisamente sobre a definição da negligência *v*., igualmente do Autor, "Velhos e Novos Problemas da Doutrina da Negligência", recolhido também entre os *Temas Básicos da Doutrina Penal. Sobre os Fundamentos da Doutrina Penal sobre a Doutrina Geral do Crime*, cit., pp. 349 ss. A delimitação entre dolo eventual e negligência consciente também tem sido aprofundada por Fernanda Palma. A este propósito, consulte-se os seguintes trabalhos da Autora, "A Teoria do Crime como Teoria da Decisão Penal (Reflexão sobre o Método e o Ensino do Direito Penal", cit., pp. 562 ss.; "O Caso do Very-Light. Um Problema de Dolo Eventual?", *in* Themis, Ano I, N.º 1, 2000, pp. 173 ss.; "A Vontade no Dolo Eventual", *in* AA.VV., *Estudos em Homenagem à Professora Doutora Isabel de Magalhães Collaço*, Vol. II, Coimbra: Livraria Almedina, 2002, pp. 795 ss.; e "Dolo Eventual e Culpa em Direito Penal", *in* Maria da Conceição Santana Valdágua (coord.), *Problemas Fundamentais de Direito Penal. Colóquio Internacional de Direito Penal em Homenagem a Claus Roxin*, cit., pp. 45 ss.

caso de perigos resultantes do uso de energia nuclear em que a sociedade está disposta a tolerar um nível de risco pequeno por se tratar de um risco que não controla, nomeadamente em termos também da latitude das respectivas consequências.

O grau de perigo exigido em termos penais deve variar, então, na razão inversa ao nível de habituação ao risco da acção por parte da sociedade. Neste sentido, a comunidade em geral, por exemplo, está mais habituada aos riscos do trânsito rodoviário (e, por isso, tolera-os ou aceita-os mais facilmente) do que aos riscos de outras realidades como os derivados de novas tecnologias. Naturalmente que a proposição da probabilidade nestes termos não pode, todavia, constituir um entrave aos avanços científicos e tecnológicos próprios das sociedades modernas.'

Quanto à natureza e ao valor do bem juridicamente protegido pela concreta lei penal, o grau de probabilidade deve variar numa relação de proporcionalidade inversa em função da natureza ou do valor do bem ameaçado. Ou seja, para afirmar o perigo, deve exigir-se um grau de probabilidade maior no caso de estarmos perante um interesse de natureza patrimonial do que o exigido em relação a um interesse de natureza pessoal[488].

E, perante interesses da mesma natureza – pessoais, por um lado, e patrimoniais, por outro –, o maior ou menor grau de probabilidade depende do valor do bem em causa (por exemplo, entre o bem vida e o bem integridade física, o grau de perigo exigível deve ser menor em relação àquele e maior em relação a este).

No Direito português constituem objecto do perigo concreto, especialmente, os bens fundamentais vida, integridade física e saúde, e o bem não-pessoal propriedade (bens patrimoniais de valor elevado), o que está em harmonia com o carácter fragmentário do Direito penal. E não nos podemos esquecer que o é a dois níveis: primeiro, tutela os interesses humanos de modo descontínuo; segundo, e em relação aos interesses tutelados, incrimina, em regra, as formas mais grosseiras de lesão ou perigo de lesão. Geralmente, só os bens de importância fundamental – a vida e a integridade física, de entre os bens pessoais, e o núcleo essencial

---

[488] Contra a relatividade ao valor do bem, v. Escrivá Gregori, *La Puesta en Peligro de Bienes Jurídicos en Derecho Penal*, cit., pp. 33 e 134; e Angioni, *Il Pericolo Concreto come Elemento della Fattispecie Penale*, II, cit., p. 96.

da propriedade, de entre os bens patrimoniais – justificam uma protecção mais ampla.

Esta relatividade ao valor do bem jurídico pressupõe um juízo de hierarquia de interesses, nem sempre fácil, principalmente quando estão em causa interesses de natureza pessoal.

Mas, esta hierarquização não se pode esgotar, apesar da aparência semântica em contrário, numa apreciação que atenda apenas ao perigo causal e à mera ponderação de bens, numa lógica essencialmente consequencialista que perde de vista critérios não-consequenciais. Isto pela intangibilidade e incomensurabilidade de determinados bens, assim como pelas limitações da razão e do conhecimento humano em que a opção pelo "observador-plenamente informado" está longe de ultrapassar as dificuldades, conseguindo apenas atenuá-las. Assim, deve usar-se a palavra "interesse" no sentido de ponderação não só de utilidades, mas também e, predominantemente, de valores de acção[489].

Como meros pontos de apoio, de que o julgador deve fazer aplicação, em concreto, para decidir qual o grau de perigo exigível, podemos enunciar, nomeadamente, os princípios ético-sociais vigentes – que podem variar de contexto para contexto e mudar com o tempo –, pontos de vista político-criminais, a medida legal da pena[490] e o valor do prejuízo ameaçado, no caso de um bem de natureza patrimonial.

Um conceito normativo de perigo faz também variar o grau de probabilidade numa relação de proporcionalidade inversa com o âmbito da lesão ameaçada ou dos efeitos causais ponderados. Para alguns grupos de crimes, o grau de perigo necessário e determinado nestes termos, será – e deve ser – seguramente inferior (até bastante inferior) àquele que seria exigido se valesse exclusivamente uma observação do tipo probabilís-

---

[489] Também na doutrina jurídica do estado de necessidade, a "teoria da ponderação de interesses" (*Interessenabwägungtheorie*) traduz uma orientação tanto de fins, na esteira da "teoria dos fins" (*Zwecktheorie*), como de meios, contrapondo-se, assim, ao espírito utilitarista característico da "teoria da ponderação de bens" (*Güterabwägungstheorie*).

[490] Em geral, a penalidade não pode, todavia, ser utilizada como um critério único de solução, pois uma comparação das penas aplicáveis para os diversos tipos da Parte Especial do CP pode conduzir a incoerências sistemáticas decorrentes de não raro serem impostas medidas legais de pena mais elevadas para interesses de natureza patrimonial, comparativamente com os interesses de natureza pessoal.

tico-estatístico. Basta pensar em casos cujos enormes efeitos lesivos não podem ser tecnicamente eliminados ou cuja eliminação não é economicamente rentável. Aqui, a mera possibilidade do dano pode não ser tolerada pela comunidade em geral, não obstante a probabilidade mínima da sua ocorrência definida estatisticamente. É uma solução de *common-sense*.

Brevemente: para a decisão do perigo concreto é absolutamente indispensável uma valoração normativa indissociável da análise do tipo legal de crime em concreto.

Ora, não se poderá contra-argumentar, invocando o subjectivismo desta apreciação com o resultado prático da pluralidade de graus de intensidade ou de estádios de progressão do perigo? Seria artificioso negar o subjectivismo e o casuísmo que a solução heterogénea da probabilidade aqui defendida de facto encerra. Devemos, no entanto, protestar a nossa inocência porque a indeterminação do perigo e do juízo de perigo é de alguma forma imposta pela própria natureza das coisas, o que permite esta elasticidade de apreciação.

Mas este subjectivismo, porque requer aqueles pontos de referência normativos tanto quanto possível sólidos e estáveis, não pode ser equiparado a uma opinião subjectivística e arbitrária do julgador – esta, sim, seria inconciliável, designadamente, com os princípios da certeza e da segurança jurídica.

Uma determinação do perigo-probabilidade *ad hoc* também não deve pois cair na tentação de ser norteada exclusivamente por considerações ou necessidades de política criminal que escapem a um controlo dogmático.

Cremos que as propostas que fizemos quanto à determinação da base ou conjunto da informação do juízo de perigo e à individualização do modelo de agente também contribuem para atenuar a vaguidade do conceito de perigo, objectivando-o no sentido de traduzir um juízo de realidade sobre o perigo o mais completo possível.

Subjectivismo aquele igualmente amenizado pelo imprescindível recurso às intuições éticas comuns. A racionalidade do senso comum deve funcionar aqui como filtro daquilo que designámos por dimensão epistémica do perigo – a dimensão que traduz a cognoscibilidade do perigo pelo juiz segundo o "homem-plenamente informado", o modelo do observador por nós assumido –, no sentido de que as intuições éticas comuns devem operar sobre a base da informação cognoscível pelo "homem-plenamente informado".

Na verdade, o grau de probabilidade penalmente relevante no caso individual deve ser concretizado a final através de um juízo social comum acerca do perigo. O perigo pressupõe assim que a probabilidade do dano seja inteligível pela consciência colectiva. São dois níveis de valoração distintos, mas simultâneos e interdependentes. O conceito de perigo jurídico-penalmente relevante deve passar também por este crivo de *common-sense* que é também "analítico-linguístico". Isto quer dizer que o conceito jurídico de perigo – e insiste-se que tem que ser objecto de um juízo positivo, no sentido de se aferir a probabilidade da ocorrência do dano – deve também reflectir o uso linguístico comum ou o sentido comum do perigo.

Deste modo, há perigo quando na contextualidade concreta a comunidade, representada pelo julgador, no momento a que se reporta o juízo de perigo – o momento da entrada do objecto do bem jurídico no horizonte causal da acção do agente –, e de acordo com um observador dotado de todas as circunstâncias de facto e de todas as leis cognoscíveis por um "homem-plenamente informado" nesse momento, e que assim valora aquelas dimensões que densificam o conceito de perigo, faz um juízo de probabilidade da ocorrência do dano.

Impõem-se duas conclusões interdependentes. Primeira, o perigo é o ponto de partida (acção perigosa) e o ponto de chegada (resultado de perigo) no crime de perigo concreto.

Segunda, as intuições éticas comuns relevam em ambos os extremos na exclusão e na fundamentação da responsabilidade penal. Com esta duplicidade de papéis das intuições éticas fecha-se o círculo, atribuindo-se-lhes relevância no momento de testar o valor dos critérios decisórios da (não-)punibilidade nos termos de um crime de perigo concreto. E assim se reivindica também a necessidade manifestada *supra* de desenvolver a valoração jurídica do perigo integrando-a com os critérios da consciência colectiva – uma metodologia com filiação na teorização de John Rawls[491].

E é da análise integrada destas dimensões do perigo, indispensável para determinar a intensidade do perigo tipicamente relevante, e por sua vez valoradas pelas intuições éticas comuns, que nascem os diversos graus de perigo. A este respeito, entendemos que no âmbito do crime de perigo concreto é possível identificar vários estádios de progressão do

---

[491] V. John Rawls, *Uma Teoria da Justiça* (trad. de Carlos Pinto Correia de *A Theory of Justice*), Lisboa: Editorial Presença, 1993, *inter alia*, pp. 116 ss. e 369 ss.

perigo e falar assim – para traduzir uma diferenciação ascendente do perigo que pode ir de uma probabilidade mínima até a um grau máximo de probabilidade –, por exemplo, em "perigo de 3.º grau", "perigo de 2.º grau" e "perigo de 1.º grau" (ou desdobrar ainda mais de forma a compreender diversos graus intermédios – perigo de 1.º, 2.º, 3.º, 4.º..., graus). Mas esta adjectivação só é porventura – e apenas isso – mais sugestiva. Aqui, sim, podemos ter liberdade para usar qualquer adjectivação: "baixo"-"alto"; "pequeno"-"grande"; "diminuto"-"elevado"; "remoto"-"próximo"-"imediato"; "não improvável"-"provável"-"muito provável"... Só a aparência da diferente adjectivação utilizada poderia induzir o contrário.

4. O perigo na acção e no resultado: jurisprudência portuguesa dos Tribunais Superiores

Não podemos deixar de começar com uma advertência. O silêncio quanto à valoração do perigo, em geral, e a falta de um tratamento sistemático de parâmetros analíticos para a comprovação da existência do perigo concreto, em particular, que perpassam como denominador praticamente comum aos relatórios fundamentadores das decisões judiciais no que a esta matéria respeita, impõem e imporão, na sequência, várias páginas de meras sequências quase enxutas de identificações jurisprudenciais.

4.1. O perigo na acção

Como já escrevemos *supra* (sob o Capítulo II.1., 1.2.), o perigo, na acção, pode configurar, nomeadamente, (i) um pressuposto do crime ou (ii) uma qualificação de um comportamento ou de uma das possíveis formas de execução do facto ilícito.

Para o perigo como (i) pressuposto do crime, *hoc sensu* pressuposto da omissão, consulte-se, sobre o crime de omissão de auxílio do artigo 219.º, n.º 1, da versão originária do CP, na jurisprudência do Supremo, os Acórdãos do STJ de 7 de Março de 1990[492], de 5 de Janeiro de

---

[492] *BMJ*, N.º 395, 1990, pp. 237 ss.

1994[493], de 14 de Dezembro de 1995[494], e de 5 de Dezembro de 1996[495].

Ainda sobre o mesmo crime mas na versão depois da Revisão de 1995 do CP – o artigo 200.º, n.º 1 –, veja-se o Acórdão da RC de 18 de Outubro de 2000[496] e o citado Acórdão da RP de 25 de Fevereiro de 2004; do STJ, além do referido Acórdão de 5 de Dezembro de 1996, os Acórdãos de 10 de Fevereiro de 1999[497] e de 10 de Maio de 2000[498].

Sobre o crime de recusa de facultativo do artigo 276.º, n.º 1, da versão originária do CP, em que o perigo também é uma condição do comportamento exigido, o pressuposto da omissão, v. o Acórdão do STJ de 5 de Novembro de 1997[499].

Para o perigo enquanto (ii) qualificação de um comportamento ou de uma das possíveis formas de execução do facto ilícito, consulte-se, sobre o homicídio qualificado nos termos do artigo 132.º, n.ºs 1 e 2, alínea f), da versão originária do CP, dois acórdãos do STJ: o Acórdão de 8 de Fevereiro de 1984[500], e o Acórdão de 11 de Janeiro de 1995[501].

Também sobre o mesmo tipo legal de crime, mas na versão depois da Revisão de 1995 do CP, a que veio corresponder a alínea h) do n.º 2 do mesmo preceito, veja-se o Acórdão do STJ de 27 de Setembro de 2000[502].

No âmbito do crime de ofensas corporais com dolo de perigo previsto no n.º 2 do artigo 144.º da versão originária do CP, em que é abundante a jurisprudência dos Tribunais Superiores, o elemento típico "meios particularmente perigosos" tem sido explicitado em razão seja da "perspectiva em concreto", seja de "critérios de normalidade e regras de experiência comum", seja ainda da "idoneidade para pôr em grave risco a vida dos atingidos ou causar-lhes lesões graves". Assim, v., das Relações, os Acórdãos da RC de 25 de Janeiro de 1984[503], da RP de 17 de Feve-

---

[493] *CJ/STJ*, Ano III, Tomo I, 1995, pp. 165 ss.
[494] *CJ/STJ*, Ano III, Tomo III, 1995, pp. 263 ss.
[495] *BMJ*, N.º 462, 1997, pp. 170 ss.
[496] *CJ*, Ano XXV, Tomo IV, 2000, pp. 58 ss.
[497] *CJ/STJ*, Ano VII, Tomo I, 1999, pp. 207 ss.
[498] *BMJ*, N.º 497, 2000, pp. 125 ss.
[499] *CJ/STJ*, Ano V, Tomo III, 1997, pp. 227 ss.
[500] *BMJ*, N.º 334, 1984, pp. 258 ss.
[501] *BMJ*, N.º 443, 1995, pp. 54 ss.
[502] *BMJ*, N.º 499, 2000, pp. 122 ss.
[503] *CJ*, Ano IX, Tomo 1, 1984, pp. 58 ss.

reiro de 1988[504] e da RL de 11 de Maio de 1988[505], o citado Acórdão da RC de 10 de Janeiro de 1991, o Acórdão da RE de 19 de Abril de 1991[506], os também já citados Acórdãos da RP de 11 de Março de 1992 e de 6 de Janeiro de 1993, os Acórdãos da RP de 13 de Julho de 1994[507] e da RC de 5 de Janeiro de 1995[508], e, do STJ, os Acórdãos de 15 de Junho de 1983[509], de 11 de Fevereiro de 1987[510], de 8 de Abril de 1987[511], de 2 de Novembro de 1988[512], de 12 de Abril de 1989[513], de 31 de Outubro de 1990[514], de 3 de Abril de 1991[515], de 5 de Dezembro de 1991[516], de 24 de Junho de 1992[517], de 15 de Setembro de 1993[518], de 27 de Abril de 1994[519] e de 5 de Março de 1997[520].

Sobre o crime de roubo do artigo 306.º, n.º 1, da versão originária do CP, v. os Acórdãos do STJ de 5 de Abril de 1995[521] – que toma como sinónimos ameaça de um perigo iminente para a integridade física ou para a vida do ofendido e criação no espírito da vítima de um fundado receio de grave e iminente mal, ao arrepio da tese da perigosidade objectiva da arma –, e de 11 de Junho de 1997[522].

Também sobre o roubo mas na versão depois da Revisão de 1995 do CP, a que veio corresponder o artigo 210.º, n.º 1, v. o Acórdão do STJ de 26 de Março de 1998[523] que, a propósito do elemento típico "por meio

---

[504] CJ, Ano XIII, Tomo 1, 1988, pp. 236-237.
[505] CJ, Ano XIII, Tomo III, 1988, pp. 177-178.
[506] CJ, Ano XVI, Tomo II, 1991, pp. 351 ss.
[507] CJ, Ano XIX, Tomo IV, 1994, pp. 226 ss.
[508] CJ, Ano XX, Tomo I, 1995, pp. 52-53.
[509] BMJ, N.º 328, 1983, pp. 371 ss.
[510] BMJ, N.º 364, 1987, pp. 551 ss.
[511] BMJ, N.º 366, 1987, pp. 294 ss.
[512] CJ, Ano XIII, Tomo 5, 1988, pp. 7-8 (também in BMJ, N.º 381, 1988, pp. 286 ss.).
[513] CJ, Ano XIV, Tomo 3, 1989, pp. 6 ss.
[514] CJ, Ano XV, Tomo IV, 1990, p. 34 (também in BMJ, N.º 400, 1990, pp. 372 ss.).
[515] BMJ, N.º 406, 1991, pp. 302 ss.
[516] BMJ, N.º 412, 1992, pp. 162 ss.
[517] BMJ, N.º 418, 1992, pp. 549 ss.
[518] CJ/STJ, Ano I, Tomo III, 1993, pp. 197 ss.
[519] BMJ, N.º 436, 1994, pp. 211 ss.
[520] CJ/STJ, Ano V, Tomo I, 1997, pp. 241 ss. (também in BMJ, N.º 465, 1997, pp. 284 ss.).
[521] BMJ, N.º 446, 1995, pp. 38 ss.
[522] BMJ, N.º 468, 1997, pp. 105 ss.
[523] CJ/STJ, Ano VI, Tomo I, 1998, pp. 243 ss.

de ameaça com perigo iminente", e recorrendo ao raciocínio do referido Acórdão do STJ de 5 de Abril de 1995, conclui que "uma pistola de alarme, sendo apta para criar no ofendido a convicção de tratar-se de uma arma de fogo, mostra-se com aptidão suficiente para realizar a ameaça de perigo iminente". V. ainda e do STJ os Acórdãos de 26 de Maio de 1999[524], de 29 de Setembro de 1999[525], de 1 de Março de 2000[526] e de 17 de Janeiro de 2002[527].

4.2. O perigo no resultado

O perigo surge também como atributo do evento do crime.

Do levantamento jurisprudencial realizado, a especificação, na sequência, dos arestos orienta-se para os verbos típicos utilizados pelo legislador nas diversas normas incriminadoras para se referir ao perigo.

Assim, no âmbito dos tipos que representam o perigo através da expressão "criar perigo", veja-se, sobre o n.º 1 do artigo 254.º (Perigo de incêndio) da versão originária do CP, na jurisprudência das Relações, o Acórdão da RP de 14 de Dezembro de 1988[528]; sobre o n.º 2 do artigo 269.º (Contaminação e envenenamento de água) da versão originária do CP e a alínea a) do artigo 280.º (Poluição com perigo comum) na versão depois da Revisão de 1995 do CP, o Acórdão da RP de 28 de Outubro de 1998[529].

Sobre o n.º 1 do artigo 253.º (Incêndio) da versão originária do CP – que usa a formulação "criando um perigo" –, em que a jurisprudência dos Tribunais Superiores é abundante, destaque-se o citado Acórdão da RC de 18 de Fevereiro de 1987 que, quando se refere à sua consumação, distingue estranhamente, e sem dar qualquer explicação, "pôr em perigo" de "criar perigo", concluindo que para o preenchimento do tipo é suficiente, mas necessário, a "criação de perigo". Mas, o que é que permite afastar estes dois verbos transitivos? Não têm ambos natureza causal? É um ponto que não está claro na decisão judicial. Mais: nesta decisão fala-se ainda em "e criaram-se também as condições que iriam colocar

---

[524] *CJ/STJ*, Ano VII, Tomo II, 1999, pp. 214 ss.
[525] *CJ/STJ*, Ano VII, Tomo III, 1999, pp. 159 ss.
[526] *CJ/STJ*, Ano VIII, Tomo I, 2000, pp. 212 ss.
[527] *CJ/STJ*, Ano X, Tomo I, 2002, pp. 183 ss.
[528] *CJ*, Ano XIII, Tomo 5, 1988, pp. 231 ss.
[529] *CJ*, Ano XXIII, Tomo IV, 1998, pp. 237 ss.

em perigo de vida diversas pessoas" como sinónimo de "criar perigo". Todavia, esta formulação não apontará antes para o "perigo de perigo"? É uma dúvida que fica igualmente por esclarecer.
Assim:

"[...] nos termos do citado art. 253.º, n.º 1, do C. Penal, *uma vez provocado o incêndio, não se exige que ele ponha em perigo a vida, a integridade física ou bens patrimoniais alheios de grande valor. Basta que ele crie perigo para esses valores.*

E, no caso dos autos, *com o incêndio ateado criou-se imediatamente o perigo para bens patrimoniais de grande valor de outras pessoas e criaram-se também as condições que iriam colocar em perigo de vida diversas pessoas.*

Uma vez que o réu pegou fogo ao mato, com a intenção de que se propagasse e atingisse grandes proporções, e o mato começou a arder e o fogo a propagar-se, o que era causa adequada, dadas as condições de tempo e de local, para que o incêndio devastasse grande área de mata e colocasse em perigo de vida diversas pessoas, *nada mais teria o réu a fazer para obter o resultado previsto e o perigo estava criado.* [...]

Deste modo, *o réu praticou um crime consumado* e não tentado" (itálico nosso)[530].

Sobre o n.º 1 do artigo 262.º (Desmoronamento de construção) da versão originária do CP – que também emprega a locução "criando um

---

[530] Ainda sobre o crime do artigo 253.º, n.º 1, consulte-se, das Relações, os Acórdãos da RP de 7 de Março de 1984 (*CJ*, Ano IX, Tomo II, 1984, pp. 247 ss.) e da RC de 18 de Fevereiro de 1987 (*CJ*, Ano XII, Tomo 1, 1987, pp. 76-77), o citado Acórdão da RP de 14 de Dezembro de 1988, e os Acórdãos da RE de 9 de Outubro de 1990 (*CJ*, Ano XV, Tomo IV, 1990, pp. 302-303) e da RC de 15 de Novembro de 2000 (*CJ*, Ano XXV, Tomo V, 2000, pp. 46 ss.); do STJ, os Acórdãos de 10 de Julho de 1984 (*BMJ*, N.º 339, 1984, pp. 251 ss.), de 29 de Novembro de 1989 (*BMJ*, N.º 391, 1989, pp. 280 ss.), de 12 de Junho de 1990 (*BMJ*, N.º 398, 1990, pp. 289 ss.), de 10 de Julho de 1991 (*BMJ*, N.º 409, 1991, pp. 397 ss.), de 2 de Outubro de 1991 (*BMJ*, N.º 410, 1991, pp. 254 ss.), de 25 de Junho de 1992 (*CJ*, Ano XVII, Tomo III, 1992, pp. 52 ss.), de 19 de Maio de 1993 (*BMJ*, N.º 427, 1993, pp. 256 ss.), de 23 de Junho de 1994 (*BMJ*, N.º 438, 1994, pp. 261 ss.), de 1 de Março de 1995 (*BMJ*, N.º 445, 1995, pp. 73 ss.), de 5 de Outubro de 1995 (*CJ/STJ*, Ano III, Tomo III, 1995, pp. 203 ss.) e de 14 de Dezembro de 1995 (*BMJ*, N.º 452, 1996, pp. 263 ss.).

perigo" –, *v.* o Acórdão da RL de 2 de Julho de 1986[531], cujo relatório, e de forma original, faz uma distinção entre "perigo concreto efectivado" e "perigo concreto não efectivado". Enquanto o primeiro pressupõe a lesão do bem jurídico; o segundo não, correspondendo ao perigo concreto tradicional.

Uma nota em relação ao "perigo concreto efectivado": o conceito de perigo concreto, enquanto resultado típico, não pode estar, a nosso ver, dependente do dano. A ausência do dano é, aliás, um pressuposto do perigo concreto. Assim, no plano normativo, nada se ganha com esta contraposição.

Nos termos do Acórdão:

"Ora, como crime de perigo que é, é um ilícito em que parece ter pouco relevo o valor dos danos efectivamente causados pelo desmoronamento ou desabamento, porque o que interessará para a sua existência será, fundamentalmente, a potencialidade da situação para a produção de danos para a vida ou integridade física ou de graves prejuízos materiais para outrem. […]

O que sucede, no entanto, é que, dados os termos em que se encontra redigido aquele art. 262.º, se tem de entender que o *crime é de perigo real, concreto* […].

Não se torna, assim, suficiente saber se da possibilidade de ruína da construção resultava um perigo hipotético para a vida ou integridade física de terceiros, ou de produção de danos graves em bens alheios, *porque o que tem de ser apurado é se, com a efectivação da referida ruína, resultou ou não um perigo real para essas vidas ou integridade física ou para bens alheios.*

No caso concreto, do desabamento do muro resultou um *perigo efectivado, consistente na destruição do carro* que se encontrava estacionado junto dele, assim como resultou o *perigo concreto, não efectivado* apenas por o desmoronamento ter ido afectar a parte da frente do automóvel, *da destruição total deste,* em virtude de todo o veículo se encontrar na zona em que o muro apresentava risco de ruir"* (itálico nosso).

Sobre o crime de omissão de assistência material à família do n.º 1 do artigo 197.º da versão originária do CP, em cuja redacção se encontra

---

[531] *CJ*, Ano XI, Tomo IV, 1986, pp. 174 ss.

a formulação "de maneira a pôr em perigo", *v.* dois arestos da RC: o Acórdão de 13 de Junho de 1984[532], qualificando-o expressamente como crime de perigo concreto; e o Acórdão de 6 de Dezembro de 1989[533], não o qualificando de todo.

Relativamente ao mesmo crime mas depois da Revisão de 1995 do CP, a que veio então corresponder o n.º 1 do artigo 250.º (Violação da obrigação de alimentos), cujo preceito primário faz referência ao perigo através da expressão "pondo em perigo" –, *v.* os Acórdãos da RC de 26 de Junho de 1998[534], da RP de 3 de Fevereiro de 1999[535], da RL de 24 de Outubro de 2000[536] e da RP de 21 de Abril de 2004[537]. Ao contrário da redacção do n.º 1 do artigo 197.º da versão originária do CP, esta não deixa margem para dúvidas quanto à existência de um crime de perigo concreto.

Quanto a incriminações em que o legislador se refere ao perigo através da expressão "criando dessa forma um perigo", *v.*, sobre o n.º 1 do artigo 277.º (Perturbação dos serviços de transporte por ar, água e caminho de ferro) da versão originária do CP, o citado Acórdão da RP de 6 de Dezembro de 1989; sobre o n.º 1 do artigo 278.º (Condução perigosa de meio de transporte) da versão originária do CP, o Acórdão da RC de 9 de Dezembro de 1987[538] e o Acórdão do STJ de 30 de Abril de 1986[539]; sobre o n.º 1 do artigo 279.º (Perturbação de transportes rodoviários) igualmente da versão originária do CP, os Acórdãos da RP de 8 de Maio de 1985[540], da RC de 5 de Junho de 1985[541], da RL de 12 de Junho de 1985[542] e da RP de 6 de Janeiro de 1988[543], o citado Acórdão do STJ de 30 de Abril de 1986, os Acórdãos do STJ de 7 de Novembro de 1990[544] e de 15 de Abril de 1993[545], o também já citado Acórdão do STJ de

---

[532] *CJ*, Ano IX, Tomo III, 1984, pp. 104-105.
[533] *CJ*, Ano XIV, Tomo V, 1989, pp. 77-78.
[534] *CJ*, Ano XXIII, Tomo III, 1998, pp. 64 ss.
[535] *CJ*, Ano XXIV, Tomo I, 1999, pp. 238 ss.
[536] *CJ*, Ano XXV, Tomo IV, 2000, pp. 152-153.
[537] *CJ*, Ano XXIX, Tomo II, 2004, pp. 214 ss.
[538] *CJ*, Ano XII, Tomo 5, 1987, pp. 73 ss.
[539] *BMJ*, N.º 356, 1986, pp. 159 ss.
[540] *CJ*, Ano X, Tomo 3, 1985, pp. 271 ss.
[541] *CJ*, Ano X, Tomo 3, 1985, pp. 112-113.
[542] *CJ*, Ano X, Tomo 3, 1985, pp. 195 ss.
[543] *CJ*, Ano XIII, Tomo 1, 1988, pp. 217 ss.
[544] *BMJ*, N.º 401, 1990, pp. 210 ss.
[545] *CJ/STJ*, Ano I, Tomo II, 1993, pp. 202 ss.

4 de Maio de 1994, e, ainda do STJ, os Acórdãos de 24 de Novembro de 1994[546], de 11 de Maio de 1995[547] e de 22 de Janeiro de 1997[548].

No que diz respeito ao crime de perturbação de transportes rodoviários, refira-se ainda o Acórdão da RP de 31 de Maio de 2000[549] que merece duas críticas opostas. Uma positiva, que se prende com a caracterização expressa e claramente evidenciada do ilícito-típico do crime de perigo concreto por referência não só à acção, mas também ao resultado.

Uma negativa, na medida em que não define o perigo positivamente, construindo os elementos cuja verificação permite afirmar a existência do perigo, partindo antes, e em vez disso, do entendimento de que a prova do dano demonstra a existência de um perigo concreto.

Nas palavras do aresto:

"*Trata-se de um crime de perigo concreto.*

[...] essencial para a verificação do ilícito referido é que da conduta do agente resulte perigo para a vida ou para a integridade física ou para bens patrimoniais de grande ou elevado valor e que exista nexo de causalidade adequada entre essa conduta e o desastre provocado e o perigo criado.

Sendo assim, há então que apurar se a conduta do agente criou um perigo – em concreto – para a vida, a integridade física ou para bens patrimoniais de grande valor, pois sendo o crime em questão [...] um crime de perigo concreto, esse perigo ou situação de perigo é o resultado da acção ou da conduta do agente.

É que tal crime existe desde que se prove a existência da conduta ou do comportamento e a criação de um perigo como resultado dessa conduta ou comportamento.

[...] não há dúvida que foi criado perigo concreto para a vida de uma pessoa: *basta atentar que ocorreu o acidente de viação referido nos autos e, em virtude dele, perdeu a vida A*" (itálico nosso).

Quanto aos crimes de perigo comum em que o perigo é descrito através da fórmula "e criar deste modo perigo", *v.*, sobre a alínea a) do

---

[546] *CJ/STJ*, Ano II, Tomo III, 1994, pp. 259 ss.
[547] *CJ/STJ*, Ano III, Tomo II, 1995, pp. 196 ss.
[548] *BMJ*, N.º 463, 1997, pp. 242 ss.
[549] *CJ*, Ano XXI, Tomo III, 2000, pp. 228 ss.

n.º 1 do artigo 272.º (Incêndios, explosões e outras condutas especialmente perigosas) na versão depois da Revisão de 1995 do CP, das Relações, os Acórdãos da RC de 22 de Janeiro de 1997[550] e de 14 de Janeiro de 1998[551], da RL de 28 de Outubro de 1998[552] e da RP de 14 de Novembro de 2001[553]; do STJ, o Acórdão de 31 de Outubro de 1995[554] e o citado Acórdão de 14 de Dezembro de 1995, os Acórdãos de 19 de Janeiro de 1999[555] e de 4 de Março de 1999[556], e o já citado Acórdão de 24 de Março de 1999; sobre a alínea a) do n.º 1 do artigo 277.º (Infracção de regras de construção, dano em instalações e perturbação de serviços) na versão depois da Revisão de 1995 do CP, veja-se dois acórdãos da RP – o Acórdão de 3 de Julho de 2002[557] e o Acórdão de 11 de Fevereiro de 2004[558]; e sobre a alínea d) do n.º 1 do artigo 290.º (Atentado à segurança de transporte rodoviário) na versão depois da Revisão de 1995 do CP, *v.* o citado Acórdão do STJ de 22 de Janeiro de 1997.

Sobre a alínea b) do n.º 1 do artigo 291.º (Condução perigosa de veículo rodoviário) na versão depois da Revisão de 1995 do CP, *v.* o Acórdão da RP de 6 de Junho de 2001[559] que, embora chame a atenção para a necessidade de uma apreciação concreta do perigo, porque a partir das "específicas circunstâncias do caso", bem podia, pelo menos, ter delimitado a um tal propósito a base ou conjunto da informação do juízo de perigo. Mas não. Lê-se apenas:

"[...] *exige-se que, de um tal comportamento* assim grosseiramente violador das regras de circulação rodoviária, *resulte um perigo para a vida ou para a integridade física de outrem, ou para bens patrimoniais alheios de valor elevado, ou seja [...], que algum destes bens resulte concretamente ameaçado, posto em perigo,* pelo

---

[550] *CJ*, Ano XXII, Tomo I, 1997, pp. 63 ss.
[551] *CJ*, Ano XXIII, Tomo I, 1998, pp. 46 ss.
[552] *CJ*, Ano XXIII, Tomo IV, 1998, pp. 157 ss.
[553] *CJ*, Ano XXVI, Tomo V, 2001, pp. 219 ss.
[554] *BMJ*, N.º 450, 1995, pp. 154 ss.
[555] *CJ/STJ*, Ano VII, Tomo I, 1999, pp. 190 ss.
[556] *CJ/STJ*, Ano VII, Tomo I, 1999, pp. 235 ss.
[557] *CJ*, Ano XXVII, Tomo IV, 2002, pp. 197 ss.
[558] *CJ*, Ano XXIX, Tomo I, 2004, pp. 212-213.
[559] *CJ*, Ano XXVI, Tomo III, 2001, pp. 244 ss.

comportamento que se censura ao agente, *exigindo-se, pois, que da análise das específicas circunstâncias do caso se possa concluir da concreta verificação desse perigo nesse caso.*
Crime de perigo concreto, pois" (itálico nosso)[560].

4.3. Parâmetros do juízo de perigo concreto: o modelo de agente e a intensidade do perigo

Apesar da advertência feita, o silêncio de que falámos há pouco pode no entanto ser quebrado com a recolha de algumas, mas poucas, referências a parâmetros do juízo de perigo concreto num número muito diminuto de arestos. Estão directamente em causa observações relativas (i) ao modelo de agente do juízo de perigo e (ii) à intensidade do perigo penalmente relevante.

No que concerne (i) ao modelo de agente do juízo de perigo, e no sentido de um "observador normal", pronunciou-se o STJ no citado Acórdão de 15 de Abril de 1993 (especificamente, "qualquer pessoa normal").

Recentemente, o citado Acórdão da RC de 29 de Janeiro de 2003 segue, sem mais desenvolvimentos, o critério do "agente minimamente atento". Em sentido idêntico, mas de um "observador [só] atento" (intercalado nosso), veja-se o citado Acórdão da RP de 25 de Fevereiro de 2004.

Quanto (ii) ao grau de intensidade do perigo penalmente relevante, este também é variamente concretizado na jurisprudência. Assim, desde o "sério perigo", no citado Acórdão do STJ de 19 de Maio de 1993; ou "muito provável produção de lesões", no citado Acórdão do STJ de 4 de Maio de 1994; até à "probabilidade" ou "possibilidade evidente" do dano. Neste sentido último, parecendo usar indiferenciadamente os conceitos de "probabilidade" e "possibilidade evidente" para definir o grau de perigo necessário, ficando, por isso, a dúvida quanto à latitude da intensidade do perigo relevante, *v.* o citado Acórdão da RP de 25 de Fevereiro de 2004:

---

[560] Ainda a respeito desta incriminação, *v.* o Acórdão da RP de 26 de Fevereiro de 2003 (*CJ*, Ano XXVII, Tomo I, 2003, pp. 220-221); e os Acórdãos do STJ de 12 de Junho de 1997 (*BMJ*, N.º 468, 1997, pp. 124 ss.) e de 18 de Outubro de 2000 (*CJ/STJ*, Ano VIII, Tomo III, 2000, pp. 207 ss.).

"Por *perigo* deve entender-se um *estado desacostumado e anormal no qual para um observador atento pode aparecer como provável à vista das concretas circunstâncias actuais a produção de um dano cuja possibilidade resulte evidente*" (itálico nosso).

Esta passagem também esclarece que o grau de perigo se deve reportar às "concretas circunstâncias actuais". Mas, que circunstâncias são estas? "Actuais", por referência a que momento? Ou seja, qual é o momento temporal determinante para a constituição da base de informação do juízo de perigo?

No sentido de uma "possibilidade baseada na experiência comum" e, mas sem quaisquer explicações adicionais, "nos conhecimentos existentes" – o que também suscita aquele campo interrogativo quanto ao recorte do conjunto da informação relevante para o juízo de perigo: nomeadamente, que conhecimentos e reportados a que momento –, *v.* a seguinte passagem do Acórdão da RC de 5 de Fevereiro de 1998[561], uma decisão em matéria relativa ao crime do artigo 272.º, n.º 1, alínea a), do CP:

"[...] um crime de perigo se caracteriza, em primeiro lugar, pela inexistência de uma lesão efectiva de bens ou interesses, ou seja, *a conduta do agente há-de criar uma situação, ou há-de traduzir-se num comportamento que, de acordo com a experiência comum e os conhecimentos existentes, possa originar um dano*" (itálico nosso).

Esta decisão, ao remeter simplesmente para a experiência comum também não afasta a dúvida quanto à aplicação da teoria da causalidade adequada no âmbito dos crimes de perigo concreto. Ou seja: a possibilidade de ser causa de um dano deve ser apreciada segundo as regras da experiência comum, em termos idênticos aos da doutrina da causalidade adequada? Estará implícita a definição do perigo a partir dos postulados da teoria da adequação?

Também fundamentando singelamente o perigo a partir da "probabilidade do dano baseada na experiência e nas concretas circunstâncias existentes" ou da "possibilidade óbvia do dano" – o que não deixa de dar

---

[561] *CJ*, Ano XXIII, Tomo I, 1998, pp. 51 ss.

azo às dúvidas já levantadas a este propósito –, *v.* o citado Acórdão da RC de 29 de Janeiro de 2003:

"Por *perigo* deve entender-se *um anormal estado antijurídico em que para um juízo conforme à experiência a produção do dano aparece como provável segundo as concretas circunstâncias existentes e a possibilidade do mesmo resulta óbvia*" (itálico nosso).

Defendendo uma "probabilidade forte" da verificação do dano, *v.* o Acórdão do STJ de 26 de Maio de 2004[562], também a respeito do referido artigo 272.º, n.º 1, alínea a), do Código:

"A lei penal não prescinde de uma tríplice exigência: *que o agente provoque incêndio, que este seja de relevo, ou seja, dotado de gravidade objectiva e se revista de idoneidade bastante para colocar em perigo* a vida, a integridade física ou bens patrimoniais alheios, de valor elevado [...].

O *perigo não é mais do que a probabilidade forte de dano* para os bens da vida, da integridade física e património alheio, por virtude de incêndio" (itálico nosso).

Este Acórdão afirma, de um modo geral, que o perigo se baseia na idoneidade bastante da acção para colocar em perigo bens jurídicos – no caso dos autos, a vida, a integridade física ou bens patrimoniais alheios de valor elevado. Receamos, também aqui, que a idoneidade seja determinada segundo os termos do juízo de prognose, tal como é característico da teoria da adequação, mesclando-se, assim, aqueles dois distintos planos de análise: o plano conceitual do perigo concreto, de uma parte, e o plano da imputação objectiva do resultado de perigo concreto, de outra.

Exigindo um "perigo sério, actual, efectivo e não remoto ou meramente presumido", *v.* o Acórdão da RL de 9 de Abril de 1991[563], sobre o crime do n.º 3 do artigo 148.º (Ofensas corporais por negligência) da versão originária do CP – cuja segunda parte configura um crime de dano

---

[562] *CJ/STJ*, Ano XII, Tomo II, 2004, pp. 198 ss.
[563] *CJ*, Ano XVI, Tomo II, 1991, pp. 199 ss.

em que o perigo surge como resultado típico, ou seja, como evento qualificante –, de que nos permitimos transcrever simplesmente o sumário:

"O crime de ofensas corporais graves ou com perigo de vida, do artigo 148.º n.º 3 do Código Penal, só compreende as situações em que tais ofensas, em concreto, produzem um *perigo sério, actual, efectivo e não remoto ou meramente presumido*, para a vida do lesado, e correspondem à formulação clínica de um 'prognóstico reservado'" (itálico nosso).

Sobre um outro crime de dano – o da alínea c) do artigo 142.º (Ofensas corporais graves) da versão originária do CP –, em que o perigo, enquanto resultado típico é-o também como evento qualificante, *v.* o Acórdão da RP de 8 de Janeiro de 1986[564], e o Acórdão, também da RP, de 2 de Novembro de 1988[565], onde apenas se afirma que aquela disposição se refere a hipótese "que é já de doença que, em si mesma, põe em *real perigo* a vida do ofendido" (itálico nosso)[566].

Seguindo o critério do "acaso" para definir o grau de perigo penalmente relevante, *v.* o Acórdão da RG de 5 de Maio de 2003[567].

---

[564] *CJ*, Ano XI, Tomo I, 1986, pp. 192 ss.

[565] *CJ*, Ano XIII, Tomo 5, 1988, pp. 210 ss.

[566] No âmbito de um outro crime de dano agravado pelo resultado perigo – o crime de roubo da alínea b) do n.º 3 do artigo 306.º da versão originária do CP –, *v.* o Acórdão do STJ de 27 de Maio de 1992 (*BMJ*, N.º 417, 1992, pp. 434 ss.), embora não esboçando qualquer referência ao juízo de perigo. Igualmente sem darem qualquer contributo para a fundamentação do juízo de perigo, *v.* os seguintes acórdãos acerca do n.º 1 do citado artigo 144.º (Ofensas corporais com dolo de perigo) da versão originária do CP, em que o perigo é também atributo do resultado mais grave deste crime de dano: das Relações, o Acórdão da RC de 9 de Março de 1983 (*CJ*, Ano VIII, Tomo II, 1983, pp. 48 ss.), o citado Acórdão da RE de 8 de Outubro de 1985, o Acórdão da RL de 11 de Dezembro de 1985 (*CJ*, Ano X, Tomo V, 1985, pp. 132-133), os citados Acórdãos da RP de 8 de Janeiro de 1986 e da RC de 25 de Junho de 1986, o Acórdão da RC de 7 de Junho de 1988 (*CJ*, Ano XIII, Tomo III, 1988, pp. 113 ss.), o citado Acórdão da RP de 2 de Novembro de 1988, e os Acórdãos da RP de 20 de Novembro de 1996 (*CJ*, Ano XXI, Tomo V, 1996, pp. 235 ss.) e da RL de 30 de Setembro de 1998 (*CJ*, Ano XXIII, Tomo IV, 1998, pp. 149 ss.); do STJ, os já citados Acórdãos de 15 de Junho de 1983, de 2 de Novembro de 1988 e de 12 de Abril de 1989.

[567] *CJ*, Ano XXVIII, Tomo III, 2003, pp. 297 ss.

A estes esforços de concretização pela positiva da intensidade do perigo penalmente relevante contrapõe-se uma decisão judicial avulsa que – a propósito da determinação do perigo tipicamente relevante para a consumação do crime de perturbação de transportes rodoviários do citado artigo 279.º, n.º 1, da versão originária do CP – define o grau de perigo tão-só pela negativa. Pensamos no Acórdão da RC de 11 de Janeiro de 1989[568]:

> "E tal preceito *é de interpretar*, em nosso entender, *no sentido da desnecessidade de o perigo ser de 'grave' lesão* para a saúde ou integridade física.
> [...] o texto veio a ser aprovado *sem a exigência de particular gravidade das lesões que poderiam emergir do perigo criado*" (itálico nosso).

4.4. Duas decisões jurisprudenciais de excepção

Em face de uma jurisprudência em que, repita-se, não abundam contributos para a definição e a formulação do juízo de perigo no crime de perigo concreto, merecem divulgação dois arestos, curiosamente das Relações, cujos relatórios se ocupam do perigo com alguma erudição, em que sempre consiste a indicação de bibliografia acerca do tema: os já citados Acórdãos da RC de 29 de Janeiro de 2003 e da RG de 5 de Maio de 2003.

4.4.1. O Acórdão da RC de 29 de Janeiro de 2003

Como primeira ilustração, atente-se no Acórdão da RC (Rel.: Santos Cabral) de 29 de Janeiro de 2003, que se ocupa de um dos tipos de perigo comum – o de "Infracção de regras de construção, dano em instalações e perturbação de serviços" previsto no artigo 277.º, n.º 1, alínea b), do CP –, de que nos permitimos transcrever os seguintes parágrafos do respectivo relatório:

---

[568] *CJ*, Ano XIV, Tomo 1, 1989, pp. 74-75.

"[...] nos *delitos de perigo* [entenda-se de perigo concreto] *basta, como resultado da acção, o risco de lesão. A produção do resultado constitui um elemento do tipo e deve avaliar-se caso por caso.* Por *perigo* deve entender-se *um anormal estado antijurídico em que para um juízo conforme à experiência a produção do dano aparece como provável segundo as concretas circunstâncias existentes e a possibilidade do mesmo resulta óbvia.*

O *perigo concreto constitui resultado porque* é algo mais que a execução de uma acção numa determinada situação subjectiva: *é o ocasionamento de uma situação de perigo para um objecto de ataque determinado. Discutem-se os pormenores em relação ao conceito surgindo dificuldades na consideração daquelas circunstâncias do facto* que se expressam de modo distinto desde a perspectiva do autor (subjectivamente 'ex ante') que com o recurso a um juízo genérico (objectivamente 'ex ante') ou incluso após a execução do facto ('ex post'); *trata-se, assim, entre outras coisas de saber se da ausência de uma lesão é possível deduzir a falta de perigo e de quando a produção de uma lesão permite deduzir a presença de um perigo na execução da acção.* As soluções mais moderadas transferem o problema para o conceito de probabilidade: tratar-se-ia de, 'renunciando a uma descrição científica exacta', *aquilo que não é improvável no caso concreto de acordo com uma experiência quotidiana normal, ou de não improvável de acordo com o juízo de melhor observador possível.* Segundo os esquemas mais recentes esta falta de previsão eliminar-se-ia atendendo ao esclarecimento, em sede de processo, pelos peritos ou bem que se poderá tentar uma *solução normativa: em caso de ausência de resultado haverá que atender-se a se havia lugar a um juízo de confiança nos elementos obstaculizadores ou se estes estavam normalmente disponíveis.*

Quando se arranca para a valoração de uma qualquer situação incluída obviamente aquela que poderá vir a ser considerada como situação perigosa não temos nenhuma indicação sobre o sentido da qualificação com que vamos agarrar conceitualmente o contexto situacional a não ser a indicação ineluctável da pré-compreensão com que percebemos justamente aquela mesma situação. Por isso, consideramos que ele implica sempre uma dupla viagem em que a conjugação e a dissonância se opera através de uma relação analógica.

Perante a situação X, a que se dá a qualificação prévia de perigosa, temos de saber se ela se perfila ou não efectivamente como perigosa.

[...] o passo seguinte reside na construção de uma relação considerada, em abstracto, perigosa e 'ex ante' determinada. [...] Para se conceber uma relação 'ex ante' como perigosa temos de aceitar que a concreta relação que constitui o nosso objecto e horizonte para uma decisão justa, seja ela própria a surpreender-nos com a oferta de elementos diferenciadores, nem que seja só o elemento de qualificação para a concepção da relação abstracta. Uma vez concluído este momento de concepção [...] há que aferir se a relação concretamente determinada, em um plano geral, coincide ou não com a relação concretamente determinada.

[...] Não nos esqueçamos de que a relação abstracta foi construída como conexão determinante de uma situação de perigo e bem pode suceder [...] que ela não se coadune com a concreta relação em análise. Então, se assim suceder, reconverte-se por via reversa, a partir do concreto relacionamento, com todo o seu circunstancialismo, a antiga relação abstracta a uma nova relação abstracta que já não é agora tida como desencadeadora de uma situação perigosa. E novamente faz-se o cotejo analógico, o que determina [...] que a situação jurídica não seja tida como concretamente perigosa. Daí que o *processo de vinculação judicativa que defendemos*, melhor, o processo de vinculação judicativa que sempre acontece, mas que se não quer aceitar como tal, *seja uma transparente imbricação de um momento 'ex ante' com uma referência à concretude 'ex post'*. Numa palavra: *uma conjugação de identidade, representada pela relação abstractamente construída, e de diversidade, representada pela concreta relação acontecida*. Significa o exposto que, no caso vertente, a omissão do arguido no cumprimento de normas que visam a protecção dos trabalhadores de construção civil [não colocação de protecções periféricas colectivas no local onde a vítima trabalhava] era, em abstracto, e num juízo 'ex ante', susceptível de criar o perigo de quedas que tal regulamentação pretendia evitar.

E a existência de tal relação, constatável 'ex ante' pelo juízo de um agente minimamente atento, foi confirmada, infelizmente, pelos próprios factos afirmando-se na mesma sentença que se existissem protecções periféricas a queda não se teria verificado" (itálico e intercalado nossos).

Além das observações já recolhidas *supra* (sob os Capítulos I.5., 5.2, sob a n. 195, e IV.4., 4.3.) sobre este Acórdão, não queremos deixar de sistematizar ainda algumas notas. Trata-se de uma decisão judicial que revela reconhecer a especificidade e a dimensão da problemática do perigo concreto, identificando um feixe de questões verdadeiramente controvertidas nesta matéria. Um Acórdão com estas características merece já divulgação.

Partindo de um conceito de perigo como "um anormal estado anti-jurídico", não deixa de fazer aplicação de parâmetros analíticos para a comprovação da existência do perigo concreto. Defende, assim, quanto ao observador-modelo a considerar, o critério do "agente minimamente atento".

Relativamente à intensidade do perigo penalmente relevante, vale uma "probabilidade do dano baseada na experiência e nas concretas circunstâncias existentes" ou "possibilidade óbvia do dano".

No que diz respeito ao conjunto da informação do juízo de perigo, refere apenas, e de um modo geral, as tais "concretas circunstâncias existentes". Portanto, por um lado, não recorta com rigor a base ontológica do juízo – correspondente, recorde-se, ao conhecimento das circunstâncias de facto que devem ser tidas em conta para o discernimento concreto da existência do perigo. Com efeito, apenas aflora, e tal--qualmente de forma acrítica, orientações normativas correntes na doutrina, por nós já expostas e comentadas, para circunscrever a base da informação necessária para falar do juízo de perigo, como a da assunção do critério do "princípio da confiança" na intervenção de causas salvadoras ou do da superveniência de "meios de defesa normalmente disponíveis".

Por outro lado, nada diz acerca da base nomológica do juízo de perigo. Ou será que a referência geral à "experiência" encerra o critério para a escolha das leis relevantes para apreciar as circunstâncias de facto? O alcance da base da informação do juízo de perigo não é assim convenientemente esclarecido.

Mas neste concreto aspecto da informação do juízo de perigo, é de salientar no entanto a sensibilidade do relatório do Acórdão à relatividade da base da informação, de uma parte, ao tempo considerado relevante para a sua constituição (um momento *ex ante* ou *ex post*) – o que implicaria ponderar a relevância da ocorrência do dano para a formulação do juízo de perigo (a lesão prova o perigo? e a não-lesão o não--perigo?), procedendo então a crítica por nós já extraída anteriormente da exposição doutrinária, no que a este ponto respeita – e, de outra, ao

modelo de agente escolhido (sujeito-agente, sujeito-homem médio, sujeito-
-melhor observador possível).

No caso dos autos, a fundamentação da conclusão do Tribunal esboçada no aresto baseia-se claramente na construção do perigo de Faria Costa, embora o texto do Acórdão não faça qualquer referência ao valioso elemento doutrinário do Autor. Com efeito, sobre a valoração de uma situação perigosa, em geral, e o processo de vinculação judicativa, em particular, ali se defende, *ipsis verbis* Faria Costa, uma "imbricação de um momento 'ex ante' com uma referência à concretude 'ex post'".

4.4.2. O Acórdão da RG de 5 de Maio de 2003

Como segunda ilustração, refira-se o Acórdão da RG (Rel.: Miguez Garcia) de 5 de Maio de 2003 – o único acórdão encontrado deste tribunal de relação acerca do tema objecto do nosso trabalho –, sobre o crime de condução perigosa de veículo rodoviário previsto no artigo 291.º, n.º 1, alínea b), do CP. Ouçamos já o Relator:

"Os factos dados como provados na sentença integram seguramente a violação grosseira das regras de circulação na medida em que o arguido *'efectuou pelo menos três vezes manobras de inversão de marcha, travagens e arranques bruscos, provocando sons estridentes, manobras de marcha atrás a grande velocidade, seguidas de travagens bruscas com peão'.* [...]

Todavia, para que a figura delitual do art. 291.º se complete é ainda necessário que desse modo, quer dizer: por falta de condições para a condução ou por violação grosseira das regras da circulação rodoviária, seja criado perigo para a vida ou para a integridade física de outrem, ou para bens patrimoniais alheios de valor elevado, devendo resultar do comportamento apurado um perigo concreto para esses indicados bens jurídicos individuais. Numa certa perspectiva, os crimes de perigo concreto são aqueles em que a norma inclui o perigo entre os seus elementos típicos, exigindo que ele se verifique realmente para que o crime atinja a consumação. O perigo concreto caracteriza-se por uma situação crítica aguda que tende para a produção do resultado danoso.

[...] o perigo concreto só ocorre quando, por força dos comportamentos em questão, assentes, como se disse, ou na falta de condições para realizar a condução ou na violação grosseira das regras da circulação rodoviária, se chega a uma situação crítica em que a segurança de uma pessoa ou de uma coisa é de tal modo atingida que unicamente dependerá do *acaso* que a lesão do bem jurídico se realize ou não. A noção de acaso ficará, por isso mesmo, envolvida com a impossibilidade de dominar o desenvolvimento do perigo.

[…] a sentença impugnada limitou-se a averiguar e a transmitir--nos que *'no momento em que o arguido efectuava tais manobras, encontravam-se no local, designadamente nas bermas e na própria via pública mais de cem pessoas a assistir'*. E que *'o arguido bem sabia que o modo como efectuava a condução do seu veículo colocava em perigo a vida e a integridade física das pessoas que se encontravam naquele local, mesmo assim não se absteve de tais condutas, agindo livre, voluntária e conscientemente'*. Não obstante o conceito de perigo concreto supor sempre a valoração de todas as circunstâncias conhecidas do caso, a verdade é que da sentença nada resulta quanto a ter-se concretizado o perigo (afectando o correspondente bem jurídico ao menos *por um instante*…) na pessoa de algum ou de alguns dos que assistiam à exibição do arguido, ficando, inclusivamente, por esclarecer o significado das 'travagens bruscas *com peão*' […]. Os apontados trechos da decisão unicamente reflectem a perigosidade da conduta (desvalor da acção), não bastando, como nos parece evidente, a simples materialidade das manobras ao alcance visual de alguém para a comprovação dum evento de perigo – melhor dizendo: a proximidade espacial de uma fonte de perigo não é suficiente para fundamentar um perigo concreto. A sentença, em suma, passou por alto a exacta determinação das componentes do juízo de perigo – nem valora adequadamente a inclusão de quem assistia ao 'espectáculo' dentro duma 'zona de perigo' eventualmente criada pelo condutor, nem aí se comprova que tenha chegado a acontecer uma 'comoção' ou 'abalo' para qualquer bem jurídico individual, nos termos antes expostos. Se é difícil conceber que as manobras do arguido criaram um perigo para a vida ou a integridade física de *todas* e *cada uma* das mais de cem pessoas que ali assistiam, não soa suspeita aos ouvidos a admissão dum evento de perigo relativamente a alguma ou algumas delas. Mas a sentença não nos dá específica notícia de que alguém chegou a ser colocado em perigo – e em que termos –, o que significa, repete-se, que nem definiu nem procedeu ao acertamento dum juízo de perigo, não podendo esta Relação contentar-se com afirmações 'impressionistas', desprovidas de base factual concreta, que ainda por cima convergem numa ficção posta a cargo do arguido. Virá, até por isso, a despropósito o convencimento [...] de que *o arguido sabia que o modo como efectuava a condução colocava em perigo a vida e a integridade física das pessoas que se encontravam a assistir*, uma vez que tal perigo, assim reflectido como pura abstracção, não chega para satisfazer a noção de perigo concreto exigido como elemento caracterizador do ilícito em apreço.

[...] Ainda que da sentença resulte claro o desvalor da acção, na forma da violação grosseira das regras da circulação rodoviária, falta o desvalor do evento próprio do crime de condução perigosa de veículo rodoviário como resultado de perigo individualizado numa vítima, ou até num conjunto delas, ou num bem" (itálico no original e sublinhado nosso).

No caso dos autos, a decisão da Relação no sentido do não preenchimento do artigo 291.º, n.º 1, alínea b), do CP, devido à não verificação de um resultado de perigo concreto, revela-se correcta.

Na verdade, tal como é reconhecido por este Tribunal, os factos dados como provados não permitem afirmar a entrada de um qualquer objecto de bem jurídico – um espectador – na área de influência, ou seja, na "zona de perigo", da acção do arguido, componente indispensável para a verificação de um resultado de perigo concreto. Logo, como muito bem se argumenta no relatório fundamentador da decisão judicial em análise, "a proximidade espacial de uma fonte de perigo não é suficiente para fundamentar um perigo concreto".

Considerando a incriminação em causa um crime de perigo concreto, o aresto salienta claramente a caracterização do respectivo ilícito-típico a partir de um desvalor da acção e de um desvalor do resultado.

O perigo, seguindo a concepção que vem de Binding (da *Erschütterung*), constitui uma "situação crítica aguda" que se traduz no "abalar da segurança do bem jurídico protegido".

A presente decisão também alinha pelo critério do "acaso" para definir o perigo, e concretamente pelo critério de Ostendorf da "não dominabilidade do curso de perigo" (*Unbeherrschbarkeit des Gefährdungsverlaufs*). O perigo concreto pressupõe portanto uma "situação crítica em que a segurança de uma pessoa ou de uma coisa é de tal modo atingida que unicamente dependerá do *acaso* que a lesão do bem jurídico se realize ou não".

Ora bem: este critério do acaso é, a nosso ver, duplamente criticável. Já o defendemos *supra* (em especial sob o Capítulo IV.3., 3.1., 3.1.1.,

3.1.1.3., 3.1.1.3.1.). Em primeiro lugar, o raciocínio que lhe está subjacente é um raciocínio viciado. Também como já referimos, definir o perigo através da inocorrência ocasional do dano para o bem jurídico, significa que a existência do perigo pressupõe a verificação em concreto de que o dano não ocorreu e, para alguns autores, ainda a indagação e reflexão sobre os motivos da sua não-ocorrência. Por consequência, o juízo de perigo deixa de ser um juízo de prognose para passar a ser um juízo de diagnose.

Em segundo lugar, o aresto considera como produto do acaso, indistintamente, a ocorrência ou não-ocorrência do dano. Mas rigorosamente, e como já escrevemos, o que deveria então depender do acaso seria a inocorrência do dano como consequência da acção do agente, porque o perigo concreto pressuporia que o agente tivesse perdido o controle, isto é, o domínio da não verificação do dano.

Pena é que o relatório do Acórdão não tenha contribuído para a apresentação, e pela positiva, dos parâmetros analíticos do juízo de perigo concreto – como aliás reivindica da sentença recorrida: "a sentença, em suma, passou por alto a exacta determinação das componentes do juízo de perigo" e "nem definiu nem procedeu ao acertamento dum juízo de perigo".

Quanto ao conjunto da informação do juízo de perigo, o único aspecto ainda assim aflorado, aí se afirma tão-só que o perigo concreto supõe "sempre a valoração de todas as circunstâncias conhecidas do caso". Mas quais? Todos os elementos disponíveis no momento do julgamento e independentemente do momento da sua existência? Não é convenientemente explicado o alcance deste aspecto do juízo.

Ainda de salientar é que o final do penúltimo parágrafo transcrito do relatório do Acórdão revela uma compreensão objectiva do perigo, hoje dominante na doutrina penal do perigo. Repudia-se, com efeito, um conceito subjectivo de perigo, em que se confundiria o perigo concreto, enquanto elemento do tipo objectivo, com um juízo puramente subjectivo sobre a probabilidade da ocorrência de um dano – no caso, do sujeito--agente –, sem qualquer correspondência na realidade objectiva.

As considerações antecedentes não retiram de modo algum o mérito a este Acórdão, bem como ao anteriormente analisado, por conseguirem escapar à regra da penúria de fundamentação da existência do perigo concreto das decisões judiciais, que ainda persiste na jurisprudência portuguesa.

JURISPRUDÊNCIA ANALISADA

Acórdãos da RC

Acórdão da RC de 2 de Março de 1983, *CJ*, Ano VIII, Tomo II, 1983
Acórdão da RC de 9 de Março de 1983, *CJ*, Ano VIII, Tomo II, 1983
Acórdão da RC de 25 de Janeiro de 1984, *CJ*, Ano IX, Tomo 1, 1984
Acórdão da RC de 13 de Junho de 1984, *CJ*, Ano IX, Tomo III, 1984
Acórdão da RC de 5 de Junho de 1985, *CJ*, Ano X, Tomo 3, 1985
Acórdão da RC de 25 de Junho de 1986, *CJ*, Ano XI, Tomo III, 1986
Acórdão da RC de 18 de Fevereiro de 1987, *CJ*, Ano XII, Tomo 1, 1987
Acórdão da RC de 18 de Fevereiro de 1987, *CJ*, Ano XII, Tomo 1, 1987
Acórdão da RC de 9 de Dezembro de 1987, *CJ*, Ano XII, Tomo 5, 1987
Acórdão da RC de 7 de Junho de 1988, *CJ*, Ano XIII, Tomo III, 1988
Acórdão da RC de 11 de Janeiro de 1989, *CJ*, Ano XIV, Tomo 1, 1989
Acórdão da RC de 6 de Dezembro de 1989, *CJ*, Ano XIV, Tomo V, 1989
Acórdão da RC de 10 de Janeiro de 1991, *CJ*, Ano XVI, Tomo I, 1991
Acórdão da RC de 5 de Janeiro de 1995, *CJ*, Ano XX, Tomo I, 1995
Acórdão da RC de 10 de Julho de 1996, *CJ*, Ano XXI, Tomo IV, 1996
Acórdão da RC de 7 de Novembro de 1996, *CJ*, Ano XXI, Tomo V, 1996
Acórdão da RC de 22 de Janeiro de 1997, *CJ*, Ano XXII, Tomo I, 1997
Acórdão da RC de 14 de Janeiro de 1998, *CJ*, Ano XXIII, Tomo I, 1998
Acórdão da RC de 5 de Fevereiro de 1998, *CJ*, Ano XXIII, Tomo I, 1998
Acórdão da RC de 25 de Fevereiro de 1998, *CJ*, Ano XXIII, Tomo I, 1998
Acórdão da RC de 26 de Junho de 1998, *CJ*, Ano XXIII, Tomo III, 1998
Acórdão da RC de 11 de Outubro de 2000, *CJ*, Ano XXV, Tomo IV, 2000
Acórdão da RC de 18 de Outubro de 2000, *CJ*, Ano XXV, Tomo IV, 2000
Acórdão da RC de 15 de Novembro de 2000, *CJ*, Ano XXV, Tomo V, 2000
Acórdão da RC de 13 de Junho de 2001, *CJ*, Ano XXVI, Tomo III, 2001
Acórdão da RC de 29 de Janeiro de 2003, *CJ*, Ano XXVII, Tomo I, 2003

Acórdãos da RE

Acórdão da RE de 12 de Janeiro de 1982, *CJ*, Ano VII, Tomo I, 1982
Acórdão da RE de 8 de Outubro de 1985, *CJ*, Ano X, Tomo IV, 1985
Acórdão da RE de 9 de Outubro de 1990, *CJ*, Ano XV, Tomo IV, 1990
Acórdão da RE de 19 de Abril de 1991, *CJ*, Ano XVI, Tomo II, 1991
Acórdão da RE de 18 de Fevereiro de 2003, *CJ*, Ano XXVII, Tomo I, 2003

Acórdãos da RG

Acórdão da RG de 5 de Maio de 2003, *CJ*, Ano XXVIII, Tomo III, 2003

Acórdãos da RL

Acórdão da RL de 4 de Maio de 1983, *CJ*, Ano VIII, Tomo 3, 1983
Acórdão da RL de 12 de Junho de 1985, *CJ*, Ano X, Tomo 3, 1985
Acórdão da RL de 11 de Dezembro de 1985, *CJ*, Ano X, Tomo V, 1985
Acórdão da RL de 2 de Julho de 1986, *CJ*, Ano XI, Tomo IV, 1986
Acórdão da RL de 18 de Março de 1987, *CJ*, Ano XII, Tomo 2, 1987
Acórdão da RL de 11 de Maio de 1988, *CJ*, Ano XIII, Tomo III, 1988
Acórdão da RL de 9 de Abril de 1991, *CJ*, Ano XVI, Tomo II, 1991
Acórdão da RL de 18 de Novembro de 1997, *CJ*, Ano XXII, Tomo V, 1997
Acórdão da RL de 30 de Setembro de 1998, *CJ*, Ano XXIII, Tomo IV, 1998
Acórdão da RL de 28 de Outubro de 1998, *CJ*, Ano XXIII, Tomo IV, 1998
Acórdão da RL de 24 de Outubro de 2000, *CJ*, Ano XXV, Tomo IV, 2000
Acórdão da RL de 19 de Junho de 2001, *CJ*, Ano XXVI, Tomo III, 2001
Acórdão da RL de 26 de Fevereiro de 2004, *CJ*, Ano XXIX, Tomo I, 2004

Acórdãos da RP

Acórdão da RP de 2 de Junho de 1982, *CJ*, Ano VII, Tomo 3, 1982
Acórdão da RP de 7 de Março de 1984, *CJ*, Ano IX, Tomo II, 1984
Acórdão da RP, de 8 de Maio de 1985, *CJ*, Ano X, Tomo 3, 1985
Acórdão da RP de 27 de Novembro de 1985, *CJ*, Ano X, Tomo V, 1985
Acórdão da RP de 8 de Janeiro de 1986, *CJ*, Ano XI, Tomo I, 1986
Acórdão da RP de 6 de Janeiro de 1988, *CJ*, Ano XIII, Tomo 1, 1988
Acórdão da RP de 17 de Fevereiro de 1988, *CJ*, Ano XIII, Tomo 1, 1988
Acórdão da RP de 2 de Novembro de 1988, *CJ*, Ano XIII, Tomo 5, 1988
Acórdão da RP de 14 de Dezembro de 1988, *CJ*, Ano XIII, Tomo 5, 1988
Acórdão da RP de 6 de Dezembro de 1989, *CJ*, Ano XIV, Tomo V, 1989
Acórdão da RP de 11 de Março de 1992, *CJ*, Ano XVII, Tomo II, 1992
Acórdão da RP de 6 de Janeiro de 1993, *CJ*, Ano XVIII, Tomo I, 1993
Acórdão da RP de 13 de Julho de 1994, *CJ*, Ano XIX, Tomo IV, 1994
Acórdão da RP de 20 de Novembro de 1996, *CJ*, Ano XXI, Tomo V, 1996
Acórdão da RP de 13 de Maio de 1998, *CJ*, Ano XXIII, Tomo III, 1998
Acórdão da RP de 28 de Outubro de 1998, *CJ*, Ano XXIII, Tomo IV, 1998
Acórdão da RP de 3 de Fevereiro de 1999, *CJ*, Ano XXIV, Tomo I, 1999
Acórdão da RP de 31 de Maio de 2000, *CJ*, Ano XXI, Tomo III, 2000
Acórdão da RP de 6 de Junho de 2001, *CJ*, Ano XXVI, Tomo III, 2001
Acórdão da RP de 14 de Novembro de 2001, *CJ*, Ano XXVI, Tomo V, 2001
Acórdão da RP de 3 de Julho de 2002, *CJ*, Ano XXVII, Tomo IV, 2002
Acórdão da RP de 26 de Fevereiro de 2003, *CJ*, Ano XXVII, Tomo I, 2003

Acórdão da RP de 11 de Fevereiro de 2004, *CJ*, Ano XXIX, Tomo I, 2004
Acórdão da RP de 25 de Fevereiro de 2004, *CJ*, Ano XXIX, Tomo I, 2004
Acórdão da RP de 21 de Abril de 2004, *CJ*, Ano XXIX, Tomo II, 2004

Acórdãos do STJ

Acórdão do STJ de 17 de Fevereiro de 1983, *BMJ*, N.º 324, 1983
Acórdão do STJ de 16 de Março de 1983, *BMJ*, N.º 325, 1983
Acórdão do STJ de 15 de Junho de 1983, *BMJ*, N.º 328, 1983
Acórdão do STJ de 9 de Novembro de 1983, *BMJ*, N.º 331, 1983
Acórdão do STJ de 8 de Fevereiro de 1984, *BMJ*, N.º 334, 1984
Acórdão do STJ de 15 de Fevereiro de 1984, *BMJ*, N.º 334, 1984
Acórdão do STJ de 3 de Maio de 1984, *BMJ*, N.º 337, 1984
Acórdão do STJ de 10 de Julho de 1984, *BMJ*, N.º 339, 1984
Acórdão do STJ de 16 de Outubro de 1985, *BMJ*, N.º 350, 1985
Acórdão do STJ de 30 de Abril de 1986, *BMJ*, N.º 356, 1986
Acórdão do STJ de 11 de Fevereiro de 1987, *BMJ*, N.º 364, 1987
Acórdão do STJ de 8 de Abril de 1987, *BMJ*, N.º 366, 1987
Acórdão do STJ de 27 de Abril de 1988, *BMJ*, N.º 376, 1988
Acórdão do STJ de 2 de Novembro de 1988, *CJ*, Ano XIII, Tomo 5, 1988 (também *in* *BMJ*, N.º 381, 1988)
Acórdão do STJ de 12 de Abril de 1989, *CJ*, Ano XIV, Tomo 3, 1989
Acórdão do STJ de 29 de Novembro de 1989, *BMJ*, N.º 391, 1989
Acórdão do STJ de 7 de Março de 1990, *BMJ*, N.º 395, 1990
Acórdão do STJ de 12 de Junho de 1990, *BMJ*, N.º 398, 1990
Acórdão do STJ de 31 de Outubro de 1990, *CJ*, Ano XV, Tomo IV, 1990 (também *in* *BMJ*, N.º 400, 1990)
Acórdão do STJ de 7 de Novembro de 1990, *BMJ*, N.º 401, 1990
Acórdão do STJ de 3 de Abril de 1991, *BMJ*, N.º 406, 1991
Acórdão do STJ de 10 de Julho de 1991, *BMJ*, N.º 409, 1991
Acórdão do STJ de 2 de Outubro de 1991, *BMJ*, N.º 410, 1991
Acórdão do STJ de 5 de Dezembro de 1991, *BMJ*, N.º 412, 1992
Acórdão do STJ de 27 de Maio de 1992, *BMJ*, N.º 417, 1992
Acórdão do STJ de 24 de Junho de 1992, BMJ, N.º 418, 1992
Acórdão do STJ de 25 de Junho de 1992, *CJ*, Ano XVII, Tomo III, 1992
Acórdão do STJ de 24 de Fevereiro de 1993, *BMJ*, N.º 424, 1993
Acórdão do STJ de 15 de Abril de 1993, *CJ/STJ*, Ano I, Tomo II, 1993
Acórdão do STJ de 29 de Abril de 1993, *CJ/STJ*, Ano I, Tomo II, 1993 (também *in BMJ*, N.º 426, 1993)
Acórdão do STJ de 19 de Maio de 1993, *BMJ*, N.º 427, 1993
Acórdão do STJ de 15 de Setembro de 1993, CJ/STJ, Ano I, Tomo III, 1993
Acórdão do STJ de 5 de Janeiro de 1994, *CJ/STJ*, Ano III, Tomo I, 1995
Acórdão do STJ de 27 de Abril de 1994, *BMJ*, N.º 436, 1994
Acórdão do STJ de 4 de Maio de 1994, *CJ/STJ*, Ano II, Tomo II, 1994 (também *in BMJ*, N.º 437, 1994)

Acórdão do STJ de 23 de Junho de 1994, *BMJ*, N.º 438, 1994
Acórdão do STJ de 24 de Novembro de 1994, *CJ/STJ*, Ano II, Tomo III, 1994
Acórdão do STJ de 11 de Janeiro de 1995, *BMJ*, N.º 443, 1995
Acórdão do STJ de 1 de Março de 1995, *BMJ*, N.º 445, 1995
Acórdão do STJ de 5 de Abril de 1995, *BMJ*, N.º 446, 1995
Acórdão do STJ de 11 de Maio de 1995, *CJ/STJ*, Ano III, Tomo II, 1995
Acórdão do STJ de 5 de Outubro de 1995, *CJ/STJ*, Ano III, Tomo III, 1995
Acórdão do STJ de 31 de Outubro de 1995, *BMJ*, N.º 450, 1995
Acórdão do STJ de 14 de Dezembro de 1995, *CJ/STJ*, Ano III, Tomo III, 1995
Acórdão do STJ de 14 de Dezembro de 1995, *BMJ*, N.º 452, 1996
Acórdão do STJ de 20 de Março de 1996, *CJ/STJ*, Ano IV, Tomo I, 1996
Acórdão do STJ de 16 de Outubro de 1996, *BMJ*, N.º 460, 1996
Acórdão do STJ de 5 de Dezembro de 1996, *BMJ*, N.º 462, 1997
Acórdão do STJ de 22 de Janeiro de 1997, *BMJ*, N.º 463, 1997
Acórdão do STJ de 5 de Março de 1997, *CJ/STJ*, Ano V, Tomo I, 1997 (também *in BMJ*, N.º 465, 1997)
Acórdão do STJ de 11 de Junho de 1997, *BMJ*, N.º 468, 1997
Acórdão do STJ de 12 de Junho de 1997, *BMJ*, N.º 468, 1997
Acórdão do STJ de 5 de Novembro de 1997, *CJ/STJ*, Ano V, Tomo III, 1997
Acórdão do STJ de 26 de Março de 1998, *CJ/STJ*, Ano VI, Tomo I, 1998
Acórdão do STJ de 19 de Janeiro de 1999, *CJ/STJ*, Ano VII, Tomo I, 1999
Acórdão do STJ de 10 de Fevereiro de 1999, *CJ/STJ*, Ano VII, Tomo I, 1999
Acórdão do STJ de 4 de Março de 1999, *CJ/STJ*, Ano VII, Tomo I, 1999
Acórdão do STJ de 24 de Março de 1999, *CJ/STJ*, Ano VII, Tomo I, 1999
Acórdão do STJ de 26 de Maio de 1999, *CJ/STJ*, Ano VII, Tomo II, 1999
Acórdão do STJ de 29 de Setembro de 1999, *CJ/STJ*, Ano VII, Tomo III, 1999
Acórdão do STJ de 24 de Novembro de 1999, *BMJ*, N.º 491, 1999
Acórdão do STJ de 7 de Dezembro de 1999, *CJ/STJ*, Ano VII, Tomo III, 1999
Acórdão do STJ de 1 de Março de 2000, *CJ/STJ*, Ano VIII, Tomo I, 2000
Acórdão do STJ de 10 de Maio de 2000, *BMJ*, N.º 497, 2000
Acórdão do STJ de 14 de Junho de 2000, *BMJ*, N.º 498, 2000
Acórdão do STJ de 27 de Setembro de 2000, *BMJ*, N.º 499, 2000
Acórdão do STJ de 18 de Outubro de 2000, *CJ/STJ*, Ano VIII, Tomo III, 2000
Acórdão do STJ de 17 de Janeiro de 2002, *CJ/STJ*, Ano X, Tomo I, 2002
Acórdão do STJ de 26 de Maio de 2004, *CJ/STJ*, Ano XII, Tomo II, 2004

BIBLIOGRAFIA

ALBUQUERQUE, Paulo Pinto de, "Crimes de Perigo Comum e contra a Segurança das Comunicações em face da Revisão do Código Penal", in AA.VV. *Jornadas de Direito Criminal – Revisão do Código Penal. Alterações ao Sistema Sancionatório e Parte Especial*, Vol. II, Lisboa: ed. do CEJ, 1998

—, "O Conceito de Perigo nos Crimes de Perigo Concreto", *DJ*, Vol. VI, 1992

AMELUNG, Knut, *Rechtsgüterschutz und Schutz der Gesellschaft. Untersuchungen zum Inhalt und zum Anwendungsbereich eines Strafrechtsprinzips auf dogmengeschichtlicher Grundlage. Zugleich ein Beitrag zur Lehre von der "Sozialschädlichkeit" des Verbrechens*, Frankfurt am Main, 1972

ANDRADE, Manuel da Costa, "A Nova Lei dos Crimes contra a Economia (Dec.-Lei N.º 28/84, de 20 de Janeiro) à luz do Conceito de 'Bem Jurídico'", in AA.VV., *Ciclo de Estudos de Direito Penal Económico*, Coimbra: ed. do CEJ, 1985 [republicado in AA.VV., *Direito Penal Económico e Europeu: Textos Doutrinários, Vol. I, Problemas Gerais*, IDPEE (org.), Coimbra: Coimbra Editora, 1998]

—, *Consentimento e Acordo em Direito Penal (Contributo para a Fundamentação de um Paradigma Dualista)*, Coimbra: Coimbra Editora, 1991

—, "Constituição e Direito Penal", in *A Justiça Criminal nos Dois Lados do Atlântico (Teoria e Prática do Processo Criminal em Portugal e nos Estados Unidos da América)*, ed. da FLAD, 1998

—, "Princípio de Legalidade e Constituição (Analogia e Causas de Justificação)" (comunicação apresentada pelo Autor nas "1.as Jornadas Luso-Italianas de Direito Penal", realizadas na Faculdade de Direito da Universidade de Coimbra em 20 e 21 de Setembro de 2002)

ANGIONI, Francesco, *Il Pericolo Concreto come Elemento della Fattispecie Penale*, I, Chiarella: Sassari, 1981

—, *Il Pericolo Concreto come Elemento della Fattispecie Penale*, II, Chiarella: Sassari, 1984

ANTOLISEI, Francesco, *L'Azione e l'Evento nel Reato*, Milano, 1928

—, *Manuale di Diritto Penale. Parte Generale*, 13.ª ed. aggiornata e integrata a cura di Luigi Conti, Milano: Dott. A. Guiffrè Editore, 1994

ASSUNÇÃO, Maria Leonor, *Contributo para a Interpretação do Artigo 219.º do Código Penal (O Crime de Omissão de Auxílio)*, Coimbra: Coimbra Editora, 1994

BACIGALUPO, Enrique, *Teoría del Tipo Penal. Tipos Abiertos y Elementos del Deber Jurídico*, Buenos Aires: Ediciones Depalma, 1979

—, *Principios de Derecho Penal. Parte General*, 5ª ed. (totalmente actualizada y basada en la nueva redacción del Código Penal, L.O. 10/95), Madrid: Ediciones Akal, 1998

BAIGUN, David, "Les Délits de Mise en Danger. Rapport Particulier", *in RIDP*, N.os 1 e 2 ["Actes du Colloque Préparatoire du X Congrès International de Droit Pénal Organisé par le Groupe Italien de l'Association Internationale de Droit Pénal et par le Centro Nazionale di Prevenzione e Difesa Sociale (Rome, 28-31 mai 1968)"], 1969

BALDUS, Paulheinz, "Gemeingefährliche Handlungen", *in Niederschriften über die Sitzungen der Großen Strafrechtskommission*, 8. Bd., Besonderer Teil, 76. bis 90. Sitzung, Bonn, 1959

BARBERO SANTOS, Marino, "Contribución al Estudio de los Delitos de Peligro Abstracto", *ADPCP*, Tomo 26, N.º 3, Septiembre-Diciembre 1973

BARBIERI, Cristina, "Rassegna Bibliografica a Angioni F., Il Pericolo Concreto come Elemento della Fattispecie Penale, I, Chiarella: Sassari, 1981 (pp. 156); II, Chiarella: Sassari, 1984 (pp. 218)", *in RItalDPP*, 1987

BECK, Ulrich, *Risikogesellschaft – Auf dem Weg in eine andere Moderne*, Frankfurt am Main: Suhrkamp, 1986

BELEZA, Teresa Pizarro, *Direito Penal*, 2.º Vol., Lisboa: ed. da AAFDL, reimp. 1996 (1.ª ed.-1980)

BELEZA, Teresa Pizarro / Frederico de Lacerda da Costa Pinto, *O Regime Legal do Erro e as Normas Penais em Branco (Ubi lex distinguit...)*, Coimbra: Livraria Almedina, 1999

BINDING, Karl, *Die Normen und ihre Übertretung. Eine Untersuchung über die rechtmässige Handlung und die Arten des Delikts, Bd. 1: Normen und Strafgesetze*, 4. Aufl., Leipzig, 1922

—, *Die Normen und ihre Übertretung. Eine Untersuchung über die rechtmässige Handlung und die Arten des Delikts, Bd. 4: Die Fahrlässigkeit*, Leipzig, 1919

BOCKELMANN, Paul, "Gemeingefährliche Handlungen", *in Niederschriften über die Sitzungen der Großen Strafrechtskommission*, 8. Bd., Besonderer Teil, 76. bis 90. Sitzung, Bonn, 1959

BORGES, J. Marques, *Dos Crimes de Perigo Comum e dos Crimes contra a Segurança das Comunicações (Notas ao Código Penal – Artigos 253.º a 281.º)*, Lisboa: Editora Rei dos Livros, 1985

BREHM, Wolfgang, *Zur Dogmatik des Abstrakten Gefährdungsdelikts*, Tübingen: J. C. B. Mohr (Paul Siebeck), 1973

BRITO, José de Sousa e, "A Lei Penal na Constituição", *in* Jorge Miranda (coord.), *Estudos sobre a Constituição*, 2.º Vol., Lisboa: Livraria Petrony, 1978 (publicado também *in* AA.VV., *Textos de Apoio de Direito Penal*, Tomo II, Lisboa: ed. da AAFDL, reimp. 1997)

—, *Estudos para a Dogmática do Crime Omissivo, I* (dissertação de mestrado apresentada à Faculdade de Direito da Universidade de Lisboa, no ano lectivo de 1964-65), Lisboa: ed. policop. do Autor, 1965

BRITO, Teresa Quintela de, *A Tentativa nos Crimes Comissivos por Omissão: um Problema de Delimitação da Conduta Típica*, Coimbra: Coimbra Editora, 2000

—, *Crime Praticado em Estado de Inimputabilidade Auto-Provocada, por Via do Consumo de Álcool ou Drogas (Contributo para uma Análise do Art. 282 do Código Penal à luz do Princípio da Culpa)*, Lisboa: ed. da AAFDL, 1991

—, "O Crime de Poluição: alguns Aspectos da Tutela Criminal do Ambiente no Código Penal de 1995", *Anuário de Direito do Ambiente*, Lisboa: Ambiforum, 1995

BUSTOS, Juan / Sergio Politoff, "Les Délits de Mise en Danger. Rapport Particulier", *in RIDP*, N.os 1 e 2 ["Actes du Colloque Préparatoire du X Congrès International de Droit Pénal Organisé par le Groupe Italien de l'Association Internationale de Droit Pénal et par le Centro Nazionale di Prevenzione e Difesa Sociale (Rome, 28-31 mai 1968)"], 1969

CANESTRARI, Stefano, "Reati di Pericolo", separata da *Egiur*, 1985

CARACCIOLI, Ivo, "Omissione (Diritto Penale)", *in* AA.VV., *NmoDI*, Antonio Azara e Ernesto Eula (org.), Vol. XI (N-ORA), 3.ª ed., Torino: Unione Tipografico-Editrice Torinese, 1957

CENTRO Nazionale di Prevenzione e Difesa Sociale, "Les Délits de Mise en Danger. Rapport Particulier", *in RIDP*, N.os 1 e 2 ["Actes du Colloque Préparatoire du X Congrès International de Droit Pénal Organisé par le Groupe Italien de l'Association Internationale de Droit Pénal et par le Centro Nazionale di Prevenzione e Difesa Sociale (Rome, 28-31 mai 1968)"], 1969

COBO DEL ROSAL, M. / Tomás S. Vives Antón, *Derecho Penal. Parte General*, 5.ª ed., Valencia: Tirant lo Blanch, 1999

CORCOY BIDASOLO, Mirentxu, *Delitos de Peligro y Protección de Bienes Jurídico-Penales Supraindividuales. Nuevas Formas de Delincuencia y Reinterpretación de Tipos Penales Clásicos*, Valencia: Tirant lo Blanch, 1999

CÓRDOBA RODA, Juan, "Les Délits de Mise en Danger. Rapport Particulier", *in RIDP*, N.os 1 e 2 ["Actes du Colloque Préparatoire du X Congrès International de Droit Pénal Organisé par le Groupe Italien de l'Association Internationale de Droit Pénal et par le Centro Nazionale di Prevenzione e Difesa Sociale (Rome, 28-31 mai 1968)"], 1969

CORREIA, Eduardo, *Direito Criminal* (com a colaboração de Jorge de Figueiredo Dias), Vol. I, Coimbra: Livraria Almedina, reimp. 1996 (1.ª ed.-1963)

—, *Direito Criminal, I – Tentativa e Frustração. II – Comparticipação Criminosa. III – Pena Conjunta e Pena Unitária*, Coimbra: Arménio Amado Editor, 1953

—, "Notas Críticas à Penalização de Actividades Económicas", *in* AA.VV., *Ciclo de Estudos de Direito Penal Económico*, Coimbra: ed. do CEJ, 1985 [publicado também *in RLJ*, Ano 116.º (1984-1985) e Ano 117.º (1985-1986); e *in* AA.VV., *Direito Penal Económico e Europeu: Textos Doutrinários, Vol. I, Problemas Gerais*, IDPEE (org.), Coimbra: Coimbra Editora, 1998]

COSTA, José Francisco de Faria, "Anotação ao Artigo 272.º (Incêndios, Explosões e outras Condutas especialmente Perigosas)", *in* AA.VV., *Comentário Conimbricense do Código Penal. Parte Especial, Tomo II, Artigos 202.º a 307.º*, Jorge de Figueiredo Dias (dir.), Coimbra: Coimbra Editora, 1999

—, "Anotação ao Artigo 274.º (Actos Preparatórios)", *in* AA.VV., *Comentário Conimbricense do Código Penal. Parte Especial, Tomo II, Artigos 202.º a 307.º*, Jorge de Figueiredo Dias (dir.), Coimbra: Coimbra Editora, 1999

—, "Construção e Interpretação do Tipo Legal de Crime à luz do Princípio da Legalidade: duas Questões ou um só Problema?" (comunicação apresentada pelo Autor nas "1.ᵃˢ Jornadas Luso-Italianas de Direito Penal", realizadas na Faculdade de Direito da Universidade de Coimbra em 20 e 21 de Setembro de 2002)

—, "Ilícito-Típico, Resultado e Hermenêutica (ou o Retorno à Limpidez do Essencial)", in Maria da Conceição Santana Valdágua (coord.), *Problemas Fundamentais de Direito Penal. Colóquio Internacional de Direito Penal em Homenagem a Claus Roxin*, Lisboa: Universidade Lusíada Editora, 2002 (publicado também in *RPCC*, Ano 12, N.º 1, Janeiro-Março 2002)

—, *O Perigo em Direito Penal (Contributo para a sua Fundamentação e Compreensão Dogmáticas)*, Coimbra: Coimbra Editora, 1992

—, "Omissão (Reflexões em Redor da Omissão Imprópria)", *BFDUC*, Vol. LXXII, 1996 (versão original intitulada "Viagem ao Oriente através da Dogmática. Um Passeio pela Região da Omissão" in *BFDUM*, Ano I, N.º 3, 1997)

—, "Tentativa e Dolo Eventual (ou da Relevância da Negação em Direito Penal)", separata do número especial do *BFDUC* de "Estudos em Homenagem ao Prof. Doutor Eduardo Correia", I, Coimbra, 1984

CRAMER, Peter, *Der Vollrauschtatbestand als abstraktes Gefährdungsdelikt*, Tübingen: J. C. B. Mohr (Paul Siebeck), 1962

—, *Straßenverkehrsrecht, Bd. I: StVO – StGB*, 2. Aufl., München, 1977

—, "Vorbemerkungen zu den §§ 324 ff.", in Adolf Schönke / Horst Schröder, *Strafgesetzbuch: Kommentar*, 25. Aufl., München: C. H. Beck'sche Verlagsbuchhandlung, 1997

—, "Vorbemerkungen zu den §§ 306 ff.", in Adolf Schönke / Horst Schröder, *Strafgesetzbuch: Kommentar*, 25. Aufl., München: C. H. Beck'sche Verlagsbuchhandlung, 1997

D'ALMEIDA, Luís Duarte, "Sobre Leis Penais em Branco", separata da *RFDUL*, Vol. XLII, N.º 1, 2001

DANTAS, A. Leones, "Crimes contra o Ambiente no Código Penal", in AA.VV., *Jornadas de Direito Criminal – Revisão do Código Penal. Alterações ao Sistema Sancionatório e Parte Especial*, Vol. II, Lisboa: ed. do CEJ, 1998

DELITALA, Giacomo, "Les Délits de Mise en Danger. Rapport Général", in *RIDP*, N.ᵒˢ 1 e 2 ["Actes du Colloque Préparatoire du X Congrès International de Droit Pénal Organisé par le Groupe Italien de l'Association Internationale de Droit Pénal et par le Centro Nazionale di Prevenzione e Difesa Sociale (Rome, 28-31 mai 1968)"], 1969 (texto publicado em italiano com o título "I Reati di Pericolo" in *Diritto Penale. Raccolta degli Scritti*, Vol. I, Milano: Dott. A. Giuffrè Editore, 1976)

DEMUTH, Hennrich, *Der normative Gefahrbegriff. Ein Beitrag zur Dogmatik der konkreten Gefährdungsdelikte*, Bochum: Studienverlag Dr. N. Brockmeyer, 1980

DIAS, Augusto Silva, "A Estrutura dos Direitos ao Ambiente e à Qualidade dos Bens de Consumo e sua Repercussão na Teoria do Bem Jurídico e na das Causas de Justificação", separata da *RFDUL* de "Jornadas de Homenagem ao Professor Doutor Cavaleiro de Ferreira", Lisboa: 1995

—, "Entre 'Comes e Bebes': Debate de algumas Questões Polémicas no Âmbito da Protecção Jurídico-Penal do Consumidor (A Propósito do Acórdão da Relação de

Coimbra de 10 de Julho de 1996)", *RPCC*, Ano 8, Fasc. 4.º, Outubro-Dezembro 1998

DIAS, Jorge de Figueiredo, "A Propósito da 'Ingerência' e do Dever de Auxílio nos Crimes de Omissão" (Anotação ao Acórdão do STJ de 28 de Abril de 1982), *RLJ*, Ano 116.º, N.os 3706 e 3707, 1983

—, "Algumas Reflexões sobre o Direito Penal na 'Sociedade de Risco'", *in* Maria da Conceição Santana Valdágua (coord.), *Problemas Fundamentais de Direito Penal. Colóquio Internacional de Direito Penal em Homenagem a Claus Roxin*, Lisboa: Universidade Lusíada Editora, 2002

—, *Direito Penal (Sumários das Lições à 2.ª Turma do 2.º Ano da Faculdade de Direito, com Indicações Bibliográficas e Textos de Apoio)*, Coimbra: ed. policop. da Universidade de Coimbra, 1975

—, "Les Délits d'Omission dans le Droit Pénal Portugais", *RIntDP*, Vol. 55, N.os 3-4 ["Infractions d'Omission et Responsabilité Penale pour Omission. Actes du Colloque Préparatoire au XIII ème Congrès International de l'Association International de Droit Pénal tenu à Urbino (Italie), 7-10 octobre 1982"], 1984

—, "O Comportamento Criminal e a sua Definição: o Conceito Material de Crime", *in* Jorge de Figueiredo Dias, *Temas Básicos da Doutrina Penal. Sobre os Fundamentos da Doutrina Penal sobre a Doutrina Geral do Crime*, Coimbra: Coimbra Editora, 2001

—, "O Direito Penal na 'Sociedade do Risco'", *in* Jorge de Figueiredo Dias, *Temas Básicos da Doutrina Penal. Sobre os Fundamentos da Doutrina Penal sobre a Doutrina Geral do Crime*, Coimbra: Coimbra Editora, 2001

—, *O Problema da Consciência da Ilicitude em Direito Penal*, 4.ª ed., Coimbra: Coimbra Editora, 1995 (1.ª ed.-1969)

—, "Pressupostos da Punição e Causas que Excluem a Ilicitude e a Culpa", *in* AA.VV., *Jornadas de Direito Criminal. O Novo Código Penal Português e Legislação Complementar*, Fase I, Lisboa: ed. do CEJ, 1983

—, "Sobre a Tutela Jurídico-Penal do Ambiente – Um Quarto de Século depois", *in* AA.VV., *Estudos em Homenagem a Cunha Rodrigues, Volume I – Homenagens Pessoais/Penal/Processo Penal/Organização Judiciária*, Jorge de Figueiredo Dias et al. (org.), Coimbra: Coimbra Editora, 2001

—, "Sobre o Estado Actual da Doutrina do Crime – 1.ª Parte: sobre os Fundamentos da Doutrina e a Construção do Tipo-de-Ilícito", *RPCC*, Ano I, Fasc. 1, Janeiro-Março 1991

—, "Sobre o Papel do Direito Penal na Protecção do Ambiente", *RDE*, Ano IV, N.º 1, Janeiro-Junho 1978

—, "Velhos e Novos Problemas da Doutrina da Negligência", *in* Jorge de Figueiredo Dias, *Temas Básicos da Doutrina Penal. Sobre os Fundamentos da Doutrina Penal sobre a Doutrina Geral do Crime*, Coimbra: Coimbra Editora, 2001

DOLCINI, Emilio, "Principio di Legalità e Costituzione" (comunicação apresentada pelo Autor nas "1.as Jornadas Luso-Italianas de Direito Penal", realizadas na Faculdade de Direito da Universidade de Coimbra em 20 e 21 de Setembro de 2002)

DOLENSKY, Adolf, "Les Délits de Mise en Danger. Rapport Général", *in RIDP*, N.os 1 e 2 ["Actes du Colloque Préparatoire du X Congrès International de Droit Pénal

Organisé par le Groupe Italien de l'Association Internationale de Droit Pénal et par le Centro Nazionale di Prevenzione e Difesa Sociale (Rome, 28-31 mai 1968)"], 1969

DREHER, Eduard, "Gemeingefährliche Handlungen", in Niederschriften über die Sitzungen der Großen Strafrechtskommission, 8. Bd., Besonderer Teil, 76. bis 90. Sitzung, Bonn, 1959

ENGISCH, Karl, Die Kausalität als Merkmal der strafrechtlichen Tatbestände, Tübingen: J. C. B. Mohr, 1931

—, Untersuchung über Vorsatz und Fahrlässigkeit im Strafrecht, Berlin: Scientia Verlag, 1930

ESCRIVÁ GREGORI, José María, La Puesta en Peligro de Bienes Jurídicos en Derecho Penal, Barcelona: Libreria Bosch, 1976

ESER, Albin "Sobre a mais Recente Evolução do Direito Penal Económico Alemão", RPCC, Ano 12, N.º 4, Outubro-Dezembro 2002

FARIA, Paula Ribeiro de, "Anotação ao Artigo 278.º (Danos contra a Natureza)", in AA.VV., Comentário Conimbricense do Código Penal. Parte Especial, Tomo II, Artigos 202.º a 307.º, Jorge de Figueiredo Dias (dir.), Coimbra: Coimbra Editora, 1999

—, "Anotação ao Artigo 291.º (Condução Perigosa de Veículo Rodoviário)", in AA.VV., Comentário Conimbricense do Código Penal. Parte Especial, Tomo II, Artigos 202.º a 307.º, Jorge de Figueiredo Dias (dir.), Coimbra: Coimbra Editora, 1999

—, "Anotação ao Artigo 292.º (Condução de Veículo em Estado de Embriaguez)", in AA.VV., Comentário Conimbricense do Código Penal. Parte Especial, Tomo II, Artigos 202.º a 307.º, Jorge de Figueiredo Dias (dir.), Coimbra: Coimbra Editora, 1999

FERNÁNDEZ, Gonzalo D., Bien Jurídico y Sistema del Delito, Montevideo: B de F, 2004

FERRAJOLI, Luigi, Derecho y Razón. Teoría del Garantismo Penal (trad. de Perfecto Andrés Ibáñez, Alfonso Ruiz Miguel, Juan Carlos Bayón Mohino, Juan Terradillos Basoco e Rocío Cantarero Bandrés de Diritto e Ragione. Teoría del Garantismo Penale, e com um prólogo de Norberto Bobbio) Madrid: Editorial Trotta, 1995

FERREIRA, Manuel Cavaleiro de, Direito Penal (Reedição das Lições proferidas pelo Autor em 1940-41, revista e actualizada por Luís Brito Correia), Vol. I, Lisboa: ed. policop., 1962

—, Direito Penal Português. Parte Geral, I, 2.ª ed., Lisboa/São Paulo: Editorial Verbo com a Sociedade Científica da Universidade Católica Portuguesa, 1982 (1.ª ed.-1981)

—, Lições de Direito Penal. Parte Geral, I – A Lei Penal e a Teoria do Crime no Código Penal de 1982, 4.ª ed., Lisboa/São Paulo: Editorial Verbo, 1992 (1.ª ed.-1985)

FIANDACA, Giovanni, "La Tipizzazione del Pericolo", in Dei Delitti e delle Pene, 1984

—, "Note sui Reati di Pericolo", Il Tommaso Natale, Vol. I (Studi in Memoria di G. Bellavista), 1977

—, "Omissione (Diritto Penale)", in AA.VV., Digesto – Sec. Digesto delle Discipline Penalistiche, Vol. III, 4.ª ed., Torino: Unione Tipografico-Editrice Torinese, 1989

FINGER, August *Der Begriff der Gefahr und seine Anwendung im Strafrecht*, Prag, 1889

GALIANI, Tullio, *Il Problema della Condotta nei Reati Omissivi*, Camerino: Jovene Editore, 1980

GALLAS, Wilhelm, "Abstrakte und konkrete Gefährdung", *in* Hans Lüttger (hrsg. in Verbindung mit Hermann Blei / Peter Hanau), *Festschrift für Ernst Heinitz zum 70. Geburtstag am 1. Januar 1972*, Berlin: Walter de Gruyter, 1972

GIMBERNAT ORDEIG, Enrique, "Das unechte Unterlassungsdelikt", *ZStW*, Bd. 111, 1999

—, "Unechte Unterlassung und Risikoerhöhung im Unternehmensstrafrecht", *in* Bernd Schünemann / Hans Achenbach / Wilfried Bottke / Bernhard Haffke / Hans-Joachim Rudolphi (hrsg.), *Festschrift für Claus Roxin zum 70. Geburtstag am 15. Mai 2001*, Berlin; New York: Walter de Gruyter, 2001

GIUSINO, Manfredi Parodi, *I Reati di Pericolo tra Dogmatica e Politica Criminale*, Milano: Dott. A. Giuffrè Editore, 1990

GONÇALVES, Manuel Maia, *Código Penal Português. Anotado e Comentado. Legislação Complementar*, 15.ª ed., Coimbra: Livraria Almedina, 2002

GONZÁLEZ DE MURILLO, José Luis Serrano, *Los Delitos de Incendio. Técnicas de Tipificación del Peligro en el Nuevo Código Penal*, Madrid: Marcial Pons, 1999

GÖSSEL, Karl Heinz, *Strafrecht, Besonderer Teil*, Bd. 1, Heidelberg, 1987

GRASSO, Giovanni, *Il Reato Omissivo Improprio. La Struttura Obiettiva della Fattispecie*, Milano: Dott. A. Giuffrè Editore, 1983

—, "L'Anticipazione della Tutela Penale: i Reati di Pericolo e i Reati di Attentato", *RItalDPP*, Anno 29, N.º 3, Luglio-Settembre 1986

HÄLSCHNER, Hugo, *Das gemeine deutsche Strafrecht*, Bd. II, Bonn: Adolph Marcus 1887

HEFENDEHL, Roland, "Die Materialisierung von Rechtsgut und Deliktsstruktur", *GA*, Heft 1, 2002

HERZOG, Felix, *Gesellschaftliche Unsicherheit und strafrechtliche Daseinsvorsorge: Studien zur Vorverlegung des Strafrechtsschutzes in den Gefährdungsbereich*, Heidelberg, 1991

—, "Recensão à Obra de Frank Zieschang, Die Gefährdungsdelikte (KKS, Bd. 27), Berlin: Duncker & Humblot, 1998, 435 S.", *GA*, 2000

HIRSCH, Andrew von, "Der Rechtsgutsbegriff und das 'Harm Principle'", *GA*, Heft 1, 2002

HIRSCH, Hans Joachim, "Gefahr und Gefährlichkeit", *in* Fritjof Haft / Winfried Hassemer / / Ulfrid Neumann / Wolfgang Schild / Ulrich Schroth (hrsg.), *Strafgerechtigkeit: Festschrift für Arthur Kaufmann zum 70. Geburtstag*, Heidelberg: C. F. Müller Juristischer Verlag GmbH, 1993

HORN, Eckhard, *Konkrete Gefährdungsdelikte*, Köln-Marienburg: Verlag Dr. Otto Schmidt KG, 1973

—, "Vorbemerkungen vor § 306", *in* Hans-Joachim Rudolphi / Eckhard Horn / Erich Samson / Hans-Ludwig Günther / Andreas Hoyer, *SKStGB*, Bd. II. Besonderer Teil (§§ 267-358), 5. bzw. 6. Aufl., Luchterhand, 2001

—, "Vorbemerkungen vor § 324", *in* Hans-Joachim Rudolphi / Eckhard Horn / Erich

Samson / Hans-Ludwig Günther / Andreas Hoyer, *SKStGB*, Bd. II. Besonderer Teil (§§ 267-358), 5. bzw. 6. Aufl., Luchterhand, 2001

HOYER, Andreas, *Die Eignungsdelikte*, Berlin: Duncker & Humblot, 1987

—, "Zum Begriff der 'abstrakten Gefahr'", *JA*, 1990

HUERTA TOCILDO, Susana, *Problemas Fundamentales de los Delitos de Omisión*, Madrid, 1987

JAKOBS, Günther, *Derecho Penal. Parte General. Fundamentos y Teoría de la Imputación* (trad. cast. de Joaquin Cuello Contreras e José Luis Serrano González de Murillo da 2.ª ed.-1991 de *Strafrecht Allgemeiner Teil. Die Grundlagen und die Zurechnungslehre*), 2.ª ed. corrigida, Madrid: Marcial Pons, 1997

—, "El Concepto Jurídico-Penal de Acción" (trad. cast. de Manuel Cancio Meliá de "Der strafrechtliche Handlungsbegriff. Kleine Studie", publicado *in Schriften der Juristischen Studiengesellschaft Regensburg e. V., Heft 10*, München: C. H. Beck, 1992), *in* Enrique Peñaranda Ramos / Carlos J. Suárez González / Manuel Cancio Meliá, *Estudios de Derecho Penal* (enriquecido com um prólogo do Autor e com um estudo preliminar dos tradutores intitulado "Consideraciones sobre la Teoría de la Imputación de Günther Jakobs"), Madrid: Editorial Civitas, 1997 [publicado também *in Revista Peruana de Ciencias Penales*, N.º 3, Janeiro-Junho 1994; e em Bogotá, em publicação da Universidad Externado de Colombia, reimp. 1998 (1.ª ed.-1996)]

—, "Kriminalisierung im Vorfeld einer Rechtsgutsverletzung", *ZStW*, Bd. 97, 1985

—, *La Ciencia del Derecho Penal ante las Exigencias del Presente* (trad. de Teresa Manso Porto), Bogotá: Universidad Externado de Colombia, 2000

—, *La Competencia por Organización en el Delito Omisivo. Consideraciones sobre la Superficialidad de la Distinción entre Comisión y Omisión*, (trad. cast. de Enrique Peñaranda Ramos, de *Die Zuständigkeit kraft Organisation beim Unterlassungsdelikt. Zur Äußerlichkeit der Unterscheidung von Begehung und Unterlassung*), Bogotá: Universidad Externado de Colombia, reimp. 1995 (1.ª ed.-1994) [publicado também *in* Enrique Peñaranda Ramos / Carlos J. Suárez González / Manuel Cancio Meliá, *Estudios de Derecho Penal* (enriquecido com um prólogo do Autor e com um estudo preliminar dos tradutores intitulado "Consideraciones sobre la Teoría de la Imputación de Günther Jakobs"), Madrid: Editorial Civitas, 1997]

—, *La Imputación Penal de la Acción y de la Omisión* (trad. cast. de Javier Sánchez-Vera Gómez-Trelles), Bogotá: Universidad Externado de Colombia, reimp. 1998 (1.ª ed.-1996)

—, "La Omisión: Estado de la Cuestión" (trad. de Javier Sánchez-Vera Gómez-Trelles), *in* AA.VV., *Sobre el Estado de la Teoría del Delito (Seminario en la Universitat Pompeu Fabra)*, Jesús-María Silva Sánchez (ed.), Madrid: Civitas Ediciones, 2000

—, *Sobre el Injusto del Suicidio y del Homicidio a Petición. Estudio sobre la Relación entre Juridicidad y Eticidad* [trad. cast. de Manuel Cancio Meliá e Marcelo A. Sancinetti de *Zum Unrecht der Selbsttötung und der Tötung auf Verlangen, in Strafgerechtigkeit (Festschrift für Arthur Kaufmann zum 70. Geburtstag)*, Heidelberg, 1993], Bogotá: Universidad Externado de Colombia, 1996

—, *Sociedad, Norma y Persona en una Teoría de um Derecho Penal Funcional* (trad. de Manuel Cancio Meliá e Bernardo Feijóo Sánchez de "Das Strafrecht zwischen Funktionalismus und 'alteuropäischem' Prinzipiendenken. Oder: Verabschiedung des 'alteuropäischen Strafrechts?'"), Madrid: Editorial Civitas, S. A., 1996.

—, *Studien zum fahrlässigen Erfolgsdelikt*, Berlin: Walter de Gruyter/Berlin/New York, 1972

JESCHECK, Hans-Heinrich, "Gemeingefährliche Handlungen", *in Niederschriften über die Sitzungen der Großen Strafrechtskommission*, 8. Bd., Besonderer Teil, 76. bis 90. Sitzung, Bonn, 1959

—, *Tratado de Derecho Penal. Parte General* (trad. cast. de José Luis Manzanares Samaniego, da 4.ª ed.-1988 de *Lehrbuch des Strafrechts. Allgemeiner Teil*), 4.ª ed. corrigida e ampliada, Granada: Editorial Comares, 1993

KARANIKAS, Demetre, "Les Délits de Mise en Danger. Rapport Particulier", *in RIDP*, N.os 1 e 2 ["Actes du Colloque Préparatoire du X Congrès International de Droit Pénal Organisé par le Groupe Italien de l'Association Internationale de Droit Pénal et par le Centro Nazionale di Prevenzione e Difesa Sociale (Rome, 28-31 mai 1968)"], 1969

KAUFMANN, Arthur, *Das Schuldprinzip. Eine strafrechtlich-rechtsphilosophische Untersuchung*, Heidelberg, 1961

—, *Die Dogmatik der Unterlassungsdelikte*, Göttingen: Verlag Otto Schwarz & Co., 1959

—, "Unrecht und Schuld beim Delikt der Volltrunkenheit", *JZ*, 1963

KINDHÄUSER, Urs, *Gefährdung als Straftat. Rechtstheoretische Untersuchungen zur Dogmatik der abstrakten und konkreten Gefährdungsdelikte*, Frankfurt am Main: Vittorio Klostermann, 1989

KOFFKA, Else, "Gemeingefährliche Handlungen", *in Niederschriften über die Sitzungen der Großen Strafrechtskommission*, 8. Bd., Besonderer Teil, 76. bis 90. Sitzung, Bonn, 1959

KOSKINEN, Pekka, "Les Délits de Mise en Danger. Rapport Particulier", *in RIDP*, N.os 1 e 2 ["Actes du Colloque Préparatoire du X Congrès International de Droit Pénal Organisé par le Groupe Italien de l'Association Internationale de Droit Pénal et par le Centro Nazionale di Prevenzione e Difesa Sociale (Rome, 28-31 mai 1968)"], 1969

KRÜMPELMANN, Justus, *Die Bagatelldelikte. Untersuchungen zum Verbrechen als Steigerungsbegriff*, Berlin: Duncker & Humblot, 1966

LACKNER, Karl, "Gemeingefährliche Handlungen", *in Niederschriften über die Sitzungen der Großen Strafrechtskommission*, 8. Bd., Besonderer Teil, 76. bis 90. Sitzung, Bonn, 1959

LARIZZA, Silvia, "Il Principio di Legalità della Pena" (comunicação apresentada pela Autora nas "1.as Jornadas Luso-Italianas de Direito Penal", realizadas na Faculdade de Direito da Universidade de Coimbra em 20 e 21 de Setembro de 2002)

LASCURAÍN SÁNCHEZ, Juan Antonio, *Los Delitos de Omisión: Fundamento de los Deberes de Garantía*, Madrid: Civitas Ediciones, 2002

LENCKNER, Theodor, "Vorbemerkungen zu den §§ 32 ff.", *in* Adolf Schönke / Horst Schröder, *Strafgesetzbuch: Kommentar*, 25. Aufl., München: C. H. Beck'sche Verlagsbuchhandlung, 1997

LERNELL, Leszek, "Les Délits de Mise en Danger. Rapport Particulier", *in RIDP*, N.os 1 e 2 ["Actes du Colloque Préparatoire du X Congrès International de Droit Pénal Organisé par le Groupe Italien de l'Association Internationale de Droit Pénal et par le Centro Nazionale di Prevenzione e Difesa Sociale (Rome, 28-31 mai 1968)"], 1969

LYNETT, Eduardo Montealegre (coord.), *El Funcionalismo en Derecho Penal – Libro Homenaje al Profesor Günther Jakobs*, Tomo I, Bogotá: Universidad Externado de Colombia, 2003

MACHADO, José Pedro, "Perigo", in *Dicionário Etimológico da Língua Portuguesa (com a mais antiga documentação escrita e conhecida de muitos dos vocábulos estudados)*, Quarto Volume (M-P), 7.ª ed., Livros Horizonte, 1995 (1.ª ed.-1952)

MANTOVANI, Ferrando, *Diritto Penale, Parte Generale*, 4.ª ed., Padova: CEDAM, 2001

—, "Il Principio di Offensività del Reato nella Costituzione", *Aspetti e Tendenze del Diritto Costituzionale (Scritti in Onore di Costantino Mortati)*, IV, Milano: Dott. A. Giuffrè Editore, 1977

MARINUCCI, Giorgio, *El Delito como "Acción", Crítica de un Dogma* (trad. cast. de José Eduardo Sáinz-Cantero Caparrós de *Il Reato come "Azione", Critica di un Dogma*, e enriquecido com um prólogo de Manuel Cobo del Rosal), Madrid: Marcial Pons, 1998

MATA Y MARTÍN, Ricardo M., *Bienes Jurídicos Intermedios y Delitos de Peligro. Aproximación a los Presupuestos de la Técnica de Peligro para los Delitos que Protegen Bienes Jurídicos Intermedios (– Tutela Penal del Medio Ambiente, Delitos Económicos, Seguridad del Tráfico –)*, Granada: Editorial Comares, 1997

MAURACH, Reinhart, *Tratado de Derecho Penal* (trad. cast. de *Deutsches Strafrecht. Allgemeiner Teil. Ein Lehrbuch* e notas de Direito espanhol por Juan Córdoba Roda, e prólogo de Octavio Pérez-Vitoria Moreno), Vol. I, Barcelona: Ediciones Ariel, 1962

MAURACH, Reinhart / Karl Heinz Gössel / Heinz Zipf, *Derecho Penal. Parte General, Tomo 1, Teoría General del Derecho Penal y Estructura del Hecho Punible* (trad. cast. de Jorge Bofill Genzsch e Enrique Aimone Gibson da 7.ª ed.-1987 de *Strafrecht. Allgemeiner Teil. Teilband 1, Grundlehren des Strafrechts und Aufbau der Straftat*), Buenos Aires: Editorial Astrea, 1994

MENDES, Paulo de Sousa, *Vale a pena o Direito Penal do Ambiente?* Lisboa: ed. da AAFDL, 2000

MÉNDEZ RODRÍGUEZ, Cristina, *Los Delitos de Peligro y sus Técnicas de Tipificación*, Madrid, 1993

MEZGER, Edmund, *Modernas Orientaciones de la Dogmática Jurídico-Penal* [trad. de Francisco Muñoz Conde de *Moderne Wege der Strafrechtsdogmatik. Eine ergänzende Betrachtung zum Lehrbuch des Strafrechts in seiner 3. Auflage (1949)*, Berlin/München: Duncker & Humblot, 1950], Valencia: Tirant lo Blanch, 2000

—, *Strafrecht, I. Allgemeiner Teil. Ein Studienbuch*, 2. Aufl., 1948

—, *Strafrecht, Ein Lehrbuch*, 3. Aufl., Berlin/München: Duncker & Humblot, 1949 (reimp. da 2.ª ed.-1933)

—, *Tratado de Derecho Penal* (trad. cast. da 2.ª ed. alemã-1933 e notas de Direito espanhol por José Arturo Rodríguez Muñoz), Tomo I, Madrid: Editorial Revista de Derecho Privado, 1935

MILITELLO, Vincenzo, *Rischio e Responsabilità Penale*, Milano: Dott. A. Giuffrè Editore, 1988

MIR PUIG, Santiago, *Derecho Penal. Parte General*, reimp.-5.ª ed., Barcelona, 1998 (1.ª ed.-1984)

MIRANDA, Jorge, "Os Princípios Constitucionais da Legalidade e da Aplicação da Lei mais Favorável em Matéria Criminal", *O Direito*, Ano 121.º, IV, Outubro-Dezembro 1989

MIRANDA, Jorge / Miguel Pedrosa Machado, *Constitucionalidade da Protecção Penal dos Direitos de Autor e da Propriedade Industrial*, Lisboa: Sociedade Portuguesa de Autores em colaboração com as Publicações Dom Quixote, 1995

MONREAL, Eduardo Novoa, *Fundamentos de los Delitos de Omisión. Bases Jurídicas de la Omisión. La Influencia Ideológica Liberal-Individualista. La Reacción Socializante. Configuración Típica. Delitos de Acción y Delitos de Omisión. Causas, Factores y Diferencias*, Buenos Aires: Ediciones Depalma, 1984

MONTAGNI, Andrea, *La Responsabilità Penale per Omissione. Il Nesso Causale (Fenomenologia Causale nella Responsabilità Penale per Omissione)*, Padova: CEDAM, 2002

—, "Les Délits d'Omission. Rapport Général", *RIntDP*, Vol. 55, N.os 3-4 ["Infractions d'Omission et Responsabilité Penale pour Omission. Actes du Colloque Préparatoire au XIIIème Congrés International de l'Association International de Droit Pénal tenu à Urbino (Italie), 7-10 octobre 1982"], 1984

MOURA, José Souto de, "Crimes contra o Ambiente – Porquê e Como", *in* AA.VV., *Jornadas de Direito Criminal – Revisão do Código Penal. Alterações ao Sistema Sancionatório e Parte Especial*, Vol. II, Lisboa: ed. do CEJ, 1998

—, "O Crime de Poluição – A Propósito do Art. 279.º do Projecto de Reforma do Código Penal", *RMP*, Ano 13.º, N.º 50, Abril-Junho 1992

MUÑOZ CONDE, Francisco, *Teoría General del Delito*, 2.ª ed., Valencia: Tirant lo Blanch, 1991

—, *Edmung Mezger y el Derecho Penal de su Tiempo. Los Orígenes Ideológicos de la Polémica entre causalismo y Finalismo*, 2.ª ed., Valencia: Tirant lo Blanch, 2001 (1.ª ed.-2000) [enriquecido com um Apêndice intitulado "La otra Cara de Edmung Mezger: su Partcipación en el Proyecto de Ley sobre 'Gemeinschaftsfremde' (1940-1944), e com um Anexo que constitui a "Carta-informe de Edmung Mezger sobre el Proyecto de Ley sobre 'Extraños a la Comunidad' al Consejero Ministerial Rientzsch"]

—, "Protección de Bienes Jurídicos como Limite Constitucional del Derecho Penal" (conferência proferida pelo Autor na Faculdade de Direito da Universidade Lusíada em 10 de Maio de 2002)

MÜSSIG, Bernd J. A., *Schutz abstrakter Rechtsgüter und abstrakter Rechtsgüterschutz: zu den materiellen Konstitutionskriterien sog. Universalrechtsgüter und deren normentheoretischem Fundament – am Beispiel der Rechtsgutbestimmung für die §§ 129, 129a und 324 StGB*, Frankfurt am Main, Berlin, Bern, New York, Paris, Wien: Peter Lang, 1994

NEGRÃO, Maria do Céu Rueff de Saro, "Sobre a Omissão Impura no Actual Código Português e em especial sobre a Fonte do Dever que Obriga a Evitar o Resultado", *RMP*, Ano 7, N.os 25 (Janeiro-Março) e 26 (Abril-Junho), 1986

NEVES, António Castanheira, "O Princípio da Legalidade Criminal", *in* António Castanheira Neves, *Digesta*, Coimbra: Coimbra Editora, 1995
—, "O Princípio da Legalidade Criminal. O seu Problema Jurídico e o seu Critério Dogmático", *in* número especial do *BFDUC* de "Estudos em Homenagem ao Prof. Doutor Eduardo Correia", I, Coimbra, 1984
NEVES, João Curado, *Comportamento Lícito Alternativo e Concurso de Riscos. Contributo para uma Teoria da Imputação Objectiva em Direito Penal*, Lisboa: ed. da AAFDL, 1989
OSTENDORF, Heribert, "Grundzüge des konkreten Gefährdungsdelikts", *JuS*, 22. Bd., 1982
OTTO, Harra, *Grundkurs Strafrecht. Allgemeine Strafrechtslehre*, 6. neubearb. Aufl., Berlin; New York: Walter de Gruyter, 2000
PADOVANI, Tullio, *Diritto Penale*, 4.ª ed., Milano: Dott. A. Guiffrè Editore, 1998
PAGLIARO, Antonio, *Principi di Diritto Penale. Parte Generale*, 5.ª ed., Milano: Dott. A. Guiffrè Editore, 1996
PALMA, Maria Fernanda, "A Teoria do Crime como Teoria da Decisão Penal (Reflexão sobre o Método e o Ensino do Direito Penal)", *RPCC*, Ano 9, Fasc. 4.º, Outubro-Dezembro 1999
—, "A Vontade no Dolo Eventual", *in* AA.VV., *Estudos em Homenagem à Professora Doutora Isabel de Magalhães Collaço*, Vol. II, Coimbra: Livraria Almedina, 2002
—, "Constituição e Direito Penal. As Questões Inevitáveis", *in* Jorge Miranda (org.), *Perspectivas Constitucionais. Nos 20 Anos da Constituição de 1976*, Vol. II, Coimbra: Coimbra Editora, 1997
—, "Consumo e Tráfico de Estupefacientes e Constituição: a Absorção do 'Direito Penal de Justiça' pelo Direito Penal Secundário?", *in* AA.VV., *Problemas Jurídicos da Droga e da Toxicodependência, Vol. II – Actas do II Curso sobre Problemas Jurídicos da Droga e da Toxicodependência Promovido pela Faculdade de Direito de Lisboa e pelo Instituto da Droga e da Toxicodependência entre 21 de Março e 4 de Junho de 2003*, Dário Moura Vicente (coord.), suplemento da *RFDUL*, 2004
—, "Crimes de Terrorismo e Culpa Penal" (intervenção da Autora no Colóquio Internacional de Direito Penal sobre "Criminalidade Organizada", realizado na Universidade Lusíada em 6 e 7 de Novembro de 2002)
—, *Direito Penal. Parte Especial. Crimes contra as Pessoas* (Sumários desenvolvidos das aulas proferidas ao 5.º Ano da Opção Jurídicas em 1982/83), Lisboa, 1983
—, *Direito Penal. Parte Geral. II Volume. A Teoria Geral da Infracção como Teoria da Decisão Penal*, Lisboa: ed. policop. da AAFDL, 2001
—, "Direito Penal do Ambiente – Uma Primeira Abordagem", *Direito do Ambiente*, Oeiras: INA, 1994
—, "Dolo Eventual e Culpa em Direito Penal", *in* Maria da Conceição Santana Valdágua (coord.), *Problemas Fundamentais de Direito Penal. Colóquio Internacional de Direito Penal em Homenagem a Claus Roxin*, Lisboa: Universidade Lusíada Editora, 2002
—, "Novas Formas de Criminalidade: o Problema do Direito Penal do Ambiente", *in* AA.VV., *Estudos Comemorativos do 150.º Aniversário do Tribunal da Boa-Hora*, Lisboa: Ministério da Justiça, 1995

—, "O Caso do Very-Light. Um Problema de Dolo Eventual?", in *Themis*, Ano I, N.º 1, 2000

PAREDES CASTAÑON, *El Riesgo Permitido en Derecho Penal (Régimen Jurídico-Penal de las Actividades Peligrosas)*, Madrid, 1995

PATALANO, Vincenzo, *Significato e Limiti della Dommatica del Reato di Pericolo*, Napoli: Casa Editrice Dott. Eugenio Jovene, 1975

PATRÍCIO, Rui, "Apontamentos sobre um Crime de Perigo Comum e Concreto Complexo (Artigo 277.º, N.º 1, Alínea a) do Código Penal – Infracção de Regras de Construção)", *RMP*, Ano 21.º, N.º 81, Janeiro-Março 2000

—, *Erro sobre Regras Legais, Regulamentares ou Técnicas nos Crimes de Perigo Comum no Actual Direito Português (Um Caso de Infracção de Regras de Construção e algumas Interrogações no nosso Sistema Penal)*, Lisboa: ed. da AAFDL, 2000

PENSO, Girolamo, *Il Pericolo nella Teoria Generale del Reato*, Milano: Dott. A. Giuffrè Editore, 1976

PEREIRA, Rui, "Código Penal: as Ideias de uma Revisão Adiada", *RMP*, Ano 18.º, N.º 71, Julho-Setembro 1997

—, "Crimes de Mera Actividade", *RJ*, N.º 1, Out./Dez., 1982

—, *O Dolo de Perigo (Contribuição para a Dogmática da Imputação Subjectiva nos Crimes de Perigo Concreto)*, Lisboa: Lex, 1995

PINTO, Frederico de Lacerda da Costa, "Sentido e Limites da Protecção Penal do Ambiente", *RPCC*, Ano 10, Fasc. 3.º, Julho-Setembro 2000

POSCHER, Ralf, *Gefahrenabwehr: eine dogmatische Rekonstruktion*, Berlin: Duncker und Humblot, 1999

PRITTWITZ, Cornelius, *Strafrecht und Risiko: Untersuchungen zur Krise von Strafrecht und Kriminalpolitik in der Risikogesellschaft*, Frankfurt am Main: Klostermann, 1993

PÜTZ, Willy, *Der Gefahrenbegriff im Strafrecht*, Köln, 1936

QUINTANO RIPOLLÉS, Antonio, "Delito de Comisión por Omisión", in *NEJ*, Tomo VI, Carlos-E. Mascareñas (dir.), Barcelona: Francisco Seix Editor, 1954

—, "Delito de Omisión", in *NEJ*, Tomo VI, Carlos-E. Mascareñas (dir.), Barcelona: Francisco Seix Editor, 1954

RABL, Kurt O., *Gefährdungsvorsatz*, Breslau-Neukirch, 1933

RATIGLIA, Giuseppe, *Il Reato di Pericolo nella Dottrina e nella Legislazione*, Torino, 1932

RAWLS, John, *Uma Teoria da Justiça* (trad. de Carlos Pinto Correia de *A Theory of Justice*), Lisboa: Editorial Presença, 1993

RIZ, Roland, "Pericolo, Situazione di Pericolo, Condotta Pericolosa", *L'Indice Penale*, 17, 1983 (publicado também in AA.VV., *Studi in Memoria di Giacomo Delitala*, Vol. II, Milano, 1984)

ROCHA, Manuel António Lopes, "A Função de Garantia da Lei Penal e a Técnica Legislativa", *Legislação. Cadernos de Ciência de Legislação*, N.º 6, Janeiro-Março 1993

—, "Delitos contra a Ecologia (no Direito Português)", *RDES*, 13, 1987

RODRIGUES, Anabela Miranda, "A Propósito do Crime de Poluição (Artigo 279.º do Código Penal)", *DJ*, Vol. XII, Tomo 1, 1998

—, "Anotação ao Artigo 279.º (Poluição)", in AA.VV., *Comentário Conimbricense do Código Penal. Parte Especial, Tomo II, Artigos 202.º a 307.º*, Jorge de Figueiredo Dias (dir.), Coimbra: Coimbra Editora, 1999

RODRIGUES, Marta Felino, "Anotação ao Artigo 21.º (Revogação da Credenciação) do Decreto-Lei N.º 290-D/99, de 2 de Agosto", in Manuel Lopes Rocha / Miguel Pupo Correia / Marta Felino Rodrigues et al., *Leis do Comércio Electrónico. Notas e Comentários*, 2.ª ed., Coimbra: Coimbra Editora, 2001 (1.ª ed.-2000)

—, *A Teoria Penal da Omissão e a Revisão Crítica de Jakobs*, Coimbra: Livraria Almedina, 2000

RODRÍGUEZ MONTAÑÉS, T., "Delitos de Peligro (D.º Penal)", in *EJurB*, Vol. II (Cor-Ind), Alfredo Montoya Melgar (dir.), Madrid: Editorial Civitas, 1995

—, *Delitos de Peligro, Dolo e Imprudencia*, Madrid, 1994

RODRÍGUEZ MOURULLO, Gonzalo, *Derecho Penal. Parte General, I*, Madrid, 1977

—, *La Omisión de Socorro en el Codigo Penal*, Madrid: Editorial Tecnos, 1966

ROHLAND, Woldemar von, *Die Gefahr im Strafrecht*, 2. Aufl., Dorpat-Leipzig, 1888

ROMEO CASABONA, Carlos Maria, "Límites de los Delitos de Comisión por Omisión", in Enrique Gimbernat / Bernd Schünemann / Jürgen Wolter (eds.), *Omisión e Imputación Objetiva en Derecho Penal – Jornadas Hispano-Alemanas de Derecho Penal en Homenaje al Profesor Claus Roxin con motivo de su Investidura como Doctor "Honoris Causa" por la Universidad Complutense de Madrid*, Madrid: Servicio de Publicaciones Facultad Derecho Universidad Complutense Madrid, 1994

ROXIN, Claus, *Derecho Penal. Parte General, Tomo I, Fundamentos. La Estructura de la Teoría del Delito* (trad. da 2.ª ed.-1994 de *Strafrecht. Allgemeiner Teil, Bd. I: Grundlagen. Der Aufbau der Verbrechenslehre*, e notas por Diego-Manuel Luzõn Peña, Miguel Díaz y García Conlledo e Javier de Vicente Remesal), Madrid: Editorial Civitas, 1997

—, "Do Limite entre Comissão e Omissão" [trad. de Ana Paula Natscheradetz de "Sinn und Grenzen staatlicher Strafe", publicado primeiro in *JuS*, 1966, e depois in Paul Bockelmann et al. (hrsg.), *Festschrift für Karl Engisch zum 70. Geburtstag*, Frankfurt am Main: Vittorio Klostermann, 1969], in Claus Roxin, *Problemas Fundamentais de Direito Penal*, 3.ª ed., Lisboa: Veja Universidade/Direito e Ciência Jurídica, 1998 (1.ª ed.-1986)

—, *Offene Tatbestände und Rechtspflichtmerkmale*, Berlin: Walter de Gruyter & Co., 1970

RUDOLPHI, Hans-Joachim, "Inhalt und Funktion des Handlungsunwertes im Rahmen der personalen Unrechtslehre", in *Festschrift für Reinhart Maurach zum 70. Geburtstag*, Karlsruhe: C. F. Müller, 1972

SÁNCHEZ-VERA GÓMEZ-TRELLES, Javier, *Delito de Infracción de Deber y Participación Delictiva* (com um prólogo de Günther Jakobs e apresentação de Enrique Bacigalupo), Madrid: Marcial Pons, 2002

—, *Intervención Omisiva, Posición de Garante y Prohibición de Sobrevaloración del Aporte*, Bogotá: Universidad Externado de Colombia, reimp. 1997 (1.ª ed.-1995)

SANTOS, José Beleza dos, "Crimes de Moeda Falsa", *RLJ*, Ano 66.º, N.º 2484, 1933
—, *Direito Criminal* (lições proferidas aos cursos do 4.º e 5.º ano jurídico de 1935-1936 e coligidas por Hernâni Marques), Coimbra: Coimbra Editora, 1936
—, *Lições de Direito Criminal* (proferidas ao Curso Complementar de Ciências Jurídicas de 1954/55 e coligidas por J. Seabra Magalhães e F. Correia das Neves), Coimbra: ed. dactil. por Mário da Silva e Sousa, 1955
SCHAFHEUTLE, "Gemeingefährliche Handlungen", *in Niederschriften über die Sitzungen der Großen Strafrechtskommission*, 8. Bd., Besonderer Teil, 76. bis 90. Sitzung, Bonn, 1959
SCHMIDHÄUSER, Eberhard, *Strafrecht, Allgemeiner Teil*, 1. Aufl., Tübingen: J. C. B. Mohr (Paul Siebeck), 1970
SCHMIDT, Eberhard, "Gemeingefährliche Handlungen", *in Niederschriften über die Sitzungen der Großen Strafrechtskommission*, 8. Bd., Besonderer Teil, 76. bis 90. Sitzung, Bonn, 1959
SCHMIDT, Jürgen, *Untersuchung zur Dogmatik und zum Abstraktionsgrad abstrakter Gefährdungsdelikte: zugleich ein Beitrag zur Rechtsgutslehre*, Marburg: Elwert, 1999
SCHRÖDER, Horst, "Abstrakt-konkrete Gefährdungsdelikte?", *JZ*, 1967
—, "Die Gefährdungsdelikte im Strafrecht", *ZStW*, Bd. 81, 1969 [também publicado em versão francesa com o título "Les Délits de Mise en Danger. Rapport Particulier", *in RIDP*, N.os 1 e 2 – "Actes du Colloque Préparatoire du X Congrès International de Droit Pénal Organisé par le Groupe Italien de l'Association Internationale de Droit Pénal et par le Centro Nazionale di Prevenzione e Difesa Sociale (Rome, 28-31 mai 1968)" –, 1969]
—, "Anmerkung zu § 227", *in* Adolf Schönke / Horst Schröder, *Strafgesetzbuch: Kommentar*, 13. Aufl., München: C. H. Beck'sche Verlagsbuchhandlung, 1967
SCHROEDER, Friedrich-Christian, "Die Gefährdungsdelikte im Strafrecht", in Beiheft zur *ZStW*, 1982
SCHÜNEMANN, Bernd, "Las Reglas de la Técnica en Derecho Penal" [trad. de Manuel Cancio Meliá / Mercedes Pérez Manzano de "Die Regeln der Technik im Strafrecht", *in* Küper *et al.* (comps.), *Festschrift für Karl Lackner*, 1987], *in* Bernd Schünemann, *Temas Actuales y Permanentes del Derecho Penal después del Milenio*, Madrid: Editorial Tecnos, 2002
—, "Los Fundamentos de la Responsabilidad Penal de los Órganos de Dirección de las Empresas" [trad. de Lourdes Baza, com algumas modificações, de "Strafrechtliche Verantwortlichkeit der Unternehmensleitung im Bereich von Umweltschutz und technischer Sicherheit", *in* Breuer / Kloepfer / Marburger / Schröder (comps.), *Umweltschutz und technische Sicherheit im Unternehmen*, Heidelberg, 1994], *in* Bernd Schünemann, *Temas Actuales y Permanentes del Derecho Penal después del Milenio*, Madrid: Editorial Tecnos, 2002
—, "Moderne Tendenzen in der Dogmatik der Fahrlässigkeits- und Gefährdungsdelikte", *JA*, 1975
—, "¿Ofrece la Reforma del Derecho Penal Económico Alemán un Modelo o un Escarmiento?" [trad. de Teresa Rodríguez Montañés de "Bietet die Reform des deutschen Wirtschaftsstrafrechts ein Vorbild oder ein abschreckendes Beispiel?",

in Consejo General del Poder Judicial (comp.), *Jornadas sobre la "Reforma del Derecho Penal en Alemania"*, Madrid, 1992], *in* Bernd Schünemann, *Temas Actuales y Permanentes del Derecho Penal después del Milenio*, Madrid: Editorial Tecnos, 2002

—, "Sobre el Estado Actual de la Dogmática de los Delitos de Omisión en Alemania" (trad. cast. de Silvina Bacigalupo), *in* Enrique Gimbernat / Bernd Schünemann / / Jürgen Wolter (eds.), *Omisión e Imputación Objetiva en Derecho Penal – Jornadas Hispano-Alemanas de Derecho Penal en Homenaje al Profesor Claus Roxin con motivo de su Investidura como Doctor "Honoris Causa" por la Universidad Complutense de Madrid*, Madrid: Servicio de Publicaciones Facultad Derecho Universidad Complutense Madrid, 1994

—, "Sobre la Dogmática y la Política Criminal del Derecho Penal del Medio Ambiente" [trad. de Mariana Sacher de "Zur Dogmatik und Kriminalpolitik des Umweltstrafrechts", *in* Schmoller (comp.), *Festschrift für Otto Triffterer*, Viena/Nueva York, 1996], *in* Bernd Schünemann, *Temas Actuales y Permanentes del Derecho Penal después del Milenio*, Madrid: Editorial Tecnos, 2002

SILVA, Germano Marques da, "Algumas Notas sobre a Consagração dos Princípios da Legalidade e da Jurisdicionalidade na Constituição da República Portuguesa", *in* Jorge Miranda (coord.), *Estudos sobre a Constituição*, 2.º Vol., Lisboa: Livraria Petrony, 1978

—, *Crimes Rodoviários/Pena Acessória e Medidas de Segurança*, Lisboa: Universidade Católica Editora, 1996

—, *Direito Penal Português. Parte Geral, II, Teoria do Crime*, Lisboa/São Paulo: Editorial Verbo, 1998

SILVA SÁNCHEZ, Jesús-María, *El Delito de Omisión – Concepto y Sistema*, Barcelona: Libreria Bosh, 1986

—, "Informe sobre las Discusiones", *in* AA.VV., *Sobre el Estado de la Teoría del Delito (Seminario en la Universitat Pompeu Fabra)*, Jesús-María Silva Sánchez (ed.), Madrid: Civitas Ediciones, 2000

—, "'Miembros' y 'Colaboradores' de Organizaciones Criminales. La Intervención Delictiva 'a través de una Organización' y los Límites de lo Punible" (intervenção do Autor no Colóquio Internacional de Direito Penal sobre "Criminalidade Organizada", realizado na Universidade Lusíada em 6 e 7 de Novembro de 2002)

—, "Zur Dreiteilung der Unterlassungsdelikte", *in* Bernd Schünemann / Hans Achenbach / Wilfried Bottke / Bernhard Haffke / Hans-Joachim Rudolphi (hrsg.), *Festschrift für Claus Roxin zum 70. Geburtstag am 15. Mai 2001*, Berlin; New York: Walter de Gruyter, 2001

STRATENWERTH, Günter, *Derecho Penal. Parte General, I, El Hecho Punible* (trad. de Gladys Romero da 2.ª ed.-1976 de *Strafrecht. Allgemeiner Teil. Bd. 1: Die Straftat*, e nota de apresentação de M. Cobo del Rosal), Madrid: Edersa, 1982

—, "Literaturbericht Horn, Eckhard: Konkrete Gefährdungsdelikte. Köln: Schmidt, 1973, X 230 S.", *ZStW*, Bd. 87., 1975

STÜBEL, Christoph Carl, "Ueber gefährliche Handlungen, als für sich bestehende Verbrechen, zur Berichtigung der Lehre von verschuldeten Verbrechen, nebst Vorschlägen zur gesetzlichen Bestimmung über die Bestrafung der ersteren", *NArchCrimR*, 8, 1825-6

TIEDEMANN, Klaus *Wirtschaftsstrafrecht und Wirtschaftskriminalität*, Bd. I, Reinbek: Hamburg, 1976

TORÍO LÓPEZ, Angel, "Límites Políticos Criminales del Delito de Comisión por Omisión", *ADPCC*, Tomo XXXVII, Fasc. III, Setembro-Dezembro 1984

—, "Los Delitos del Peligro Hipotético (Contribución al Estudio Diferencial de los Delitos de Peligro Abstracto)", *ADPCP*, Tomo XXXV, Fasc. II e III, Maio-Dezembro 1981

VASSALLI, Giuliano, "*Nullum crimen, nulla poena sine lege*", *Digesto* – Sec. *Digesto delle Discipline Penalistiche*, Vol. VIII, 4.ª ed., Torino: Unione Tipografico-Editrice Torinese, 1994

—, "*Nullum crimen sine lege*", in AA.VV., *NmoDI*, Antonio Azara e Ernesto Eula (org.), Vol. XI (N-ORA), 3.ª ed., Torino: Unione Tipografico-Editrice Torinese, 1957

VELOSO, José António, *Apontamentos sobre Omissão. Direito Penal – I (Ano Lectivo 1992/93)*, Lisboa: ed. policop. da AAFDL, 1993

VERSELE, Séverin-Carlos, "Les Délits de Mise en Danger. Rapport Particulier", *in RIDP*, N.os 1 e 2 ["Actes du Colloque Préparatoire du X Congrès International de Droit Pénal Organisé par le Groupe Italien de l'Association Internationale de Droit Pénal et par le Centro Nazionale di Prevenzione e Difesa Sociale (Rome, 28-31 mai 1968)"], 1969

WELZEL, Hans, *Das deutsche Strafrecht in seinen Grundzügen*, 2. Aufl., 1949

—, *Derecho Penal Alemán — Parte General* (trad. cast. de Juan Bustos Ramírez e Sergio Yáñez Pérez da 11.ª ed.-1969 de *Das Deutsche Strafrecht. Eine systematische Darstellung*), 4.ª ed., Santiago de Chile: Editorial Jurídica de Chile, 1997

—, "Gemeingefährliche Handlungen", *in Niederschriften über die Sitzungen der Großen Strafrechtskommission*, 8. Bd., Besonderer Teil, 76. bis 90. Sitzung, Bonn, 1959

—, "Studien zum System des Strafrechts", *ZStW*, Bd. 58, 1938

—, "Um die finale Handlungslehre. Eine Auseinandersetzung mit ihren Kritikern", *RSt*, Bd. 146, 1949

WESSELS, Johannes, *Direito Penal. Parte Geral (Aspectos Fundamentais)* (trad. bras. da 5.ª ed.-1975 de *Strafrecht. Allgemeiner Teil* e notas por Juarez Tavares), Porto Alegre: Sergio Antonio Fabris Editor, 1976

WOHLERS, Wolfgang, *Deliktstypen des Präventionsstrafrechts – zur Dogmatik "moderner" Gefährdungsdelikte*, Berlin: Duncker & Humblot, 2000

—, "Rechtsgutstheorie und Deliktsstruktur", *GA*, Heft 1, 2002

WOLTER, Jürgen, "Der Irrtum über den Kausalverlauf als Problem objektiver Erfolgszurechung. Zugleich ein Beitrag zur versuchten Straftat sowie zur subjektiven Erkennbarkeit beim Fahrlässigkeitsdelikt", *ZStW*, Bd. 89, 1987

—, "Konkrete Erfolgsgefahr und konkreter Gefahrerfolg im Strafrecht – OLG Frankfurt, NJW 1975, 840", *JuS*, 1978

—, *Objektive und Personale Zurechnung von Verhalten, Gefahr und Verletzung in einem funktionalen Straftatsystem*, Berlin: Duncker & Humblot, 1981

ZIESCHANG, Frank, *Die Gefährdungsdelikte*, Berlin: Duncker & Humblot, 1998

ÍNDICE

NOTA PRÉVIA 7

PRINCIPAIS ABREVIATURAS E SIGLAS 9

INTRODUÇÃO 11

CAPÍTULO I

Ponto de partida: da dicotomia clássica dos crimes de perigo à revisão moderna de Frank Zieschang

1. A bipartição tradicional 13
2. Excurso: tendências de fundamentação material do crime de perigo abstracto   23
   2.1. Enquadramento 23
   2.2. A chamada teoria do perigo geral 31
   2.3. A chamada teoria do perigo abstracto 33
   2.4. O critério da violação da diligência devida 35
   2.5. Propostas de desmaterialização do conceito de bem jurídico ... 37
   2.6. A concepção de Jakobs 42
   2.7. A característica da "propensão" 47

3. O modelo de análise de Zieschang 49
   3.1. Crime de perigosidade abstracta 49
   3.2. Crime de perigosidade concreta 50
   3.3. Crime de perigo potencial 55
   3.4. Crime de perigo concreto 65
   3.5. Observações complementares 67

4. Os crimes de perigo com a característica da "propensão" 71
   4.1. Enquadramento 71
   4.2. Formas especiais do crime de perigo abstracto (Cramer e Gallas) ... 72
   4.3. O crime de perigo abstracto-concreto (Schröder) 76
   4.4. O crime de perigo potencial (Wolter) 80

4.5. O crime de perigosidade concreta (Hirsch) 81
4.6. O *Eignungsdelikt* (Hoyer) 82
4.7. A "propensão" na doutrina portuguesa 85
   4.7.1. Cavaleiro de Ferreira 85
   4.7.2. Germano Marques da Silva 86
   4.7.3. Figueiredo Dias e Rui Pereira 87
   4.7.4. Paulo de Sousa Mendes 88
   4.7.5. José de Faria Costa 89
4.8. Algumas reflexões críticas 92

5. Os crimes de perigo na jurisprudência portuguesa dos Tribunais Superiores. 96
   5.1. Crimes de perigo abstracto e crimes de perigo concreto 96
   5.2. Crimes de perigo com a característica da "propensão" 102

CAPÍTULO II

Conceitos analíticos da doutrina do crime de perigo concreto

1. Apontamento de síntese sobre o conceito jurídico-penal de perigo 107
   1.1. Perigo penal: aspectos gerais do conceito 107
   1.2. O perigo no Direito penal 111
   1.3. O perigo no crime de perigo concreto: adjectivações 112
   1.4. Do conceito normativo de perigo 113

2. Parâmetros do juízo de perigo concreto 116
   2.1. Enquadramento 116
   2.2. Critérios para o tempo do juízo de perigo 117
   2.3. Critérios para a base ou conjunto da informação do juízo de perigo:
        base ontológica e base nomológica 120
   2.4. O modelo de agente 122
   2.5. Critérios para a intensidade do perigo: aproximação preliminar 128
   2.6. Aplicação das convenções terminológicas propostas ao quadro de análise de Zieschang 130

CAPÍTULO III

Principais orientações da doutrina contemporânea

1. Doutrina alemã 133
   1.1. Razão de ordem 133
   1.2. A tese clássica de Binding 133
   1.3. A evolução do pensamento de Welzel 139
   1.4. A sequência: Schröder e Gallas 145
      1.4.1. Enquadramento 145
      1.4.2. A concepção de Schröder 145

1.4.3. A posição de Gallas	152
1.5. Ensaios de diferenciação	155
1.5.1. A teoria naturalista do perigo de Horn	155
1.5.2. Teorias normativas do perigo	166
1.5.2.1. Enquadramento	166
1.5.2.2. A construção de Schünemann	167
1.5.2.3. A concepção de Demuth	173
1.5.2.4. A posição de Wolter	179
2. Doutrina italiana: a teoria da "base ontológica total *ex ante*" de Angioni	194
3. Doutrina portuguesa	205
3.1. Enquadramento	205
3.2. Beleza dos Santos	206
3.3. Cavaleiro de Ferreira	208
3.4. Maria Fernanda Palma	210
3.5. Germano Marques da Silva	210
3.6. Rui Pereira	211
3.7. Paulo Pinto de Albuquerque	215
3.8. José de Faria Costa	218
3.9. Augusto Silva Dias	231

CAPÍTULO IV

Inventário e prospectiva

1. Enquadramento	235
2. Questões da acção	236
2.1. A acção típica	236
2.1.1. Acção ou comportamento concretamente perigoso	248
2.1.1.1. O tempo do comportamento concretamente perigoso	249
2.1.1.2. A base ou conjunto da informação do comportamento concretamente perigoso e modelo de agente	249
2.1.1.3. A intensidade do perigo	251
3. Questões do resultado	254
3.1. O resultado típico	254
3.1.1. A situação ou estado de coisas de perigo concreto	257
3.1.1.1. O tempo do estado de coisas de perigo concreto	260
3.1.1.2. A base ou conjunto da informação do estado de coisas de perigo concreto e modelo de agente	260
3.1.1.3. A intensidade do perigo	264
3.1.1.3.1. O desafio da concretização da probabilidade do dano	264

     3.1.1.3.2. Tópicos para uma graduação do perigo concreto 269

4. O perigo na acção e no resultado: jurisprudência portuguesa dos Tribunais Superiores 278
 4.1. O perigo na acção 278
 4.2. O perigo no resultado 281
 4.3. Parâmetros do juízo de perigo concreto: o modelo de agente e a intensidade do perigo 287
 4.4. Duas decisões jurisprudenciais de excepção 291
   4.4.1. O Acórdão da RC de 29 de Janeiro de 2003 291
   4.4.2. O Acórdão da RG de 5 de Maio de 2003 295

JURISPRUDÊNCIA ANALISADA 299

BIBLIOGRAFIA 303